JM237699

THE PHOENIX PROJECT

A NOVEL ABOUT IT, DevOps, AND HELPING YOUR BUSINESS WIN

The DevOps 逆転だ!

究極の継続的デリバリー

ジーン・キム、ケビン・ベア、ジョージ・スパッフォード

榊原彰 監修　長尾高弘 訳

日経BP社

THE PHOENIX PROJECT
A Novel About IT, DevOps, and Helping Your Business Win
© 2013 Gene Kim, Kevin Behr & George Spafford
Japanese translation rights arranged with
C. FLETCHER & COMPANY, LLC
through Japan UNI Agency, Inc., Tokyo

登場人物相関図

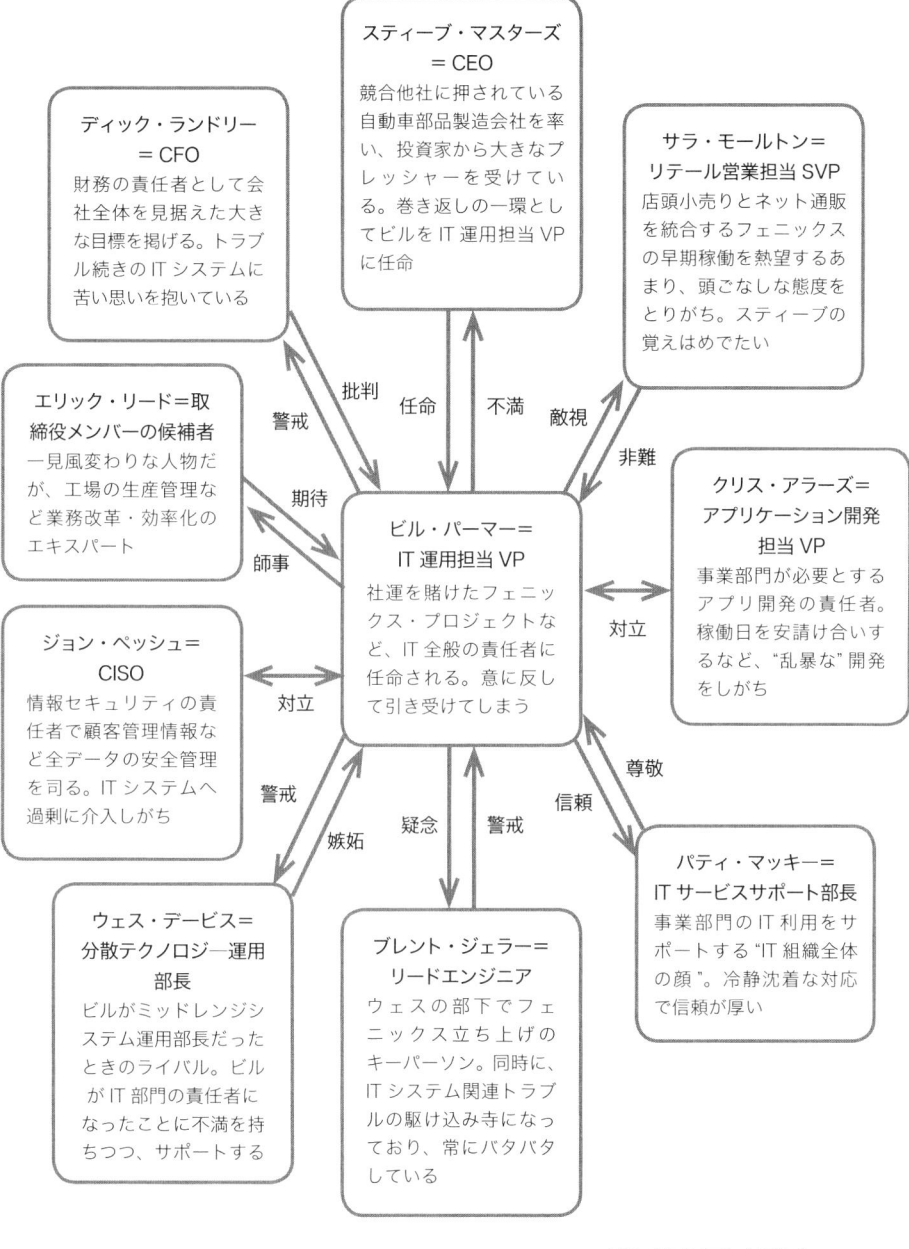

スティーブ・マスターズ＝CEO
競合他社に押されている自動車部品製造会社を率い、投資家から大きなプレッシャーを受けている。巻き返しの一環としてビルをIT運用担当VPに任命

ディック・ランドリー＝CFO
財務の責任者として会社全体を見据えた大きな目標を掲げる。トラブル続きのITシステムに苦い思いを抱いている

サラ・モールトン＝リテール営業担当SVP
店頭小売とネット通販を統合するフェニックスの早期稼働を熱望するあまり、頭ごなしな態度をとりがち。スティーブの覚えはめでたい

エリック・リード＝取締役メンバーの候補者
一見風変わりな人物だが、工場の生産管理など業務改革・効率化のエキスパート

クリス・アラーズ＝アプリケーション開発担当VP
事業部門が必要とするアプリ開発の責任者。稼働日を安請け合いするなど、"乱暴な"開発をしがち

ジョン・ペッシュ＝CISO
情報セキュリティの責任者で顧客管理情報など全データの安全管理を司る。ITシステムへ過剰に介入しがち

ビル・パーマー＝IT運用担当VP
社運を賭けたフェニックス・プロジェクトなど、IT全般の責任者に任命される。意に反して引き受けてしまう

パティ・マッキー＝ITサービスサポート部長
事業部門のIT利用をサポートする"IT組織全体の顔"。冷静沈着な対応で信頼が厚い

ウェス・デービス＝分散テクノロジー運用部長
ビルがミッドレンジシステム運用部長だったときのライバル。ビルがIT部門の責任者になったことに不満を持ちつつ、サポートする

ブレント・ジェラー＝リードエンジニア
ウェスの部下でフェニックス立ち上げのキーパーソン。同時に、ITシステム関連トラブルの駆け込み寺になっており、常にバタバタしている

関係性ラベル：批判／任命／不満／警戒／敵視／非難／期待／師事／対立／尊敬／信頼／対立／警戒／嫉妬／疑念／警戒

VP：バイスプレジデント
SVP：シニアバイスプレジデント

目次

即日発表 010

第1部　VP就任の大波

第1章　突然の呼び出し 014

ありがた迷惑な昇進話　016／元陸軍少佐のCEO、スティーブ・マスターズ　018／至上命令――フェニックス・プロジェクト　021

第2章　初仕事 026

給与システムの原因調査　027／NOC（ネットワークオペレーションセンター）　031／なぜストレージエリアネットワーク（SAN）の話をしている？　032／ブリッキング（使用不能）　034／ITを非難するのがめっぽううまい女　037

第3章　原因究明のために 039

壊れたデータ　040／セキュリティ部門の陰謀に加担する開発者　042／CISO、ジョン・ペッシュの不満　044／社会保障番号のセキュリティ　045／無視される変更管理プロセス　047／結果の出ない長い一日　050

第4章　サラとの遭遇 052

プロジェクトマネジメント会議　054／『壁越しに豚を放り込む』　058／負のスパイラル　061／空席だらけの全社変更管理会議　063／5分で終わる変更に20分の変更登録伝票を書くムダ　066

第5章　立ちはだかる内部監査 070

内部監査会議　072／情報セキュリティという終わりのない苦痛　074／キーパーソンにしかできない仕事ばかり　078／抱えている仕事の棚卸し　080

第6章　インデックスカード …………………………… 084

かけている時間の75％が修復作業　086／第2回CAB会議　088／紙のカードが威力を発揮　091／想定の8倍の変更要求　094

第7章　エリックに連れられて工場へ …………………… 096

デリバリーの人……　097／IT運用の仕事の4つのタイプ　099／WIP（仕掛り在庫）の山　101／ゴールドラットの制約条件理論　102／3つの道　104／残りの仕事のタイプとは？　106

第8章　大きな壁と大きな前進 …………………………… 107

運命のプレゼン　108／カードだらけの変更調整室　112／「取扱注意」のマーク　114／低リスクと中リスク　116

第2部　IT運用の仕事

第9章　3つの仕事 ……………………………………… 120

アウテージはなぜ繰り返されるのか　120／勘に頼った変更を断固やめさせる　122／デプロイまであと3日　123／第3タイプの仕事　126

第10章　ブレント導師 …………………………………… 128

無料で使える個人的なギーク戦士　129／悪習を打ち破る　131／キーマンから時間と知識をうまく引き出す　132／レベル3技術者によるリソースプール　134

第11章　根深いボトルネック …………………………… 137

変更の60％が予定どおりに終わらない　139／ブレントはIT運用の熱処理炉　141

第12章　飛ばないフェニックス ………………………… 144

デプロイを進めるか、遅らせるか　146／愚かな決断　150／悪夢　152／店舗POSシステムダウン、そして……　154／大失敗　156／クレジ

ット番号の漏洩　157

第 13 章　後始末 ……………………………………………………159
機密情報のさらなる漏洩　161／セキュリティ部門からの援軍　165

第 14 章　どん底での和解 ………………………………………168
IT のアウトソーシング　170／昼から飲まずにやってられるか　171／開発との新たな関係　175

第 15 章　第 4 の仕事 ……………………………………………177
いいニュース　179／変更ボードの新たな変異　180／予定外の仕事　184／『ザ・ゴール』の 5 つのステップ　186／新たな宿題　188

第 16 章　決裂 ………………………………………………………191
非難なしの建設的な議論　193／スティーブからの電話　194／打ち砕かれた期待　197

第 3 部　プロジェクトマネジメント

第 17 章　至福の時 …………………………………………………202
仲間の叫び　203／謝罪　204

第 18 章　仕切り直し ………………………………………………207
スティーブの挨拶　208／マネージャーオフサイトで自分をさらけ出す　210

第 19 章　それぞれの秘密 …………………………………………214
ビルの告白　216／「完成したプロジェクト」の定義　218／未払いの「技術的負債」　221／プロジェクトに「ノー」と言う権利はあるのか　224／ビルの奇妙なアイデア　227／方針決定　230

第 20 章　ワークセンター ……232
プロジェクトの凍結と解除　235／答えを求めて、再び工場へ　237／機械、方法、計測　240／プロジェクトの安全な再開の答え　241／リリースの待ち時間の計算方法　244／監視プロジェクトは大切か　245

第 21 章　意外な解決法 ……248
外部監査通過　249／ジョンの失望　251／範囲の誤り　253

第 22 章　かんばんボード ……256
IT の機会、方法、人、計測　257／かんばんボードと「改善の型」　259／凍結解除後のプロジェクトの優先順位決め　263／新しいラップトップ　266

第 23 章　稼働率 ……267
待ち行列をなくすには？　269／タスクのかんばんレーン　270

第 24 章　人のために役に立つ ……273
15 件の不在着信　274／僕はたった 1 度も役に立たなかったのか？　276／ジョンの決心　279

第 4 部　ビジネスと IT

第 25 章　ビジネスを知る ……284
CFO の仕事って何ですか？　285／会社の目標を担うのは誰ですか？　288／IT の本当の必要性は何ですか？　290

第 26 章　IT への不満 ……294
営業にとって「悪い日」　297／事業部門の不満　299

第 27 章　サルでもわかる基本 ……304
IT リスク vs ビジネスリスク　307／監査を減らせる秘策　309

第 28 章　ブラックマーケット ……………………………………………… 314
エリックが教える 3 つの道　316 ／臨時会議　318 ／フェニックス、2 度目のデプロイ　321 ／ 2 度目の正直　323

第 29 章　シングルピースフロー ……………………………………… 325
仕事の流れは片方向のみ　328 ／ SWAT チームの新設　331

第 5 部　究極の組織

第 30 章　バッチサイズ ……………………………………………………… 334
第 2 の道　335 ／ 1 日 10 デプロイを目指せ　337

第 31 章　共通ビルド手続き ……………………………………………… 341
デプロイの再定義　342 ／バリューストリームマップ　344 ／開発、品質管理、本番の 3 つの環境を同期？　346

第 32 章　抵抗勢力との攻防 ……………………………………………… 350
ユニコーン・プロジェクト　351 ／ブレントを探せ　353 ／奪還せよ　355

第 33 章　クラウドに救い ………………………………………………… 358
スプリントの最終日　360 ／キャンペーン開始　362 ／懸案の SOX-404 問題に終止符　364

第 34 章　さよならアウトソーシング ………………………………… 366
記録破りの売上　368 ／アウトソーサーが足かせになる　369 ／ IT はコアコンピタンス　371

第 35 章　旅立ち ……………………………………………………………… 374
CIO の席　376 ／究極の IT 成功企業の姿　378 ／贈り物　381 ／優れた

IT組織を持つ企業に投資は集まる　382／DevOpsという大きな仲間　385

謝辞 ……………………………………………………………………387
監修者あとがき ………………………………………………………390
訳者あとがき …………………………………………………………394

・本文中の※は訳注を示す。

即日発表

8月29日（金）

銘柄：パーツ・アンリミテッド（PAUD）
評価：売り
目標価格：$8（現在$13）

　即日有効パーツ・アンリミテッドCEOのスティーブ・マスターズ氏は、8年間務めた会長職から退く。取締役で20年前に会長兼CEOを務めたボブ・ストラウス氏が現役復帰して会長に就任する。

　パーツ・アンリミテッド（本社エルクハート・グローブ）の株価は過去30日で激しく売り買いされて19%値下がりしており、3年前のピークからは52%も下落している。同社は、顧客ニーズの予測能力と顧客ニーズに対する機敏な反応で知られる最大の競合他社に出し抜かれ続けている。パーツ・アンリミテッドはこの競合他社に売上の伸び、在庫回転率、収益性で後塵を拝している。

　パーツ・アンリミテッドは、以前から新システムの「フェニックス」によって店頭小売とネット通販を密接に統合して収益性を回復し、他社との差を詰めると約束している。しかし、同システムはすでに何年もリリースが遅れており、多くのアナリストは、来月のアナリスト向けアーニングコール（訳注：電話会議による収支報告）で、またリリースの先延ばしが発表されるのではないかと見ている。

　ウェイン-ヨコハマらの機関投資家は、同社の立て直しのためのさまざまな方策の第1弾として、取締役会の再編を要求してボブに圧力をかけている模様。より大規模なトップ人事や会社の分割などの戦略的オプションを実施するよう圧力をかけている投資家の数は増えている。

　マスターズは、パーツ・アンリミテッドを自動車部品製造、リテール営業分野のトップ企業のひとつに押し上げた立役者だが、会長とCEOの分割はあまりにも遅すぎたと言えよう。パーツ・アンリミテッドは、社内外を問わず、フレッシュなリーダーを必要としている。リテール営業担当SVPにして同社の輝ける星として注目されるサラ・モールトンのような人物が必要とされているのではないだろうか。

消息筋によれば、取締役会は、ストラウスとマスターズに、飛躍的な業績向上のための猶予期間として6カ月の時間を与えた。これが成し遂げられなければ、さらなる変化と激動が予想される。

──ケリー・ローレンス、チーフインダストリーアナリスト、ネストルメイヤーズ

第 1 部

VP就任の大波

3000人規模の自動車部品製造販売会社パーツ・アンリミテッドで、ミッドレンジシステム運用部長を務めるビル・パーマー。彼はある日突然、CEOのスティーブ・マスターズからIT運用担当VP（バイスプレジデント）に任命された。

社運を賭けた、店頭小売とネット通販を統合する新システム"フェニックス"の開発が遅れているなかでの就任に不安を覚えるビル。案の定、次から次へと発生する緊急事態に振り回される。

第1章
突然の呼び出し

9月2日（火）

「はい、ビル・パーマー」。呼び出し音が鳴ると同時に私は携帯電話に出た。

すでに遅刻していたので、いつもの時速80kmではなく、制限速度超えの時速160kmで突っ走っていた。朝はほかの子供たちが浴びせかける咳を避けながら、3歳の息子を医者に連れて行ったのだが、しょっちゅう電話が割り込んできた。

ネットワークが間欠的に落ちていたのだ。私はミッドレンジシステム運用部長として、パーツ・アンリミテッドの比較的小さなIT部門の円滑な業務遂行とシステム稼働の確保に責任を負っている。パーツ・アンリミテッドは、年商40億ドルの自動車部品製造販売会社で、本社はエルクハート・グローブにある。

自分の居場所として選んだ部門は技術的には大して動きのないところだが、それでもネットワークの問題はしっかりと追いかけておく必要があった。ネットワークに何かが起きれば、私たちのグループが提供しているサービスが止まってしまうので、私が非難の矢面に立つことになるのだ。

「こんにちは、ビル。人事のローラ・ベックです」。人事のいつもの相手ではないが、どうも名前と声に聞き覚えが……

げっ。私は極力平静を保って、彼女が何者かを思い出したのを相手にさとられないようにした。あの月例の会議だ。人事担当VP（※バイスプレジデント、直訳すると副社長だが、実際には事業部長、本部長クラスの管理職）じゃないか。

私はことさらに明るく言った。「おはよう、ローラ。どうしましたか？」

「ビル、会社にはいつ頃着くかしら？　すぐにでもお会いしたいんですけど」

曖昧な用件で会うのは嫌な感じだ。自分がそんなことをするのは、誰かを叱り飛ばすために時間を作ったとき、でなければクビにするときだ。

待てよ。ローラが電話してきているのは、上がオレのことをクビにしようってことなのか？　すぐに対応しなかったアウテージ（※サービスの停止）で

もあったっけ？ キャリアの幕が下りるアウテージというのはIT運用では同僚と日常的に交わしているジョークだが……。

　私たちは30分後に彼女のデスクで会うことになったが、彼女がそれ以上詳しいことを言ってくれないので、私は自分のなかでは最高級の甘い声でささやいた。「ローラさん、いったいどういうことですか？ 何か私の部門で問題でも起きました？ それとも、私に何か問題があるんですか？」ことさらに大声で笑ってみせたので、電話越しに彼女にもその声は聞こえただろう。「いいえ、そんなことじゃないですよ。むしろいいお話だと言っていいんじゃないかしら。ではまた」。彼女は朗らかに言った。

　彼女が電話を切ると、最近のいい話の心当たりをあれこれ考えてみたが、どうにも思いつかなかった。ラジオをつけると、すぐに最大の競合他社のCMが流れた。他を寄せ付けない顧客サービス！ オンラインで友だちとつながりながら車をカスタマイズできる驚異の新製品！

　広告の文句は光り輝いていた。忠誠を誓った会社人間でなければすぐにでもそのサービスを使っているだろうな。うちは泥沼にはまったままだというのに、なんであっちはそんなとてつもない新機能を市場に投入し続けられるのだろうか。

　私はラジオを消した。我が社もがんばって夜遅くまで働いているのに、ライバルは我が社をどんどん引き離していく。マーケティングのやつらが今のCMを聞いたら衝撃を受けるだろうな。あいつらは美術やら音楽やらを専攻していた連中で技術的な知識を持っているわけじゃないから、表で不可能を可能だと約束してくる。ITはどうやって不可能を可能にするのかを考えなければならない。

　これが年々ひどくなってきている。競争力を維持しながら同時にコストを削減するためには、より少ないものでより多くの成果を生み出さなければならないのだ。

　そんなのはとても無理だと思うこともある。たぶん、海兵隊（※ 米海兵隊は陸海空軍と対等の4番目の軍隊。敵地に上陸して地上戦を行う）で軍曹をやっていた時間が長すぎたのだろう。軍隊では、上官に対して自分が言っていることが限界ぎりぎりで最高のことなんだと納得してもらうことを覚える。しかし、ときどきは「イエッサー」と言って山を登らなければならないこともあるのだ。

ありがた迷惑な昇進話

　駐車場に着いた。3年前なら、空いているスペースを見つけることはとてもできなかった。あれからレイオフの連続で、駐車できなくなることはまずなくなった。
　ローラと彼女の部下たちが陣取る5号館に入っていった。ずいぶんいい家具調度を揃えているな。新しいカーペットが敷かれ、壁には高級なウッドパネルがはめられている。自分のビルのペイントやカーペットなんて交換しなければならなくなって何十年もたっているような感じなのだが。
　それがITというものなのだ。それでも、イギリスのテレビ番組の「ハイっ、こちらIT課！」と比べたらうちはまだましだ。あんなに暗くてジメジメした地下室に押し込められているわけではないからな。
　ローラのオフィスに着くと、彼女は私を見上げてにっこり笑った。「ようこそ、ビル」。彼女が伸ばした手を握った。「スティーブ・マスターズが今空いているかどうか伺ってくるので、ちょっと座って待っていてください」
　スティーブ・マスターズ？　うちのCEO？
　私が座ると、彼女は受話器を取ってダイヤルし、あたりを見回した。最後にここに来たのは2年前だった。人事から育児中の母親のために専用の部屋を用意せよとのお達しがあったのだ。私たちは、危機的なほどオフィスと会議室が足りなかったうえに、大きなプロジェクトのデッドラインが迫っていた。
　私たちはただ単に別のビルの会議室を使いたかっただけだ。しかし、分散テクノロジー運用部長のウェスのおかげで、私たちはまるで1950年代の狂ったネアンデルタール人のように思われてしまった。それからすぐあと、私たちはふたりともここに召喚され、半日にわたって政治教育と情操訓練を受けることになった。ありがとうよ、ウェス。
　ウェスは、ほかの仕事とともにネットワークを担当している。私がネットワークのアウテージに神経を尖らせているのもそのためだ。
　ローラは電話の相手にありがとうと言って私のほうに向き直った。「急な話なのに来てくださってありがとう。ご家族はお元気にしていらっしゃいますか」
　私は額に皺を寄せた。世間話をしたいのなら、人事の誰かよりもいい相手

がいくらもいる。私は、自分の切羽詰まった状況について考えないようにしながら、むりに家族や子どもたちのことを面白おかしく話した。そして最後に、あまり愛想よくなれずに言った。「で、何か私にお役に立てることはありますか？」

「もちろん」。ローラは少し間を置いて言った。「今朝の時点で、ルークとデーモンは退社しました。これはスティーブに至るまでの上層部が関わっていることです。彼はあなたを IT 運用担当 VP に選びました」

彼女ははっきりと笑って、また手を差し出した。「ビル、あなたはこの会社でもっとも新しい VP です。お祝いの言葉を言ってもいいですよね」

なんてこった。私は呆然として彼女の手を握った。

違う、違う。「昇進」なんて絶対したくなかった。

ルークは CIO、すなわち最高情報責任者だった。デーモンはルークの部下、私の上司であり、全社の IT 運用を管掌していた。そのふたりがこんなにあっけなくいなくなったなんて。

こんなことになるとは予想もしていなかった。そんなことは噂にすらなっていなかった。まったくのゼロだ。

この 10 年というもの、新しい CIO がやってきてはまるで時計のようにかっきり 2 年で出て行った。略語を覚え、トイレがどこにあるかを覚え、他人の仕事をだいなしにするためのプログラムやイニシアティブを作り上げるために必要な間だけいて、消えていったのである。

CIO は「Career Is Over」（キャリアが終わっている）だと言われており、IT 運用担当 VP も長持ちしない。

IT 運用でキャリアを長持ちさせるための秘訣は、いい仕事を残せる程度に出世しつつ、腰を低くして、危険な政治闘争に巻き込まれないようにすることだ。一日中、互いにパワポをやり取りしているだけの VP になどなりたいと思ったことはなかった。

私はさらに情報を引き出すためにジョークを言った。「ふたりの重役が同時に辞めたんですか？　真夜中に店で金でも盗んだんですか？」

ローラは笑ったが、すぐに人事で訓練された仏頂面に戻り、「おふたりともそれぞれ関心のある事柄を追求することにされたのよ。それ以上はご本人に直接聞いていただかないと」

よく言われることだが、同僚が直接辞めることにしたよと言うときには、

それは本人の意志だ。しかし、本人以外の人から彼らは辞めることにしたという話を聞いたときは、彼らは辞めさせられたということだ。

ゆえに、私の上司とそのまた上司は、たった今クビになったのだ。

昇進を望んでいないのはまさにこういうことのためだ。私は、この10年間に育ててきたチームを非常に誇りに思っている。最大のグループではないが、いままでにもっとも有機的で頼りがいのあるチームになった。特にウェスと比べれば。

ウェスの上司になるのかと考えると暗くなった。彼はチームを管理しているわけではない。無秩序な群衆の一歩手前にいるだけに過ぎない。

冷や汗がどっと吹き出してきた。この昇進は絶対に受けないぞ。

その間もローラはずっとしゃべっていたが、私の耳には一言も入ってこなかった。「……今回の人事異動をどのように発表するかを相談しないといけませんね。そして、スティーブはできるかぎり早くあなたに会いたいと言っています」

「チャンスをありがとうございます。とても名誉なことだと思います。でも、私はこの大役をお受けしたくありません。なぜ私なんですか？ 私は今の仕事がとても気に入っています。そして、やらなければならない大切なことが山ほどあります」

「これはあなたが選べることではありません」。ローラはそう言いながら同情しているように見えた。「これはスティーブから直接来た話です。彼があなたを選んだのです。ですから、スティーブとお話しください」

私は立ち上がってもう1度きっぱりと答えた。「いいえ、結構です。私のことを考えていただきありがとうございます。でも、私はもうすばらしい仕事をいただいています。どうかほかの人を探してください」

元陸軍少佐のCEO、スティーブ・マスターズ

数分後、ローラと私は構内でもっとも高い2号館に向かって歩いていた。私はこの馬鹿げたことに引き込まれていく自分に腹を立てていた。

今走れば、彼女が私を捕まえられないことは間違いない。でも、そのあとでどうなるか。スティーブは、人事軍団を全員投入して私を捕まえるだけのことだ。私はもう何も言わなかった。とても世間話をする気にはなれなかっ

たのだ。ローラは、そんな私のことなど気にもせず、携帯電話に顔を埋めて、ときどき行き先をジェスチャで示しながら、私の横を快活に歩いていた。

ローラは迷うことなくスティーブのオフィスを見つけた。今までに何度もこうやって歩いているのは明らかだ。

このフロアは暖かく魅力的で、インテリアはビルが建設された1920年代当時のものがそのまま残されているかのようだった。色の濃い硬材のフロアにステンドグラスの窓、これはオフィスの誰もがスーツを着てたばこを喫っていた時代のものだ。当時のこの会社は景気がよかった。ほとんどすべてのメーカーの自動車の内装にパーツ・アンリミテッドのさまざまなアクセサリが使われていた。馬が日常生活から消えようとしていた時代のことだ。

スティーブのオフィスは角にあり、その入口はきちんとした女性が守っていた。彼女は40歳くらいで、明るさと組織や秩序のセンスをまき散らしていた。彼女のデスクはきちんと片付けられており、壁のあらゆるところにポストイットが貼り付けられていた。キーボードの横には、「ステーシーの邪魔をするな」と書かれたマグカップが置いてあった。

彼女はコンピュータから目を上げて、「ローラ、どうも。今日は忙しいわね。こちらがビル？」と言った。

「そうよ。こちらが本人」

ローラが微笑んで答えると、私のほうを見て言った。「ステーシーはスティーブをしっかりと支えているのよ。あなたも彼女とは親しくなるはずだわ。それじゃあ、またあとで」。そしてローラは帰っていった。

ステーシーは私に微笑んだ。「光栄です。あなたのことはもう色々と聞いていますよ。スティーブがお待ちです」。そう言って彼女はスティーブの部屋のドアを指さした。

私はすぐに彼女が好きになった。そして、今学んだばかりのことを反芻した。ローラにとって、今日は忙しい日だ。ステーシーとローラはとてもとても親しい関係だ。スティーブは、短縮ダイヤルで人事に電話をかける。スティーブのために働いている人々は、長持ちしない。

バッチリだ。

なかに入ると、スティーブのオフィスがローラのオフィスとよく似ているので少し驚いた。私の上司のオフィス、もとい、前上司のオフィスと同じサ

イズだ。そして、私がバカなら私の新しいオフィスもそうなる。でも私はバカじゃない。

　ペルシャ絨毯、噴水、いくつもある大きな彫刻といったものを予想していたのだが、実際には、壁に写真が並んでいるだけだった。小さなプロペラ機の写真、微笑んでいる家族の写真。驚いたのは、アメリカ陸軍の軍服を着てどこか南国の滑走路に立っているスティーブの写真があったことだ。襟の折り返しのところの記章を見て驚いた。

　スティーブは少佐だったのだ。

　彼は机の向こう側に座っており、紙に刷ったスプレッドシートのようなものをじっと見ていた。その後ろにはラップトップが開いており、株価グラフがびっしり描かれたブラウザが見えた。

「ビル、君とまた会えてうれしいよ」。スティーブは立ち上がって私の手を握りながら言った。「もうずいぶんたつね。5年くらいになるかな？　君が買収した会社のインテグレーションという大変な仕事を見事にやってのけたあとのことだった。充実した時間を過ごしてきたんじゃないかい？」

　彼が随分昔の短いやり取りのことを覚えていたのに驚き、少しうれしくなった。私は微笑みを返して言った。「ええ、どうもありがとうございます。あなたがあんなに前のことを覚えていてくださったとは驚きました」

　スティーブは熱を込めて言った。「君は、私たちが誰にでもあのような賞を与えると思うかい？　あれはとても重要なプロジェクトだった。買収で元を取るためにはあれをうまくやらなければならなかったんだ。君と君のチームはそこを見事にやってのけてくれた。

　ところで、私がした組織変更についてローラが少し話していると思うが……。ルークとデーモンがもう会社にいないのは知っているね。いずれCIOのポストには誰かを充てるつもりだが、それまでは、IT関連のことはすべて私に報告してくれ」

　スティーブはさらにきびきびとビジネスライクに続けた。「しかしだ。デーモンが退社したことで、組織上どうしても埋めなければならない穴ができてしまった。私たちの調査によれば、君はIT運用のVPとして最良の候補者だ」

　そして、まるでよく覚えていたかのように言った。「君は海兵隊だったね。いつ、どこにいたんだい？」

反射的に答えた。「第22海兵遠征部隊、軍曹です。6年いましたが、戦闘に参加することはありませんでした」
　海兵隊に入った18歳の生意気盛りの頃を思い出して、ちょっと微笑みながら言った。「海兵隊のおかげでずいぶんまともになったと思います。感謝していますよ。でも、息子たちには私と同じ条件で海兵隊に入ってほしくはありませんが」
　「まったくだ」。スティーブは笑った。「私は陸軍に8年いた。いなければならなかった年数よりもちょっとだけ長かったが、私は気にしなかった。予備役将校訓練隊以外に大学の学費を稼ぐ方法はなかったのでね。私のことをちゃんと扱ってくれたし。まあ、陸軍は海兵隊のようには甘やかしてくれなかったが、今でも文句は言えないな」
　私は笑いながら、スティーブのことが好きになっている自分に気づいた。これは、私たちが今までに交わしたやり取りでもっとも長いものだった。政治家というのは、こういうものなのかなと急に思った。
　私は、スティーブが私をここに呼んだ理由をしっかり考えようとした。彼は私にカミカゼ的なミッションを与えようとしているのではないか。
　「状況はこういうことだ」。スティーブは、ミーティング用テーブルの椅子を私に勧めながら言った。「君も気づいていると思うが、我が社は収益性を回復しなければならない。そのためには、マーケットシェアと平均受注額を増やす必要がある。我が社の小売部門は競合他社にやられっ放しだ。世界中がそれを知っているから、株価が3年前の半分まで下がっている」

至上命令——フェニックス・プロジェクト

　スティーブはさらに続けた。「フェニックス・プロジェクトが完成すれば、競合他社が何年も前からやってきたことをようやく我が社でもできるようになる。そういう意味で、フェニックスは競合との距離を詰めるためにどうしても必要なものだ。インターネット上であろうが、我が社の店舗であろうが、どこにいても我が社からものが買えるようになっていなければならない。そうでなければ、早晩我が社の顧客はまったくいなくなってしまう」
　私はうなずいた。私は技術的に停滞したところにいたが、私のチームは何年も前からフェニックスに関わってきた。フェニックスがいかに大切かは誰

もが知っている。

スティーブは続けた。「フェニックスはもう何年も遅れている。株主とウォールストリートは絶叫している。取締役会は、我が社に約束を守る能力があるのかについて自信を失いかけている。

はっきり言おう。今までの流れが続けば、私は6カ月後に解任されているだろう。先週、私の以前の上司であるボブ・ストラウスが新しく我が社の会長になった。我が社を分割しようとしている声の大きい株主グループがあって、あとどれくらい彼らの追及をかわせるかわからない。ここで問題なのは、私だけでなく、パーツ・アンリミテッドで働く4000人近くの従業員の職だ」

私はスティーブのことを50代前半と見積もっていたのだが、ここで急にそれよりもはるかに年を取っているように見えた。彼は私のことをまっすぐに見て言った。「アプリケーション開発担当のVP、クリス・アラーズがCIOとしての私の直属の部下になっている。君も私の直属の部下になってくれ」

スティーブは立ち上がって歩き始めた。「君には、動いているはずのすべてのものが本当に動いているようにしてもらわなければならない。私には、悪い知らせをちゃんと知らせてくれる信頼できる人間が必要だ。何にもまして、正しいことをしてくれると信頼できる人物が必要なのだ。例のインテグレーションのプロジェクトには難問がいくつもあったが、君はいつも冷静であり続けた。君は、頼りになって、現実的で、思っているとおりのことを言葉にする人間だと評価している」

彼が私に対して率直に話をするので、私も同じ態度で答えた。「失礼ながら、我が社でITの上級管理職が成功を収めるのは非常に難しいようです。予算や人員に関する要求はかならず却下され、役員はあっという間に交代しています。なかには荷物を完全に開く間さえなかったような人もいます。」

私は意を決して言った。「ミッドレンジ運用は、フェニックスを稼働させるために欠かせない部門です。今ある仕事を完成に導くために、私はミッドレンジに留まる必要があります。私のことを考えてくださったのは感謝していますが、お申し出を受けるわけにはいきません。しかし、誰かよい候補がいないか周りを見渡してみます」

スティーブは私のことを値踏みするようにじっと見て、驚くほど重々しく

話を続けた。

「私たちは会社全体を通じて予算を削らなければならなかった。これは取締役会からの直接の命令だ。私の手は縛られている。私は守れない約束はしないが、君と君のミッションを支えるために必要なことは何でもすると約束する。

ビル、君がこのポストを求めていなかったことは知っている。しかし、会社の生き残りがここにかかっているのだ。このすばらしい会社を守るために君の助けがどうしても必要だ。君のことを頼りにしてもいいよな?」

ああ、なんてことだ。

もう1度礼儀正しく断る前に、私は自分が「わかりました。あなたのもとで頑張ります」と言っている声を聞いてしまった。

私はあわてた。スティーブが私にジェダイのマインドトリックをかけたことはわかっていた。もっと酷い約束をしてしまう前に、自分に対してしゃべることを禁じた。

スティーブは立ち上がって私の手を固く握り、「おめでとう」と言った。彼は私の肩をしっかりとつかんだ。「君なら正しいことをしてくれるということがわかっていた。執行部全体を代表して、君がこちらに上がってきてくれたことに感謝するよ」

私は、彼の手がしっかりと私を握っているのを見て、後戻りすることはできないだろうかと思った。

ありえない。私は腹を決めた。

自分自身に誓うように私は言った。「ベストを尽します。ただ、このポストを受け入れた人たちがことごとく長くいられなかった理由だけでも説明していただけませんか? 私に何を一番求めているのですか? 何をしないでほしいのですか?」

諦めて半ば微笑みながら付け加えた。「もし失敗するなら、まったく新しい失敗のしかたになるように心がけましょう」

「そりゃ、いいや」。スティーブは大声で笑って言った。「ITには光を照らし続けてほしいんだ。トイレと同じさ。トイレを使うときに、動かないかもなんて心配は決してしない。トイレが逆流して建物全体が洪水になるようなことだけは避けてほしいんだ」。彼は自分のジョークに笑った。

いいだろう。彼の頭のなかでは、私は栄光あるトイレ番だ。

スティーブは続けた。「君はIT部門ではもっとも安全に船を走らせられるという評判だ。だからこそ、君に全船隊を預けようと思っている。すべての船を同じように動かしてくれ。

クリスにはフェニックスに全力を挙げてもらわなければならない。君の所管のおかげでフェニックスが手薄になるようなことは一切ダメだ。それは君とクリスだけでなく、この会社の全員に当てはまる。いいかね？」

「もちろんです」。私はうなずいた。「ITシステムはいつでも動いていて信頼でき、事業部門が頼れるものでなければならないということですね。通常業務の中断を最小限に抑え、フェニックスの完成に集中できるようにします」

意外そうな様子でスティーブがうなずいた。「そのとおりだ。よく言ってくれた。君が言ったことは、ことごとく私が望んでいることだ」

スティーブは、CFOのディック・ランドリーからのメールの刷り出しを私に手渡した。

From: ディック・ランドリー
To: スティーブ・マスターズ
Date: September 2, 8:27 AM
Priority: Highest
Subject: 緊急：給与システムの障害

　スティーブ、今週の給与支給で深刻な問題を抱えている。数字に問題があるのか、給与システムに問題があるのかをはっきりさせようとしているところだ。いずれにしても、数千人の従業員の給与小切手の振り出しが止まっており、支給されない危険が迫っている。非常に悪い知らせだ。

　今日の午後5時に窓口が閉まる前にこの問題を解決しなければならない。IT部門の刷新にともない、これをどのようにエスカレーション（※ 問題の大きさに応じて上位の担当者へ移管すること）させていったらいいのか、アドバイスを請う。

　　　　　　　　　　　　　　　　　　　　　　　　　　　ディック

　私はたじろいだ。給与小切手が支給されないということは、ローンが返済

できなくなり、食卓に食べ物が出せなくなるということだ。

　突然、うちのローン返済が4日後に迫っており、自分の家も影響を受けるなかの一軒になることに気づいた。妻ペイジの学生ローンを私のクレジットカードで返済することになってから、もう何年もかけて利率の回復のために頑張っているのに、ローンの支払いが遅れると借金の利率がさらに上がることになる。

「すぐにこの問題に取り組んで事故を解決に導けということですね」

　スティーブはうなずいて親指を立てた。「進行状況を逐一知らせてくれ」。彼は再び重々しい表現に戻った。「責任のある会社は従業員の面倒をしっかりと見るものだ。工場労働者の多くの生活は給与小切手頼みだ。彼らの家族を辛い目に合わせてはならない。労働組合との間で問題になるだろうし、操業停止を引き起こすことさえありうる。私たちにとって非常にまずい圧力になる」

　私は機械的にうなずいた。「基幹業務を回復して新聞種にならないようにします。ありがとうございます」

　正確なところ、なぜ彼に感謝しているのかはよくわからない。

第2章
初仕事

続・9月2日（火）

「どうでした？」ステーシーがキーボードから顔を上げながら優しく尋ねた。

私は首を横に振るだけだった。「信じられない。やりたくない新しい仕事を引き受けることにさせられてしまいましたよ。一体何が起きたんだろう？」

彼女は言った。「すごい説得力があるでしょう。ユニークな人ですからね。私は彼のもとで10年近く働いてきましたが、どこまででもついていきますよ。あなたのお仕事のためにお役に立てることはありますか？」

ちょっと考えて尋ねた。「給与システムにすぐに直さなければならない障害があるんですが、ディック・ランドリーは3階にいらっしゃいますかね？」

私が言い終わる前に、彼女は「はい、どうぞ」と、CFOであるディックの連絡先がすべて書かれているポストイットを手渡してくれた。オフィスの位置、電話番号、その他すべてだ。

「どうもありがとうございます、すごいですね」。彼女に笑顔を返した。

エレベーターに向かいながら、携帯でディックを呼び出した。「はい、ディック」。彼はまだキーボードを叩きながら乱暴に答えた。

「私はビル・パーマーです。スティーブがたった今私をIT運用担当VPに任命しました。それで……」

「おめでとう」。ディックは私の言葉をさえぎって言った。「給与システムの大きな障害が見つかったのだが、私のオフィスにいつ来れるかい？」

「今すぐ」。彼がブツンと電話を切る音が聞こえた。もっと温かい歓迎のしかたもあろうというものだ。

3階で降りて財務経理本部に入っていった。ピンストライプのシャツと糊の効いたカラーの集団。ディックはデスクにいた。まだ誰かと電話をしていた。私が目に入ると、受話器を手でふさいで乱暴に言った。「君がITの

人？」

　私がうなずくと、彼は電話の向こうに言った。「ちょっと急いでるんで。助けてくれるはずの人が来たんだ。あとでまたかけ直す」。答えを聞かずに電話を切った。

　日常的に自分から電話を切る人を初めて見た。「お互いに仲良くしましょう」的な気の休まる部分のない会話のために身構えた。

　私は、まるで人質になったかのようにゆっくりと手を上げ、ディックに印刷されたメールを見せた。「今、給与システムの障害についてスティーブから話を聞きました。状況をお聞かせ願えますか？」

　ディックは答えた。「最悪だよ。昨日の給与計算でアルバイト／パートのレコードが全部どっかに行ってしまった。うちでは、ITの問題に違いないと見ている。おかげで従業員に給与を支給できない。州労働法に数限りなく違反し、組合が大騒ぎするのは間違いない」

　ディックは一瞬声をひそめてささやいた。「うちの業務マネージャーのアンのところに行こう。彼女は昨日の午後から頭をかきむしっているよ」

給与システムの原因調査

　遅れないように早足で歩いていたので、ディックが立ち止まって会議室の窓からなかをじっと見たときに危うくぶつかりそうになった。彼はドアを空けた。「アン、その後どうだね？」

　会議室には、きちんとした身なりのふたりの女性がいた。ひとりは45歳くらい、フローチャートと表形式の数字がびっしりと書かれたホワイトボードを見て考えていた。もうひとりは30代前半で、ラップトップのキーを叩いていた。大きな会議室のテーブルはスプレッドシートで埋まっていた。年長のほうの女性が、エラーの原因と思われる項目のリストをジェスチャ付きで吹き出しに書き込んでいった。

　服の着こなし、苛立ち、不安な様子のもの言いなどから、彼女らは地元の会計事務所からこの会社に来たのだなと思った。元会計士だ。彼女たちがこちらサイドにいるのはラッキーだぞ。

　アンと呼ばれた女性は、疲れきってイライラが溜まったようすで首を横に振った。「大して進展はありません。きっとITシステムのエラー、アップス

トリームの（※ 上流の、つまり給与システムより先に処理をする）時間管理システムのどれかがおかしいのです。工場の時間給労働者の給与レコードが最後のアップロードで吹っ飛んでしまったのです」

彼女がしゃべり終えないうちにディックが口を開いた。「こちらはITのビルだ。この障害を何がなんでも修復するように言われて来ている」

私は言った。「こんにちは。私はたった今、新しいIT運用責任者に任命されました。最初から話をしていただけますか。そして、障害について知っていることを教えてください」

アンはホワイトボードのフローチャートを示しながら話を始めた。「情報の流れから始めましょう。私たちの財務システムは、すべての部門からさまざまな形で給与データを受け取ります。私たちは、俸給制、時間給制のあらゆる従業員の数字を扱います。ここには、賃金と税が含まれます。簡単な話に聞こえるかもしれませんが、州によって税額表、労働法といったものが違うので、非常に複雑です。

一部がおかしなことにならないように、私たちは合計の数値と各部門から上がってくる明細の数値を照合しています」

私がすばやくメモを取っていくので、彼女はどんどん続ける。「これは非常に複雑で手のかかる作業です。それでもほとんどのときは正しく動きますが、昨日は、時間給従業員の数字が抜けた総元帳がアップロードされているのが見つかりました。時間給従業員の労働時間と支給額が全部ゼロになっていたのです」

彼女は明らかにイライラしながら言った。「今回のアップロードは問題が多すぎたので、IT担当が手作業で修正するためのプログラムを渡してきました。もう彼らの手を煩わせないようにということです」

私はぞっとした。給与システムの外から財務担当者が手作業で給与データを書き換えるのはまずいことだ。間違いを起こしがちだし、危険でもある。誰かがデータをUSBメモリーにコピーしたり社外にメールしたりすれば、機密データを漏洩することになる。

「俸給制従業員の数字は大丈夫なんですか？」私は尋ねた。

「それは大丈夫です」。アンは答えた。

「しかし、時間給従業員は全部ゼロだと」

「そうです」

これは面白い。私は尋ねてみた。「それまでちゃんと動いてきたのに給与システムがエラーを起こしたのはなぜだと思いますか？　過去に今回のような問題が起きたことはありますか？」
　アンは肩をすくめた。「今まではこんなことはありませんでしたよ。何が原因なのかまったく見当がつきません。この給与期間に大きな変更が予定されていたわけでもないですし。私は同じことを尋ねてきましたが、ITの人たちから話があるまで、私たちは身動きできないですから」
　私は尋ねた。「時間給従業員データを時間内に用意できない場合の代替プランはどうなっていますか？」
　「だから」。ディックが言った。「君が持っているメールに書いてあるとおりだよ。電子決済の締め切りは今日の午後5時だ。それに間に合わなければ、すべての事業所に紙の小切手の山を送りつけて社員に配ってもらうしかない」
　それは避けたいところだ。財務チームも同じ考えである。
　アンが歯でマーカーをカチカチ鳴らしながら言う。「それは無理です。給与支給処理はアウトソーシングされています。給与期間ごとに、業者に給与データをアップロードし、それを業者が処理します。最悪の場合、前回の給与計算処理のデータをダウンロードしてスプレッドシートで書き換え、アップロードし直しましょうか？」
　「ああ、でも、一人ひとりの従業員が何時間働いたのかがわからないので、いくら払ったらいいのかわからない。余分に払いたくはありませんが、何かの間違いで支給額が実際よりも低くなってしまうよりはましかしら」
　プランBには問題が多すぎることは明らかだった。当て推量で給与小切手を振り出すだけでなく、もう辞めた人に給料を払ったり、新しく雇った人に給与を払わなかったりすることになる。
　財務経理に必要なデータを渡すには、カスタムレポートをつぎはぎしなければならない。とすると、開発者やデータベースの専門家に頼んで参加してもらうことになる。
　しかし、それでは火にガソリンを投入するようなものだ。開発者はネットワーク技術者よりもさらに始末が悪い。本番システムを壊していない開発者を見せろというのなら、死んだ開発者を見せるしかない。でなければ、休暇中の開発者か。

ディックが言った。「いやな選択肢がふたつある。ひとつは正しいデータが手に入るまで給与計算の実行を遅らせることだけれども、そういうわけにはいかない。1日遅れただけでも、組合が乗り込んでくる。だから、額的に間違っていても、従業員になにがしかの額を払うというアンの提案が残っているだけだ。次の給与期間で全員の支給額を調整しなければならない。そうすると、会計報告に誤りが含まれることになるので、あとで戻って修正しなければならない」

ディックは鼻筋を指でつまみながら話し続けた。「ちょうどSOX-404監査のために外部監査人が入るってときに、総元帳に奇妙な仕訳項目がどっさり入る。見つかったら監査人は帰らないぞ」

ディックはさらにブツブツ言っている。「会計報告の誤りだって？ スティーブの承認が必要になるぞ。監査人はいつまでもここに陣取っている。そんなことになれば、誰も本来の仕事なんかできなくなる」

SOX-404とは、サーベンス・オクスリー法（企業会計改革法）404条のことである。エンロン、ワールドコム、タイコなどの会計不正事件の続発に対する返答として連邦議会が成立させたもので、CEOとCFOは、自社の財務諸表の正確性を担保するためにこれらに自署しなければならない。

誰もが、監査人に説明したり、日々増えていく規制を遵守したりするために時間の半分を費やしたりしなくて済んだ時代はよかったと思っている。

私は自分のメモを見て、さらに時計を見た。時間はどんどん減っていく。「ディック、伺った話から考えましたが、あなたには最悪のケースのためのプランを引き続き考えていただきたいと思います。そして、プランBについてはしっかりと記録を残し、話をさらにややこしくせずに、苦境を乗り切れるようにしたいと思います。それから、午後3時までは最終判断を下すのを待っていただきたいと思います。システムとデータが完全に復旧する可能性はまだ残されています」

アンはうなずき、ディックは「わかった、君に4時間あげよう」と言った。

私はさらに続けた。「ご安心ください。私たちは状況の緊急性をちゃんと理解していますし、わかり次第状況を逐一報告します」

アンは、「ありがとう、ビル」と言った。ディックは、私が反転してドアから出て行くまでずっと黙っていた。

NOC（ネットワークオペレーションセンター）

　私は、自分が経営の立場から問題を見ることができたので、少し気分がハイになっていた。さあ、水面下に潜って複雑な給与システムが壊れた原因をはっきりさせよう。
　階段を下りながら、携帯を引っ張り出してメールをざっと見た。スティーブがまだ私の昇進のことを発表していないのを見て、静かな高揚感は消えてしまった。今日まで私の同僚だった分散テクノロジー運用部長のウェス・デービスとITサービスサポート部長のパティ・マッキーは、私が今日から自分の上司になっていることを全然知らない。
　ありがとう、スティーブ。
　7号館に入ると、私たちの入っているビルはパーツ・アンリミテッド構内の貧民窟だなとつくづく思った。
　1950年代に建てられ、最後に補修が入ったのは1970年代だ。美しさではなく実用性を追求して建てられたものだということは明らかだ。7号館は、データセンター兼オフィススペースに転用されるまでは、大きなブレーキパッド工場だった。古くて見捨てられた感じがある。
　警備員が明るく声をかけてきた。「こんにちは、パーマーさん、ご機嫌はいかがですか」
　一瞬、彼が今週分の正しい額の給料をもらえるように、彼に私の幸運を祈ってもらいたくなった。もちろん、実際には挨拶を返しただけだったが。
　私は、ネットワークオペレーションセンター、略してNOCに向かった。ウェスとパティが一番いそうな場所だ。彼らは今や私にとってもっとも大切なマネージャーである。
　ウェスは、分散テクノロジー運用部長で、1000台を超えるWindowsサーバーとデータベース、ネットワークチームの技術責任者である。パティはITサービスサポート部長で、24時間体制で電話サポートを提供するレベル1、2ヘルプデスクの全員が彼女の部下になっている。部門からのエラーの修復、サポート要求の窓口にもなっている。彼女は、トラブルチケットシステム（※ 問題が出たときに、全員がそれを知り、対処の過程も見えるようにするシステム）、モニタリングなど、IT運用部門全体が使っている手順、ツールも所管し、変更管理会議を主催している。

私は他の建物と同じようなキュービクルの列をかき分けて歩いていった。しかし、2号館や5号館とは異なり、ペンキが剥がれたところや錆がカーテンに染み出しているところが目についた。
　建物のこの部分は、かつて工場のメインの組み立てフロアだったところの上に建っている。転用したときに、機械油を完全に拭き取ることができなかったのだ。床をコーティングするために密封剤をいくらかけても、機械油はまだカーペットに染み出してくる。
　私は、カーペットを交換して壁を塗り直すための予算を要求しようとメモに書いた。海兵隊では、兵舎をきちんとした状態に保つのは、美的な理由だけではなく、安全のためである。
　古い習慣はなかなか消えないものだ。
　NOCは、見える前に聞こえてきた。NOCは大きなブルペンで、壁に沿って長いテーブルが並べられ、さまざまなITサービスの状態がすべて大きなモニターに表示されている。レベル1、2ヘルプデスクの要員は、3列に並んだワークステーションの前に並んでいる。
　アポロ13号の管制センター（※ アポロ13号は月に向かったが途中で爆発事故が起きて緊急に3人の乗務員を地球に帰還させた。緊急帰還の指揮を取ったのが地上の管制センターである）というほどではないが、親戚に説明するときにはそう言っている。
　何か大変なことが起きたときには、問題が解決するまで、さまざまな利害関係者と技術担当のマネージャーたちの間のコミュニケーションを促し、調整を図らなければならない。今のようなときだ。カンファレンステーブルには、15人の人々が、まるでUFOのような古いねずみ色のスピーカーフォンの周りに集まって大声で熱い議論を繰り広げていた。

なぜストレージエリアネットワーク（SAN）の話をしている？

　ウェスとパティは、カンファレンステーブルの前に隣同士になって座っていたので、背後に回って話を盗み聞きした。ウェスは腹の前で腕を組み、椅子の上でふんぞり返っていた。彼らはまったく似ていなかった。ウェスは身長190cm、体重113kgの巨漢で、ほとんどの人々が彼の影にすっぽりはいってしまう。彼はいつもじっとしておらず、思い付いたことを何でもしゃべ

ると言われていた。

　パティは、まったくその逆だ。ウェスがけたたましく無遠慮でせかせかと話すのに対し、パティは思慮深く、分析的で、手続きや手順にうるさい。ウェスが大きく闘争的で、ときに喧嘩っ早いところがあるのに対し、パティは妖精のように小さく、論理的で冷静だ。彼女は人よりも手順を大事にすると言われており、ITのカオスに秩序を押し付けようとする立場に立つことが多い。

　パティは、IT組織全体の顔でもある。ITで何かまずいことが起きれば、人々はパティを呼び出す。彼女は、サービスが動かなくなったときでも、ウェブページがなかなかロードされないときでも、今日のようにデータがなくなったり壊れたりしたときでも、ITの立場をしっかりと弁明してくれる。

　コンピュータのアップグレード、電話番号の変更、新しいアプリケーションのデプロイ（※ deployはもともと軍を配備するという意味で、システムを使える状態に展開すること。インストールとほぼ同じ）など、しなければならない仕事があるときにも、社内の人々はパティに電話してくる。スケジュール管理もすべて彼女の仕事なので、人々はいつも自分の仕事を先にしてもらうために彼女にさまざまな働きかけをしている。そして、彼女が実際の作業者に仕事を振り分けるのである。ほとんどの場合、作業者は私の以前のグループかウェスのグループのメンバーだ。

　ウェスがテーブルを叩いて主張している。「ベンダーに電話をかけて、すぐに技術者を送ってよこさないのなら、競争入札にするぞと言ってやれ。うちは最大の顧客のひとつなんだぞ。あんながらくたとっくに捨てといてよかったんだ。よく考えろってな」

　彼は周りを見回してジョークを飛ばした。「ほら、よく言うだろ。ベンダーがウソをついているかどうかは、唇が動いているときにわかるってな」

　ウェスの向かい側に座っていたエンジニアのひとりが言った。「ベンダーには今電話しています。SANのフィールドエンジニアがこっちに来るまで、少なくとも4時間かかると言っています」

　私は眉をひそめた。彼らはなんでSAN（※ ストレージエリアネットワークの略。大容量の外部記憶装置とコンピュータを結ぶネットワーク）のことを話題にしているのだろうか。SANは、我が社のもっとも重要なシステムの多くのために、中央集権的にストレージ（※ ハードディスクなどの記憶装置）を提供してい

第2章　初仕事

る。だから、SANがエラーを起こせば、大きな問題になる。1台のサーバーだけが落ちるようなことにはならない。数百台のサーバーが一斉に落ちるはずだ。

　ウェスがさっきのエンジニアと議論をしているなか、私は必死に考えた。今回の給与計算のエラーはSANの問題とはとても思えない。アンは、個々の工場をサポートする時間管理システムに何らかの問題があるようだと言っていた。

　「しかし、SANをロールバック（※ システムをある時点の状態に戻すこと。その時点以降にシステムに加えた変更は消える）しようとしたら、まったくデータを寄越さなくなったんだ」。別のエンジニアが言った。「そして、ディスプレイはすべて漢字で埋め尽くされた。たぶん漢字だろうと思っているだけだけど。いずれにしても、あの小さな絵はちんぷんかんぷんだ。だから、ベンダーを呼ばなきゃいけないと思ったんだよ」

　私はあとから会話に加わっただけだが、まったく間違った方向に向かっていると確信した。

　私は身体を傾けてウェスとパティに耳打ちした。「ちょっと時間をもらえないかな」

　すると、ウェスが振り返って、私に関わっている暇はないという様子で大声で言った。「ちょっと待ってくれないか。お前は気がついていないかもしれないけど、今、大事な問題について話をしているんだ」

　私は彼の肩をしっかりとつかんだ。「ウェス、これはとても大切な話だ。給与システムのエラーのことで、ついさっきスティーブ・マスターズやディック・ランドリーと話してきたことと関わっている」

　彼は驚いたようだった。パティはすでに席を立っていた。「私のオフィスを使いましょう」と言って、先頭を切って歩き始めた。

ブリッキング（使用不能）

　パティに続いて彼女のオフィスに入った。壁には彼女の娘の写真があった。11歳くらいだろう。パティとあまりにも似ているので驚いた。恐れを知らず、非常に活発な感じで存在感がある。小さくてかわいい少女にしてはちょっと末恐ろしくなるくらいだった。

ウェスが不機嫌そうな声で言った。「それでビル、進行中の深刻度1のアウテージの協議を中断してまでお前が重要だと思っていることは何なんだ？」

これは悪い質問ではない。深刻度1のアウテージは、業務に大きな支障が起きる重大な事象であり、普通なら何もかも捨ててその解決に全力を挙げるものだ。私は深く息を吸って言った。「君たちが知っているかどうかわからないんだが、ルークとデーモンはもうこの会社にはいない。公式発表では、彼らは少し休暇を取ることになったということになっている。それ以上は、私も知らない」

彼らの表情に驚きの色が見えた。私の疑いはやはり正しかったようだ。彼らは知らなかったのである。私は手短に今朝のことを説明した。パティは舌打ちしながら首を横に振った。

ウェスは怒っているように見えた。彼はデーモンとは何年もいっしょに働いてきた。彼の顔は赤くなった。「じゃ何か、俺たちはお前の命令を聞けっていうのか。悪気はないけど、お前がそうなるのはちょっとおかしくないか？ お前がやってきたのは、ミッドレンジシステムの管理だ。そんなのはもう何年も前からアンティークじゃないか。お前はそこで楽な仕事を築き上げてきた。で、お前が何を知っているってんだ？ 今どきの分散システムの動かし方なんて全然知らないだろ？ お前には1990年代が未だに未来じゃないか」

ウェスは続けた。「ぶっちゃけ、お前の頭なんか吹っ飛んじまうぜ。俺が毎日相手にしているペースの速さや複雑さと付き合わなければならなくなったら」

私は3つ数えながら息を吐いた。「君がどれだけこのポストに就きたいかということなら、スティーブに言ってくれ。好きなようにしてくれていいよ。上が一番に必要としていることをやろう。全員に時間内に給料を渡せるようにしなきゃならない」

パティはすぐに答えた。「あなたが私に言っていたわけではないことはわかっているけど、給与システムの事故に全力を注がなければならないということでいいわよ」。一瞬置いてさらに続けた。「スティーブはいい選択をしたわね。おめでとう、ビル。大きい予算についてはいつ話しができるのかしら？」

私は彼女にありがとうの意味で軽く微笑んでうなずいた。そして、ウェスを見つめた。
　沈黙が続き、よくわからない表情がウェスの顔に浮かんでは消えた。そして、彼の感情も少し和らいでいった。「わかった。お前がスティーブに話せというのはもっともだ。彼には説明しなければならないことがたくさんある」
　私はうなずいた。スティーブと対したときの自分の経験を反芻しながら、もしウェスが本当にスティーブと対決するなら純粋に幸運を願う気持ちになった。
「ふたりともわかってくれてどうもありがとう。では、エラーについて何がわかっているのかな？　昨日のSANのアップグレートというのはどういうことなんだろう？　関連しているのだろうか？」
「それはわからない」。ウェスが首を横に振った。「お前が入ってきたとき、俺たちはそれをはっきりさせようとしていたんだ。昨日、給与計算がエラーを起こしたとき、俺たちはちょうどSANのファームウェアのアップグレードの最中だった。SANがデータを壊しているとブレントが思って、変更を取り消したほうがいいと言った。俺もそうかなと思ったんだけど、ご覧のように結局ブリッキングしちまったんだ（※使用不能になったということ）」
　今まで、「ブリッキング」という言葉は、携帯電話のアップデートが失敗したといった何か小さなものが壊れたときに使う言葉だと思っていたが、代わりのきかない企業データが格納されている百万ドル級の装置に対してこの言葉が使われているのを聞いて、私は頭がクラクラした。
　ブレントはウェスの部下だ。ITが関わっている重要なプロジェクトにはいつも彼の顔がある。私も彼といっしょに働いたことが何度もある。ブレントは間違いなく賢い男だが、知りすぎているために弱気になることがある。しかも、ほとんどの場合、彼は正しいのだ。
「聞いただろう」。ウェスは相変わらず白熱しているアウテージ問題についてのカンファレンステーブルの議論を指さして言った。「SANがブートせず、データを提供しない。ディスプレイに表示されるエラーメッセージさえ読めないんだ。何か奇妙な言葉で書いてあるからね。それで、たくさんのデータベースがダウンしている。もちろん、給与もそうだ」
「SANの問題に対処するなら、ブレントをフェニックスの仕事から引き上

げなければならないわ。フェニックスはサラにきっとやるって約束した仕事だけど。とんでもないことになるわよ」。パティが不吉なことを言った。

ITを非難するのがめっぽううまい女

「そりゃ大変だ。サラには正確なところ何を約束したんだっけ？」私は不安になって尋ねた。

　サラはリテール営業担当SVP（シニアバイスプレジデント）で、私と同様にスティーブ直属となっている。彼女は、自分が失敗したときにほかの人々、特にITを非難するのがめっぽううまいという気味の悪い才能を持っている。もう何年もの間、彼女は責任追及を逃れおおせている。

　スティーブは自分の後釜として彼女を仕込んでいるという噂を聞いているが、それは不可能だろうと思って高をくくっている。スティーブは彼女の策略に気づいていないはずがない。

「サラは、私たちがクリスのために仮想マシンの準備をするのが遅れたってことを誰かから聞いているわ」。パティが答えた。「私たちは、そのためにすべてを捨てたわ。つまり、SANの修復のために必要なものもすべてを捨てなければならなかったのよ」

　クリス・アラーズはアプリケーション開発担当VPで、事業部門が必要とするアプリケーションやコードの開発の責任者である。開発されたコードの運用、維持は私たちの部門にまわってくる。今のクリスの命運はフェニックスにかかっている。

　私は頭をかきむしった。仮想化（※ ソフトウェア技術によってコンピュータの物理的な制約を使用者が意識せずにすむようにする技術。1台のマシンを何台分にも使えたり、何台ものマシンをあたかも1台のように動作させることができる）には、会社として莫大な投資をしている。1960年代のメインフレーム環境に不思議と似ているけれども、仮想化はウェスの世界を一変させたのだ。突然、数千台の物理サーバーを管理しなくても済むようになった。サーバーは、今やひとつの大きな物理サーバーのなかにある目に見えない論理的な存在になった。いや、クラウドのどこかに存在するという場合さえある。

　新しいサーバーの構築は、今やアプリケーションのなかで右クリックするだけのことになった。ケーブルの接続？　それは設定の問題になった。しか

し、仮想化は私たちのすべての問題を解決するという約束はどこへやら、私たちはこんな状態だ。依然としてクリスに仮想マシンを提供するのが遅れている。

　私は言った。「SAN の問題を解決するためにブレントが必要なら、そうしよう。サラは私が相手をする。しかし、給与計算のエラーの原因が SAN なら、もっと広範囲にアウテージやエラーが起きなかったのはなぜだろうか」

「サラは間違いなくキャンピングカー暮らしだな。なんだか俺は急にお前のポストなんかほしくなくなったよ」。ウェスが大声で笑いながら言った。「初日にクビにならないようにな。次は間違いなく俺の番だ！」

　それからウェスは黙って少し考えてからこう言った。「お前は SAN についてなかなかいいことを言っている。ブレントが今この問題の相手をしているんだ。彼のデスクに行って彼の考えを聞いてみよう」

　パティと私はうなずいた。それはいい考えだ。関連するイベントの正確なタイムラインをつかむ必要がある。今までは考えのベースがすべてうわさ話でしかなかった。

　それでは犯罪を解決することはできないし、ましてやアウテージを解決することはできない。

第 3 章
原因究明のために

続続・9月2日（火）

　パティとウェスの後ろを歩いた。NOCを通り過ぎ、キュービクルの海に入ると、6個のキュービクルを組み合わせて作った巨大な作業スペースに着いた。壁に向かって大きなテーブルが置いてあり、キーボードが1台に液晶モニターが4台ある。まるでウォールストリートのトレーダーのデスクのようだ。周りはサーバーで埋め尽くされ、どれもが光を明滅させていた。デスクの各部分にはさらにモニターが並び、グラフ、ログインウィンドウ、コードエディタ、ワード文書、そのほか無数の私にはよくわからないアプリケーションが並んでいた。

　ブレントは周りのすべてに気づかない様子で、あるウィンドウにタイプしていた。電話からは、NOCの電話会議の音が聞こえた。うるさいスピーカーフォンが周りの迷惑になっていることなど、彼は明らかに気にしていなかった。

　ウェスがブレントの肩に手を置いて大声で言った。「やあ、ブレント、ちょっといいかい」

　「ちょっと待ってくれないかな」。ブレントは見上げもせずに答えた。「今は本当に忙しいんだよね。SAN問題をやってるんだよ。わかるだろ？」

　ウェスは椅子をぐいとつかんだ。「ああ、俺たちがここに話にきたのはそれだよ」

　ブレントが振り返ると、ウェスは続けた。「昨日の夜のことをもう1度話してくれよ。SANのアップグレードによって給与計算がエラーを起こしたと思ったのはなぜなんだい？」

　ブレントは目をむいて言った。「みんなが帰ったあと、SANエンジニアのひとりがファームウェアのアップグレードをするのを手伝っていたんだよ。それが思ったよりも長引いちゃってさ。全然技術ノートのとおりにいかないんだよ。すごい大変な思いをしたんだけど、7時くらいにやっと終わったんだ」

「SANをリブートしたんだけど、自己テストがことごとく失敗し始めてさ。15分くらい、何がまずいのかを調べようとあれこれやっていたんだ。そうしたら、給与計算が失敗したってメールが来て、『ゲームオーバーだな』ってわけ。

うちのバージョンはとにかく古すぎた。SANのベンダーは、たぶん、うちがやろうとしているアップグレードパスをテストしていなかったんだろうな。そっちに電話して、プラグを抜きたいと言ったら、オーケーしてくれたので、ロールバックを始めた。

そうしたらSANがクラッシュしちゃってさ」。ブレントは、椅子に倒れ込んだ。「給与計算だけじゃなくて、ほかのサーバーもたくさん落ちた」

ウェスが私のほうに向き直って説明した。「うちでは何年も前からSANのファームウェアをアップグレードするんだって言ってきたんだけど、実際にはやれていなくてさ。1度あと少しのところまで来たことがあるんだけど、十分なメンテナンス期間が取れなくなってね。パフォーマンスはどんどん下がっていって、いくつもの基幹アプリケーションが影響を受けるほどになった。そこで、ついに昨晩になって、苦痛をこらえてアップグレードに踏み切ったというわけ」

私はうなずいた。すると、私の電話がなった。

アンからだった。電話をスピーカーフォンにつないだ。

壊れたデータ

「あなたが言ったとおりに、昨日、給与データベースから取り出したデータを見てみたわ。直近の給与期間は問題なかった。でも、この給与期間では、工場の時間給従業員の社会保障番号が完全にわけのわからないものになっていたのよ。そして、労働時間と賃金のフィールドは全部ゼロになっていた。今まで誰もこんなレコード見たことがないわ」

私は驚いて眉がつり上がった。「ひとつのフィールドだけがわけのわからないものになっていたって？『わけのわからないもの』ってのはどういうこと？ フィールドには何が書いてあったんですか？」

彼女は、画面に映し出されているものを説明しようとした。「えーとね、数字とか文字じゃないのよ。ハートとスペードがいくつか。それからのたく

ったような文字。あと、ウムラウトが付いた外国語の文字がいくつもあるわね。それとスペースがない。これは重要な意味があるんですか？」

アンがノイズだらけの行を大きな声で何とか読もうとしているところをブレントがクスクス笑った。私はブレントを厳しくにらみつけてから、アンに言った。「構図が見えてきたように思う。これはとても重要な手がかりだ。壊れたデータが入ったスプレッドシートを私のところに送ってもらえますか？」

アンは、はいと答えた。「ところで、今はデータベースがいくつも落ちている？ おかしいな。昨晩はみんな動いていたのに」

ウェスは、ブレントが何か言う前に何かをひそひそ声で言ってブレントを黙らせた。

私は素知らぬ顔で言った。「よし、私たちは問題を把握していますし、対処しているところです」。電話を切ると、アウテージと闘っている人々を守ってくれた何かの神に感謝して、私は安堵のため息をついた。そして言った。

「データベースで壊れていたのは1個のフィールドだけだって？ これはSANの障害のためじゃないだろう。ブレント、昨日SANのアップグレードのほかに、給与計算が失敗するような原因になることを何かやっていなかったかな？」

ブレントは椅子に前かがみになり、椅子を回しながら考えていた。「ええと、今あなたが言っていたこと、時間管理アプリケーションの開発者が、昨日電話でデータベースの表の構造について変なことを尋ねてきましたよ。僕はフェニックス・テスト仮想マシンの仕事の最中だったので、すぐに仕事に戻れるように、本当に一言答えただけだったんですが。彼が何かアプリケーションを壊すようなことをしたって言うんですか？」

ウェスはすばやくスピーカーフォンのほうに向き直ると、この間ずっとつながったままだったNOCの会議電話を呼び出し、電話のミュート（消音）を解除した。「みんな、こちらはウェスだ。今ブレント、パティと俺たちの新しいボス、ビル・パーマーといっしょにいる。スティーブ・マスターズが、IT運用の全権を彼に委ねたんだ。だからよく聞いてくれ」

新しいポストをきちんと発表してほしいという私の希望はどんどんかなわなくなっていった。

ウェスは続けた。「工場の時間管理アプリケーションに変更を加えた開発者について知っている人間はいないか？ ブレントが言うには、データベースの表の変更について尋ねる電話を受けたっていうんだけど」

スピーカーフォンから声が上がった。「確かに、工場との接続に問題を抱えていた人を助けましたよ。時間管理アプリケーションのメンテナンスをしている開発者で間違いありません。ジョンが今週中に稼働させてくれと言っていた何かのセキュリティアプリケーションをインストールしていました。名前はマックスだったと思います。まだ、この辺に連絡先のメモがあったはずですが……。今日から休暇だって言っていました。だから、この仕事を急いでいたんです」

セキュリティ部門の陰謀に加担する開発者

私たちがどこに行くべきかははっきりしてきた。

開発者がひとり、休暇に入れるように急ぎの変更を押し込んできた。たぶん、我が社のCISO、すなわち最高情報セキュリティ責任者であるジョン・ペッシュが動かしている急ぎのプロジェクトの一部だ。

こういうことが起きるたびに、開発者という人種に対する不信感が強まるのだ。連中は不注意にシステムをぶっ壊しては姿を消して、運用に後始末を押し付ける。

開発者以上に危険なものといえば、セキュリティ部門の陰謀に加担している開発者だ。両者がいっしょだと、手段、動機、機会が揃う。

おそらく、我が社のCISOが開発のマネージャーの誰かに何かをするよう強く迫り、そのために開発者が何かほかのことをやらかし、それが給与計算をぶち壊したのだろう。

情報セキュリティというやつは、いつも人々に印籠をちらつかせ、社内のよその部署でどういうことが起きるかにかかわらず、自分の要求の実現を急がせる。私たちが多くの会議に彼らを招かないのもそのためだ。余計なことをやらずに済ませるための最良の方法は、彼らに部屋にいてもらうことだ。

彼らは、私たちがする何かがセキュリティホールを作り、異空間のハッカーがその穴を悪用して会社全体を乗っ取ったり、コード、知的財産、クレジットカード番号、家族の写真を奪ったりするという話はいくらでもできる。

そのなかには正当なリスクの指摘もあるのだろうが、彼らのヒステリックな金切り声の独善的な要求と、実際にシステム環境の防衛力を向上させることとの間のつながりが、私にはどうしても見えないことがよくある。

「よし、みんな」。私は意を決したという感じで切り出した。「給与計算がエラーを起こしたのは犯罪のようなものであり、私たちはロンドン警視庁だ。SAN はもう被疑者ではないが、調査の過程で誤って傷つけてしまった。ブレント、君は壊れた SAN の修復を続けてくれ。私たちがすぐに SAN を動かさなければならないことは明白だ」

「ウェスとパティ、新しい重要参考人はマックスとその上司だ。彼らを見つけ出し、留置し、何をしたのかを吐かせるためにできることは何でもしてくれ。マックスが休暇中でもかまうことはない。彼はきっと何かをぶち壊しているはずだし、私たちはそれを午後 3 時までに修復しなければならない」

　私はちょっと考えた。「私はジョンを探し出してこよう。どちらか私といっしょに来てくれないか？」

　ウェスとパティは、どちらのほうが CISO のジョンを問い詰めるうえで役に立つかを相談していたが、パティがきっぱりと言った。「それは私でしょう。何年も前からジョンの部下がおかしなことをしないように見張ってきたのは私です。彼らは私たちの手順に決して従おうとせず、そのためにかならず問題を起こします。スティーブとディックがこんなヘマをしでかしたジョンを叱りつけるところをぜひ見たいものです」

　これは説得力のある話だったので、ウェスは言った。「わかった。あいつのことはふたりに任せるよ。ジョンがほとんどかわいそうになってくるぜ」

　私は、すぐに言葉の選び方が間違っていたと後悔した。これは魔女狩りではない。報復が目的ではないのだ。エラーが起きるまでの関連事象のタイムラインはまだできていない。

　昨晩は、不適切な結論に飛びついたために、SAN のエラーが起きた。この種の過ちを二度としてはならない。自分がこのポストにいる間は。

　ジョンを呼び出すとき、パティの画面に映った電話番号がすぐにはわからなかった。メガネを買えという妻の忠告を聞いたほうがいいのかもしれないなと思った。これも、40 歳は曲がり角だということを思い知らされるきっかけのひとつだ。

CISO、ジョン・ペッシュの不満

　電話をかけると、1回の呼び出しで声が返ってきた。「はい、ジョンです」
　私は給与計算とSANのエラーについて手短に説明したうえで尋ねた。「昨日、時間管理アプリケーションに何か変更を加えましたか？」
　彼は言った。「それは気の毒なことだったな。しかし、君のところのミッドレンジシステムには何も変更を加えていないと断言できるよ。悪いけど、それ以上何もしてあげられないよ」
　私はため息をついた。スティーブかローラがもう私の昇進の発表をしてくれていると思ったんだが。どうやら誰かに話をするたびにいちいち新しいポストのことを説明しなければならない定めになっているようだ。
　自分で発表をしたほうが簡単なんじゃないかとさえ思った。
　そこで、私の急な昇進について手短な説明を繰り返した。「ウェス、パティと私は、昨日あなたがマックスと何かを急いでデプロイしたと聞いています。それは何だったんですか？」
　「ルークとデーモンがいなくなっただって？」ジョンは驚いたようだった。「コンプライアンスについての監査所見のためにスティーブが彼らをふたりともクビにするなんて思いもしなかったよ。そんなこと誰にわかるものか。いよいよこの会社でもいろいろなことが変わり始めたんだ。ビル、君もこのことを教訓にしたほうがいいよ。君たち運用の人間は、セキュリティの問題をもう後回しにしていてはいけないんだ。まあ、親切な忠告ということだけどな……。
　そのことだけど、競合他社がうちを追い抜いていっていることについては疑っていることがあるんだ。よく言うように、1度は偶然、2度は偶発事だ。しかし、3度目となると、それは敵の行動によるものだ。たぶん、うちの営業のメールシステムはハックされている。うちがこれだけ契約を失っている理由はそれではっきりする」
　ジョンはまだ話し続けていたが、私の頭のなかは、ルークとデーモンがセキュリティ関連の何かが原因でクビになったというジョンの言い分でいっぱいになっていた。それはありそうなことだ。ジョンは、スティーブと取締役会、社内外の監査役、監査人といったきわめて強い権力を持つ人々と日常的に関わっている。

しかし、彼らの退社の理由として、スティーブはジョンとも情報セキュリティとも言っていなかったことは確かだ。フェニックスに力を注がなければならないということだけだった。
　私はどうだろうという顔をしてパティを見た。彼女は目を丸くして、耳元で指をくるくる回した。彼女がジョンの理論を馬鹿げていると思っているのは明らかだ。
　私は、純粋な好奇心から尋ねてみた。「スティーブは新しい組織の構造についてあなたに何かヒントになるようなことを言っていましたか？」ジョンはいつも情報セキュリティの優先順位が低いと文句を言っている。彼はCIOと同格にしてくれと運動してきた。そうすれば、利害対立が解決するというのだ。私が知るかぎり、彼の運動は成功していない。
　ルークとデーモンができるかぎりジョンを遠ざけていたのは不思議なことではない。本当の仕事をする人々の邪魔にならないようにするためだ。彼らがベストを尽くしても、ジョンは何とかして会議に姿を現し続けていたが。
　「何だって？　私には何が起きているかについて手がかりなんてないよ」。ジョンは不機嫌そうに言った。私が尋ねたことが明らかに神経に触ったと見える。「いつもと同じさ。私は蚊帳の外だ。歴史が参考になるのだとすれば、最後まで私にはわからないんだよ。君の話を聞くまで、私はまだルークの部下だと思っていたんだ。彼が辞めたら、誰が上司になるんだか自分でもわからない。君はスティーブから呼び出されたのかね？」
　「全部私の上が決めたことです。私もあなたと同じ蚊帳の外ですよ」。私は知らんぷりをして答えた。そして、話題を急転させて尋ねた。「時間管理アプリケーションの変更について教えてもらえませんかね？」
　「スティーブに電話して何がどうなっているのか教えてもらおう。彼は情報セキュリティがあることさえ忘れているんだ」。相変わらずのジョンの言葉を聞いて、私は給与計算について話ができるのか不安になった。

社会保障番号のセキュリティ

　私としてはやれやれだが、ジョンはやっとこう言った。「わかった。君はマックスのことを尋ねているんだね。SSN、つまり社会保障番号、誕生日などのPII、すなわち個人識別情報の記録に関して緊急の監査問題があるん

だ。EU法や多くのアメリカ州法は、その種のデータを記録しておくことを禁止している。この件に関して監査で非常に大きな指摘をされたんだ。会社を会社自身から守り、もう打撃を受けないようにするのは私のチームの仕事だ。悪くすれば新聞の一面ものだよ」

ジョンはまだ続けた。「この情報をトークン化する製品を見つけたんだ。これでSSNを格納する必要はなくなる。これは1年くらい前にはデプロイされるはずだったんだが、私がいくら言ってもデプロイしてくれない。今月中にPCI（※ 支払い用カード産業、すなわちクレジットカード業界）監査がやってくるので、時間管理チームと共同で急いでやったんだ」

私は黙って電話を見つめた。

一方で、私はジョンの手に煙が出ている銃があるのを見つけたので、有頂天になっていた。ジョンが言うSSNフィールドは、アンの説明の壊れたデータと一致する。

反対側では、ジョンがまだしゃべっていた。「うまくいったか確かめさせて……」

私はゆっくり言った。「あなたが監査での指摘に対処するためにトークン化アプリケーションをデプロイしたことが原因で、給与計算がエラーを起こし、ディックとスティーブがかんかんになって怒っていますよ」

ジョンは熱くなって答えた。「まず第1に、トークン化セキュリティ製品は絶対に問題を起こしたりはしない。そんなことは考えられないことだ。ベンダーは安全だと保証してくれたし、私たちだってリファレンスを全部チェックした。第2に、ディックとスティーブが怒るのはもっともなことだ。コンプライアンスに選択の余地はない。コンプライアンスは法だ。私の仕事は、彼らがオレンジ色のジャンプスーツを着ないで済むようにすることであり、私はしなければならないことをしたまでだ」

「オレンジのジャンプスーツ？」

「刑務所で着せられるもののことだ。私の仕事は、経営陣がすべての法、規制、契約上の義務を遵守するように保つことだ。ルークとデーモンは無謀だったよ。彼らが手抜きしたので、うちの監査やセキュリティは大きな打撃を受けた。私が行動を起こさなければ、私たちは今頃全員刑務所行きになっていたはずだ」

今話していたのは給与計算のエラーのことで、架空の警察権力によって投

獄されるという話ではなかったはずなんだけど、と私は思った。

パティが言った。「ジョン、うちの会社には、変更を稼働システムに導入するための手順と手続きがあります。あなたはそれをやらずに済ませて大きな問題を引き起こし、私たちが修復しなければならなくなっています。なぜあなたは手順に従わないのですか？」

「パティ、よく言うよ」。ジョンが吠えた。「ちゃんと手順に従ったよ。おたくの人間が私になんて言ったと思う？ 次にデプロイできるのは4カ月後だとよ。監査人は来週来るんだぞ」

ジョンは負けていなかった。「おたくの官僚主義的な手順に引っかかっている場合じゃないんだよ。君が私の立場ならきっと同じことをしている」

パティは真っ赤になった。

私は穏やかに言った。「ディックによると、時間管理アプリケーションを復旧させるために残された時間は4時間ありません。SSNに影響を及ぼす変更が加えられたことがわかったので、しなければならないことははっきりしていると思います」

私はさらに続けた。「デプロイを助けたマックスは、今日休暇でいません。あなたがデプロイしたトークン化製品についてもっと情報を集めるために、ウェスかブレントがあなたと連絡を取ることになります。あなたは彼らが必要とする援助をしてくださるものと信じています。これは大切なことです」

ジョンが受け入れたので、彼に時間を割いてくれてありがとうと言った。「すみません、あとひとつだけお聞きしたいことがあるんですが。この製品がエラーの原因ではないと思った理由は何ですか？ 変更の影響をテストしたんですか？」

短い沈黙の後、ジョンは答えた。「いや、私たちは変更をテストできないんだ。テスト環境がないんだから。1年前君たちが予算を要求したんだけど……」

私はそれを知っておくべきだった。

無視される変更管理プロセス

ジョンが電話を切ったあと、パティが言った。「これはいい話よ。修正は

簡単ではないかもしれないけど、少なくとも何が起きているのかがついにわかったわ」

私は尋ねた。「ジョンのトークン化の変更は、変更のスケジュールに入っていたのかい？」

彼女は冷たく笑った。「あなたにそれを言おうとしてたのよ。ジョンがうちの変更手順に従うことはまずないわ。まあ、その点に関していえば、ほとんどの人がそうだけどね。まるで開拓時代の西部よ。ほとんどがせかせかと焦って変更していく」

彼女は、防衛的になって言った。「私たちには、この辺についてもっと手順が必要だし、ITプロセスのツール、トレーニングを含めて上からもっとサポートを強化する必要があるわ。誰も彼もが仕事をするための本当の方法は、有無を言わさずやってしまうことだと思っている。それでは私の仕事はほとんど不可能になってしまうわ」

私が以前いたグループでは、プログラム変更はいつも規律正しくやっていた。ほかの全員に周知せずに変更を加える人間はいなかったし、プログラム変更によって誰かほかの人が困ったことにならないように神経を注いでいた。

私はこのように目隠しで飛ぶことには慣れていない。

「何かまずいことが起きるたびに犯人探しをやっている時間はないぞ」。私は不機嫌に言った。「過去の、そうだな3日間に加えたすべての変更をリストにしてまわしてくれ。正確なタイムラインがわからなければ、原因と結果をはっきりさせることができない。そんなことをしていると、またアウテージを起こすことになる」

「いいアイデアね」。パティがうなずいた。「スケジュールに載ってなかったことを把握するために必要なら、ITの全員にメールを出して、それぞれが何をしていたのかをはっきりさせましょう」

「『全員にメールして』ってどういうこと？ 自分が加えた変更を登録するシステムはないの？ チケットシステムとか変更許可システムといったものはないの？」私は愕然として尋ねた。これでは、犯罪現場の近くにいた人を割り出すためにスコットランドヤードがロンドンの全市民にメールを出すようなものだ。

「何を言ってんの？」パティは私のことを新入社員のような目で見ながら言

った。実際、私はそんなものなのだろうと思った。「私は何年も前から変更管理プロセスやツールをみんなに使わせようとしてきたわよ。でも、ジョンと同じように誰もそんなものは使ってないの。チケットシステムもそうよ。あれも行き当たりばったりなの」

状況は私が思っているよりもはるかに悪いようだ。

「わかった、君が必要だと思うことをしてくれ」。私はイライラを隠しきれずに言った。「開発者だけでなく、システム管理者やネットワーク技術者も、全員が時間管理システムのサポートをするようにしてくれ。マネージャーたちには、いかに大した意味がないように思ったとしても、あらゆる変更を把握しておくことが重要なんだということをよく言ってくれ。ジョンの部署も忘れずにね」

パティはうなずいた。私はさらに言った。「君はプログラム変更の管理をしている。変更管理はこれから改善していかなければならない。状況をもっとよく把握する必要がある。これは、ちゃんと機能する変更管理の手順が何らかの形で必要だということだ。全員にプログラム変更の内容を申告させ、システムに実際に何が起きているのかをしっかりと把握できるようにしよう」

驚いたことに、パティはしょげているように見えた。「私はずっとそうしようとしてきたのよ。何が起きるか言ってあげましょうか。CAB、すなわち変更諮問委員会は、1度か2度開催されるだろうけど、忙しいからと言って2週間以内に誰も来なくなるわ。じゃなければ、締め切りが迫っているからと、許可を待たずに変更を加えていくのよ。いずれにしても、1カ月以内に立ち消えになっちゃうわ」

「今回こそは変えよう」。私はきっぱりと言った。「技術リーダー全員に会合の通知を送り、出席するかどうかは選べないということをはっきりと言おう。自分が出席できない場合は、代理を出させるのだ。次の会議はいつかな？」

「明日よ」

「すばらしい」。私は純粋に熱を込めて言った。「楽しみにしているよ」

結果の出ない長い一日

やっと家に帰り着いたときには、午前0時を回っていた。残念なことに終わった長い一日に私は疲れきっていた。床には風船が並び、キッチンテーブルには半分空になったワインボトルが置いてあった。壁には、クレヨンで「お父さんおめでとう！」というポスターが貼ってあった。

午後に私の昇進のことについて妻のペイジに電話したとき、彼女は私よりもずっと喜んでいた。彼女は、ささやかな祝いの席を設けて近所の人々を招待するのだと言い張った。帰ってくるのが遅くなりすぎて、私は自分のパーティーに出ることができなかった。

午後2時、パティは過去3日間に加えられた27の変更のうち、給与計算のエラーとの関連性を合理的に疑えるのはジョンのトークン化とSANのアップグレードだけだということを突き止めた。しかし、ウェスと彼のチームはまだSANを復旧できなかった。

午後3時、私はアンとディックにプランBを実行するしかないという悪い知らせをしなければならなくなった。当然ながら、彼らは非常にがっかりした。

時間管理アプリケーションが復活したのは午後7時、SANが最終的にオンラインになったのは午後11時だった。

IT運用担当VP就任初日の業績としてはぱっとしないものだ。

会社を出る前に、スティーブ、ディック、アンに手短に現状報告とこのようなエラーの再発防止を約束するメールを送った。

私はペイジを起こさないように気をつけながら、2階に上がり、歯を磨いて、就寝前にもう1度電話をチェックした。広報部長からの「凶報：明日新聞の一面に載るかも」というメールを見て苦々しくなった。

私はベッドに座り、目を細めて添付されていた新聞記事を見た。

エルクハート・グローブ・ヘラルド・タイムズ
パーツ・アンリミテッドに給与支給ミス、地域の労働組合幹部が不当と抗議

　自動車部品メーカーのパーツ・アンリミテッドの社内メモによれば、同社は労働者に十分な給与を支給せず、中には給与が一切出ない従業員も出るこ

とがわかった。当地に本社を置く同社は、時間給労働者の一部に正しい給与小切手を発行できず、一部については一切給与を受け取れない状態になっていることを認めた。パーツ・アンリミテッドは、この問題と資金繰りの悪化との関係を否定、給与システムのエラーによるものだとしている。

　かつて40億ドル企業だった同社は、近年では収益の低下と損失の拡大により、苦境にあえいでいる。このような財務体質の悪化については、経営陣の問題だと非難する声も上がっているが、家計を支えるために苦闘している地域の労働者の間に不安を巻き起こしている。

　メモによれば、支給ミスの原因が何であれ、支給には数日から数週間の遅れが出る見込み。

　ネスターメイヤーズの主任産業アナリスト、ケリー・ローレンス氏は、「これは、近年同社が犯した一連の経営失策のひとつと位置付けられる」と指摘している。

　パーツ・アンリミテッドのCFO、ディック・ランドリー氏は、給与支給問題、会計ミス、経営能力の欠如についてのヘラルド・タイムズからのコメント要求に対し、電話を返してきていない。

　ランドリー氏は、パーツ・アンリミテッドを代表して発表した声明のなかで、システムの故障について遺憾の意を表明し、支給ミスを繰り返さないことを誓った。

　ヘラルド・タイムズは、事態の進展があり次第、続報を入れる予定。

あまりにも疲れてもう何もできなくなり、私はライトを消した。明日はディックを見つけ出して個人的に謝罪しようと頭の中のメモに書いた。目を閉じて眠ろうとした。

　それから1時間たつが、私はまだ天井を見つめている。全然眠れない。

第 4 章
サラとの遭遇

9月3日（水）

　午前 7 時半にラップトップを開けながらコーヒーをすすった。午前 8 時の会議の前にメールと留守電をチェックしておこうと思ったのだ。画面を見つめた。昇進してから 22 時間のうちに、私の受信箱には 526 通のメールが届いていた。

　なんてこった。

　昨日のエラー関連のメールはすべて読まずに流していくと、ベンダーからのおめでとう、ランチでお会いしたいというメールの山にぶつかってひどく驚いた。いったいどうやって知ったのだろう？　社員はまだ大半が知らないはずだが。

　以前の上司の秘書だったエレンからもメールが来ていた。今度は私を補佐してくれることになっている。「おめでとうございます、いつお会いできますか？」「今朝、コーヒーを飲みに行きましょう」と返事して、IT サービスデスクには、エレンが私のカレンダーにアクセスできるようにしてくれとメモを送った。

　デスクの電話が赤く点滅しているのが目に入った。「午前 7:50　62 の留守番電話メッセージ」と書かれていた。

　がっくりきた。これをただ聞くだけで 1 時間もかかってしまう。エレンにまたメールした。「留守電を全部聞いて、こちらでしなければならないことを書いてください」

　送信ボタンを押す前に急いで付け加えた。「スティーブかディックからのメッセージがあれば、すぐに携帯で知らせてください」

　クリップボードをつかんで初めての会議に急いで向かおうとしたところに携帯が震えた。緊急のメールだった。

　From: サラ・モールトン
　To: ビル・パーマー

CC: スティーブ・マスターズ
Date: September 3, 7:58 AM
Priority: Highest
Subject: 最近のフェニックスの遅れについて

　ビル、ご存知のようにフェニックス・プロジェクトは、この会社の最重要プロジェクトです。しかし、私はあなたがフェニックスのリリースを妨害しているという噂を聞いています。
　いつまでも会社に競争力が残っているわけではないことは今さら言うまでもないでしょう。我が社のマーケットシェアは、日一日と下がり続けています。全員に危機意識を持ってもらわなければなりません。特に、ビル、あなたには。
　今日の午前10時に緊急のプロジェクトマネジメント会議を開きます。参加して、このあってはならない遅れについて説明してください。
　スティーブ、取締役会での発言からも、このプロジェクトがとても重要だということは承知しております。よろしければ参加していただいて、お考えをお聞かせください。
　よろしくおねがいします。

　　　　　　　　　　　　　　　　　　　　　　　　　　　　　　　サラ

　何たること！
　私は、「最優先」のマークを付けてウェスとパティにメールを転送した。送られてくるメールの半分が「緊急」だとは、世界で何かまずいことが起きているに違いない。何でもかんでもそんなに重要だなんてことがあるだろうか。
　ウェスの携帯を呼び出すと、「サラからのメールを今見たところだ。とんでもないデタラメだな」と声が返ってきた。
　「これは一体なんなんだろう」と尋ねると、「これは、ブレントがフェニックス開発者のための設定作業を終えていないことでたぶん間違いない。テスト環境をどうしたらよいのか開発者がちゃんとこっちに指示を出せないもんだから、みんな無駄な努力をさせられちまうんだ。こっちは最大限のことをしているさ。でも、こっちで何かを用意すれば、かならずこっちがちゃんと

仕事をしていなって言ってくるんだ」と言う。
「頼んできたのはいつのことなんだ？」
「2週間前だよ。開発がよくやる手口だけど、これはもっとひどいな。やつらはどうやってテスト、デプロイしようかって考え始めたところなんだぜ。よほど納期に遅れるとやばいと思ってんだよ。こっちの問題だってことにしちまおうってことで間違いないな。俺みたいに燃えない下着を着込んでいったほうがいいよ。サラは松明を持って会議に乗り込み、こっちを火だるまにしてやろうと企んでるよ」

　開発から IT 運用への移管がいちいちおかしなことになるのには参った。しかし、このふたつが延々と民族紛争を繰り返していることを考えれば、驚くほうが間違っているのかもしれない。

　私はウェスに答えた。「構図が見えたよ。この開発の仕様問題については君も個人的に掘り下げておいてくれ。この問題は何がなんでも片を付けなきゃならない。文書化された仕様が完成するまでは、開発だろうが、運用だろうが、関係者はみんな部屋に缶詰だ。フェニックスはとにかく大事なもので頓挫させるわけにはいかない」

　ウェスがわかった、と答えたところでさらに私は尋ねた。「ほかにサラが突っ込んでこれそうな問題はあるかな？」ウェスは少し考えてから言った。「ないと思う。ブレントが仕事を終わらせられなかったのは、給与ランのエラーというまっとうな理由だし」

「そうだな」。後始末は十分にできていると思って私は言った。「じゃあ 10 時に」

プロジェクトマネジメント会議

　それから 1 時間もたたないうちに、私は暑い日差しのなか、9 号館に向かって歩いていた。マーケティングの連中が我が家と呼んでいるところだ。驚いたことに、IT のかなりの人数が同じ方向に歩いていた。なぜだ？

　マーケティングプロジェクトの大多数は、IT なしには進まない。ハイテクなくしてハイタッチマーケティング（※ 顧客の気持ちをつかむことを重視するマーケティング。ハイテク重視ではなくという意味も含まれている）はないのだ。しかし、マーケティングのプロジェクトにこれだけの人数を割いているのであ

れば、彼らのほうからこっちにくればいいのではないか？

　たぶん、サラはこういう形を好むのだろう。巣の奥に潜んでいる蜘蛛のように、社内の手下どもが自分のほうに向かって集まってくるのを見るのが楽しみなのだ。

　会議室に着くと、プロジェクトマネジメント室長のキルステン・フィングルがテーブルの中心にいることに気づいた。私は彼女を高く買っている。彼女は冷静で秩序正しく考えることができ、責任ということに関して厳しい考えを持っている。5年前に彼女が入社してきたとき、この会社にはまったく新しいレベルのプロフェッショナリズムが浸透したものだ。

　彼女の右にサラが椅子にどっかりと座って、まわりのことなど忘れたようにアイフォンをいじっていた。

　サラは私と同年の39歳だが、年齢について守りが固く、実際よりもずっと年長に見えるようなしゃべり方をする。しかし、実際にうそをついたりはしない。

　これもサラの扱いにくさのひとつだ。

　部屋には25人ほどの人がいた。多くの製品の責任者も含まれており、そのなかにはサラの部下もいた。アプリケーション開発担当VPのクリス・アラーズもいた。クリスは、私よりも少し年上でスリムな感じに見える。納期を破った部下を叱責するのと同じくらい誰かにジョークを言っている姿を見かける。彼は有能だという評判であり、しっかりとしたマネージャーだ。彼の下で働いている開発者は200人近くいるのだから、そうでなければ困る。

　フェニックスの開発を助けるために、彼のチームはこの2年間に50人増えていた。その多くはオフショアの開発会社から来た人々だ。いつもクリスは、より短い時間、より低いコストでより多くの機能を作れと指示していた。

　その彼の部下のマネージャーも部屋には何人かいた。ウェスもいて、クリスの隣に座っていた。空席を探し始めてみて、誰もがいつになく緊張しているのがわかった。そして、その理由がわかった。

　唯一の空席の横に、スティーブその人が座っていたのである。

　誰もが彼と目を合わさないようにじっとしているように見えた。私がスティーブの横に何気なしに座ると、携帯が震えた。ウェスからのテキストメッセージだ。

「おい、スティーブがプロジェクトマネジメント会議に出てくるなんて初めてだぞ。みんな戦々恐々だよ」

キルステンが咳払いして言った。「最初の議題はフェニックスです。状況はよくありません。このプロジェクトは、4週間前に黄信号から赤信号に変わりました。私の個人的な感想では、納期は重大な危機にさらされていると思います」

プロフェッショナルを感じさせる声で彼女は続けた。「思い出してください。先週、フェニックス・フェーズ1のクリティカルパスに12のタスクが入っていましたが、終わったのはそのなかの3つだけです」

どよめきが起こり、ひそひそ話をする人々もいた。スティーブが私のほうを向いて発言を促した。

私は説明した。「この問題で決定的な意味を持っていたのはブレントです。彼は、ここにいる誰もがご存知の給与システムの復旧作業のほうに100パーセント取られていました。これはまったく予測できない緊急事態でしたが、明らかに私たちが処理しなければならなかったものです。フェニックスがいかに大切かは誰もが知っています。そして、私たちはブレントがフェニックスに専念できるようにできるかぎりのことをしています」

「ビル、とってもクリエイティブなご説明をどうもありがとうございました」。サラがすぐに反応した。

「しかし、本当の問題は、あなたの部下たちがこの会社にとってフェニックスがいかに大切かをよくわかっていないことにあるのではないかしら。我が社は市場で競合他社に追い詰められているんですよ。みなさん、彼らの新しいサービスのCMを見たり聞いたりしていますよね。店頭でもネット通販でも、競合はイノベーションの力で私たちを圧倒しています。すでに、我が社の最大のパートナー企業の一部は競合に取られており、営業部門はパニックに陥り始めています。私は『だから言ったじゃないの』式のことを言うタイプの人間ではありませんが、ライバルの最新製品発表を見ると、これが当たり前の仕事だというふうに我が社が行動できない理由がよくわかります。

ビル、我が社がマーケットシェアを上げるには、フェニックスをリリースしなければならないんですよ。しかし、何らかの理由であなたとあなたの部下たちは、足を引っ張っている。優先順位の付け方が間違っているんじゃないですか？ でなければ、この重要なプロジェクトを支えるという意識が足

りないんじゃないですか?」

　心の準備はしてきたはずだが、私は自分の顔が怒りで熱くなっているのを感じた。たぶん、怒りの原因は、スティーブが私に言ったことを彼女がオウム返しに言うその言い方にあったのだろう。でなければ、彼女が私のことをあげつらいながら私のことを見ようともせず、スティーブのほうを見て彼の反応を探っていたからだ。彼女が私のことを無能扱いし、ずれていると言ったも同然だったからかもしれない。

　私があえて大きく深呼吸している間、誰も何も言わなかった。

　私の怒りは静まった。これは会社でよく演じられるお芝居に過ぎない。そんなものは好きではないが、そういうものなのだからそういうものだとして受け入れるしかない。私は2等軍曹に昇進したときにほとんど海兵隊に生涯を捧げそうになった人間だ。政治を使いこなせなければ、海兵隊で准士官になれるものではない。

　私はサラに言った。「おもしろい。あなたは、工場の従業員に給与を支払うのと、フェニックスのタスクを終わらせるのとどちらが重要だと言うのですか? スティーブは、給与計算のエラーを解決せよと命令しました。あなたの優先順位は、スティーブの優先順位とは違うんですか?」

　私がスティーブの名前を出したので、サラの言い方は変わった。「ITが最初からエラーを起こさなければ、私たちに対する約束を破ることはなかったはずですね。あなたとあなたのチームを頼りにすることはできないと思っています」

　私は、えさに釣られず、ゆっくりとうなずいた。「サラ、あなたのご提案を伺いたいと思います」

　彼女は私を見てから、スティーブを見た。ここではもう何も獲得できるものはないと判断したらしく、彼女は目をむいた。柄にもなく静かにしていたウェスが、このやり取りはおかしいとばかりに首を振っているのが見えた。

　サラは続けた。「我が社はフェニックスに2000万ドルをつぎ込み、もう2年近く遅れています。市場にフェニックスを打ち出さなければなりません」。そしてクリスに目をやって「ビルのグループの遅れを計算に入れると、フェニックスをリリースできるのは最短でいつになりますか?」と尋ねた。

　クリスは、書類から目を上げて言った。「私は、先週の会議からこのこと

を考えてきました。仕事を手早く片付け、ビルのチームに準備してもらう仮想化環境が期待どおりに動けば、来週の金曜には本番稼働できます」

　私は呆れてクリスの顔をぽかんと見てしまった。彼は今、デプロイの前に私たちがしなければならないあらゆることを無視して、適当な本番稼働日をでっち上げたのだ。

　ある光景がぱっとフラッシュバックしてきた。海兵隊時代、准士官全員の儀式があった。私たちは連れ立ってビールを飲みに出かけ、『スターウォーズ』の『ジェダイの帰還』を見た。アクバー提督が「こいつは罠だ」と叫ぶたびに、私たちは大声で笑い、もう1度そこを流せとなったものだ。

　今回は、笑わなかった。

『壁越しに豚を放り込む』

　「ちょっと待て！」ウェスが机を叩いて入り込んできた。「お前は何をするつもりなんだ。フェニックスのデプロイの詳細がわかったのはたった2週間前だ。どんなインフラが必要なのか開発はまだ何も言っていない。だから、こっちでは必要なサーバーやネットワークギアを注文することさえできていない。なのに、ベンダーはもううちが3週間でシステムをリリースするって言っているぞ」

　ウェスはクリスに正対し、怒って指さしながら続けた。「それに、お前のところのコードのパフォーマンスはとんでもないものだと聞いている。だから、もっとも強力でもっとも高速なハードが必要なんだ。1秒に250トランザクションをサポートしなきゃいけないところ、たったの4つしかこなせないんだぞ。必要なハードがとてつもない量になるので、別にそれを入れるための筐体を用意して、それを納期までに間に合わせるためにさらにカスタム製作料金まで払わなきゃならないんだ。予算がどうなるかは神のみぞ知るだ」

　クリスは反論しようとしたが、ウェスは情け容赦なかった。「うちには、本番システムとテストシステムの構成についての具体的な仕様だってまだ来てないぞ。開発はもうテスト環境なんかいらないってのか？ まだコードのテストらしいテストだってしてないだろう。スケジュールに入ってないんだからな！」

状況が把握できてくると私の心臓はどきどきしてきた。同じような状況を以前映画で見たことがある。筋は単純だ。まず、ウォールストリートだか顧客だか、社外との約束のために決して遅れが許されない急ぎのプロジェクトがある。テストや運用のためのデプロイのために時間を残さず、納期ぎりぎりまでの時間をすべて自分のものだと考えている開発者たちがいる。誰も納期を破りたくないので、開発に従う人々は、納期を守るためにとんでもない手抜きをする。

　これではいい結果が出るわけがない。通常、そのようなソフトウェアは安定せず、使いものにならないので、早くリリースしてくれと言っていた人々でさえ、これはリリースすべきじゃなかったと言い出す。そして、できの悪いコードのためにサーバーを何度も再起動し、外の世界からそれがいかにひどい代物かがわからないようにするために必要なことなら超人的なことまでやって、徹夜でがんばらなければならなくなるのはいつもIT運用なのだ。

　私はスティーブとクリスにできるかぎり穏やかに語りかけた。「私は、できるかぎり早い時期にフェニックスを本番稼働させたいという気持ちはよく理解しています。しかし、ウェスから聞いたところによると、現状のフェニックスはあまりにも未成熟でとてもデプロイできる代物ではないと思います。パフォーマンス上の目標を達成するために必要な機器がどのようなものかまだ把握できていませんし、私たちの推測を確かめるためのテストもできていません。すべてを監視し、バックアップすることはもちろん、フェニックスを本番稼働するためのマニュアルさえまだ不十分です」

　もっとも説得力のある声色でさらに続けた。「フェニックスを市場に打ち出したいのは私も山々ですが、ユーザーエクスペリエンスがひどければ、結局顧客を競合に取られてしまうでしょう」

　私はクリスのほうに向き直った。「開発は、運用に壁越しに豚を放り込んでおいて、駐車場でハイタッチして納期厳守を祝福するというわけにはいかないでしょう。ウェスが言うように、この豚はきっと足を壊します。すると、豚が死なないように、徹夜、休日出勤の連続を強いられるのは、IT運用になるのです」

　クリスは熱くなって答えた。「『壁越しに豚を放り込む』というのは心外だ。アーキテクチャ会議やプランニング会議にはIT運用をちゃんと招待したのに、実際に運用の人間が出席したのは片手ほどしかない。運用の人間に

何かをしてもらおうと思えば、たいてい数日、いや数週間も待たされるんだ！」

そして彼はまるで何もかもが自分の思うように動かなくなってしまったかのように両手を上げて言った。「時間がほしいのはこっちも同じだ。しかし、最初からこれは時間の制約があるプロジェクトだということはみんなわかっていたはずだ。それが全員の総意だったはずだ」

「その通り！」私が声を上げる前にサラが叫んだ。「ビルと彼のチームに緊急性に対する感覚がいかに欠如しているかが今まさに明らかになったと思います。完璧主義は、よい方向に向かっていく人々にとっては敵です。ビル、私たちにはあなたが提案するご立派な標準に合わせてフェニックスを磨いている時間の贅沢はないのです。我が社は、ポジティブなキャッシュフローを作り出さなければなりませんが、それにはマーケットシェアを取り戻さなければならないのです。そして、そのためにはフェニックスのデプロイがどうしても必要なのです」

彼女は向き直ってスティーブに言った。「スティーブ、私たちはリスクを取っているんですよね。あなたは、アナリストだけでなくCNBCの記者にまでフェニックスを売り込むというとてつもない偉業を成し遂げました。ただでさえ遅れているのにさらにリリースを遅らせて恥ずかしい思いをしたくはありません」

スティーブはこくりとうなずき、あごをなでた。そして、椅子の上で身体を前後に揺らしながら考えていた。そして、前屈みになって言った。「わかった。株主やアナリストに、今四半期中にフェニックスを立ち上げると約束したんだからな」

私はがっくりきた。私の議論はサラに骨抜きにされ、スティーブは無謀で破滅的な道に踏み込んでしまった。

私は憤慨して言った。「これは本当におかしなことだと誰も思わないんですか？ この部屋では、すべての店の前に新しい噴水を作るという話になった。そのチームには、計画立案のために9カ月を与えるという。9カ月ですよ。で、全員がそれで妥当だと了承した。

そして次はフェニックスの話です。フェニックスは数千ものPOSシステム、すべてのバックオフィス受注処理システムに影響を与えます。これは、新しい噴水を作るよりも少なくとも1万倍は複雑な仕事です。会社にかか

るリスクもずっと大きい。ところが、たった1週間でリリース方法を立案して実行せよというのですか？」

　私はスティーブに助けを請うように言った。「これは少し無謀で不公平なことではないでしょうか？」

　キルステンはうなずいたが、サラは見下すように言った。「ビル、ほろりとくるような話だけど、話題になっているのは噴水じゃなくてフェニックスよ。それに、決定はもう下っているわ」

　スティーブは言った。「そうだ、決定は下っている。リスクについての考えを言ってくれてありがとう」。それからサラのほうに向き直って尋ねた。「リリース日はいつにする？」

　サラは素早く答えた。「一般公開は来週の土曜、9月13日に、デプロイは前日の午後5時に」

　スティーブは、自分のノートの裏にその日付を書き込んで言った。「よし。進行状況を知らせてくれ。それから何か力になれることがあったら言ってくれ」

　私はウェスを見た。彼は目の前のテーブルに手で作った飛行機が衝突、炎上する仕草をしてみせた。

負のスパイラル

　廊下でウェスが言った。「ボス、うまくいったと思ったけどねえ」

　私は笑わなかった。「あそこでいったい何が起きたんだ？　どうしてこんなことになったんだ？　この立ち上げをサポートするために私たちが何を必要としているのかわかっている人間がいるのか？」

　「誰もわかってねえよ」。彼はうんざりした様子で首を横に振って言った。「開発からの引き渡しの方法だって決めてないんだ。昔、ネットワークフォルダーを指して、『あれをデプロイしろ』って言ってきたこともあったよ。教会の階段の上に捨てられた赤ん坊だって、開発が運用に出す指示よりも詳しくどうしてくれって書き置きが残ってるさ」

　ウェスの持ち出した恐ろしいイメージをかき消すために私は首を振ったが、彼が言ったことは正しかった。私たちは深刻な問題を抱えることになったのだ。

ウェスは続けた。「クリスのところの人間も含めて巨大チームを編成して、この大仕事をどうやってやってのけるかを決めなきゃならない。ネットワーク、サーバー、データベース、オペレーティングシステム、アプリケーション、L7 スイッチ、あらゆるレイヤーに問題がある。これからの 9 日間は全員が深夜まで残るようだ」

　私は、参ったという顔でうなずいた。この手の総力戦は IT にはつきものだが、他人の無計画のために超人的なダイビングキャッチをしなければならないことを考えると、頭にくるのだ。

　私は言った。「君のチームを編成してクリスにも開発サイドのチームを編成するように言ってくれ。これは電子メールやチケットシステムでやるのはやめよう。全員を同じ部屋に入れるんだ」

　さらに言った。「約束と言えばさ、クリスが言ってただろ、フェニックスのアーキテクチャ、プランニング会議に運用が出席しないって。あれは本当の話なのかい？」

　ウェスは不満そうに目をむいて言った。「確かに、ぎりぎりのタイミングで開発から声がかかったのは本当だよ。でもさ、1 日前とかそんなもので日程を変えられる人間がいるものかよ」

　しばらくして、彼は言った。「公平のために言っておくと、2 回の大きなプランニング会議のときにはちゃんと告知があった。そして、会議に出席しなければならないもっとも重要な人物のひとりが確かに出られなかった。エスカレーションのおかげでね。それが誰かは見当がつくだろうけど」

　私は低い声で言った。「ブレントか？」

　ウェスはうなずいた。「当たり。バカな開発者どもに世の中の現実はこうやって動いているんだ、こういったことが本番システムで問題を起こすんだってことを言うために、そういった会議に出ていてもらわないと困るのが彼さ。でも、皮肉なもので、すでにぶっ壊れちまったものを直すのに忙しくて、開発者にそういうことを言ってやれねえんだよ」

　ウェスが言っていることは正しい。このサイクルを断ち切れなければ、負のスパイラルから抜け出せなくなる。根元のところで問題を解決して、私たちが火消しに追われるのを止められるようにするために、ブレントは開発者と仕事をする必要がある。しかし、ブレントは火消しに忙しすぎて会議に出られないのだ。

私は言った。「このデプロイの準備のためには最良のメンバーが必要だ。ブレントは欠かせないよ」
　ウェスはしばらくもじもじしているように見えた。「どうしたんだい？」と尋ねると、ウェスは「ブレントは今、ネットワークアウテージ問題の対策をしていると思う」と答えた。
「じゃあ、そこまでにしよう。あとは彼なしで直さなきゃ。それで何か困ったことがあるんなら、私に言ってきてくれ」
「わかりました、おっしゃるとおりにしましょう、ボス」。ウェスは肩を落としながら言った。

空席だらけの全社変更管理会議

　プロジェクトマネジメント会議が終わったあとは、誰とも話す気分になれなかった。自分のデスクの前に座って、ラップトップが立ち上がらないとぶつぶつ言っていた。ディスクドライブのライトが点滅し続けている。画面に何も出てこないのを見て、私はペイジとふたりの息子たちの写真の横に置いてある空のマグカップを持って、部屋の隅のコーヒーマシンのところに行った。
　デスクのところに戻ってくると、画面上に何かきわめて重要なアップデートをインストールするところだというウィンドウが出ていた。椅子に座って「OK」をクリックすると、画面をはうようにステータスバーが出てきて突然ブルースクリーンになった。私のラップトップは完全に固まって動かなくなってしまった。
　再起動したあとも、同じことが起きた。イライラして「俺のことをバカにしてんのか」と口に出したちょうどそのとき、私の新しい秘書のエレンが部屋の隅から顔を出した。彼女は、手を差し出して言った。「おはようございます。ビル、昇進おめでとうございます」。それから、私のブルースクリーンになったラップトップに気づいて、「あら、これはよくないですね」と言った。
「ありがとう」。私は彼女の手を握って言った。「このラップトップだけど、デスクトップサポートの誰かを呼んでくれないかな。フェニックスからとんでもないものがこっちにやってくるので、ラップトップが必要なんだ」

「わかりました」。彼女は微笑みながらうなずいて言った。「うちの新しいVPがラップトップを修理しろと言ってご立腹だと言っておきます。ほかの誰よりも動くコンピュータが必要な人だってね」

それから彼女は付け加えた。「ご存知かもしれませんが、今日は、ほかにも多くの人たちがこういう問題を抱えているらしいですよ。だから、あなたの優先順位がトップになるようにします。あなたは行列して待っている余裕はないわけですから」

ほかにも壊れているラップトップがある？ これは確かに今日の俺は世界から見放されているって証拠だ。

「ところで、緊急のフェニックス会議の調整を手伝ってほしいんだけど、君は私のカレンダーにもうアクセスできるようにしてもらったかな？」とエレンに尋ねた

彼女は目を丸くした。「いいえ。私がここに伺ったのもそのためなんです。2日分の予定を印刷していただけたら見ておきたいなと思いまして。もちろん、そんなことは今できないわけですから、デスクトップサポートの人間が来ているときに頼むことにします。電子メール管理者に頼むとこういったことのために何週間もかかることがあるんです」

何週間も？ それは困る。ここで急いで時計を見て、これは後回しにしなければならないことに気づいた。私はもう遅刻している。

私は言った。「よろしく頼むよ。私はこれからパティが主催する全社変更管理会議に出てくるから。何か必要があれば呼んでくれ。いいね？」

パティの会議に10分遅刻していたので、私は急いで部屋に駆け込んだ。大勢の人間がいらいらしながら私を待っているか、会議はもう始まっているものだと思っていた。

しかし、会議用テーブルの前に座っているのはパティだけで、彼女はラップトップに何か入力していた。

「ビル、変更管理委員会、CABへようこそ。空席をご覧いただけましたか」と彼女は言った。

「みんなはどこなんだ？」私は尋ねた。

私には不思議でならなかったのだ。ミッドレンジグループを束ねていた頃には、私のチームメンバーがチーム内の変更管理委員会に出てこないなどということは決してなかった。全員の作業を調整、組織して、自分の足を撃た

ないようにしていたのはこの会議だ。

「昨日も言ったように、うちの会社の変更管理は行き当たりばったりなんですよ」。パティはため息をつきながら言った。「あなたのところのように、グループ内の変更管理プロセスを持っているグループもあります。しかし、ほとんどのグループが何もしていません。昨日のアウテージは、全社レベルで何かの対策が必要だといういい証拠です。今は、右手が何をしているのかを左手が知っていることはごくまれです」

「何が問題なんだろう？」

パティは口を尖らせた。「さあ。私たちはあらゆるベストプラクティスを身につけてもらうために、多くの人々をITIL訓練に送り込んでいます。今のチケットシステムをITIL準拠の変更管理ツールに置き換えるために、コンサルタントにも来てもらっています。そのツールに変更要求を書き込むと、承認手続きに回されるようになっています。しかし、2年たった今でも、私たちが持っているのは、紙に書かれた誰も従わない結構な手順と、誰も使わないツールだけです。みんなにこれを使ってくれとうるさく頼んで歩いたときも、不満と言い訳を聞いただけでした」

私はうなずいた。ITILは、ITのベストプラクティスと手順を文書化したIT Infrastructure Libraryの略で、ITILプログラムには単に同じところをぐるぐる回って時間を浪費しているという評判が立っている。

ウェスが来ていないことも不愉快だった。彼が忙しいことはわかっているが、彼が来なければ彼の部下がわざわざ来るはずがない。こういった取り組みは、トップが率先してスタートさせ、維持していかなければならないものだ。

「みんな、私に対する不満や釈明を言ってくれたらいいんだ」。私は断固とした口調で言った。「マシンを再起動するように、変更管理プロセスを作り直そう。私が全面的に支援するよ。スティーブには、IT運用のメンバーがフェニックスに全力を注げるようにしてくれと命じられたんだ。SANエラーのような事故が起きて、私たちはフェニックスのリリースに支障をきたすようになってしまい、今その代償を払わなければならなくなっている。変更管理会議をサボろうとする人間がいるようなら、懇切丁寧にこの会議の意義を教えてやらなければならない。私がじきじきに」

私がフェニックスのことを持ち出したときにパティが困惑した表情になっ

たので、今日の午前中、ウェスと私がバスに轢かれた顛末を彼女に話した。運転していたのはサラとクリスだが、スティーブが後ろにいて連中を活気づけていたと。

「なんてこと」。パティは不愉快そうに言った。「キルステンまで轢いたってことじゃないの」

私は黙ってうなずいたがもう何も言わなかった。『プライベート・ライアン』の「指揮命令系統というものがある。不満は上に言うもので、下に言うものではない」というフレーズがいつも頭のなかにあるからだ。

代わりに、パティに現在の変更プロセスとツールによるその自動化の状況をひととおり説明してもらった。すべてまっとうなものだと思った。しかし、この手順を機能させるための方法はひとつしかない。

私は言った。「金曜の同じ時刻にもう1度CAB会議を入れよう。メンバー全員にメールを出して、出席は義務だということを徹底させるよ」

5分で終わる変更に20分の変更登録伝票を書くムダ

自分のキュービクルに戻ってくると、エレンが私のデスクでラップトップにメモを書き込んでいた。

「お、動くようになったの？」と尋ねると、私の声にびっくりしたらしい。

「おどかさないでくださいよ」。エレンは笑いながら言った。「サポートも30分かけてあなたのラップトップを起動させることができなかったので、代わりのラップトップを置いていきました」

彼女が私のデスクの隅を指さすので見直してみると確かにそういうものがあった。

代わりのラップトップとしてあてがわれたものは、ほとんど10年くらい前のものだった。元のラップトップと比べると2倍くらいの大きさで、3倍くらい重そうに見える。バッテリはテープで留めてあり、キーボードの文字の半分は使い潰されてはげていた。

しばらくの間は、これは手の込んだジョークなのかと思っていた。

座ってメールアプリケーションを起動したが、何もかもがあまりにも遅くて、何度かフリーズしたのではないかと思った。

エレンは、お気の毒にという表情を浮かべていた。「サポートの人が言う

には、今日回せるのはこれしかないってことなんですよ。200人以上もの人たちが同じような問題を抱えていて、彼らの多くには代わりのマシンもないそうです。あなたのラップトップと同じモデルを使っていた人たちは、何かのセキュリティパッチのためにマシンが壊れたようですよ」

そうか忘れていた。ジョンと彼のチームが大手ベンダーから送られてきたセキュリティパッチをばらまくパッチ・チューズデー（※ 日本では時差の関係で水曜になるマイクロソフト社の修正プログラム送信）じゃないか。またもやジョンのおかげで私のチームと私がひどいシステム障害を抱えて仕事を止められたのか。

私はただうなずいて、エレンに感謝の言葉をかけた。彼女が出て行ってから、私は座りなおしてすべてのCABメンバーにメールを打った。キーストロークが画面に出てくるまで10秒かかるのはざらだった。

From: ビル・パーマー
To: ウェス・デービス, パティ・マッキー, IT運用マネジメント
Date: September 3, 2:43 PM
Priority: Highest
Subject:【欠席不可】CAB会議　金曜午後2時

　今日、週例のCAB会議に出席したところ、パティを除けば出席者は私だけだった。特に、完全に避けられたはずの変更に関連したエラーがつい昨日に起きたばかりなのにだ。私は非常にがっかりした。

　今後、マネージャー（または指名された代理）は、予定されたすべてのCAB会議にかならず出席し、与えられた任務に従って行動するようにすること。私たちは、パーツ・アンリミテッドの変更管理を再生させる。これは文字通りの意味で言っていることだ。

　変更管理をスルーしようとした人間には、懲戒措置を取る。

　金曜午後2時には欠席不可のCAB会議を開催する。全員の参加を待っている。

　質問や疑問がある場合は、私に電話されたい。

　諸君のサポートに感謝する。

ビル

私は送信ボタンを押し、電子メールが最終的に送信箱から出て行くまで15秒待った。ほとんど同時に携帯が鳴った。
　ウェスだった。私は言った。「ちょうどラップトップのことで電話しようと思っていたところだ。マネージャーと一般社員に代替機を配って仕事ができるようにしてやらないといけないだろう」
　「ああ、今やっているよ。でも電話したのはそのことじゃなくて、フェニックスのことでもない」。彼はイライラした様子でしゃべった。「変更管理のメモのことだ。お前がボスだってことはわかっている。でも、この変更管理なんとかを最後にやったときにITがボロボロになったことは覚えておいたほうがいい。誰も、本当に誰ひとり、何もできなくなったんだ。パティは、全員に番号を与えて、自分の賢いおつむで変更を許可して日程を決めるから結果を待てと言い張っていたけど、そんなのはまったく馬鹿げていてまったくの時間の無駄だ」
　彼は止まらなかった。「パティが俺たちに使わせようとしたアプリケーションはまったくのゴミだ。5分で終わる変更のために全部書くまで20分もかかるような帳票を書かされる。誰がこんな手順を設計したのか知らないけど、おれたちがみんな時間給をもらっているのだとでも思っているのかね。実際に仕事をすることじゃなくて仕事の話をしたいだけなんじゃないか。
　ネットワークおよびサーバーチームは、パティのツールを拒否して反乱を企てた。ところが、ジョンが監査で出てきたことを持ち出して前CIOのルークのところに駆け込んだ。そして、お前が今やったように、ルークも方針に従うのが雇用の条件だと言い出し、従わないやつはクビだと脅した。
　うちのメンバーは、会社での時間の半分をペーパーワークに費やし、あの馬鹿げたCAB会議でじっと座ってなければならなかった。運よくこの動きはぽしゃって、ジョンはあのとおりの馬鹿だから会議に誰も来なくなっても打つ手なしだ。そのうち、ジョンも会議に出なくなってもう1年以上もたつ」
　面白い話だ。
　「わかった」。私は答えた。「それを繰り返すわけにはいかないな。しかし、給与計算でまたあんな大惨事を引き起こすわけにもいかない。ウェス、君が頼りだ。解決方法を作るのを手伝ってくれよ。でなきゃ、君のほうが問題の

一部になっちまう。頼りにしていいよね？」

　ウェスが大きくため息をつくのが聞こえた。「わかったよ。しかし、パティが全員を窒息させるような官僚主義を築きあげようとしたら、おれが『クソったれ』と言うのも覚悟しといてくれよ」

　今度は私がため息をつく番だった。

　以前は、IT運用は開発、情報セキュリティ、監査、事業部門と戦っているのだと思っていた。しかし、私が右腕と頼むマネージャーたちも互いに火花を散らしているらしい。

　私たちが力を合わせてやっていくためにはどうすればよいのだろうか。

第 5 章　　　　　　　　　　　　　　　　　9月4日（木）
立ちはだかる内部監査

　目覚まし時計が午前 6 時 15 分に鳴ったとき、私はショックを受けて飛び起きた。一晩中歯を食いしばっていたのか、顎が痛んだ。まもなくやってくるフェニックスの立ち上げの暗い見通しが頭から離れることはなかった。

　いつものように、ベッドから出る前に携帯で悪い話をチェックした。いつもなら 10 分くらいでメールに返事して終わる。自分のコートからロビングでボールをぽんとはじき出すのは気持ちいいものだ。

　ところが、この日は突然電気が走るようなものを目にしてペイジを起こしてしまった。彼女は半分寝ぼけた状態で、半狂乱になって、「え、どうしたの、どうしたの？」と言った。

　「ごめん、スティーブからまたメールがあったんだ」。メールを読みながらペイジに言った。

From: スティーブ・マスターズ
To: ビル・パーマー
CC: ナンシー・メイラー , ディック・ランドリー
Date: September 4, 6:05 AM
Priority: Highest
Subject:【緊急】: SOX-404 IT 監査所見評価

　ビル、これを大至急調査してくれ。SOX-404 監査で何も問題を出さないことがいかに大切なことかは言うまでもないだろう。
　ナンシー、IT 運用の新しい VP になったビル・パーマーと協力してくれ。
　　　　　　　　　　　　　　　　　　　　　　　　　　スティーブ

　私たちは近く行われる SOX-404 外部監査の下準備としての第 3 四半期内部監査を終えたところです。あなたにお話しなければならない非常に気がかりな問題点をいくつか見つけています。見つかった問題点は深刻かつ緊急性

の高いものなので、今朝 IT との打ち合わせが必要だと考えています。

ナンシー

　カレンダーを見ると、確かに午前８時に２時間の会議の予定が入っていた。予定を入れたのは、CAE（最高内部監査責任者）のナンシー・メイラーだ。
　なんたること。彼女は恐ろしく頭がよい難敵だ。何年も前に小売チェーンの買収にともなうインテグレーションで、彼女が買収された企業のマネージャーをとっちめているところを見たことがある。彼は財務状況を説明していたのだが、彼女は刑事コロンボとマトロックとスカーフェイス（※ すべてアメリカのテレビドラマの登場人物）を混ぜたような勢いで矢継ぎ早に質問を浴びせかけていた。
　彼はあっという間に陥落し、自部門の業績を誇張していたことを白状した。
　あのときのことを思い出して、冷や汗が出てきた。自分は何も間違ったことはしていない。しかし、メールの調子から考えると、彼女は何か重要な証拠に熱くなっており、スティーブは彼女の前に私を引き据えたようだ。
　ミッドレンジテクノロジーグループでは、いつも押さえるべきところはきっちり押さえてきたので、監査にとやかく言われることはあまりなかった。確かに、それでも質問やら提出文書やらはたくさんあり、データ収集と返答の準備のために何週間も費やさなければならなかったが。ときどき彼らは何かを見つけ出すが、私たちはすぐにそれを修正していた。
　私は、互いに敬意を払い合う関係を築き上げてきたと思っていた。しかし、今回のメールは、もっと不吉なものを予感させる。
　時計を見た。90分後には会議が始まる。そして、彼女が何と言わせたがっているのか、まったく手がかりはない。
「クソ！」ペイジの肩を揺すりながら思わず声がでた。「ねえ、悪いけど、今日は子どもたちを学校に連れてってくれないかなあ？ CAE とスティーブがからんでとてもまずいことが起きようとしてるんだ。ちょっと何本か電話をかけてすぐに会社に行かないとならない」
　ペイジはちょっと怒って言った。「この２年間、木曜はずっとあなたが子供たちを連れて行ってくれたじゃないの。私も今日はスタートが早いんだけど」
「ごめん、本当にごめん。これは本当に大事なことなんだ。会社の CEO が

俺にやれって言ってることがあるんだよ。スティーブ・マスターズ、知ってるだろ？ テレビに出てた。それから、会社のホリデーパーティーでスピーチしてたじゃん。昨日みたいにまた落球するわけにいかないんだよ。それから一昨日みたいに新聞の見出しに載ったりするわけにはさ」

彼女は一言も言わずに階段を駆け下りていった。

内部監査会議

午前8時の会議の会議室がようやく見つかったときには、室内があまりにもしんとしているのに気づいた。普段なら、出席者が三々五々入ってくる間小さなささやき声があちこちから上がっているものだが、それがないのだ。

ナンシーは、テーブルの中心に座っており、その周りにほかに4人座っていた。ナンシーの横にいたのはCISOのジョンで、おなじみの黒いリングが3つあるバインダーを持っていた。いつもながら、彼の若さに驚いた。黒い天然パーマの髪はこんもりしていて、おそらく30代半ばくらいなのだろう。

ジョンは何かしらやつれた雰囲気を漂わせていた。そして、多くの大学生と同じように、パーツ・アンリミテッドに来てからの3年の間に少しずつ太ってきた。おそらく、精神改革運動が失敗を続けることによるストレスからくるものなのだろう。

実は、ジョンを見ると、室内の誰よりもブレントのことを思い出してしまう。しかし、いつもはリナックスのTシャツを来ているブレントとは異なり、ジョンは糊が効いていてカラーがついているちょっと大きめのシャツを着ている。

ウェスは室内の誰と比べても少し砕けた服装でちょっと目立っていたが、そんなことを気にする彼ではない。部屋にいる最後の人物は私が知らない若い男だった。おそらくIT監査人なのだろう。

ナンシーが口火を切った。「近く行われるSOX-404外部監査の下準備として第3四半期の内部監査をしました。我が社は重大な問題をかかえています。IT監査人のティムが、びっくりするほど多くのIT統制問題を見つけました。さらに悪いことに、それらの多くは繰り返されており、3年目に突入しようとしています。これらの所見を未解決のまま放置すれば、我が社は財

務報告の正確性を主張できるだけの統制能力が失われていると結論付けざるをえなくなる恐れがあります。すると、証券取引等監視委員会に提出するform 10-K に外部監査人が否定的な脚注を付するという事態になりかねません。

　これらは予備的な所見に過ぎませんが、状況の重大性から、すでに私のほうから監査委員会のほうに口頭で報告を上げています」

　私は青ざめた。監査の専門用語にはよくわからないところがあったが、これはディックの一日を台なしにして、一昨日よりももっと悪い一面ニュースのネタになりかねないことは十分にわかった。

　私が状況の重大性を理解したことに満足して、ナンシーはうなずいて言った。「ティム、あなたの結論を説明してちょうだい」

　ティムは、ステープラーで留めた分厚い紙の束を取り出し、集まった全員に1部ずつ配った。「私たちは、パーツ・アンリミテッドのすべての重要な財務会計システムについてIT全般統制を監査して結論を導き出しました。この全体報告を作るために4人のチームで8週間以上の時間をかけました」

　なんてこった。私は5cmはあろうかという分厚い紙の束を手に取った。どこでこんなでかいステープラーを見つけてきたのだろうか。

　紙の束は、印刷されたエクセルのスプレッドシートだった。8ポイントの小さな文字で各ページ20行もある。最後のページには189という数字が打ってあった。私は信じられないという気持ちで、「これじゃあ問題は1000個くらいあるんだろうな」と言った。

「残念ながらそのとおりです」。ティムはしてやったりという満足感を十分に隠し切れない様子で答えた。「私たちはIT全般統制について952個の問題点を見つけました。そのうちの16個は重要な不備、2個は重要な欠陥になりうるものです。我が社が非常に危険な状態にあることは明らかです。外部監査の開始の早さを考えるなら、できるかぎり早く貴部門の改善案を示していただきたいと思います」

　テーブルの向こうにいるウェスは、片手で額を支え、もう片方の手でページをめくっていた。「これはどういう不備なんだ？」

　ウェスが示したのはあるページだ。「『問題点 127。ウィンドウズオペレーティングシステムの危険な設定 MAX_SYN_COOKIE』これはジョークか？ ご存知ないかもしれないので言っておくが、俺たちは現実の仕事を相手にし

ているんだ。それがこのフルタイム監査職員殿の作品からするとお気に召さないのなら、ごめんなさいとしか言えないな」

ウェスは、普通の人が考えるけれども、賢すぎて実際には大声で言えないことを言ったまでだ。

ナンシーは重々しく答えた。「残念ながら、現時点では統制の評価の段階に入っており、検査はもう終わっています。みなさんに求められているのは、『回答書』です。これらの所見を一つひとつ調査し、確認し、改善案を作成してください。私たちがそれを見直して、監査委員会と取締役会に提出します。

通常なら、回答書を準備して改善案を実施するために数カ月の時間があります」。彼女は急に詫びるような口調になって続けた。「残念ながら、監査日程の都合上、外部監査が入るまで3週間しか残されていません。これは遺憾なことです。次の監査サイクルでは、ITにもっと時間をさし上げるようにしたいと思います。しかし、今回に限っては、貴部門の回答を……」

ここまで来て、彼女はカレンダーを覗き込んだ。「遅くとも再来週の月曜までにお願いします。大丈夫ですか？」

なんてこった。

それじゃあ、6営業日しか残ってないじゃないか。文書を読むだけでその半分が必要だ。

情報セキュリティという終わりのない苦痛

今まで、内部監査は客観的な立場から正義を貫く人々のことだと思っていたが、彼らも俺たちの足を引っ張るための存在なのか？

私はもう1度分厚い紙の束をひっくり返し、ランダムなページを見てみた。ウェスが読み上げたような項目もたくさんあるが、ほかのものは不十分なセキュリティ設定、幽霊アカウントの存在、変更管理の問題点、職務分離の問題点などだった。

ジョンが3つ穴バインダーを開いて差し出がましい口を出してきた。「ビル、私はウェスとあなたの前任者に対して同じ問題の多くを指摘してきました。彼らはCIOを説き伏せて棄権証書にサインさせ、CIOはリスクの指摘を受け入れたと言ったうえで何もしませんでした。しかし、私の指摘の一部

が監査所見で再び指摘されたわけですから、今回はそれ抜きで話しをすることはできないと思います」

ジョンはナンシーのほうに向き直った。「前の体制では、IT統制はあきらかに優先順位の高い課題ではありませんでしたが、セキュリティに踏み込まなければ自分に返ってくるわけですから、ビルは以前よりも賢明になってくれると思います」

ウェスはジョンを軽蔑の目で見ている。私はジョンが監査人たちの前で大見得を切っているのが信じられなかった。彼が本当はどっちの側にいるのかわからなくなるのはこういうときだ。

ジョンはウェスや私を忘れたようにナンシーに語り続けた。「私の部門は、統制のほかの部分でも改善を進めてきました。それにも正当な評価をいただけると思っております。まず第1に、私たちはもっとも重要な財務システムのPIIのトークン化を完了しました。少なくとも、この問題で追及されることは回避できました。そこに関する所見は解決済みです」

ナンシーはドライに答えた。「そうですか、PIIの存在はSOX-404監査の範囲外なので、そういう観点から考えれば、IT全般統制に焦点を絞ったほうが時間の使い方としてはよかったですね」

ちょっと待った。ジョンが大急ぎでやったトークン化には何の意味もない？

もしそれが本当なら、ジョンにはあとで話をしなければならない。

私はゆっくりと話した。「ナンシー、私たちが金曜までにあなたに何を提出できるか、正直なところわかりません。私たちはシステムの修復にどっぷりはまり込んでいるうえに、フェニックスのリリースをサポートするために緊急発進的な仕事をしなければなりません。これらの所見のうち、私たちがぜひとも回答しなければならないもっとも重要な問題はどれですか？」

ナンシーに促されてティムが言った。「わかりました。第1の問題は、7ページに概要が書かれている重要な欠陥になりうるものです。この所見が言っているのは、財務報告をサポートするアプリケーションに加えられた権限のない者による未検証の変更が本番稼働されたということです。詐欺、その他の原因により、重大な誤りが生じたのに、そのことに気づかないということが起きる可能性があります。経営は、そのような変更を防止、検出するための統制をかけられません。

さらに、貴部門は、方針によれば週に1度開いているはずの変更管理会議をまったく開けていませんでした」

私はひるんだ様子に見えないように気をつけたが、昨日のCAB会議に誰も姿を現さなかったこと、給与計算が問題を起こしたときにジョンのトークン化の変更に気づかずSANを壊す羽目になったことを反芻していた。

私たちがこういった変更に気づかないのであれば、誰かがたとえば1億ドルの詐欺的な取引を滑り込ませて内部統制を出し抜いても、私たちがそれに気づく保証はまったくない。

「本当ですか？　それは信じられないことです。きちんと調査します」。私は、適量の驚きと怒り（であってほしい）を交えて言った。ランダムな単語に丸を付けたりアンダーラインを引いたりしてクリップボードに細かくメモを取っているふりをしてから、ティムに続きをしゃべってくれとうなずいた。

「その次にですね、開発者たちが本番稼働のアプリケーションやデータベースに管理者権限でアクセスしている例を無数に見つけています。これは、詐欺のリスクを避けるために必要な『職務の分離』（※ Segregation of Duties のことで内部統制上の用語）という原則に違反しています」

私はジョンのほうを見て言った。「本当に？　さっきおっしゃいませんでしたっけ。開発者が承認された変更の順序を無視してアプリケーションに変更を加えるって。それはセキュリティリスクになりますよね。誰かが、何か権限を与えられていないことを開発者、たとえばマックスに無理強いしてやらせようとしたらどうなるでしょう？　ジョン、そういう動きに対しては何かしないといけないですよね？」

ジョンは真っ赤になったが、礼儀正しく答えた。「もちろんです。そのとおりだと思いますし、喜んでお手伝いします」

ティムは言った。「いいでしょう。では、16個の重要な不備に移りましょう」

それから30分たつが、ティムはまだ説明を続けている。私は不機嫌そうに膨大な所見の山をにらみつけている。これらの問題点の大半は、情報セキュリティがうちに持ってくる膨大な役立たずのレポート（これがジョンの評判が悪いもうひとつの理由だ）と似たようなものだ。

これはハムスターの回し車みたいに終わりのない苦痛だ。情報セキュリティは、終わりのない重大なセキュリティ修正作業のリストで人の受信箱をい

っぱいにしてくれる。来る四半期来る四半期ずっとそうだ。

　ティムの長い話がやっと終わると、ジョンが自分から言い出した。「こういった脆弱なシステムにはパッチを当てなければなりません。助けが必要であれば、私のチームにはパッチの経験が豊富にあります。こういった監査所見は、大きなセキュリティ・ホールを埋めるビッグチャンスです」

　ウェスが明らかに怒った様子で口を開いた。「お前たちふたりは、自分が何を要求しているのかまったくわかっちゃいない。うちのERPシステム（※ 全社リソースプランニングシステムのこと。経営資源を総合的に管理するシステム）が動いているサーバーのなかには、20年以上前のものがある。このシステムが落ちたら会社の半分が動かなくなるんだぞ。おまけに、ベンダーはもう10年以上前に廃業している。こいつらときたらおそろしく繊細にできていて、一日のうちでもまずい時間帯に覗き込んだら、それだけでクラッシュしちまう。こいつを無事リブートするためには、それこそあらゆる種類の黒魔術が必要なんだ。お前たちが提案している変更なんぞを加えたら、こいつらは二度と生き返らない」

　ウェスはテーブルの上に前のめりになってジョンの顔を指さした。「お前は自分でパッチを当てたいと言ったな。それなら、お前がボタンを押して会社の仕事が止まったら、全国を飛び回ってすべての工場長にひれ伏して、どうして生産目標を達成できなくなったかを説明すると紙に書いてサインしろ。いいか」

　ジョンが実際にウェスの指のほうに身体を傾けて、「なんだと？　俺たちが保護する責任のある顧客データをなくして新聞の一面に載ったらどうなるんだ？　ロシアンマフィアに個人データを売り飛ばされた数万、数百万の家庭に言って個人的に謝るのか？」と怒声を上げたときには、さすがに私もびっくりして目がまん丸になった。

　そして言った。「みんな、落ち着こう。私たちはみな、会社のために正しいことをしたいと思っているんだ。問題は、私たちに与えられた時間でやれることは何か、実際にパッチが当てられるのがどのシステムかをはっきりさせることだ」

　私は紙の束を見た。ウェス、パティ、私は、ひとつの問題を調査する仕事を部下に割り当てることはできるが、実際に誰がその仕事をできるだろうか。私たちはフェニックスですでに手一杯だ。私が恐れているのは、この新しい

巨大プロジェクトが、度を越して大きいために、取り返しのつかないことを引き起こすことだ。

私はナンシーに言った。「すぐにチームに戻って計画を立てたいと思います。締め切りまでに回答書を完成させられるかどうかお約束はできませんが、できることはすべてやるということをお約束します。それでよろしいでしょうか？」

「ええ」。ナンシーは温厚に言ってくれた。「予備的な監査所見の内容を説明して、次のステップをはっきりさせることがこの会議の唯一の目的でしたから」

会議が終わったときに、ウェスにちょっと残ってくれと頼んだ。

それに気づいてジョンも残った。「これは災難だ。私の目的はSOX-404とPCI監査で完璧な法令準拠の報告をもらうことであり、それがボーナスにもつながる。それなのに、お前ら運用の連中がちゃんとしないから、私は失敗するんだ」

私は、彼を追っ払うために言った。「仲間になろうよ。サラとスティーブは、フェニックスのデプロイを来週の金曜日に前倒しにすることを決めた。彼らはセキュリティ評価を全部省略しようとしているんだよ。すぐにクリスとサラに言うことを言っといたほうがいいよ」

予想どおり、ジョンは罵声を浴びせてドアをバタンと閉めて走っていった。

キーパーソンにしかできない仕事ばかり

私は疲れて椅子の背もたれに寄りかかってウェスに言った。「今週はついてなかったなあ」

ウェスはそっけなく笑った。「言っただろ。このペースに付き合ったら頭が吹っ飛ぶって」

私は、監査所見を見るジェスチャで言った「俺たちは主要なメンバーをすべてフェニックスに投入することになっている。しかしそれでは全員だ。監査所見に投入できるベンチのメンバーなんかいないよな」

ウェスは頭を振った。彼の顔は柄にもなく緊張した様子になっていた。

ウェスは紙の束をまたひっくり返した。「こいつにはきっと技術的に力のある連中を投入しなければならなくなる。しかし、お前が言ったように、そ

いつらはみんなフェニックス・チームに投入済みだ。こっちに移そうか？」

正直なところ、私にはわからなかった。ウェスは、しばらくある１ページを見ていた。「ところでさ、こっちの仕事ではあちこちでブレントが必要になると思う」

「えー、参ったな」。私はつぶやいた。「ブレント、ブレント、ブレント、ブレント！　俺たちは彼なしで何もできないのか？　俺たちがマネージャーとして仕事とリソースの配分について議論しようとする。すると、いつもひとりの人物のことばかり話題になる。彼がいかに有能かという問題じゃない。彼がいなければ我々の組織は何もできないのだとしたら、それは大問題なんじゃないか？」

ウェスは少し困惑したように肩をすくめて言った。「彼は間違いなくうちの最良のメンバーだよ。本当に頭がいいし、このショップ（※「店」ではなくIT現場のこと）にあるほぼすべてのものについてとてもよく知っている。エンタープライズレベルですべてのアプリケーションが互いにどのようなやり取りをしているのかを本当に理解している数少ない人間のひとりだ。この会社がどのように動いているかについて、彼は俺よりもよく知っているかもしれない」

「君はシニアマネージャーだ。俺もそうだが、君もこの状況をいいとは思わないだろう」。わたしはきっぱりと言った。「あと何人ブレントが必要なんだ？　ひとり、10人、それとも100人？　おれはスティーブに会って、これだけの仕事のなかからどれを優先すべきかを確かめてくるよ。君には、俺たちに必要なリソースがどのようなものかを言ってほしいんだ。スティーブにリソースの追加を要求するなら、あとでもっと必要になってもう１度ぺこぺこするようなことはしたくないんだ」

ウェスは目をむいた。「これからどうなるか教えてやるよ。会社側にこっちの言い分を言うと、返事はノーだ。そればかりでなく、うちの予算をさらに5%削ってくる。この５年間会社がやってきたことはそうだ。そして、誰もが同時にあらゆるものをほしがる。そうして俺たちのTODOリストはふくらんでいく」

憤懣やるかたないという様子でウェスは続ける。「それから知っておいてもらいたいので言うけどさ、俺だってブレントをもっと増やそうとした。予算がないからかなり人員を整理して、ブレントと同じくらいの経験がある４

人のとても優秀なエンジニアを雇った。で、どうなったと思う?」

私は眉をひそめるだけで答えなかった。

ウェスは続けた。「1年以内に半分が辞めた。そして、残った半分だって期待した水準からは程遠い。それを証明するデータは持ってないけど、ブレントはそれまで以上に仕事が進まなくなったと思うよ。新人の教育やサポートで大部分の時間が潰れると文句を言っていたけど、あんなに痩せちまった。そして、今もすべての中心にいるのはブレントだ」

私は答えた。「まわりがTODOリストをふくらませるって言ったけど、今そのリストはどうなっているんだい? コピーしてくれるか? 誰がそのリストを管理しているんだ?」

ウェスはゆっくり答えた。「部門のためのビジネス・プロジェクトとさまざまなITインフラストラクチャ・プロジェクトがある。しかし、多くの取り組みは、書き出されていない」

私は尋ねた。「ビジネス・プロジェクトはいくつ、インフラストラクチャ・プロジェクトはいくつあるんだ?」

ウェスは首を振った。「すぐには答えられない。ビジネス・プロジェクトのリストはキルステンから手に入れることはできるが、お前のふたつ目の問いに答えられる人間はいるのかな。そっちはプロジェクトマネジメント室を通らないからなあ」

自分の胃のなかに落ちていくような感覚だ。求められていること、処理中の仕事の状況、使えるリソースの状況がわからないのに、どうやって生産を管理できるのだろうか。こういったことを最初の日に聞かなかったことが急に悔やまれてきた。

やっと自分もマネージャーらしく考えるようになっている。

抱えている仕事の棚卸し

私はパティに電話した。「今、ウェスといっしょに監査にさんざん絞られたところなんだけど、再来週の月曜までに回答しろということなんだ。で、うちの仕事の状況を把握するために力を貸してくれないか。それがわからなきゃ、スティーブにリソースのことで談判することもできない」

彼女は言った。「それは私にぴったりね。こっちに来て」

ウェスが監査の報告書をどさっとテーブルに置き、パティにその意味を簡単に説明すると、パティはヒューと口笛を吹いた。

　私は言った。「監査との会議に君がいたら本当によかったと思うよ。最大の問題点とされるものの大半は、ちゃんと機能する変更管理プロセスが存在しないことに関連したものだったからね。きっと君は監査人たちのマブダチになっていたよ」

「監査人て友達がいるの？」彼女は笑った。

「君には、ウェスを助けて月曜までに監査の所見に対応するための作業量を見積もってもらいたい」。そう言ったうえでさらに続けた。「しかし、今はもうちょっと高いレベルの問題について話そう。うちの部門がどんな仕事を抱えているのかをまとめた表を作りたいんだけど、リストの大きさがどれくらいで、どうやってそこに項目が追加されるかわかる？」

　ウェスが私に言ったことをパティに説明すると、答えが返ってきた。「ウェスの言うとおりよ。正式なビジネス・プロジェクトリストはキルステンが持っていて、うちはほとんどすべてに何かしらの形で関わっているわ。そのほかにIT運用自身のプロジェクトがあって、普通は技術予算の責任者が管理している。そういったプロジェクトを全部まとめたリストはないわね。

　そのほかにサービスデスクにかかってくる電話があるわ。何か新しいものを作ってくれとか、何かを直してくれといったリクエストね。しかし、事業部門の人たちはたいていお気に入りのIT部員を抱えているから、それのリストも不完全になるわね。そういった仕事はまったく管理されていないのよ」

　私はゆっくり尋ねた。「ということは、うちが抱えている仕事の全貌がどうなっているのかはまったくわからないということだね？　本当に？」

　ウェスが守りに入って言った。「今まで、誰もそんなこと尋ねてこなかったよ。いつも優秀な人間を雇って、責任の一部を分け与えてきた。それ以上にマネジメントなんか必要がなかったんだ」

「じゃあ、これから始めなくちゃ。今どんな仕事を抱えているのかさえわからないのに、ほかの人のために新しい仕事を引き受けることはできない」。私は言った。「最低限、監査所見に対応するための仕事の見積もりを作ってくれ。それから、監査の仕事に必要な一人ひとりについて、ほかにどんな仕事を抱えているかもね。その仕事は手薄になるわけだから」

しばらく考えてから私は付け足した。「それだけどさ、フェニックス担当の全員についても、同じことをやろう。うちはちょっと負荷がかかりすぎているんじゃないかと思うんだ。だから、それがどれくらいなのかを知りたい。プロジェクトが壁にぶち当たっている人々と積極的に話をして、約束したものを提供できなかったときに彼らが驚かないようにしたいんだ」

　ウェスもパティもびっくりしたようだ。ウェスがまず言った。「でも……でもさ、そんなこと言ったら、ほとんど全員と話をしなきゃならなくなるよ。パティなら、どんな変更を加えているのかと問い詰めていくのは楽しいだろうけどさ、最良の人々の時間をそんなことで浪費するわけにはいかないよ。彼らには、本来の仕事ってものがあるんだからさ！」

　「ああ、みんなに本当にやらなきゃならない仕事があることはわかっているよ」。私はひるまずに言った。「その仕事がなんでどれくらいかかると思っているか、1行ずつの説明を出してくれってだけだ」

　これがどういうふうに解釈されるかを考えて、付け加えた。「ただし、もっと人員を増強してもらうためにこの調査をやっているんだということはしっかり伝えてくれよ。アウトソーシングや誰かのクビを切るためにこんなことをやっていると思われたくはないんだ、いいね？」

　パティがうなずいた。「こういうことはもっとずっと前にやっておくべきだったわね。いつもいろんな仕事の優先順位を上げているけど、それで優先順位が下がったのが何なのかははっきりわかっていなかったわ。うちで何かを提供できなくて誰かが怒鳴りこんでくるまではね」

　パティは、ラップトップに何かを打ち込んだ。「うちの重要メンバーが何の仕事をしていてどれくらいの時間がかかるかを1行ずつにまとめたIT運用全体のリストがほしいってことよね。フェニックスと監査対応の仕事にあたる人から始めるけど、最終的には、IT運用全体に広げるのよね。それで間違いない？」

　私は微笑んだ。パティが簡潔にまとめてくれたので満足したのだ。彼女がすばらしい仕事をしてくれることがわかった。「そのとおりだよ。あと、君とウェスがもっとも負担が重くなっているのが誰で、どれくらいの人数が必要なのかを示してくれればボーナスポイントがつくよ。それがスティーブにスタッフ増員を頼みに行くときの基礎になる」

　パティはウェスに言った。「これは、ずいぶん簡単なことよ。15分面接し

て、サービスデスクとチケットシステムからデータを引き出して、キルステンのプロジェクトリストを手に入れて……」

　驚いたことにウェスも納得して、一言付け加えた。「予算管理ツールも見れば、人員とハードウェアについてどんな要求をしたかがわかるよ」

　私は立ち上がった。「すばらしいよ。金曜までに会議を入れてわかったことをチェックしようよ。現実のデータを揃えたうえで、月曜にもスティーブに会ってくる」

　パティが親指を立てた。私たちは動き出した。

第6章

インデックスカード

9月5日（金）

　フェニックスの終わりなき現在状況報告会議の最中に、私たちが恐れていた以上に開発者たちの仕事が遅れていることがわかった。ウェスが予言したように、仕事が次々と次のリリースに先延ばしになっていった。そのなかには、ほぼすべてのテストも含まれる。

　つまり、フェニックスが本番システムで飛んだときに問題を見つけるのは、品質保証部門（QA）ではなく、私たちになるということだ。

　議論がときどき静まったときに、私は携帯に目を落としてパティからのメールを見た。彼女は要員計画について話がしたい、びっくりするようなことを知らせると言っている。

　私は添付のスプレッドシートを開き、十分いい感じに詳しいものになっていることを確かめたが、小さな携帯の画面ではどこを見ているのかもわからなかった。パティに帰るところだと返事をして、ウェスも呼んでほしいと頼んだ。

　運用に戻ってくると、ウェスがプロジェクターを設置して、壁にスプレッドシートを表示していたので驚いた。日々振りかかる火の粉をただ消すためでなく、状況を分析するために私たちが集まっていることに気持ちが高ぶった。

　私は椅子をつかんで言った。「始めよう、何がわかった？」

　ウェスが始めた。「パティがいい仕事をしてこれを作ってくれた。わかったことは、面白いことだったよ」

　パティが説明した。「インタビューをして、データを集め、私たちで分析を加えました。今のところ、もっとも重要なメンバーの数字だけですが、すでに問題があることがわかっています」

　彼女はスプレッドシートのある行を指した。「まず、プロジェクトがやたらとたくさんあります。キルステンは、正式に管理している大きなビジネス・プロジェクトは35件ほどだと言っており、私たちはそのすべてに関わ

っています。IT運用内部では、70件を越すプロジェクトがすでに見つかっており、その数字は、面接する社員ごとに増えていっています」

「ちょっと待った」。私は純粋に驚いて椅子のなかで背筋がぴんと伸びてしまった。「IT運用のメンバーは150人だよね。もう105件のプロジェクトが見つかったとすると、1プロジェクトあたり1.5人じゃないか。それは少し多すぎるんじゃないか？」

ウェスが答えた。「まったくだ。そして、把握したプロジェクト数はまだ少なめだということがわかっている。最終的には、1プロジェクトあたり1人くらいになるだろう。まともじゃない」

私は尋ねた。「内部プロジェクトの規模はどれくらいなんだ？」

ウェスがスプレッドシートのタブを切り替え、記録したプロジェクトのリストを見せた。この表には、推定人週（※ 仕事量の単位。2人で2週間と1人で4週間は同じ量と考えられる。人月のほうが一般的。後ろの年も同様の単位）も書かれている。「電子メールサーバーの強化とアップグレード」「オラクルデータベースの35個のインスタンスのアップグレード」「サポートされたレミングデータベースサーバーのインストール」「主要なビジネスアプリケーションの仮想化と移行」といったものだ。

思わずうめき声が出た。小さなプロジェクトもあるが、ほとんどは大仕事のように見えた。3人年かそれ以上かかりそうだ。

パティは私の顔に浮かんだ表情を見て言った。「私もそう思ったわ。IT運用は莫大な数のプロジェクトにかかわっている。じゃあ、うちの能力を見てみましょう。どのプロジェクトもランダムに人をピックアップすればいいというものではないので、これは少し難しいところです。プロジェクトの担当になった一人ひとりについて、ほかの仕事は何か、新たな仕事に投入できる時間はどれくらいかを見てみると、次のようなことがわかります」

ウェスが次のスプレッドシートのタブを開いたとき、私はぞっとした。

「ひどいだろ」。ウェスが言った。「うちのほとんどの人員はフェニックスに取られる。そして次の行を見てみろ。その次に大きなプロジェクトはコンプライアンスだ。コンプライアンスの仕事だけをしたとして、主要メンバーがまる1年を潰さなければならない。そしてそのなかにはブレントが含まれている」

信じられない思いで言った。「からかってるんだろう。監査所見以外のす

べてのプロジェクトを止めても、主要メンバーがまる1年縛られるだって？」

「そうなのよ」。パティがうなずきながら言った。「容易に信じられないだろうけど、監査所見の山にはそれだけたくさんの仕事が入っているの」

私は言葉を失ってうつむいた。

スティーブと最初に対面したときに誰かがこの数字を見せてくれたら、私は小さな子どものように大声を上げて部屋から逃げ出しただろう。

そのイメージに口元をほころばせながら、まだ遅くないと考えることにした。

そして、平静を装って言った。「どんなときでも、知っているほうが知らないでいるよりもいい。先に進もう」

かけている時間の75%が修復作業

ウェスがスプレッドシートを振り返った。「3番目に大きいのはインシデント（※サービスの中断や品質低下を招く事象）やクラッシュの修復作業だ。今現在、スタッフの時間の75%はこいつに費やされているだろう。最重要のビジネスシステムに絡んでいることが多いので、インシデントの修復はほかの何よりも優先順位が高くなっている。それはフェニックスや監査所見対応も含めてだ。

「ちなみに、昨日ブレントと話していたとき、彼がアウテージの修復を助けに行かなければならなくなって、インタビューの時間を2回組み直したことを知っているか？　だから、俺たちはフェニックスの仕事に割り込んでブレントと話そうとしたんだけど、アウテージに割り込まれたってわけだ！」ウェスは笑いながら言った。

私も笑い出したが、すぐに真顔に戻って言った。「ちょっと待てよ。何のアウテージだって？　なんで俺がそれを知らないんだよ？　そんな調子ではこの組織を運営していけないよ」

「SANの新しい問題だったんだけど、大ごとじゃないさ」。ウェスが答えた。「2カ月前にディスクドライブがいかれて、SANは冗長性なしで動いていたんだけど、ドライブがもうひとついかれてボリューム全体が落ちたんだ。ブレントはSANのバックアップをとったときにデータベースの復元を

手伝わなきゃならなかったんだよ」

　私は怒って叫んだ。「ウェス、そりゃだめだ。それは完全に予防できたはずだ。経験の浅いスタッフに毎日ドライブのエラーのログを見させればいい。でなければ、ドライブを外から見て、点滅しているライトの数を数えさせればいい。こういうやり方が予防的メンテナンスと言われているのは、理由があってのことだ。ブレントはフェニックスに必要な人間だ。そんなばかげたことのために使っちゃだめだろう」

　ウェスは守りに入って言った。「まあ、実際にはそれよりもちょっと複雑なことだったんだけどな。代わりのドライブを発注したんだけど、それは何週間も購買で止まっていてね。ベンダーのひとつに頼んで掛けで持ってきてもらわなきゃならなかったんだよ。これはうちのミスではないんだ」

　私の怒りが爆発した。「ウェス、よく聞け。俺は購買なんてことは知らない。お前の懇意のベンダーがどれだけ気が利いているかだって知らない。そんなことはどうだっていいんだ。ちゃんと仕事しろ。こんなことは二度と許さない！」

　私は大きく呼吸をした。自分が怒っているのは、2台目のドライブがエラーを起こしたからではない。会社にとってもっとも大事なことに全力を集中できなくなることが多すぎるからだ。

　振り返ってウェスを見ながら言った。「まあ、今はそれは置いておこう。ただし、誰かに毎日SANの監視をさせろっていうのは本気だよ。来週のいつか、君と私とパティで会議を設定して、こういったアウテージの根本の問題について話し合おう。こういったエラーの修復作業の量を減らしてプロジェクトの仕事に時間を回す方法を見つけなきゃならない。私たちがフェニックスの仕事をやり遂げられなければ、会社は危機にさらされる」

　「わかった。フェニックスのリリース前に何とか努力してみるよ」。不機嫌そうにうなずきながらウェスが言った。「そしてSANの問題は今日中に何とかする」

　「わかった。じゃあスプレッドシートに戻ろう」

　パティは不機嫌そうに見ていたが、口を開いた。「あなたが正しいわよ。このインタビューの一貫したテーマは、誰もがそれぞれのプロジェクトの仕事を完成させるために悪戦苦闘しているってことだったわ。時間があるときでも、仕事の優先順位の付け方で苦労しているのよ。現場の人たちがあれを

してくれ、これをしてくれってしょっちゅううちのスタッフに頼んでくるのよ。特にマーケティング」
「サラか？」
「ええ、でも彼女だけじゃないわ。お気に入りのITスタッフに直接仕事を頼むってことでは、社内のすべての重役が有罪ね。特別扱いを要求するか、仕事を早く終わらせろとプレッシャーをかけるか」
「どうしたらゲームチェンジして、プロジェクトの仕事をまともにできるように人を配置できるかな？」私は尋ねた。「スティーブに何を求めるべきかってことだけど」
ウェスがスプレッドシートをスクロールダウンした。「こうやって作った数字によると、たぶん7人の人間が必要だ。3人のデータベース管理者、2人のサーバーエンジニア、1人のネットワークエンジニア、1人の仮想システムエンジニアだね。もちろん、適任者を見つけるためには時間がかかるし、入社してからも本来の能力を発揮するようになるまでは6カ月から12カ月かかるけどね」
もちろん、新人がすぐに使えないのは私にもわかっている。しかし、スティーブが採用を認めてくれたとしても、本当に助かるようになるのはずっと先だとウェスが指摘するのを聞くと、やはり力が抜けてしまう。

第2回CAB会議

それからしばらくのち、2回目のCAB会議に向かって歩いているとき、私は希望が見えてきたような気分だった。変更管理プロセスを軌道に乗せられれば、監査の最大の問題のひとつを速攻で解決でき、部門経営における勝利をひとつ手にすることもできる。
パティとウェスが仲良く仕事をしてくれていることにも満足している。
会議室に近づくと、大きな声で議論しているのが聞こえてきた。
「……そうしたら、パティがそのエンジニアのクビを切ったんだ。自分の仕事をしていたばかりにさ。あいつはもっとも優秀なネットワークエンジニアのひとりだったんだ。あれはお前が口出しするようなことじゃなかったんだ！」
間違いない。あれはウェスの怒鳴り声だ。すると、パティが熱くなって言

い返しているのが聞こえた。「何言ってんのよ。サインしたのはあなたでしょ。何でそれが突然私のせいになるのよ？」

ふたりが仲良く仕事をするなんて、話がうますぎたのだ。

すると、ジョンの声が聞こえた。「あれは正当な要求だったよ。変更管理についての監査所見が繰り返されて3年目に入ったところだったんだ。監査委員会の議題になる。私の意を汲まないと、次はエンジニアがひとりクビになるだけじゃ済まないと思うよ」

ちょっと待て。誰がこの会議にジョンを呼んだんだ？

ジョンが事態をさらに悪化させる前に、私は急いでドアを開けて明るく言った。「やあみんな、それじゃあ変更の評価を始めようか」

14人が私のほうに向き直った。さまざまなグループの技術リーダーの大半がテーブルについていた。ウェスは自分の椅子の後ろに立ち上がって火を吹いていた。パティは腕組みをして部屋の正面に立っていた。ジョンは例の3穴バインダーを開けて反対側に座っていた。まったく招かざる客だ。

私は両手を使ってアンティークなラップトップを下ろした。テーブルにドスンと当たると、バッテリが落ちた。テープの寿命が来たのだ。ディスクドライブの回転が遅くなって耳障りな音がした。

ウェスの怒りの表情が一瞬消えた。「ボス、年代モノだねえ。Kyapro IIかい？ もう30年もそんなものは見たことがないなあ。そいつにCP/M（※ 1980年頃まで短期間主流だったオペレーティングシステム。マイクロソフトのMS-DOSに駆逐された）をロードするために8インチフロッピー（※ すでにフロッピーディスク自体が骨董品だが、フロッピーディスクには8インチ、5インチ、3.5インチの3種類があって、大きいものから順に滅びていった）が必要だったら言ってくれ。うちの屋根裏にあるよ」

ふたりのエンジニアがクスクス笑って指をさした。私は、息抜きの笑いをくれたウェスに会釈して、立ったまま口を開いた。

「みんなにここに集まってもらった理由を言わせてくれ。フェニックスで大変なときだけに、私がこの会議を重要だと思っていなければ、みんなの時間を潰すようなことはしなかったはずだ。これは間違いない。

まず言いたいのは、火曜日のSANと給与計算のエラーのような事故は二度とあってはならないということだ。中くらいの大きさの給与計算エラーで始まったものが延焼により雪だるま式にふくらんでSANの大きなインシデ

ントを起こした。なぜだろうか。どんな変更を加える予定なのか、実際に作業しているのかについてお互いに話をしないからだ。こういうことはとても認められない。

　第2に、ジョンが言っていたことは正しい。昨日の朝、私たちは社内監査と会い、彼らが見つけた数々の欠陥について議論してきた。ディック・ランドリーはすでにかんかんだが、それは四半期の財務諸表にも影響を与えかねないからだ。私たちは、変更管理を強化する必要がある。マネージャー、技術リーダーとして、ちゃんと仕事は終わらせられるようにしながら、延焼的なインシデントを防ぎ、監査にうるさいことを言われないようにするための持続可能な手順を作るにはどうしたらよいかを考えなきゃいけないんだ。そのためのプランができるまではこの部屋からは出られないぞ。いいか？」

　みんなに脅しが効いたのに満足して、私は議論の口火を切った。「では、変更管理がうまくいかない理由は何だろうか？」

　技術リーダーのひとりがすぐに発言した。「言わせてください。その変更管理ツールは使えないのです。必須フィールドが山ほどあり、『影響を受けるアプリケーション』のところのドロップダウンボックスには、必要な選択肢がありません。変更要求を登録するのさえ止めてしまったのはそのためです」

　別の技術リーダーが大声を出した。「彼が言っているのはジョークじゃない。パティのルールに従うと、テキストボックスのひとつに数百ものサーバー名を手で入力しなきゃならないんだ。フィールドのスペースが狭すぎる。64字のテキストボックスに100台のサーバー名を入れられるわけがないだろう。どんなバカがこのフォームを作ったんだ？」

　冷たい笑いが起きる。

　パティは真っ赤になってどなる。「ドロップダウンボックスを使っているのはデータ完全性を維持するためよ。アプリケーションリストはアップツーデートなものにしたいけど、情報がないの。誰がアプリケーションカタログと変更管理データベースをメンテナンスしてると思ってるの？　まさか魔法のように勝手にアップデートされると思っているんじゃないでしょうね」

　「パティ、それはツールじゃない。完全に破綻した手順だ」。ウェスが決めつけた。「うちの連中が変更要求を出すと、承認まで一生待たなきゃならなくなる。とても日程に間に合いやしないよ。こっちには片付けなければなら

ない仕事があるんだ。フォームの書き方が合ってないとか文句を言いながらあんたにへーだのほーだの言ってもらうのを待っているわけにはいかねえんだよ」

パティはキッとなって言った。「何デタラメ言ってるのよ。あなたのところの人たちは、ルール破りの常習犯よ。全員が変更要求のランクを『至急』だの『緊急変更』だのとマークしてくるのよ。そういうふうにマークしていいのは、本当に緊急のものだけよ」

ウェスが言い返す。「『至急』にしとかなきゃ、お前んとこのチームは見もしねえじゃねえかよ。だからそうしなきゃなんねえんだよ。承認されるまで誰が3週間も待ってられるかよ」

技術リーダーのひとりが「『特別に至急』っていう別のフィールドを作ったらいいんじゃない？」などと言い出す。

私は騒ぎが静まるまで待った。このペースでは当分どこにも行けない。よく考えた末に言った。「10分の休憩を取ろう」

紙のカードが威力を発揮

みんなが戻ってきてから私は言った。「今後30日間に実施する承認された日程が決まった変更のリストができるまでは、この会議を終わりにしないぞ。それでだ。ご覧のように私の秘書に何も書いていないインデックスカードの山を配ってもらった。1枚のカードにつきひとつの変更という割合で、どのグループも計画しているすべてのプログラム変更を書き出してくれ。書いてほしい情報は3つだ。誰が変更を計画しているか、変更されるシステムは何か、そして一文にまとめた変更内容だ。ホワイトボードにカレンダーを描いた。ここには、承認した変更を日程に合わせて貼っていく。ルールは、短く、単純にだ」

ウェスはカードのパックをつかんで、怪訝そうに見た。「本気かよ、今どきこの時代に紙のカード？ なんならそのラップトップを使ったらどうだ。そっちのほうが紙よりも古いんじゃないか？」

全員が笑った。パティを除いて。彼女は怒っているように見えた。明らかに話が進んでいく方向が面白くないようだ。

ジョンが言った。「これは私が見たことのある変更管理プロセスとは違う

なあ。でも、自分の変更は書いておこう。今後2日でファイアウォールのアップデートとモニタリングの変更と」

驚いたことに、ジョンが話に乗る気になったのがほかの参加者たちにも影響したらしく、全員がそれぞれのカードに計画しているプログラム変更を書き始めた。

最後にウェスが言った。「よし、やってみようじゃないか。なんだってあの最低な変更管理ツールを使うよりはましだ」

技術リーダーのひとりが、数枚のカードを持ってきた。「計画しているデータベース変更を全部書いてきました」

私がうなずいて続けるように促すと、彼は1枚をすぐに読み始めた。「オクターブサーバーXZ577でベンダー推奨のデータベースメンテナンススクリプトを実行して、小売店POSのパフォーマンス問題を解決する。受注データベースとアプリケーションに影響を及ぼす。次の金曜午後8時30分に実行希望」

提出してきた変更が明快なので満足して私はうなずいたが、ウェスが言った。「そんなのは変更じゃない！ データベーススクリプトを実行するだけのことだろう。スクリプトを書き換えるなら、話をする必要がある。次！」

技術リーダーはすぐに反論した。「いいえ、これは間違いなく変更です。一時的にデータベースの一部の設定を書き換えますし、本番システムにどのような影響を及ぼすかわかりません。私からすれば、データベースの設定変更と同じくらいリスキーです」

それは変更なのか、そうではないのか。議論の両方の言い分に納得できる部分がある。

30分議論したあとも、「変更」とは何かという定義はまだはっきりしなかった。

サーバーのリブートは変更か？ 誰かがいきなりサーバーをリブートしたら、特に重要なサービスを実行しているときにそんなことになったら困るので、これは変更。

サーバーの電源を落とすのはどうか？ これも同じ理由で変更。

サーバーの電源を入れるのはどうか？ これは変更ではないだろうと全員が思った。しかし、重複するDHCPサーバーの電源を入れたために、エンタープライズネットワーク全体が24時間麻痺した例を誰かが引っ張り出し

てきて、やはり変更だということになった。

　30分後、私たちはホワイトボードにやっと次のように書くことができた。「『変更』とは、アプリケーション、データベース、オペレーティングシステム、ネットワーク、ハードウェアに対する物理的、論理的、仮想的な働きかけのうち、提供しているサービスに影響を与える可能性のあるものである」

　私は時計を見た。部屋に入ってから90分近くたつのに、まだ1件の変更も承認していなかった。スピードアップを促したが、2時間の会議が終わっても、ホワイトボードに貼り付けた変更は5件だけだった。

　しかし、驚いたことに私以外に不満そうな人はまったくいなかった。誰もが議論に積極的に参加していた。パティでさえそうだったのである。誰もが提案された変更のリスクを論じ、不要な変更をひとつ見つけさえした。

　この様子に力を得て私は言った。「続きは月曜にやろう。できるかぎり早くパティに全部のカードを渡して。パティ、このカードをどのように処理するのがいいだろう？」

　彼女は簡潔に言った。「今日中にかごを用意します。それまでは、テーブルの上に積んでおいてください」

　会議を散会すると、何人かが「いい会議だった」「もっと時間をかけて変更の議論をしたかった」「月曜が楽しみだ」などと言って出て行った。

　パティだけが腕組みをしてあとに残された。「私たちは多くの血と汗と涙を注ぎ込んであの変更管理ポリシーを作ったのに、みんなは未だにあれをこき下ろす。あなたは、どうしてこうすれば違うと思ったの？」

　私は肩をすくめて言った。「いや、そんなはっきりした考えがあったわけじゃないよ。ただ、機能するシステムが見つかるまではいろんなことを試そうと思っているんだ。そして、そこに到達するまでみんなが俺たちを助けてくれるような感じを守りたいんだよね。ただ、監査所見をクリアすればいいっていうんじゃなくて、安全にプログラム変更を計画し、それを伝え、実施するための方法が必要だと思うんだよ。仕事のやり方を変えなければ、俺たちは間違いなく近いうちに失業するよ」

　パティは、もとのポリシー文書を指さして言った。「この仕事をただ捨ててしまうのはいけないと思うの。何週間もかけて考えたものだし、コンサルタントやツールの変更にも何十万ドルもかけているんだから」

パティは少し涙ぐんでいた。私は、パティが変更管理のこの手順を組織になじませようとして苦闘してきた時間の長さを思い起こした。

「この手順にはいい仕事がたくさんつめ込まれていることはわかっているよ」。私は彼女を気遣って言った。「でも、現実を見ようよ。監査に指摘されたように、誰もこのやり方にはついてこなかった。しかし、仕事を終わらせようとするあまり、みんながシステムで博打を打っていたのも事実だ」

さらに訴えかけるようにして言った。「私たちは新しいことを始めたかもしれないけど、この仕事を成功させるためには、君の経験と能力がどうしても必要だ。これはまだ君の手順なんだよ。そして、私たちの成功のためにこれは絶対に重要なんだ」

「わかったわ」。彼女は諦めてため息をつきながら言った。「以前の手順を使うかどうかよりも私たちが生き残るためにどうするかを考えないとね」

パティの表情が変わった。「会議で決まったことと、変更要求を提出するときの新しいやり方を書き出してみましょうか」

想定の8倍の変更要求

それからさらにしばらくのち、フェニックスの戦略会議室に戻っていると、パティから電話が入った。私は廊下に走り出た。「どうした？」

彼女の声は緊張していた。「大変なことになりました。来週評価しなければならない変更は、50件くらいだろうと思っていましたが、提出された変更はすでに243件もあります。しかも、週末をはさんでもっとカードを持ってくるとメールで言ってくる人たちがまだたくさんいます。来週は400件の変更カードを見ることになるだろうと思います」

うわっ、何たること。400件？　その400件の変更のなかにリスクの高いもの、フェニックス、給与計算アプリケーション、あるいはもっと都合の悪いシステムに影響を与える可能性があるものはどれくらいあるのだろうか。

ここで突然、海兵隊の射撃場管理人の任務を思い出した。射撃場管理人は、射撃場にいるすべての人間の安全に対して責任を負う。指揮者のいない18歳の少年が400人でやってきてトラックから飛び出し、射撃場に走り込んできて、わあわあ叫びながら空にライフルをぶっ放す恐ろしいイメージが浮かんだ。

「うーむ、少なくともみんな手順に従っている」。私は神経質に笑いながら言った。

パティが笑うのが聞こえた。「これだけの変更要求が届くとすると、月曜までにすべてを審査するためにはどうすればよいでしょうか。全部承認するまで変更を一時的に休むべきかしら？」

「ダメダメ、それは絶対ありえない」。私はすぐに答えた。「みんながしなければならないことを禁止したりしたら、熱意も俺たちに対する支援も一気になくなるよ。ここの正常化のために俺たちには2度目のチャンスはないと思う。来週の変更は月曜までに提出するように全員にメールして。月曜の変更は承認不要、しかし火曜以降の変更は承認が必要ということにする。例外はなしだ」

電話越しにパティがキーボードを叩いている音が聞こえた。「わかりました。たぶん、この週末、変更要求カードを整理するために部下に手伝ってもらうことになると思います。正直なところ、こんなにたくさんのプログラム変更があるとは驚きました」

私もだ。

「ありがとう」。懸念を口に出さずに答えた。

第 7 章　　　　　　　　　　　　　　　　　続・9月5日（金）
エリックに連れられて工場へ

　自分の部屋に戻ってデスクにいつも常備してあるアドビル（※ 頭痛薬の商品名）を探していたら、携帯が鳴った。「はい、パーマーです」。引き出しをひっくり返しながら出た。
「こんにちは、ビル。スティーブの秘書のステーシーです。つかまってよかった。エリック・リードという新しく取締役会メンバーになりそうな人がこの街にきているんですが、彼がITの幹部全員と話がしたいと言っているんです。今すぐ1時間ほど空けられないでしょうか」
「今、カレンダーを呼び出すのでちょっと待っててください」
　古いラップトップの解像度はとても低く、週表示は使いものにならない。日表示に切り替えると、画面が空っぽになって機械がガタガタウィンウィンとうなっている。
　私は待つのを諦めて丁重に答えた。「とても大事なことだということはわかっていますが、月曜まで待っていただけませんか？ 私の一日は信じられない状態になっているんですよ」
　彼女はすぐに答えた。「お待ちできればいいのですが、エリックがこの街にいるのは今日だけなんです。それに、この会社の新会長であるボブ・ストラウスとスティーブが、エリックに取締役会メンバーのオファーを断られるかもしれないと言って、カリカリしているところを見てしまったんです。エリックは明らかに技術の達人で、ボブとスティーブは何とかしてここまで来てくれるように頼み込んだんですよ。彼は、どうしても帰る前にITの幹部連中と会うんだと強く言ってます」
「わかりました」。私はため息が出るのを抑えて言った。
「よかった。私のすぐ横の会議室で待っていただいてます。すぐにいらしてください。おいしいコーヒーとドーナツがあります」
　私は笑って答えた。「それは今日最初のいい話ですよ。すぐに向かいます」

デリバリーの人……

2号館の会議室に入るときに、私が引きずり込まれた奇妙な世界のことを考えながら、ステーシーに手を振った。取締役たちの政治の渦中に投げ込まれることにはまだ慣れない。

約束どおりに、4種類のコーヒーと6種類のバンダルドーナツを置いた大きなカートが窓際に置いてあった。この店は、街では有名で、一日中どの時間帯に行っても長い行列ができている。

しわくちゃのカーキ色のズボンとデニムのボタンダウンシャツを着た人が、カートの前に膝をついてドーナツをふたつの皿に載せていた。バンダルドーナッツにデリバリーサービスがあるとは知らなかった。

私はカップを取り上げてコーヒーを注ぎ、すべてのドーナツを眺め回した。「妻と私はおたくの大ファンでね、まだ付き合っていた頃は、毎週のように金曜の夜には20分行列してこいつを買っていましたよ。今は子どもがいるので、家内は自分の分も買ってきてと私を送り出すだけですけどね。たぶん、今晩も彼女のためにひとつもらっていくことになると思いますよ」

私はフルートループスに覆われたチョコドーナツとベーコンが載っていて砂糖がまぶしてある大きなドーナツ、ほかにうまそうに見えるのを3つつかんだ。

デリバリーの人は立って私を見て微笑んだ。「よくわかるよ。私もこのドーナツを楽しんでいたところだ。こんなものは食べたことがないな。ここに来てからたぶん5つは食べたと思うよ。でも、ローカーボダイエット中の私には、あまりよくないけど」

彼は手を差し出していった。「私がエリックです」

しまった。

下を見た。片方の手にはコーヒーカップ、もう片方の手にはドーナツがあふれんばかりの皿。

「これは失礼しました」。急いで答えて、すべてを後ろのテーブルに置き、向き直って彼の手を握った。「お会いできて光栄です。ビル・パーマーと申します」

彼の様子をもう1度見てみた。口ひげをはやし、身長は180cmほど、少し太り気味で、肩まで届く白髪交じりの髪の毛。立ち上がると、さらに取締

役会メンバーになる人というよりデリバリー会社から来た人のように見える。まして、「技術の達人」とは思えない。

しかし、もう1度彼のことを見て自分の認識を修正した。デリバリーの人なら、もっとしわのない服を着ているはずだ。

「気にしないで」。彼は陽気に言って、トレイから新たなドーナツをつかみ、テーブルを指した。「どうぞおかけになって。この街にいる間に一人ひとりのITリーダーと話をしたいと思ってね。もちろん、スティーブとは話をしなければならなかったし、えーとおたくのCFOの名前はダレン？ デール？ 彼ともね。彼らは十分すばらしい人たちに見えたな。ちょっとものが見えてないだけでね。でも……」

彼はちょっと嫌そうな素振りをした。「おたくの開発の人とも話したけどね。ケリーだっけ、カルビンだっけ。次はセキュリティのジミーで、それからリテールのシルビアだ」

彼が全員の名前を少しずつ間違えているのを聞いても不機嫌そうな表情を見せないように気をつけた。

「わかりました。今までの印象はいかがですか？」私は慎重に尋ねた。

彼はもぐもぐ嚙むのをやめ、口ひげについたカスを払い落として、しばらく考えた。「君たちは、痛みの世界にいるように見える。IT運用は、会社のトッププロジェクトを含め、あらゆる大きなワークフローになすがままにされているようだ。あらゆる重役を踊らせてしまい、彼らは開発にネジをまいて手当たりしだいに何でも本番環境にぶちこもうとしている」

エリックは私の目を見た。「君たちのITは慢性的に可用性（※ アベイラビリティとも言う。必要なときにかならず使えるかどうか。アウテージを起こせば可用性は下がる）の問題を抱えており、重役たちは新聞の一面に派手に書き立てられている。そして今度は監査の件で尻に火がついており、また一面ニュースのネタを提供するだけに留まらず、四半期の財務諸表に否定的な脚注を付けられる恐れさえある。フェニックスについて少しでも知っている人間なら、その新聞の一面に多くの悪いニュースがもっと掲載されることを知っており……」

彼が話しているうちに、私は自分のほほが真っ赤になっているのを感じたが、それが怒りによるものなのか、困惑によるものなのかは自分でもわからなかった。

IT運用の仕事の４つのタイプ

「君にとって状況はよくない感じだねえ」。彼は言った。「少なくとも、君の業績を監督、評価する予定の取締役会メンバー候補から見るとね」

私は、保身に聞こえそうなことを言いたくなるのを必死にこらえて口を尖らせた。私は、他人事のように言った。「スティーブにこの仕事をやれと言われたのは３日前のことなんです。私は断り続けたんですが、説得されて引き受けてしまいました。それからは驚くことばかりで……」

彼は私をしばらくじっと見て、突然大笑いした。「ああ、やっぱり」。彼は、こちらの緊張を解くように言った。「わっはっは、驚いたか。では、船を立て直すための君のゲームプランを聞こうか」

私は少し上を見上げた。今週に入ってから自分が打った修正のための対策をどのように説明したらよいだろうか。そして返答した。「正直なところ、まだ状況認識に努めているところですが、今の私は次から次へと発生する緊急事態に振り回されています。仕事の進め方にもっと厳格さと規律が必要だということはわかっています。仕事を終わらせるためにどのような手順に頼っているのかをはっきりさせようとしているところです。今までに見てきたところでは、自分で墓穴を掘るようなことを止めるために、手順の改良が必要だと思っています」

私はしばらく考えた。「それは、火消しモードから脱却するためです。今はちょうど空から落ちてきた監査所見対応プロジェクトのためにどのように人を配置すべきかを考えているところです。今までに見てきたところでは、私たちは仕事に全然ついていけないでいます。人を増やすかよほど効率を上げられなければ、与えられた仕事をすべてこなすことはできないでしょう」

エリックは不快そうな顔をした。「『厳格さと規律』だと？　フン。お前は下士官上がりだな。E-6（※ E-5、E-6 は米軍の入隊ランク。兵下士官でE-1からE-9まである）か。いや、若すぎるな、E-5 だろう」

私は驚いて目をぱちくりさせた。「ええ、E-5 です。海兵隊の。どうしておわかりになったんですか？」

「当てずっぽうさ」。彼は取り繕って答えた。「まず第１にだ。お前は化学技術者でも監査人でもないな」

「は？」

「戦術を覚えなければ戦略を実現できないというのは正しい」。彼は私の声を無視して続けた。「しかし、このサーカスがどうやって運営されているのかを考えればわかることだが、海兵隊で通用したことはここでは通用しない。指揮系統の頂点に将軍がひとりいるのではなく、会社では命令する将軍が10人いる。そして、彼らは全員直接の配下を持っているのだ」

　私はゆっくりと言った。「待ってください。あなたは厳格さと規律はどうでもよいとおっしゃるのですか？」

「もちろん、大事だよ」。彼はきっぱりと言った。「しかし、君にはもっとずっと大きな問題がある。それは、『効率』だの『手順』だのというものとはまったく無関係だ。君の目下の問題は、『仕事』とは何かが実際にはわかっていないことさ」

　私は彼をにらんだ。

　このバカは何者だ？　ウェスかパティにこいつの相手をさせられないかとしばらく考えたが、明らかにスティーブは私が自らこいつを相手にすることを望んでいる。

「私は仕事とは何か知っていますよ」。私はゆっくり言った。「私たちは毎日仕事をしていますし、働き続けて会社が必要としている仕事を完成させられなければ、私は失業してしまいます」

「それじゃあ、君の『仕事』の定義はどういうものなんだね？」純粋に興味があるという表情で彼は尋ねた。

「はい、スティーブが曖昧さの余地なく繰り返し言ったのは、フェニックスを世に出さなければならないということです。私の頭のなかでは、それが仕事です」

　彼は上を向き、まるで自分自身と対話しているような感じになった。「うん、確かにそれも仕事のタイプのひとつだ。しかし、IT運用がしなければならない仕事のタイプがほかに3つあることを君はまだ見落としている。私からすれば、プロジェクトの成果物、アウテージ、コンプライアンスといったものにまつわる問題を解決するために必要な仕事の理解の水準からはまだまだ程遠い」

WIP（仕掛り在庫）の山

　エリックは立ち上がった。「荷物を持ちな。ちょっと出かけるぞ」
　困惑して私は時計を見た。午後4時17分。私がしなければならないことはたくさんある。これ以上こんなやつと時間を浪費しているわけにはいかない。
　その間に彼は出てしまった。廊下に出てみたが、そこにも彼はいない。ステーシーのほうを見ると、彼女はエレベーターを指さした。追い付くために私は走った。
　エリックはドアがちょうど開いたエレベーターに乗った。彼はこちらに向きを変えると、私のためにドアを開けていた。「たぶん君は、自分の会社で仕事が行われている瞬間さえ見たことがないだろう。仕事がわからなければ、仕事を管理することもできない。まして、仕事を組織したり順に並べたり、部下たちが仕事を完成させるための基盤を作ったりすることはムリだ」
　私は、ウェスやパティたちが悪戦苦闘して私たちのすべての仕事のリストを洗い出していったさっきの会議のことを思い出しながら、不機嫌になっていった。「これは何ですか？　何かの知能テストのようなものですか？」
「ああ、そうとも言える。しかし、気にするな。君だけじゃない。スティーブも彼の知能テストに合格しなければならない。その点ではディックも同じだ」
　私はエリックに続いて彼が借りてきた青い準小型車に乗った。そして5分のドライブで我が社の工場のひとつであるMRP-8に着いた。ここは非常に広大で、おそらくIT運用のビルの4倍の大きさがあり、最近のリノベーションや増築のあとがはっきりわかる。しかし、ここは塵ひとつないきれいな場所だ。
　50代後半くらいの女性警備員が、「こんにちは、リード博士、お会いできてうれしいですわ、お元気ですか、本当にお久しぶりですね」と言った。
　エリックは彼女の手を温かく握り返し、ウィンクしながら答えた。「ドロシー、またお会いできてよかった。工場のフロアを上から見ようと思ってね。キャットウォークにはまだ入れるのかな？」
　彼女は愛想よく笑って、「ほとんどの人は立入禁止ですけど、あなたは別です。例外でいいと思いますよ」

私はエリックのことを不審な目で見た。誰の名前も正しく覚えられないらしいのに、昔からいる警備員の名前はしっかりと覚えている。そして、今まで彼のことをリード博士と呼んだ人間はいない。
　階段を5つ上ると、工場のフロア全体を見渡せるキャットウォークに着いた。少なくとも、全方向に向かって市街の2ブロック分ぐらいの距離があるように見えた。
　「ほら、見てごらん」。　エリックは言った。「搬出入口がビルのすべての壁にあるだろう。こっち側から原材料を搬入して、完成した製品を反対側から送り出しているんだ。注文は、あそこのプリンタから出てくる。長い間ここに立っていれば、WIP（※ work in progress の略）、つまり『処理中の仕事』、工場の初心者には『仕掛り在庫』と言ったほうがわかりやすいかな、これが搬入口から工場の反対側まで進むところが全部見られる。お客さんにはこれが最終製品として送り出されるんだ。
　この工場には何十年もいたけど、あっちこっちにWIPの山ができていた。あそこにある大きなフォークリフトじゃなければ積めないくらいに高く積んであった。すると、いずれ建物の向こう側さえ見えなくなる。あと知恵だけど、慢性的に納期が遅れ、品質に問題が出て、納期管理係が毎日優先順位をいじらなければならなくなった根本原因のひとつがあのWIPだってことは、今はわかっていることだ。その結果この会社が破産に追い込まれなかったのは驚きだよ」
　エリックは、両腕を大きく広げた。「1980年代、この工場は、科学的な裏付けのある3つのすばらしい品質管理運動のおかげでとてもよくなった。たぶん、聞いたことがあるだろうと思うけど、制約条件理論、リーン生産またはトヨタ生産方式、総合的品質管理の3つだ。それぞれ別の場所で始まった運動だったんだけど、WIPがサイレントキラーだということでは一致していた。だから、工場の生産管理でもっとも重要なメカニズムのひとつは、ジョブと原材料の投入だった。それがなければ、WIPを管理できないからだ」

ゴールドラットの制約条件理論

　エリックは、私たちからもっとも近い搬入口の近くのデスクを指さし、

「あそこのデスクが見えるかい？」と言った。

　私はうなずきながら、時計もちらっと見た。午後4時45分だった。

　私の苛立ちを無視して彼は話を続けた。「まあ聞いてくれ。何十年も前に、マークという男がいた。彼は第1ワークセンター（※ ワークセンターは同じ仕事ができる機械とそれを操作する人から構成される現場）、つまりあのデスクからのラインの監督だった。あそこのラックには、入ってきたジョブのためのフォルダーがあった。当時とまったく同じようにフォルダーがあるのはすごいことじゃないかね？

　ある日マークがフォルダーを取り出してなんかのジョブを始めようとしているところを見かけたんで、尋ねたんだ。『どういう基準でジョブを選んでいるんだい？ ほかのものじゃなくてこれって』。で、彼が何と答えたと思う？『このワークセンターを最初に必要とするジョブだよ。手が空いているからね』」

　エリックは頭を振った。「とても信じられなかったよ。『それじゃあ、君のステーションは20の作業の1番目ってことでしかないじゃないか。ほかの19のステーションが作業できる状態かどうかってことは考えないのか？』すると彼は答えた。『ああ、考えないよ。20年そうやってきたんだ』」

　エリックは笑った「たぶん、彼にとってはそれがまともなジョブの選び方だったんだろうね。彼は、最初のステーションを稼働状態に保ったわけだ。これは先入れ先出しのスケジューリングのようなものだ。しかし、今はもちろん第1ステーションが空いているかどうかに基いて仕事を投入する人間はいない。作業が一番遅くなるボトルネックがこなせるスピードに合わせてラインを動かさなきゃならない」

　私はただぼんやりとエリックを見つめていた。

　エリックは話を続けた。「マークがこんな調子で仕事を始めていたおかげで、ボトルネックの前にWIPがどんどん積み上がっていって、時間内に仕事が終わることはなかった。毎日が緊急事態だった。うちの会社は何年も貨物航空会社から年間最優秀顧客賞をもらっていたよ。ほぼ毎週のように怒っている顧客企業に何千キロっていう製品を夜行便で送っていたからね」

　エリックは一瞬黙ってからまた熱を込めて話し出した。「制約条件理論を生み出したエリヤフ・ゴールドラットは、ボトルネック以外のところでいかに改良を加えても無駄だということを教えてくれた。衝撃だったけど、真実

なんだよ。ボトルネックの後ろで何を改良したところで無駄だ。ボトルネックから仕事が流れてくるのを待って飢餓状態になるだけだからな。ボトルネックの前の改良も無駄だ。ボトルネックの手前で WIP の山が高くなるだけだ。

　うちの場合、ボトルネックは熱処理炉だった。ゴールドラットの小説『ザ・ゴール』と同じだよ。それから、塗料硬化設備もあったから、のちにそこも制約条件になったな。新しいジョブの投入を凍結したときには、ボトルネックになっていたワークセンターは見えなくなっていた。WIP の巨大な山に囲まれちゃっていたからね。高いここからだって見えなかったんだ」

　私もついエリックといっしょに笑ってしまった。あと知恵では明白でも、マークにとっては明白でもなんでもなかったことは私にも想像できる。「歴史の教訓に感謝しようってことですね。でも、今伺った話の大半はビジネススクールでもう教わりましたよ。IT 運用の管理とどう関係があるのか私にはわかりません。IT は工場とは違いますから」

　「本当にそうか？」エリックはひどく顔をしかめて私のほうに向き直った。「当ててみようか。君はこう言うんだろう。IT は純粋な知的作業であり、仕事は職人仕事のようなものだ。それなら、標準化だの文書化された作業手順だの君が愛おしむようにして言った『厳格さと規律』なんてものの出番はない」

3つの道

　今度は私がしかめ面になった。エリックは私がもう信じていることを確信させようとしているのだろうか、それとも馬鹿げた結論を受け入れさせようというのだろうか。

　「工場の操業から IT 運用が学ぶことは何もないと思っているのなら、君は間違っているよ。大間違いだ。君の IT 運用担当 VP としての責務は、予定された仕事の流れを作り出して社内に価値を届けることだ。その流れは速くて予測できて途切れないものでなければならない。その一方で、予定外の仕事による衝撃や混乱を最小限に抑え込む必要がある。そうすれば、安定していて予測可能で、セキュアな IT サービスを作れるよ」

　エリックの話を聞いていて、聞いたことを書き留めたほうがいいんじゃな

いか迷ってしまった。

　エリックは私のことをよく観察していた。「まあ、この話はまだ早かったな。仕事とは何かについて君がもっと理解を深めるまでは、仕事の管理について何を言っても、君にはまったくわからないよ。まだ重力を信じていない人間にアクロバットの話をするようなものだ。

　でも、安心したまえ」。彼はジョブ投入デスクを指さして言った。「君が行きたいと思っているところに行くためには、君の仕事にとってあのデスクに当たるものは何かをいずれはっきりさせなきゃならなくなる。IT運用にどのように仕事を投入すればよいのかを覚えなければならないし、もっと重要なのは、君にとってのもっとも制約されたリソースが、ひとつのサイロだけではなく、システム全体の目標達成に直結する仕事だけをするようにコントロールすることだ。

　若いビル、君にそこのところがわかるようになれば、3つの道も理解できるところに近づくだろう。第1の道は、開発からIT運用への仕事の流れを速くするにはどうすればよいかだ。IT運用こそ、会社と顧客の間にあるものだからだ。第2の道は、フィードバックループを短縮、強化する方法だ。すると、源のところで品質を上げ、やり直しを避けることができる。そして、第3の道は、実験、失敗からの学習、反復と練習が熟達には不可欠という考え方を並行して育てていく企業文化を作ることだ」

　彼の声がまるで映画『カンフー・パンダ』のシーフー老師のように響くようになってきたが、私は集中して聞いていた。厳格さと規律が必要だということと、絶えず練習し、技能を磨くことが大切だということは、私が海兵隊で学び、今も信条としていることだ。私の部下の生活はそれにかかっているし、私の仕事もそれにかかっている。予測可能性を作り出すことは、私がIT運用グループに浸透させたいと思っている第1のものだ。

　エリックは、電話番号が書かれた紙切れを渡してくれた。「忘れるなよ、仕事には4つのタイプのものがある。君は、第1のタイプとしてビジネス・プロジェクトを挙げた。ほかの3つがわかったら電話をしてくれ」

　エリックはポケットから車のキーを取り出して尋ねた。「オフィスまで送ろうか？」

残りの仕事のタイプとは？

　私のキュービクルまで帰ってきたのは、午後5時10分だ。メールの返事を書くためにポンコツラップトップにログインし直したが、なかなか集中できなかった。
　エリックとの1時間は、まるで奇妙なパラレル宇宙にいたようだった。でなければ、ドラッグによる錯乱のなかで作られたサイケデリックムービーを無理やり見させられたような感じだ。
　エリックの仕事には4つのタイプのものがあるという話はどういう意味なのだろうか。
　ウェス、パティとの会議を思い返した。ウェスは、ITインフラストラクチャ・プロジェクトとビジネス・プロジェクトで別々のリストがあると言った。インフラストラクチャ・プロジェクトが別のタイプの仕事なのか？
　それを考えているうちに、画面にメール通知ウィンドウが開いた。返事を求めているメールがもうひとつある。
　メールがもうひとつの仕事のタイプか？
　違うだろう。工場でエリックは工場のフロア全体のジェスチャをした。「仕事」と言うとき、彼は個々の作業者やマネージャーのレベルではなく、組織のレベルでの仕事を意味していたように感じる。
　それについてさらに少し考えた。それから、首を振って急いでスティーブにメールを出して、エリックと接触したことを伝えた。10年後には、工場のフロアで熱弁を振るった変人との出会いをきっと友達に話しているだろう。
　私は動かなければならない。ペイジは、金曜の夜に私の帰宅が遅れると非常に不機嫌になる。ドッキングステーションからラップトップを外すと、とてつもなく大きな警告音が空気を切り裂いた。
　こんちくしょう。その音がラップトップから出ているのはわかっていた。手探りでボリュームを下げ、電源を落とそうとしたが、音は止まらなかった。
　必死になってラップトップをひっくり返し、バッテリを取り出そうとしたが、テープでぴったりとくっついていた。レターナイフをつかみ、なんとかテープを切り裂いてバッテリを外した。
　ラップトップはやっと黙った。

第 8 章　　　　　　　　　　　　　　　　　　9月8日（月）
大きな壁と大きな前進

　週末は、今朝、スティーブに会うときに使うパワーポイントのスライドと格闘していた。それでももっと準備ができたらよかったのにと思った。

　私は無理に自分をリラックスさせようとし、スティーブとの健全で活発なビジネスディスカッションをイメージし、要求をすべて満たして帰るところをイメージした。これが会社と自分の組織にとっていかに大切なことかを反芻し続けた。みんながこの会見の準備のために一所懸命準備し、成否は私がいかにうまくスティーブと話ができるかにかかっている。

　ステーシーは私が着くとにっこり笑って温かく言った。「どうぞお入りください。30分しか上げられなくてごめんなさい」

　私は中に入ったところで立ち止まった。サラがスティーブと話していたのである。サラはスティーブにこう言っていた。「私たちがどこを目指しているかということを見事に説明してくださって本当にすばらしかったと思いますよ。もっとも懐疑的なアナリストたちの一部もいましたけど、彼らも明らかに興奮していました。フェニックスが稼働するときについて私たちが再び語る理由も、彼らに伝わったはずです。フェニックス・ロードマップにもかなり心が動いたようですよ」

　彼らはアナリストたちにフェニックス・ロードマップの話をしている？あれだけたくさんの機能を次のリリースに先延ばししておいて、市場にちゃんと情報を与えないで約束してしまっていいのかなと思った。

　スティーブはうなずいて機嫌よく答えた。「彼らのうちの会社に対する印象を変えてみたいね。電話会議のスケジュール、ありがとう。今日またあとで次のことについて話をしよう」

　サラは私に向かって笑って言った。「あら、ビル。今日はまた随分早いのね」

　私は歯をかみしめて、彼女の一言をやり過ごした。「みなさん、おはようございます」。興味があるような素振りを示そうとして言った。「いい電話会

議だったようですね」

　サラはもっとニコニコ顔になって、「そうなのよ。アナリストたちが私たちのビジョンに心を動かされて、うちの会社ががらっと変わると言ってくれたのよ。広くマーケット、ウォールストリートのうちのイメージを変えるために必要なのはこういうことなのよね」

　私は冷めた感じでサラを見た。こうやって社外に向かって発信することによって、クリスのチームにプレッシャーを与え、生煮えの機能をリリースするようなことにならなければいいがと不安に思った。

　私はスティーブの向かいの席に座った。サラのほうに完全に振り返ることはできなかったが、できるかぎり振り返った。

　サラが部屋を出るまで、スティーブに私の資料を見せたくなかったのである。しかし、サラは、会議を振り返って次のアナリストとの電話会議で話の流れをどう変えるかといったことをいつまでもスティーブと話し続けた。

　ふたりが話している間、サラにスティーブとの時間を潰されていることをただ考えるしかなかった。

運命のプレゼン

　11分後にスティーブがサラのジョークに笑い、サラがやっとオフィスから出て行ってドアを閉めた。スティーブは私のほうに振り返り、「遅くなってすまん。フェニックスのアナリスト向けブリーフィングが20分後に迫っているんだ。で、話はどんなこと？」

「最初にお会いしたときに、フェニックスのリリースが成功になる確率を最大限に引き上げるのが私の任務だと言われたこと、とても強く印象に残っています」と言って、私は話を切り出した。

「私がこの1週間で観察したところでは、IT運用は危険水域までやせ細っており、この状態ではフェニックスの成功は危険にさらされるだろうと思います。

　私は、IT運用に対する要求レベルがどれくらいで、私たちの能力がどれくらいかをはっきりさせるよう指示しました。まず、大小にかかわらず、依頼されている仕事の一覧を作るところから始めました。今までの分析によれば、IT運用が依頼されている仕事の量は、私たちが提供できる能力をはる

かに超えていることは明らかです。誰がいつ、何の仕事をすべきかについてより多くの情報に基づいて判断できるように、仕事のパイプラインがどのようになっているのかを今までよりもはっきり見えるようにすることも指示しました」

　ここでできるかぎり重々しく言った。「しかし、ひとつだけはっきりしていることがあります。IT運用の人員は決定的に足りません。これでは、約束したすべてのサービスを提供することはとてもできません。プロジェクトリストを短くするか、人員を増強するかです」

　週末を潰して行ったリハーサルのときの理性的で論理的な議論の口調を真似ながら、私は続けた。「もうひとつの大きな問題は、あまりにも多くの多種多様なプロジェクトが私たちの注意を奪っていくことです。フェニックスがもっとも重要だというお話は明快で一貫していますが、フェニックスにリソースを投入し続けられるわけではないのです。たとえば、先週の木曜には、内部監査から所見のリストを渡されました。1週間で指摘されたことを調査し、回答書を書けというのです。これをすれば、フェニックスに影響が出ます」

　話しながらスティーブの様子を観察していたが、今のところ彼は無表情だった。私は穏やかな表情で頼んだ。「ここでは、フェニックスと監査所見の相対的な優先順位をはっきりさせていただくとともに、プロジェクトの数とそれに見合った十分な人員を確保するための方法をお話ししたいと思っております」

　頭のなかでは、自分は善悪の判断抜きに会社にもっとも貢献できる方法を冷静に判断している有能で情熱的なマネージャーとしていい仕事をしていると思っていた。

　しかし、スティーブは怒った声で答えた。「この馬鹿げた優先順位の話はいったい何だ？　私が取締役会に出て行って、営業かマーケティングのどちらかにやることを絞らなければなりません、どちらをしたらよいか教えてくださいなどと言おうものなら、みんなに大笑いされて部屋から弾き出されるぞ。私は両方をやらなければならない。君が両方をやらなければならないのもそれと同じだ。人生は厳しい。フェニックスは会社のトッププライオリティだが、だからといって君はSOX-404監査を人質にしていいわけじゃない」

　私は3つ数えてから言った。「説明が悪かったと思います。フェニックス

とコンプライアンスプロジェクトは、ブレントなどのキーパーソンを共有しています。コンプライアンスプロジェクトだけでも、彼らを1年縛り付けておかなければならなくなるほどのボリュームがありますが、彼らはフェニックスに専念させなければなりません。そのうえ、私たちのインフラストラクチャは非常に脆弱で、毎日のようにエラーが起きていますが、運用の正常化のためには同じ人々が必要になることが多いのです。今日、給与計算エラーのときと同じようなアウテージが起きたら、フェニックスとコンプライアンスの両方からブレントを引き上げて、エラーの原因を解明しなければならなくなります」

　私はスティーブをしっかり見て言った。「私たちは、採用、異動など、人員配置についてさまざまなオプションを検討しましたが、どのようにしてもすぐに違いが生まれるような即効性は得られないことがわかりました。フェニックスが本当にトッププライオリティであるなら、コンプライアンスの仕事の一部を止める必要があります……」

　「問題外だ」。私が言い終わるよりも前にスティーブが言った。「私もあの分厚い監査所見の書類を見たが、あの問題を解決しなければ窮地に立たされることになる」

　これは、私のプランからまったく外れた展開だ。

　「わかりました……」。私はゆっくり言った。「私たちはできるかぎりのことをしますが、私たちの人員不足は深刻で、両方はもちろん、どちらか片方を選んでもいい仕事をするのは難しいということを示すデータを見てください」

　私は、スティーブが私の論点を認めるのを待った。彼がうなずくまで数秒かかった。

　おそらく、獲得できるのはせいぜいこれだけだと腹を決めて、用意した資料の1ページ目をスティーブに示した。「それでは、プロジェクトの需要と対応能力を見ていただきます。現在、私たちはキルステンのプロジェクトマネジメント室を通じて35件のビジネス・プロジェクトをサポートしています。そして、そのほかに70件以上の小さなビジネス・プロジェクトと内部プロジェクトを抱えています。そして、私たちが数えきれていない仕事がほかにまだあります。IT運用の143名では、約束どおりにできるものはありません」

次に資料の2ページ目を開いて言った。「ご覧のように、私たちはもっとも人員が足りていない部分で6人の採用をお願いしたいと思っております」
　いよいよ締めに入った。「私の目標は、スループットを上げて現状のような停滞に二度と陥らないようにするとともに、できるかぎり多くのプロジェクトを完成に導きたいということです。すぐに採用を認めていただいて、人探しを始めたいと思います。ブレントのような才能は簡単には見つかりませんので、少しでも早く活動を始めたいのです」
　私のリハーサルでは、ここでスティーブは図に指をおいて、いくつか私に質問をして、最良のトレードオフを選ぶために有意義な議論を交わすことになっていた。さらに、私の背中をぽんと叩いて分析の質の高さを褒めてくれてもいいというくらいに思っていた。
　しかし、スティーブは、私の資料を手に取りさえしなかった。彼は私を見据えて言った。「ビル、フェニックスはすでに1000万ドルも予算を超過している。そして、我が社は早急にキャッシュフローをプラスにしなければならない。IT運用は、会社全体のなかでももっとも高価なリソースを抱えている。君は与えられたリソースでやりくりしなければならない」
　スティーブは腕組みをしてさらに続けた。「去年のことだけど、ITアナリストを呼んできて、他社と比較する形で我が社のベンチマークテストをしてもらった。彼らが言うには、競合他社と比べて我が社はITにお金を使っているということだった。
　君は、3000人も従業員がいるんだから、6人増えたって大差はないと思うかもしれない。しかし、すべての出費は、しっかりと監視されている。収益性のギャップを埋められなければ、私は新たなレイオフをしなければならなくなる。人件費に200万ドル追加するという君の計算は、まったく成り立たないんだよ」
　彼は、少し声のトーンを柔らかくして続けた。「どうすればいいかって？ 各部門を回って、君の状況を説明するんだ。君の説明を聞いてなるほどと思えば、彼らだって予算の一部を君たちのところに回してくれるだろう。しかし、ひとつだけはっきりさせておいてくれ。予算の追加は、どのような形でも問題外だ。どちらかと言えば、君の部門は人員削減を考えなければいけないところなんだ」
　私は、この週末に何時間もかけて最悪のシナリオのリハーサルもしたが、

もっと悲観的な立場で練習をしなければならなかったことは明らかだ。
「スティーブ、このことについてどうすればもっとはっきり説明できるかわからないのですが」。私は少し自暴自棄な気持ちになって言った。「IT運用の仕事は魔法ではありません。積み上げられたこの仕事は、すべて生身の人間がしなければならないのです。コンプライアンスのような仕事は、フェニックスのようにすでに抱えている仕事に影響を与えないわけにはいかないのです」

失うものはほとんどないことはわかっていたが、スティーブに少しショックを与えておこうと思って言った。「フェニックスを成功させて競合との差を埋めたいというのであれば、このようなやり方はすべきではないと思います。私には、拳銃で決闘するのはあとだと騙されて、ナイフだけを持って出て行ってしまった人のように見えます」

何かリアクションが得られるのではないかと思ったが、スティーブは深く腰掛けて腕を組んでいるだけだった。「私たちはできるかぎりのことをしている。君も帰ってそうしたまえ」

ちょうどそのとき、ドアが開いてサラが入ってきた。「あら、お邪魔してごめんなさい。でも次の電話会議が2分後に迫っているものね。電話をかけてもよろしいかしら」

ちくしょう。時計を見た。9時27分。

サラは、最後の3分さえ奪っていきやがった。

完敗だ。最後に私は言った。「わかりました。がんばります。今後も状況を随時お知らせします」

スティーブはありがとうとうなずき、サラのほうに向き直った。私はドアを閉めた。帰り際に、週末をすべてかけて作ったプレゼン資料をステーシーのリサイクルボックスに投げ込んでいった。

カードだらけの変更調整室

私はCAB会議に向かって歩いている間、何とか失敗の痕跡を払拭しようと努めていた。悪い知らせをウェスとパティにどのように打ち明けたものかと考えているうちに、パティが変更調整室と名づけた会議室のなかに入ってしまった。

しかし、部屋のなかの光景を見て、スティーブのことは頭のなかから吹き飛んでしまった。
　壁のほとんどの面はホワイトボードに埋め尽くされていた。ふたつの壁のホワイトボードは、インデックスカードでほぼ埋め尽くされていた。しかも、カードは一重ではない。ところどころ、ボードにフックが付けられていて、そこからは10枚ものカードがぶら下げられていた。
　会議室のテーブルの上には、そのほかに20枚、いや30枚のカードの山がまだ残っていた。
　テーブルの向こう側では、パティのふたりの部下が背中を向けてカードを検討していた。しばらくすると、彼らはそれを目の前の2枚のカードの間に貼り付けた。
「こりゃ大変だ」。私が言うと、「大変なことになっちゃったのよ」と後ろからパティの声がした。
　半分冗談で「ホワイトボードを入れるスペースがないとか？」と言うと、パティが答える前にウェスが部屋に入ってきて「なんだこりゃあ」と言うのが聞こえた。「このカードはいったいどこから湧いてきたんだ？　これが全部今週分なのか？」
　私は振り返ってウェスに言った。「驚いたかい？　ほとんどは君のグループから来たものだよ」
　ウェスはすべてのボードを見回し、それからテーブルの上のカードを見た。「うちの連中が本当に忙しいのはよくわかっているさ。でも、ここには200とか300というくらいのプログラム変更があるようだな」
　パティがラップトップをぐるりと回して彼女が開いたスプレッドシートを私たちに見せた。「金曜の午後以来、今週分として437件の変更要求が提出されているわ」
　ウェスは一瞬言葉を失った。そして頭を振って言った。「俺たちは、このカードを全部読んで承認しなきゃならないのかい？　この会議は予定ではたった1時間しかないぞ。全部読もうと思ったら何日もかかるだろう」
　ウェスは私を見て言った。「そんなことはやってられないって言っているわけじゃないんだが、これを毎週やるとなると……」
　ウェスは、目の前の作業量に圧倒されてしゃべるのを止めてしまった。
　正直なところ、私も同じように感じていた。当然ながら、すべてのマネー

ジャーたちにその週のプログラム変更要求を提出してもらうのは、最初の1歩に過ぎない。データを集めるところを越えて、実際に変更要求を処理して承認するところで、プロセスを空中分解させるつもりはない。

　私は無理に明るく言った。「これはすばらしいスタートだ。たいていのものはそうだが、ものごとはよくなる前に悪くなるものだ。私たちは技術系のマネージャーたちから熱烈な支援を受けた。だから、私たちは持続可能な形でこれだけの変更をどのように審査し、スケジュールを立てるかを考えなければならない。何かアイデアはないかな？」

　パティが、まず声を上げた。「私たちがすべての変更要求を評価しなければならないなんて誰も言っていません。一部は、代理人に任せられると思いますが」

　私は、ウェスとパティがアイデアをやりとりしているのを聞いていたが、自分で発言した。「もともとの私たちの目標を思い出そうじゃないか。左手と右手がお互いに何をしているのかがわかるようにすること、アウテージのときの状況認識を改善すること、俺たちが変更管理の問題に取り組んでいるという証拠を監査に見せつけることだ。そうすると、もっともリスクの高い変更に審査を絞り込む必要があるんじゃないか。80/20ルールがここにも当てはまるだろう。変更要求の20%のなかにリスクの高い変更の80%が入っているはずだ」

「取扱注意」のマーク

　私は目の前にあるカードの山を再び見つめ、数枚をランダムに取り出してヒントを探した。

　すると、大きなしかめ面の絵が描かれたカードが目についた。そのカードをみなに示して「プッカー（PUCCAR）ってのは何なの？」と尋ねた。

　ウェスがうんざりした表情で言った。「役に立たないアプリケーションさ。パーツ・アンリミテッド小切手交換照合（Part Unlimited Check Clearing And Reconciliation）アプリケーションと言って、誰かが20年くらい前に作ったものだよ。書き換えるたびにぶっ飛んで誰も直し方がわからないので、『pucker』（どうしようもないバカ）って呼ばれてる。ベンダーはドットコムブームの時代に廃業したんだが、代わりを買うための予算を獲

得できたことがない」

　私は尋ねた。「クラッシュするのがわかっているのに、なんで変更が必要になるんだ？」

　ウェスがすぐに答えた。「止められるならそうしたいよ。でも、ときどきビジネスルールが変わるので、パッチを当て続けなけりゃならないんだ。もうメンテナンスしていないオペレーティングシステムの上で動くので、いつも危なっかしい……」

　それを聞いてピンと来た。「それだ！　危ない変更だよ。プッカーのような危ないもののほかにどういうタイプの変更要求が提出されているかな」

　私たちは、業務のかなりの部分、あるいは全部に影響を及ぼしかねないレインボー、サタン、テーザーアプリケーション、ネットワーク、特定の共有データベースへの変更要求のカードを集めた。全部で50枚ほどの山だ。

　ウェスが言った。「そのカードの山を見るだけで動悸がしてくるよ。これはみんな危険なプログラム変更だなあ」

　ウェスの言うとおりだ。私が、「よし、それじゃあ、ここのカードは全部『取扱注意』のマークを付けよう。これらはリスクが高く、CABの承認が必要なものだ。パティ、会議中、こういう変更はみんな山のてっぺんに置くことにしよう」と言うと、パティがうなずき、ノートを取りながら言った。「ハイリスクの変更は、変更要求の提出が必要なだけでなく、スケジューリング、実施のために承認が必要なものと仮に決めておきましょう」

　私たちはすぐに、もっとも壊れやすいサービス、アプリケーション、インフラのトップ10リストを作った。これらに影響を及ぼす変更要求は、ただちにCABの精査が必要なものと認定される。

　パティが付け加えた。「こういうものの変更には標準的な手続を作っておく必要があるわね。これらの変更を実施したいときには、主要メンバーはそのことを知っているだけでなく、まずいことが起きたときのためにスタンバイしている。ベンダーも準備させとかないとね」

　パティは、少し笑いながら言った。「これじゃまるで飛行機が不時着しようってときに、消防士や救急車が滑走路に並んですぐに消火剤を撒けるようにしているのと同じね」

　ウェスが笑って皮肉を付け加えた。「プッカーするときには、遺体袋付きで検屍官も集めとかないとな。それと部門からの苦情電話に対応するPRの

担当者も用意しといて、一部のお客さんがうちで使った消火剤でアレルギーを起こしちゃってと言わせる」

　私も笑った。「これは面白いアイデアだ。部門に消火剤も選ばせよう。すべての責任をIT運用で抱え込むことはないんだ。あらかじめ部門にメールを送って、最良の実施時刻がいつかを尋ねておけばいい。以前の変更の結果についてのデータを渡しておけば、変更を引っ込める場合だってあるかもしれない」

　パティがどんどんタイプしていく。「わかりました。このタイプの変更については、うちのスタッフに変更の成功率と関連するダウンタイムのレポートを作らせましょう。こうすれば、部門も情報を与えられたうえで変更を要求するかどうかを判断できます」

　パティのアイデアには特に満足し、自分たちが正しい方向に向かっていることに自信を感じた。「よし、まだ400枚のカードが残っている。アイデアはないかな？」

低リスクと中リスク

　ウェスは1枚1枚カードを読み、ふたつの大きな山を作っていた。そして、大きいほうの山からカードを1枚抜き取って言った。「この山は、しょっちゅうやっている変更だ。たとえばこれは、POSシステムに税額表をアップロードするという毎月の作業だ。これらの変更は保留にする必要はないと思う。

　こっちのほうの山は、『Javaアプリケーションサーバーのスレッドプールサイズを拡張する』『パフォーマンス問題を解決するためにカムクワットベンダーアプリケーションにホットフィックスをインストールする』『ケンタッキーデータセンターのロードバランサーをリセットしてデフォルトのデュプレックス設定にする』といったものだ。

　俺にはこういうものはわからない。意見を持てるほどコンテキストについての知識がない。カモメがぱっと飛んできて人の上で糞をたれるとどっかに飛んでいってしまうようなことを俺はしたくない」

　パティが興奮して言った。「すばらしいわ！　最初のほうのリスクが低い変更はITILが『標準変更』と呼んでいるもので、以前に何度もやって成功し

ている変更ね。これはあらかじめ承認すればいい。変更要求の提出はしてもらうけど、私たちを通さずにスケジューリングしていいことにしましょう」

全員がうなずくと、彼女はさらに続けた。「これで残ったのは、私たちがまだ検討する必要のあるリスクが中くらいの変更ね」

私が口をはさんだ。「ウェスに賛成だな。それらについては、マネージャーが何をしているのかわかっていると信頼する必要があると思う。しかし、影響を受ける可能性のある人に適切に知らせが届いていることをパティに確認してもらいたい。そして、全員からOKをもらったら先に進むようにしよう」

それから少し考えて言った。「たとえば、ジョンのトークン化アプリケーションのことを考えてみよう。ジョンには、うちに変更要求を送る前に、アプリケーションとデータベースのオーナー、それから部門の承諾をもらってきてほしいところだ。彼がそうしてくれれば、それで十分だ。うちの役割は、彼が正しく変更要求を書いていることを確認することだろう。このレベルでは、実際の変更よりも、手順の完全性のほうが大事だと思う」

パティがどんどんタイプしていく。「これでいいか確認して。ごちゃごちゃした中くらいの変更については、変更要求を提出する人が影響を受ける可能性のある人々と相談し、承諾を集める責任を持つ。承諾を集めたら、IT運用に変更カードを提出し、チェックとスケジューリングの承認を受ける」

私はにっこり笑って、「そうだね。ウェスは大丈夫かい？」

ウェスが答えた。「いいと思う。いっちょやってみっか」

私は「わかった」と答え、さらにパティに言った。「変更の要求者が実際にあらかじめ終わらせるべき仕事をしていることを君のところでチェックできるかな」

パティはにっこり笑って「喜んで」と言った。

パティはボードを見上げ、テーブルをペンでコツコツ叩きながら考えていたが、やがて言った。「今日は月曜よね。今日の変更は、実施できるというふうにすでに言ってあるけど、この特赦期間を明日まで延長することを提案します。そして、水曜日に本格的なCAB会議を実施して、残った変更要求をスケジューリングしましょう。こうすれば、みんなに十分な準備期間を上げられるわ」

私がウェスを見ると、ウェスはこう言った。「それはいいと思うけど、俺

はもう来週のことを考えていたんだ。俺たちはみんなに引き続き変更要求を持ってくるよう言わなければならない。そして、19日の金曜から週例のCAB会議を設定しよう」

ウェスが文句を言うのではなく、来週のことまであらかじめ考えていたのを見て、パティも私と同じくらい喜んだようだ。「2時間以内に全員に指示を送っておきます」

そして、タイプが終わってからさらに付け加えた。「最後にひとつ。今回、この手作業による集計でふたりの部下と私自身がこの仕事にかかりっきりになりました。とても骨が折れるのよ。最終的には、この作業を自動化する方法を考えなければならないと思うんだけど」

私はうなずいた。「今の形では持続可能でないことは間違いないね。でも、あと2回のCAB会議はこの形でやって、ルールをしっかりと固めようよ。この問題は、かならずあとで検討することを約束するよ」

全員が笑顔のまま会議は終わった。これは私のチームでは初めてのことだ。

第 2 部

IT運用の仕事

　IT 運用担当 VP に任命されたビルは、相次ぐ事態——給与システムの障害、フェニックス本稼働日の唐突な決定、監査所見対応——に振り回される。ビルは部下で分散テクノロジー運用部長のウェス・デービス、IT サービスサポート部長のパティ・マッキーらと、それらの緊急事態の対処に奮闘する。
　そうしたさなか、取締役候補のエリック・リードから IT 運用部門の仕事の本質について示唆を得る。さまざまなプロジェクトの仕事以外にも、気がついていない仕事があるのではないか——。

第9章
3つの仕事

9月9日（火）

　私は今まで出たなかでももっとも冷酷な予算会議に出ている。部屋の奥にディックが座っており、注意深く話を聞きながら、ときどき裁定を下す。ディックは年間計画の第一案を作るので、出席者全員がディックに従っている。サラはディックの隣に座ってアイフォンをタップしている。

　私はとうとう携帯を取り出した。緊急事態に違いない。もう1分間も震え続けている。

　「深刻度1インシデント：クレジットカード処理システムダウン。すべての店舗に影響」と書かれている。

　なんてことだ。

　みんなが私の予算を奪いにかかることがわかっていても、この会議からは退席しなければならない。大きなラップトップからこれ以上部品が落ちないように格闘しながら私は立ち上がった。サラが「あら、また何か問題？」と言ったときには思わず本当のことを言いそうになった。

　私は顔を歪めて答えた。「うちで処理できないようなことは起きていませんよ」

　実際には、深刻度1のアウテージは自動的に非常に大きな問題として認定されるのだが、彼女に攻撃材料を渡したくなかったのである。

アウテージはなぜ繰り返されるのか

　NOCに着くと、電話会議をコーディネートしていたパティの横に座った。「みなさん、ビルが今合流しました。私たちはそちらに追い付くために、受注処理システムが落ちていることを確認し、深刻度1インシデントを宣言しました」

　彼女は一呼吸置いて私のほうを見た。「実際にわかっているかどうか自信がないのよ」

私は全員に注意を促した。「パティが非常に単純な質問をした。このアウテージを引き起こした可能性がある今日のプログラム変更をすべて洗い出す。一体何があったんだ？」

　奇妙な沈黙が続いた。人々はうつむくか、まわりを見回して互いに相手を疑いの目で見た。誰もが目を合わせるのを避けた。

　何か言おうとしたときに声が聞こえた。「こちらはクリス。さっきパティにも言ったが、君にももう1度言っておこう。うちの開発者は誰一人として何も変更していない。だから、うちのメンバーはヒットリストから取り除いておいてくれ。たぶん、データベース変更だろう」

　テーブルの端に座っていた誰かが怒って言った。「なんだって？ うちは今日は何も変更を加えていない。いや、受注処理システムに影響を及ぼすようなことは何もやっていない。オペレーティングシステムのパッチがまたおかしくなったってことはないか確かめたか？」

　ふたつ先の席に座っていた誰かが、上体を起こし、熱くなって言った。「絶対に違う。もう3週間もこれらのシステムに影響を与えるようなアップデートのスケジュールは立てていない。私なら、ネットワーク変更に50ドル賭けるよ。ネットワークの変更は、いつも何か問題を起こしているからな」

　ウェスが両手をパンパンと叩いて叫ぶ。「いい加減にしてくれ」

　彼は諦めたような様子で、テーブルの反対側にいた誰かに言った。「お前も自分の名誉を守ったらどうだ？ 全員が順番でやっていることだ」

　ウェスの反対側にいたネットワークリーダーは、両手を上げてひどく傷ついた様子で言った。「アウテージのたびにネットワークが非難を浴びるのは本当に不公平です。今日は変更を一切予定していませんでした」

　データベース管理者が「証明してみろよ」と言うと、ネットワークリーダーは真っ赤になってかすれたような声で言った。「冗談じゃない。うちで何もしていないことを証明しろというのか。どうやってないことを証明するんだ。俺はファイアウォールの変更のしかたがまずかったんじゃないかと思っている。ここ2週間ほどのほとんどのアウテージは、ファイアウォールが原因だったじゃないか」

　たぶん、私がこの狂乱を終わらせなければならないのはわかっていた。しかし、私は強いて椅子に深く腰掛け、片手で口のあたりを隠してあたりを見

ていた。口を隠していたのは、しかめ面を隠すためであり、早まって何か余計なことを言わないようにするためだ。

パティが怒った顔で私のほうを見た。「ジョンのチームからは誰も電話に出てきません。ファイアウォールの変更は彼のチームがすべてしています。ジョンと連絡を取ってみていいですか？」

すると、スピーカーフォンからキーボードを叩く大きな音がした。そして、「誰か試してみてくれる？」という声が聞こえた。

何人かがラップトップのキーボードをたたく音がした。受注処理システムにアクセスしようとしたのである。

「ちょっと待て！」私は椅子から半分飛び上がってスピーカーフォンを指して叫んだ。「今言ったのは誰だ？」

きまりの悪い静寂が流れた。

「あ、ブレントです」

おいおい、頼むよ。気持ちを抑えて椅子に座り、ゆっくりと深呼吸をした。「ブレント、いろいろとありがとう。でも、深刻度1のインシデントでは、何かをするときにはそれを公表して議論しないと。事態を悪化させて根本原因がわかりにくくなる……」

言い終わらないうちに、テーブルの反対側にいた誰かがラップトップの陰で言った。「おい、システムが復旧しているぞ、やったね、ブレント」

ああ、なんてことだ。私は唇をギュッと結んだ。

規律のない連中にも幸運がやってくることがあるのだ。

「パティ、これは終わりにしよう」。私は言った。「すぐに君のオフィスで君とウェスに話がしたい」。私は立ち上がって外に出た。

勘に頼った変更を断固やめさせる

ふたりの注目を集められるまで、私はパティのオフィスで立っていた。「私の考えをはっきり言っておきたい。深刻度1のインシデントでは、自分の勘だけで動くことは許されない。パティ、今後は深刻度1インシデントコールのリーダーとして、関連する事象、特にプログラム変更のタイムラインを示して電話会議をスタートしてくれ」

「君は責任を持ってその情報をしっかりと管理してほしい。変更手続きを管

理しているのだから、それは簡単なはずだ。情報は、会議電話に出ている有象無象からではなく、君から出てこなければならない。いいね？」

パティは振り返り、明らかに不満そうな表情で私を見た。私は言葉を和らげなかった。彼女がよく仕事をしていることはわかっているし、最近彼女の仕事を増やしたばかりでもある。

「はい、わかりました」。彼女は疲れた様子で言った。「手続きを記録し、できるかぎり早くそれを始めます」

「それじゃまだ足りないんだ」。私は言った。「君には、2週間に1度ずつインシデントコールとアウテージ対策の訓練を主催してもらいたいんだ。系統的に問題を解決することに全員が慣れなければならない。そして、会議が始まる前にタイムラインが用意できているようにしなければならない。予定されている訓練でそれができなければ、本当の緊急事態でできるわけがないだろう」

彼女にいやだという表情が見えたので、私は彼女の肩に手をおいた。「最近の君の働きはすばらしいものだと思っているよ。これは重要な仕事だし、君がいなければどうしたらいいかわからないさ」

次に私はウェスに向き直った。「ブレントにすぐによく言ってくれ、緊急事態では、全員で考えている変更を議論しなければならないってことを。まして、何も議論せずに実際に変更するのは言語道断だ。証明できるわけではないが、今回のアウテージはブレントが原因なのではないかと思っている。彼はそれに気づいたから、変更を元に戻したのだ」

ウェスが言葉を返そうとしたが、私はさえぎった。

「こういうことは終わりにしなければならない」。私はウェスを指さして強権的に言った。「承認のない変更、アウテージの間の情報を公開しない変更、こんなものは今後一切ダメだ。君は部下を掌握できるよな？」

ウェスはびっくりした様子でしばらく私の顔をまじまじと見ていた。そして答えた。「はい、わかりました、ボス」

デプロイまであと3日

ウェスと私は火曜遅くから水曜の早い時間まで、起きている時間はほとんどフェニックス戦略会議室で同席していた。デプロイはわずか3日先に迫

っている。日一日と状況は悪くなっているように見える。

変更調整室に戻ってくると気持ちが安らぐ。

私が入って行くと、ほとんどのCABメンバーがすでにいた。インデックスカードが乱雑に積み上げられた塊はもうない。壁に並べられているホワイトボードのどれかにぶら下げられているか、部屋の前のほうにある「保留」という札のついたテーブルにきちんと整理されているかだ。

「変更管理会議にようこそ」。パティが会議を始める。「ボードをご覧になればおわかりのように、標準変更はすでにスケジューリングしてあります。今日は、ハイリスク、中リスクのすべての変更を評価し、スケジューリングします。それからスケジュールを見て、必要な調整を加えます。今から種明かしするつもりはありませんが、注意しなければならないものがかならずあるはずです」

パティが第1のカードの山を取り出した。「第1のハイリスク変更は、ジョンが提出し、金曜を予定しているファイアウォールです」。そしてパティは、相談を受けた人々、提案された変更を承認した人々の名前を読み上げた。

パティは、「ビルとウェス、これを金曜のプログラム変更としてボードに移すのを承認しますか?」

私は、十分な数の目でこれを見ていることに満足し、うなずいた。

次はウェスだ。「俺も同じだ。なかなかいい感じじゃないか。23秒で最初の変更を承認したぞ。以前のベストタイムを59分も上回った」

パラパラと拍手が起きた。パティはがっかりせず、残りの8件のハイリスク変更を処理した。時間はさらに短くなった。パティの部下がカードをボードに貼るときに、先ほどよりも多くの拍手が起きた。

続いて、パティは中リスク変更の山を取り出した。「中リスクの変更要求は147件提出されました。みなさんが手順に従って相談すべき人々と話をしてくださったことに感謝します。それらのうち90件はスケジューリングの準備ができており、すでにボードに貼ってあります。みんなで評価できるようにプリントアウトしました」

そして、ウェスと私のほうに向き直って、「全体の10%をサンプルとして取り出しましたが、基本的にどれも問題ないように見えます。今後、これらのなかに精査が必要なものが出てくるかもしれないので、問題のトレンドの

追跡は続けるつもりです。しかし、特に反対がなければ、中リスクの変更要求の評価も終わりにしてよいと思います。実際、私たちが対処しなければならない差し迫った問題はほかにあります」

ウェスが「俺は特に異論はないよ」と言ったときに、私もうなずいた。パティはボードのほうを見た。

私は何がまずいのかわかっているつもりだったが、黙っていた。技術リーダーのひとりがボックスのひとつを指さして言った。「金曜に予定されている変更はいくつですか？」

大当たり。パティはにこっと笑って「173件です」と答えた。

ボードを見ると、ほとんど半分近くの変更要求が金曜にスケジューリングされていることが明らかだった。残りの半分は木曜にスケジューリングされ、それよりも前に予定されているものはパラパラとしかなかった。

パティは続けた。「173件の変更が金曜に行われるのが悪いと言うつもりはありませんが、私が心配しているのは、変更の矛盾、リソースの可用性の矛盾です。金曜はフェニックスがデプロイされる日でもあります。私が航空管制官なら、空域が危険を感じさせるほど混雑していると言うところですね。フライトプランを変更したい人はいますか？」

誰かが言った。「みなさんに異存がなければ、今日に3件やりたい。フェニックスが着陸しようというときに空港の近くにはいたくないからね」

「そうだよ、運のいいやつだぜ」。ウェスがつぶやいた。「俺たちの一部は金曜に空港にいなけりゃならねえんだ。翼から炎があがっているのが俺にはもう見えるぜ」

ほかにふたりのエンジニアが週の前のほうに変更を移したいと言った。パティは、彼らにボードに向かわせ、すでにスケジューリングされているほかの変更と干渉し合わないのを確認したうえで、カードを移動させた。

15分後、変更ボードに貼られているカードの分布は、かなり均等になった。彼らが山火事から逃げる森の生物のように金曜から遠いところに変更を動かしているのを見ていて、私はいやな気分になった。

変更申請カードが動いているところを見ているうちに、何かほかのことが気になり出した。それは、単にフェニックスの大惨事のイメージと片づけられるようなものではなかった。エリックとMRP-8工場と関係のあることだ。私はカードをじっと見つめていた。

パティが私の集中を破った。「……ビル、やらなければならないことは終わりましたよ。今週予定されている変更要求はすべて承認され、スケジューリングされました」

もう1度集中しようとしていると、今度はウェスが言った。「パティ、君の手際は本当に見事だったね。俺は君のことをずっと批判してきたけど……」。ウェスはボードを指さして言った。「これは本当にすばらしい」

あちこちからそうだというつぶやきが聞こえ、パティは頬を赤らめた。「ありがとう。本物の変更管理が始まってまだ第1週目ですが、今まででもっとも多くの人々が参加してくれました。でも、自分によくやったと言う前に、2週目も成功させましょうね」

私は言った。「そのとおりだ。パティ、この会議にたっぷり時間を注いでくれてありがとう。いい仕事を続けてくれ」

第3タイプの仕事

会議が終わったあとも、私はその部屋にとどまり、変更ボードを見ていた。

この会議の間、何度かにわたって私の頭の隅で何かがちらついていた。以前エリックに見落としていると言われていた何かだろうか。仕事と関係のあること？

先週の木曜、ウェスとパティはIT運用で抱えているすべてのプロジェクトを手作業で掘り出し、100近いプロジェクトが見つかった。それは、現場の全員と面談して手作りで見つけ出したものだ。それらのプロジェクトは、ビジネス・プロジェクトと内部ITプロジェクトの2種類に分類される。

壁のすべての変更要求カードを見ているうちに、やはり手作業で見つけ出した別の仕事の集合があることに気づいた。パティによれば、今週私たちがやろうとしている437件の……仕事……がある。

プログラム変更が"第3の仕事"だということがわかったのだ。

パティの部下たちが変更要求を金曜から今週の前の日に移していたとき、彼らは仕事の日程を変更していた。1枚1枚の変更要求カードは、私のチームがその日に行う予定の仕事を定義していた。

確かに、これらのプログラム変更は、ひとつのプロジェクトと比べればず

っと小さいが、それでも仕事であることに変わりはない。しかし、プログラム変更とプロジェクトの関係は何なのだろうか？　どちらも同じように重要なのだろうか？

そして今日以前、これらの変更がどこかで何らかのシステムによって管理されていたということはなかったのだろうか？　そんなことがありうるのだろうか？　それに、これらの変更は一体どこからやってきたのか？

プログラム変更がプロジェクトとは異なる仕事だとすると、私たちは100種類のプロジェクトだけではなく、実際にはもっと多くの仕事をしているということになるのか？　これらの変更のうち、100種類のプロジェクトのどれかをサポートするのはいくつあるのか？　もしプロジェクトの役に立たないのなら、そのようなプログラム変更の仕事をしていて本当によいのだろうか？

IT運用がすべてのプロジェクトにちょうど間に合うだけのリソースを持っていたとして、そうすると、これらすべての変更を実施するだけのサイクルはないということになるのか？

私は、自分が大きくて意味のある思考にあと少しで達するところまできているのだろうかと自問自答した。エリックは、IT運用で工場のフロアのジョブ投入デスクにあたるものは何かと尋ねた。変更管理は、ジョブ投入デスクと何か関係があるのだろうか。

突然、私は今自問自答していたバカバカしいほどの数の問いに大声で笑い出してしまった。まるでひとりディベートクラブだ。でなければ、エリックに騙されて哲学的な自己陶酔に入ってしまったのだろう。

しばらく考えた末に、私は変更が仕事のひとつのタイプだと知ることには意味があると思ったが、それがなぜなのかはわからなかった。

これで私は仕事の4つのタイプのうち3つがわかった。ちょっとの間考えた。第4のタイプの仕事とは一体何だろうか。

第 10 章
ブレント導師

9月11日（木）

　次の朝早く、私はフェニックス戦略会議室に戻ってきた。毎日の初めに、キルステンはフェニックス・プロジェクト関連でもっとも重要な仕事の概要を渡してくれる。重要度が非常に高いため、与えられた仕事に対しては、通常責任のあるマネージャーが「完了」の報告をする。

　キルステンの機嫌を損ねたい人間などいない。その点では、スティーブもそうだ。

　その日の最悪のニュースは、品質管理部長でクリスの部下、ウィリアム・メイソンが持ってきたものだ。まだ、壊れた機能が修正された機能の２倍もあるというのである。

　生産ラインを進むうちに車から部品が落ちるのは決してよい兆候ではない。全員がデプロイ日を恐れているのも不思議ではない。

　このリスクを少しでも和らげるために自分たちに何ができるかを考えていると、キルステンがブレントの名前を呼ぶのを聞いた。これで３度目だ。さすがに、なぜ仕事が終わらないかをウェスが説明しなければならなくなった。

　サラが部屋の後ろのほうから、「ウェス、おたくの人間のおかげでまた仕事が止まってるわよ。あなたのところには、対策しなければならないくらいの人事管理問題があるんじゃないの？」と言った。

　ウェスが真っ赤になってやり返そうとしたときに、急いで割り込んだ。「キルステン、ブレントにはほかにいくつのタスクを任せているんですか？」

　キルステンはすぐに答えた。「今日現在で、完了していないタスクが５つ、そのうち３つは先週の水曜、ふたつは金曜に頼んだものです」

　私はすぐに答えた。「わかりました。私が対処します。ここでの会議が終わり次第、どうなっているのかを調べてきます。昼までに状況報告に改訂した完了までのタイムラインを添えて提出します。必要なものがあればご連絡します」

無料で使える個人的なギーク戦士

　7号館のブレントのキューブに向かう間、自分の目的は観察して理解に努めることだということを自分に言い聞かせていた。何しろ、この人物は私が昇進を受け入れて以来、毎日話題に上っている。

　ひょっとすると、本当はブレントは私たちが思っているほど賢くないのかもしれない。でなければ、ブレントは技術の世界のアインシュタインのようなもので、同じだけの能力がある人間を探してもかならず失敗してしまうのかもしれない。あるいは、自分に降り掛かってくる仕事を減らすためにわざとサボっているのか。

　しかし、ブレントはプロフェッショナルで賢そうに見える。今までにいっしょに働いたことのある多くのシニアエンジニアと大きく変わるところはない。

　ブレントのデスクに近づくと、彼が電話に出ながらキーボードを叩いているのが聞こえた。彼はヘッドセットを付けて4台のモニターの前に座り、ターミナルアプリケーションに何かを入力していた。

　私は彼のキューブの外に立ち、気づかれないようにしながら様子を聞いていた。

「違う、違う。データベースは動いているよ。僕の真ん前にあるからわかるさ……。クエリ、できるよ……。うん……。うん……。いや……。アプリケーションサーバーだって言ってるじゃん……。動いている？　わかった、ちょっと待って……。待って、マニュアルで同期を取ってみる……。今やってみるから……」

　すると、ブレントの携帯が鳴った。「あ、ちょっと待って。ほかの電話が入ったから。すぐあとでかけ直すよ」

　ブレントはポストイットに何かを書き込み、モニターに貼った。ほかにもう貼ってある2枚のポストイットの隣である。怒った声で携帯電話に出る。「はい、ブレントですよ……。何のサービスが落ちてるって？　リブートしてみたの？　ほら、今僕はフェニックスで大変でさ。あとでいい？」

　彼を静かに祝福していると、彼が言うのが聞こえてきた。「ん……誰よそれ？　どこのVPだって？　わかった、見てみるよ」

　私はため息をつき、「ブレントの生涯のある一日」の今日の回を聞くため

に空のキュービクルの椅子に座った。

彼はさらに5分電話をして、重要な本番データベースが復活して動いた直後に電話を切った。

ITシステムに依存しているすべての人々が仕事できるようにブレントが純粋にケアしているのを見て偉いなと思う一方で、みんなが彼のことを無料で使える個人的なギーク戦士のように使っているのにがっかりした。そのためにフェニックスが犠牲になっているのだ。

ブレントは、モニターに貼ってあるポストイットを1枚はがして電話を取った。しかし、彼がダイヤルする前に立ち上がって、「やあ、ブレント」と声をかけた。

「うわっ」。彼は驚いて大きな声を出した。「いつからいらっしゃってたんですか？」

「いや、つい2、3分前からだよ」。私はもっとも親しげな笑顔を作って彼の横の椅子に座った。「君がふたりの問題を解決するところを見ただけさ。見事なものだね。今日来たのは、キルステンのフェニックス朝礼からなんだけど、君に与えられた5つのタスクが遅れてるっていうんでね」

私は、プロジェクトマネジメント会議で言われた5つのタスクをブレントに見せた。ブレントはすぐに答えた。「どれも半分までは終わっているんですが、静かに仕事ができる時間が2時間くらいあればできるはずです。家からできればやっちゃうんですけど、ネットワーク接続が遅すぎてできないんです」

「誰が電話をかけてきて、何をしてくれって言ってたの？」私はしかめ面をして尋ねた。

ブレントは必死になって答えた。「普段は、何か解決できない問題を抱えているITの人間なんです。何かが落ちたときにどこを見に行ったらいいかわかっているのは私だけなもので」

「ウェスは、こういったエスカレーションを君に回さないようにするために何人か雇っていると思ってたんだけど」と言うと、ブレントはまた目を丸くした。

「いや、そういうつもりだったってこと。しかし、ほとんどはほかの仕事があって、必要なときには手が空いていない。ほかの連中は、あまり忙しくなかったので、ダウンサイジングのときに辞めてもらったんだろう。まあ大き

な損失じゃなかったから。いずれにしても大半の問題は処理してきたよ」

そして尋ねた。「毎日こういう電話は何本くらいかかってくるの？ 電話をどっかに記録している？」

「それは、うちのチケットシステムのようにってことですか？ いいえ、そういった電話1件1件のためにチケットを発行していたら、問題を解決するよりも時間がかかっちゃうんで」。ブレントはいやそうに答えた。「電話の数はその日によります。先週末はいつもよりひどかったと思います」

悪習を打ち破る

これでわかった。誰かが電話をかけてきて大声で頼んだり、名前のよくわからない誰かが十分脅してきたら、ブレントは何時間でも他人の問題の解決に引きずられる。間違いない。

「最後に電話をかけてきた人は何とか断ろうとしていたでしょ。でも、結局追い払っちゃわないで、修正を引き受けたのはなぜ？」

「物流担当のVPが補充注文が作れない、すぐに直してくれなければ、店舗でよく動く製品が品切れになると騒いでいると言われたからです。手助けをせず、店舗で品切れが発生するのを許した人間とは呼ばれたくないので」

私は、不機嫌になった。会社の上層部が権力を振りかざしてIT運用のエンジニアたちに仕事を命令するのは、許しがたいことだ。しかし、フェニックスを危機にさらすことのほうが、彼らの給与等級よりも重大問題だ。

私は立ち上がりながら言った。「わかった。これからはフェニックスの仕事だけをしてくれ。スティーブ・マスターズが、これは全社員のトッププライオリティだと言っている。今まで以上にこのプロジェクトは君を必要としている。君には、誰からのものでも、押し付けられた仕事を拒否してほしい」

ブレントは、ほっとする一方で心配そうにもした。おそらく、彼は物流担当VPのことが気がかりなのだろう。

「フェニックス以外のことで君に連絡を取ってきた人がいても、全部ウェスに転送すればよい。そういうバカは全部ウェスに任せろ」

彼は疑わしげに言った。「そうしていただけるのはありがたいですが、長期的にそれでうまくいくとは思えないのですが。まわりの人たちは、うちの

システムの仕組みについていけていないようなんです。結局、そういった人たちは僕のところに来ると思いますが」
「彼らは学習しなければならなくなる。電話をするとウェスに回される。それで問題があるなら、私に回せばよい。そうそう、君のメールには、休暇メッセージを付けておきなさい。自分はフェニックスのことにしか返事をしない、代わりの連絡先は……」

　私がパスを投げると、ブレントは小さく笑って「ウェス」と言った。
「わかった？　もうコツは飲み込めているようだね」。お返しににっこり笑った。

　さらに、彼のデスクの電話を指さして言った。「君に直接電話をするというみんなの習慣を打ち破るためだったら何でもしておこう。君には私の許可を与えるので、電話の呼び出し音を消して、留守電のメッセージは、『今電話に出られないので代わりにウェスに連絡してくれ』にしよう。何でもするぞ」

　ここに立っているだけで、私がブレントのフェニックスの仕事を邪魔していることになるので、私は急いで言った。「いや、留守電の録音は、私の秘書のエレンに言って変えさせておくから」

　ブレントはまた笑って、「いえいえ、それくらい自分でやれますよ。でも、どうもありがとうございます」

　私は自分の電話番号をポストイットに書いてブレントに手渡した。「いや、本当にエレンにしてもらうよ。君にはとにかくフェニックスの仕事をしてほしいんだ。私に何でも用があったら電話してくれ」

　彼がうなずいたときには、もう9号館に向かって歩き始めていたが、振り返って「来週のいつか、ビールをおごらせてくれよ」と言った。

　ブレントは表情を輝かせて、申し出を受けてくれた。

　ビルを出ると、すぐにパティに電話を入れた。「ウェスを捕まえて、フェニックスの戦略会議室の外で会えるようにしてくれ。ブレントへのエスカレーションの管理方法を変える必要がある。今すぐ」

キーマンから時間と知識をうまく引き出す

　私たちはフェニックスの戦略会議室から廊下を挟んで反対側の会議室に座

っていた。

　ウェスが尋ねた。「ブレントをどうするんだって？」

　さまざまなエラーの修復のためにブレントがフェニックスの仕事をできないでいるとウェスに言うと、ウェスは顔面蒼白になった。「あいつはこの間ずっと緊急事態の対策会議に入っているんだぞ。あいつがフェニックスよりも大事なものがあるなんてどうしたら思うんだ？」

「いい質問だ。ブレントはなぜほかの仕事のためにフェニックスの仕事を後回しにするんだろうか？」

　ウェスの怒号は少しすると収まった。「たぶん、俺みたいなやつが大騒ぎして、俺にとってもっとも大事な仕事をするためには君の助けがどうしても必要だとか言うからだろう。それはあながち間違っていない。あまりにも多くのシステムについて、その実際の動作のことを知っているのはブレントだけだからな」

　パティが入ってきた。「私だったら、ほんの数分で終わることだからと言って、自分を正当化しようとするだろうなぁ。確かにそうだけど、それが千回も積み重なると終わってるわね」

　私は、「手順というものは、人を守るためのものだ。ブレントをどうやって守るか、いい方法を考える必要がある」と言った。そして、すでにブレントに頼みがある人間は全部ウェスに転送するようブレントに言ってきたと説明した。

「何だって？　俺にブレントの時間をマイクロマネジメントしろってのか？　俺にはブレントの秘書をやったり、ヘルプデスク担当みたいなことをやったりする時間はないぞ！」ウェスが叫んだ。

「まったくだ。で、君には、君の部下が大事なフェニックスの仕事を終わらせられるようにすること以上に大切などんな仕事があるんだい？」

　ウェスは振り返ってしばらく私のことを無表情に見ていたが、やがて笑い出した。「わかった。お前の言うとおりだ。ブレントは賢いやつさ。しかし、記録するということでは、俺が会ったことのある人間のなかでも最悪の部類でもある。なぜこうならざるをえないかを説明させてくれ。何カ月も前のことだが、深刻度１のアウテージが３時間続いたことがあった。そして、俺たちはブレントにエスカレーションしないように一所懸命になった。しかし、結局俺たちにはどうにも見当がつかなくなって、事態はかえって悪化す

るようになり始めた。そこで、ブレントに問題解決に入ってもらった」

　ウェスは頭を振って記憶を蘇らせた。「彼は、キーボードの前に座ると、陶酔状態に入っていくような感じになる。10分後には、その問題は解決していた。システムが復活したので、誰もが喜びほっとした。しかし、誰かがブレントに『どうやったの？』と尋ねると、神に誓って言うけど、ブレントはぼんやり振り返って、『何も考えてないよ。ただ直しただけさ』と言ったんだ」

　ウェスはテーブルを叩きながら言った。「ブレントの問題はそこさ。それをどうやって文書化する？『目を閉じて陶酔状態に入れ』？」

　パティは、明らかにそのときのことを思い出して笑って言った。「ブレントがわざとこういうことをやっていると言うつもりはないんだけど、ブレントは自分の知識を一種の権力のように見ているんじゃないかしら。彼のなかには、こういうことを止めたくないと思う部分があると思う。彼が替えの効かない人になっているからこそ、彼はこういう立場になっているんだから」

　「そうかもしれないし、そうじゃないかもしれない。私が知っていることを言っておこう。私たちが誰ひとり真似できない修復作業をブレントにしてもらうたびに、ブレントは少し賢くなり、システム全体はバカになる。このような形は終わりにしないと」

レベル3技術者によるリソースプール

　「レベル3の技術者によるリソースプールを作ってエスカレーションを処理させよう。でも、ブレントはそのプールから外す。そのレベル3たちは、すべてのインシデントを最後まで解決する。そして、彼らだけは、ブレントに相談してもよいものとする。ただし、条件がひとつある。

　ブレントと話がしたければ、最初にウェスか私の承認を得なければならない。そして、教わったことを文書化して残す責任を負う。そして、ブレントは同じ問題に2度関わってはならない。私が毎週イシューをチェックして、ブレントが同じ問題を2回解決しているのを見つけたら、レベル3とブレントの両方に覚悟してもらう。

　ウェスの話から考えると、ブレントにはキーボードに触わることさえ禁止しなければならないな。ブレントには、肩越しにどうタイプするのかを指示

することだけを認めよう。無条件にブレントに仕事をさせると、あとのために文書化できない仕事をすることを認めることになってしまう。これで明快かな？」

「それはいいと思うわ。インシデントが起きるたびに、うちのナレッジベースには大変な問題を解決するための方法が書かれた記事がひとつずつ増える。そして、修正できる人のプールが充実していく」

ウェスは完全に納得したわけではなさそうだが、最後に笑った。「俺もいいと思うよ。これからはブレントをハンニバル・レクターのように扱おう。彼が必要になったら、彼に拘束服を着せて車いすに縛り付けて連れて行くんだ」

私も笑った。

パティが付け加えた。「ブレントへの2度目のエスカレーションを防ぐためには、キーストロークのログを取り、ターミナルセッションを記録すればいいわよ。さらに、彼の近くの誰かにビデオカメラを回してもらって、監査ロギングをオンにすれば、彼が何を書き換えたかわかるわ」

それもいいけど、ちょっと極端な感じもする。しかし、極端なことをしなければ、私たちはこの状況から抜け出せないかもしれない。

私は思い切って言ってみた。「ブレントが本番システムにアクセスできないようにして、レベル3たちが何をすべきかを教えなければ仕事ができないようにすべきかもしれないなあ」

ウェスが大きく笑った。「そんなことをしたらすぐに辞めちゃうぞ」

ウェスに尋ねた。「で、レベル3のリソースプールに登録すべき人間は誰なのかな？」

ウェスは躊躇した。「うーん、1年前にブレント的存在を増やそうとしてふたり雇っているけどね。ひとりは、サーバーのビルドの標準手順を作っているけど、一時的にそこから外すことはできるよ。あと、何年も前に相互教育の対象として指名したエンジニアがふたりいるけど、それ以上のことをすることはできなかったな。だから全部で3人だ」

パティが言った。「私が新しいブレント手順を作るわ。彼に対するアクセスをすべてあなたとウェス経由にするのは賛成だわ。でも、例の物流担当VPみたいな人たちがブレントに直接接触するのを躊躇するようにするためにはどうしたらいいのかしら？」

私はすぐに答えた。「そういうことをする人間の名前を集めて、一人ひとりの上司に電話してそういうことはやめてくれと言うよ。そして、スティーブにそういう連中がいかにフェニックスを蝕んでいるかを吹き込む」
　パティが答えた。「わかったわ、それでいってみましょう。で、『鞭』のほうは揃ったけど、『飴』のほうは？　ブレントやエンジニアたちに新しい手順に従おうという気持ちにさせるにはどうするの？」
　ウェスが「彼らが行きたいと思うカンファレンスやトレーニングに送り出すことかな。シニアエンジニアたちがブレントのレベルに到達し、ブレントになりたいと思ったら、学びたいと思うだろうし、自分がやってきたことをまわりに伝えたいと思うだろう。ブレントのほうは、1週間の休みを与えて、エスカレーションから完全に自由な時間を作ってやったらどうかな」と提案したが、頭を振った。「ああ、だめだだめだ。もう3年くらい、ブレントにページャーなしで一日の休みを与えることなんて考えもしなかった。そんなことを言ったら、ブレントはわっと泣いちゃうよ」
　そのシーンを想像してにやにやしながら言った。「それでいいんじゃないか」
　そして忘れる前に付け加えた。「ウェス、ブレントからは毎日タイムシートを提出してもらいたいな。それから、ブレントがかかわるエスカレーションはチケットシステムを使おう。そういうエスカレーションは文書化してあとで分析できるようにする必要がある。ブレントの時間を使う人間は、私に正当な理由を示さなければならない。正当だと認められなければ、スティーブにエスカレーションし、担当者とその上司は、自分たちのプロジェクトやタスクが重要な理由をスティーブに説明しなければならないものとする」
　パティが言った。「それはすばらしいわ。今までの5年間よりも、この1週間のほうが変更、インシデント、エスカレーションの手順をしっかりと作れている」
　ウェスがほっとした調子で言った。「たぶんいい頃合いだったんだろうな。でもお願いだから、俺がそう言ったなんて誰にも言うなよ。俺は抵抗派だと思われてるんだから」

第 11 章
根深いボトルネック

続・9月11日（木）

　その日の昼食時、私は自分のヘマに怒り狂っていた。休憩時間という予定なしの貴重な時間を利用して、メールを読んでおこうと思ったのだが、私のクソラップトップはドッキングステーションに接続しているときに電源を入れるとクラッシュするのを忘れていたのである。今週になってもう3度目だ。
　そもそも昼食が遅れてしまっていたので、ログオンできた頃には昼休みは半分終わっていた。
　まわりを見回すと、デスクの上に何も書いてないポストイットがあったので、太字で「電源を入れるまでラップトップを挿入するな！！」と書いて、ドッキングステーションに貼った。こうすれば、もうヘマをして時間をロスすることはなくなるだろう。
　自分の予防策に満足して顔をほころばせたときに、パティが携帯に電話してきた。「今、話せる？　変更カレンダーでとても奇妙なことが起きているんだけど、どうしても見てほしいの」
　会議室に入っていくと、今やお馴染みになったカードが壁にぶら下がっていた。受け付け用のバスケットはカードでいっぱいになっており、テーブルにはそれ以上のカードがきちんと整理されて積み上げられていた。パティは爪をかみながら、ラップトップで何かを調べていた。
　パティが消耗した様子で言った。「この変更管理プロセスはひょっとして時間の無駄なんじゃないかと思い始めているのよ。こういった変更要求を組織して、すべての関係者のコミュニケーションを管理していると、フルタイムで3人分の労力がかかるの。しかし、今私が目にしていることから考えると、これは役に立たないかもしれない」
　彼女が長年大事にしてきたこの手順を突然悪く言い出したのを見れば、ただ純粋に胸騒ぎがする。
　私は両手を彼女の前でひらひらさせて言った。「まあまあ落ち着いて。君はすばらしい仕事をしたと思うし、昔のやり方に戻りたいとは思っていない

よ。何がそんなに気がかりなの？」

　パティは月曜と火曜の変更ボックスを指さした。「毎日、一日の終わりには、私の部下たちが予定された変更のチェックをするんだけど、完了していない変更にはフラグを付けて、忘れずにスケジューリングし直すようにしているの。そうしないと、変更管理カレンダーは現実に行われていることを反映したものにならないし」

　彼女は1枚のカードの隅を指した。「完了したカードにはチェックマークを付けて、サービスインシデントやアウテージの原因になったかどうかを示すようにしているんだけど、先週の金曜以来、予定された変更の60%が完了していないのよ。私たちは、プログラム変更を承認し、スケジューリングするって仕事をしているけど、そのプログラム変更は終わってもいないのよ」

　パティが危機感を持っている理由はわかった。

　彼女に尋ねてみた。「終わっていないプログラム変更はなぜ終わってないの？　そして、終わっていない変更カードはどうしているの？」

　パティは頭を搔いた。「変更を要求した人たちに電話をかけて、終わらなかった理由をボードに書いてあるわ。たとえば、変更処理を始めるために必要なだけの人数が集まらなかったという人がいるわ。変更を半分まで進めたところで、ストレージ担当が約束どおりにSANの拡張を終えることができなかったので、変更を元に戻さなければならなくなったという人もいる。2時間もかけて」

　無駄になった時間と労力のことを考えて、うなってしまった。パティはまだ続けていた。「アウテージがあったために変更を実施できなかったという人もいたわ。それからほかの多くの人々が言っていたんだけど……」

　彼女が言いにくそうにするので、続けてくれと促した。彼女はしぶしぶ続けた。「あのね、変更作業の一部でブレントが必要だったと言うのよ。でも、彼が手すきじゃなかったと。ブレントに入ってもらうのを予定していたって場合もあるんだけど、変更の実施を始めたあとでブレントに手伝ってもらわなければならないことがわかって、ブレントに頼めないから、中止しなければならなくなったという場合もあるの」

　パティが言い終わる前に、私は激怒した。「なんだって？　またブレントかよ。いったいどうなってるんだ？　ブレントはいったいどうやって全員の行

く手に自分を紛れ込ませたんだ？　ふざけんなよ。ブレントをフェニックスに専念させるためにこんな問題を生み出したってのかよ。この新しい方針は間違ってたのか？」

　一呼吸置いてパティが言った。「それは面白い質問ね。ブレントはもっとも重要なプロジェクトだけに専念させるべきだと本当に思っているなら、新しい方針は正しいし、元に戻すべきではないと思うわ。

　私はね、つい最近まで、ブレントが他人の変更の実施を手伝っていて、そのことがどこにも記録されていなかったってことも重要だと思うの。手伝っていてというか、手伝おうとしてって言ったほうがいいかもしれないわね。彼はいつも忙しくて全員の手伝いなんかしていられなかったんだもの。だから、これらの変更の多くは、元のやり方でも完了してなかったでしょうね」

　私はウェスを短縮ダイヤルで呼び出し、こっちに来るように言った。

変更の60%が予定どおりに終わらない

　しばらくしてやってきたウェスは、椅子に座って私の古いラップトップを見ると、「おやおや、まだこれを持ち歩いていたのかい？　これより新しい8年もののラップトップならうちにあるぞ」と言った。

　パティはそれを無視して急いでウェスに状況を説明した。ウェスの反応も、私とは大きく異なるものではなかった。

　「冗談だろ」。彼は腹立たしげに額を叩いて言った。「ブレントが他人の変更を手伝うのを許可したほうがいいんだろうか？」

　私は急いで言った。「いいや、それは答えになりえないよ。俺もそう言ったんだけど、パティに言われたんだ。そうすると、止められている変更のほうがフェニックスよりも大事だってことになるって。そういうわけじゃないだろ」

　そして考えた。「ブレントにエラーの修復作業を手伝わせるというみんなの悪習を破ったときのように、プログラム変更の実施でも同じことをしなければならない。こういった知識を実際に作業をする人々の手に渡さなければならないんだ。彼らがそれについていけないとすると、そういうチームにはスキル不足の問題があるってことだ」

　誰も何も言わないので、思いついたことを言ってみた。「エラー修復から

ブレントを守るレベル3エンジニアたちにこういった変更の実施もやらせてみたらどうだろうか?」

ウェスがすぐに答えた。「そうだな。しかし、長期的にやれることじゃない。知識をこっそり蓄える人間を増やすのではなく、やっていることがどういう意味なのかを作業者が学ぶようにする必要がある」

ウェスとパティがブレントへのもうひとつの依存を減らすためにアイデアを出し合っているのを聞くうちに、あることが気になり始めていた。エリックはWIP、仕掛りが『サイレントキラー』だと言い、WIPが工場の床に積み上がっていくと、それが慢性的な納期遅れや品質問題の根本原因のひとつになると言っていた。

私たちは、変更の60%が予定どおりに終わっていないことに気づいた。

エリックは、工場の床に仕掛りの山がどんどん積み上がっていくのは、工場の生産管理責任者たちが仕掛りの管理に失敗している兆候だと言っていた。

カレンダーの今日のところに大きく積み上がっている変更要求カードの山を見て、まるで大きな除雪車でここに集めてきたようだと思った。突然、エリックがIT運用の現状を説明するために工場の床に描いた絵が、不気味にもこれとそっくりに見えてきた。

ITの仕事は本当に工場の仕事に喩えられるのだろうか。

そのとき、パティが「あなたはどう思っているの?」と尋ねてきたので、我に返った。

私は振り返って彼女を見た。「ここ数日、予定されたプログラム変更のうち、わずか40%しか完了していない。残りは先延ばしにされた。俺たちがブレントの知識を分散させる方法を考えているうちに、こういう状態があと少し続くとするとどうなるかな?」

「今週は、240件の未完了の変更があるわ。来週400件の新しい変更要求が届くと、640件のプログラム変更をスケジューリングすることになる!」

私は信じられないという思いだった。「これじゃプログラム変更のベイツモーテル(※ ヒッチコックの映画『サイコ』に出てくるモーテル。入った人が殺されて出てこない)だ。1カ月以内に持ち越しになって、実施されるのを競い合うプログラム変更が数千件になってしまう。

パティがうなずいた。「私が悩んでいるのはまさにそのことなのよ。スケジューリングしなければならない変更は、1カ月も待たずに1000件を超え

るわよ。すでに942件の変更を追跡しているんだから。来週のどこかで、実施されていない変更の数は1000を超える。変更カードを貼ったり保存しておいたりする場所も足りなくなるわよ。変更が実施もされないのに、このトラブルをどうやって切り抜けるのよ！」

私は意志の力でカードに答えを言わせようとするかのように、カードをにらみつけた。

ブレントはIT運用の熱処理炉

仕掛り在庫は工場の床に溜まっていって、フォークリフトで積み上げなければならないくらいの高さになる。

変更要求はIT運用で溜まっていって、カードを貼り付けるスペースがなくなってしまう。

熱処理炉の前にWIPが溜まっていったのは、ジョブ投入デスクに座っていたマークが仕事をどんどん投入していたからだ。

ブレントの前に仕事が積み上がっていくのは、何のため……。一体何のためだろうか。

よし、ブレントがIT運用の熱処理炉だとしたら、誰がマークなのだろうか。誰がシステムにそれらの仕事を投入するのを承認したのだろうか。

それは私たちだ。いや、CABか。

ちくしょう、だとすると、これは自ら招いたことだというのか？

しかし、プログラム変更は実施しなければならない。実施しなければならないからこそ、プログラム変更なのだ。それに、怒濤の勢いでやってくる仕事にノーと言うためにはどうすればよいのか。

カードが積み上がっていくのを見ると、私たちにはノーという余裕はないのか？

しかし、仕事を受け入れるべきかどうかという問いがかつてなされたことがあっただろうか？ そして、何をもとにそれを決めていたのか？

また答えがわからなくなった。しかもさらにまずいことに、エリックが変人じゃないような気がしてきた。たぶん、彼は正しい。たぶん、工場の生産管理とIT運用には何らかのつながりがある。たぶん、工場の生産管理とIT運用には、同じような課題と問題点がある。

私は立ち上がって、変更ボードに歩いて行き、考えた。パティは、半分以上の変更要求が予定どおりには完了していないことに危機感を持ち、この変更管理プロセスのために時間を費やすことに意味があるのかと疑問を感じるほどになっている。
　さらに、パティによれば、完了していない変更のかなりの部分は、ブレントが何らかの形で関与しているために完了できていない。これは、私たちがブレントにフェニックス以外のすべての仕事を拒否するように命じたからでもある。しかし、私たちは、方針を元に戻すのは間違っていると思っている。
　直感に従って、思考を先に進める。「やはり100万ドルかけても、元に戻すのは間違っている。予定された仕事がいかにたくさん完了していないかに初めて気がついたのは、この手順のおかげだ。手順を取り除いてしまったら、状況認識の手段がなくなってしまう」
　絶好調に入ったような感じがして、私はきっぱりと言った。「パティ、どんな仕事がブレントのほうに向かっていくのかをもっとよく理解する必要があるよ。どの変更カードにブレントがからんでいるのかを知る必要がある。たぶん、みんなが変更要求カードを提出するときに必要な情報をひとつ追加するか、別の色のカードを使うか。ちょっとそこは考えてくれ。どの変更がブレントの力を必要とするかを管理し、代わりにレベル3エンジニアで対処するように努める。それでうまくいかなければ、そのなかで優先順位を付けて、ブレントの出番を絞り込む」
　話しているうちに、正しい方向に向かっているという自信がわいてきた。現時点では問題解決には至っていないが、少なくともデータを手に入れようとしている。
　パティはうなずき、彼女の懸念と絶望感は払拭された。「ブレントが関わっている変更を把握しろということですね。そのために、変更カードでそのことがわかるようにし、新しいカードではこの情報を記載してもらうようにすると。そして、どれくらいの変更にブレントが関わっているかがわかったら、それがどんな変更なのか、優先順位はどれくらいかといったことをあなたにお知らせすると。これでよろしいですか？」
　私はうなずき、にっこり笑った。
　彼女は、以上のことをラップトップにタイプした。「わかりました。何がわかるかは予想できませんが、間違いなく私が提案したことよりはいいと思

います」
　ウェスを見て言った。「気がかりなように見えるけど、言いたいことはあるかい？」
「うーむ」。ウェスがやっと口を開いた。「特に言いたいことはないよ。ただね、俺がITで見てきた仕事のしかたとはまったく違うなと思う。文句があるわけではないけど、最近お前は薬を変えたのか？」
　ふふっと笑って答えた。「いいや。ただ、工場のフロアがよく見えるキャットウォークですごい変人と話をしただけさ」
　しかし、エリックがIT運用のWIPについて正しいことを言っていたのだとすると、彼が言っていたことでほかに正しいものは何なのだろうか？

第12章
飛ばないフェニックス

9月12日（金）

　今は金曜の午後7時30分だ。フェニックスのデプロイ開始の予定から2時間たっている。そして、作業はうまく進んでいない。ピザの匂いから無用なデスマーチを連想するようになり始めている。

　IT運用チームがデプロイの準備のために招集されたのは午後4時だった。しかし、クリスのチームから何も受け取っていなかったので、するべき仕事がなかった。彼らは最後の変更をまだ加えていたのである。

　彼らが発射時刻までスペースシャトルに部品をくっつけようとしているのは悪い兆候だ。

　午後4時半、品質管理部長のウィリアムが激怒してフェニックス戦略会議室に怒鳴りこんできた。テスト環境で実行するフェニックスコード全体を誰も入手できないのだ。しかも、動かせていたフェニックスのごく一部は、重要なテストで不合格になった。

　ウィリアムは、開発者たちに重要なバグレポートを送り始めた。ところが、開発者の多くはもう家に帰っていたので、クリスが呼び戻さなければならなかった。そして、ウィリアムのチームは、開発者が新しいバージョンを送ってくるのを待たなければならなかった。

　私のチームはただ手をこまねいて座っていたわけではない。私たちは、ウィリアムのチームとともに目を血走らせて、フェニックスのすべてのコードがテスト環境にインストールされるように努めていた。テスト環境でコードが動作しないのであれば、本番環境でコードをデプロイ、実行できますようにと祈ることさえできない。

　私は、時計から会議室のテーブルに視線を移した。ブレントとほかの3人のエンジニアが品質管理のエンジニアたちと相談していた。彼らは午後4時から目を血走らせて働いており、すでに疲れ果てているように見える。多くの人々はラップトップを開けてグーグルサーチで調べ物をしたり、サーバー、オペレーティングシステム、データベース、フェニックス・アプリケー

ションの設定をシステマティックに操作したりして、コード全体を立ち上げる方法を探していた。開発者たちは立ち上げられると請け合っていたのである。

実際、開発者のひとりが数分前にこの部屋に入ってきて、「ほら、俺のラップトップではちゃんと動いているよ。なんでそんなに苦労しているんだ？」と言っていった。

ウェスは悪態をつき始め、IT運用のふたりのエンジニアと品質管理の3人のエンジニアが、開発者のラップトップを精査して、テスト環境でプログラムが立ち上がらない理由を解明しようとしていた。

室内の別の場所では、あるエンジニアが、電話越しに誰かと激論を交わしていた。「そうだよ、そっちがくれたファイルをコピーしたよ……、うん、バージョン 1.0.13 だ……、それは間違ったバージョンだってどういう意味だよ？ ……え？ いつ書き換えたんだよ？ ……それをコピーしてもう1度試せ？ ……やったよ、でもね、動きゃしないよ……、ネットワークの問題だと思うんだけどなあ……、え、ファイアウォールのポートを開かないといけないってどういうことだよ？ なんでそれを2時間前に言わないんだよ？」

彼は電話をガチャンと切り、テーブルを拳で叩いて「馬鹿野郎！」と怒鳴った。

ブレントは、疲れて目をこすりながら、開発者のラップトップから目を離して上を見ている。「なんだって。フロントエンドがデータベースサーバーと通信できないのは、ファイアウォールのポートを開けなければならないってことを誰かが言わなかったからなのか？」

「馬鹿野郎！」と怒鳴ったエンジニアが疲れきった末に激怒してうなずいて言っている。「まったく信じられねえよ。あのとんまと20分も電話で話したんだぜ。なのに、コードの問題じゃないってことがあのバカの頭には浮かびゃしないんだ。正真正銘のフーバーだぜ」

私は静かに聞いていたが、そのエンジニアの見立ては正しいとうなずいていた。海兵隊では、「信じられないほどとてつもないバカ」のことを「フーバー」と言うのである。

腹を立てながら時計を見た。午後7時37分だ。

私のチームでマネージャーが内容をチェックする時間だ。私はウェスとパティを呼び、ウィリアムを探した。彼は品質管理のエンジニアの肩越しに画

面をにらんでいたので、合流してくれるように言った。

　私たちの間に普段交流はないので、ウィリアムは一瞬戸惑ったように見えたが、うなずいて私のオフィスまでついてきた。

デプロイを進めるか、遅らせるか

「それじゃあみんな、この状況をどう思うか言ってくれ」と口火を切ると、ウェスがまずしゃべった。「彼らが正しい。こいつはフーバーだ。開発からはまだ不完全なリリースしかもらえていない。この2時間で、開発が重要なファイルをいくつかこっちに渡し忘れている現場を2回見た。それじゃコードが動くわけがない。それに、みんなが知っているとおり、フェニックスがクリーンに立ち上がるようなテスト環境の設定方法がまだわからない」

　ウェスはまた頭を振った。「この30分間に見たことから言えば、俺たちは後退していると思うよ」

　パティはひどいという顔つきで頭を振り、手をひらひらさせ、何も言わなかった。

　私はウィリアムに言った。「あなたのところといっしょに仕事をしたことはあまりないけど、あなたがどう考えているのかをぜひ知りたい。あなたの立場から見て、状況はどうだろう？」

　ウィリアムはうつむいてゆっくりと息を吐き出してから言った。「私は正直なところわかりません。コードがあまりにも速いペースで変わっていくので、私たちはついていくのに苦労しています。もし私が賭けをする人間なら、フェニックスは本番で吹っ飛ぶだろうと言うでしょう。私はリリース中止についてクリスと何度か話をしましたが、彼とサラは私の言うことなど聞きませんでした」

　ウィリアムに尋ねた。「『ついていく』ってのはどういう意味ですか？」

「私たちのテストで問題点が見つかると、開発にプログラムを送り返して修正させます。すると、彼らは新しいリリースを送り返してきます。しかし、すべてをセットアップして実行するまでに30分ほどかかります。そしてスモークテスト（※ とりあえず動くかどうかのテスト）を実行するためにさらに3時間ほどかかります。その間に、開発からはおそらく3つくらいの新しいリリースが届きます」

私はスモークテストという言葉を聞いて小さく笑ってしまった。もともとは回路の設計者たちが使っていた言葉だ。「サーキットボードに電源を入れて煙が出なければ、きっと動くだろう」という意味である。
　ウィリアムは頭を振って言った。「私たちはまだスモークテストを通さなければなりません。私が心配しているのは、もう十分なバージョン管理ができていないことです。リリース全体のバージョン番号の管理は本当にずさんな状態です。開発は何かを修正すると、ほかの部分を壊してきます。そのため、彼らはパッケージ全体ではなく、個別のファイルを送ってくるのです。
　現状は非常に混沌としており、何か奇跡的なフェニックスがスモークテストを合格したとしても、動く部品が多すぎるため、フェニックスをレプリケートすることはまず不可能だと思います」
　ウィリアムは、メガネを外しながらきっぱりと言った。「たぶん、全員が徹夜することになるでしょう。店が開く明日の午前8時に何も立ち上がっていないという危険は十分にあると思います。そうなったら大問題です」
　大問題というのは、とてつもなく控え目な言い方である。午前8時までにリリースが完了しなければ、店が顧客とお金をやり取りするためのPOSシステムが動作しない。それは、顧客と取引できないということである。
　ウェスがうなずいている。「ウィリアムは正しい。俺たちは間違いなくここで徹夜だ。パフォーマンスは、俺が想像していた以上にひどいものだろう。負荷を散らすために少なくとも20台のサーバーを追加しなければならなくなるだろうし、急に言われてもそんなに多くのサーバーをどこで見つけたらいいかわからない。何人かにスペアのハードウェアを見つけさせなきゃ。たぶん、本番で使っているサーバーも投入しなければならなくなるだろう」
　私は尋ねた。「デプロイを止めるにはもう遅すぎるのか？　後戻りできないポイントはいつなんだ？」
　ウェスがゆっくりと答えた。「それはいい質問だ。ブレントとチェックしなければならないが、今だったら問題なくデプロイを中止することができると思う。しかし、店内のPOSシステムとフェニックスの両方から受注できるようにデータベースのコンバージョンを始めると、もう引っ込みがつかない。このペースだと、まだ2時間ぐらい余裕があると思う」
　私はうなずいた。聞かなければならないことはすべて聞いた。

「みんな、私はこれからスティーブ、クリス、サラにデプロイを遅らせられないかというメールを送るつもりだ。それからスティーブを探す。たぶん、1週間の猶予が得られるんじゃないかと思うが、たとえ一日しか得られなくても勝利だと思う。何か意見は？」

ウェス、パティ、ウィリアムは、みな不機嫌そうに何も言わずに首を振った。

私はパティに向かって言った。「ウィリアムといっしょにリリースの交通整理の改善方法を考えてくれ。開発者たちが集まっているところに行って、航空管制官をやって、すべての部分に名前とバージョン番号が付いているようにしてほしい。何がやってきたのかをウェスとウェスのチームがわかるようにするんだ。見通しをよくするとともに、あっちで手順に従わせる人間が必要だ。デプロイされるコードにはひとつのエントリポイントがあり、1時間ごとのリリース、ドキュメントはきちんとコントロールされているようにしてほしい。わかってもらえるかな？」

パティは笑って言った。「喜んで。手始めにフェニックス戦略会議室に乗り込んで、必要ならドアを蹴破って『我々がここに来たのは……』と言ってやりますよ」

ありがとうの意味でふたりにうなずいてから、ラップトップに向かってメールを書いた。

From: ビル・パーマー
To: スティーブ・マスターズ
Cc: クリス・アンダーソン, ウェス・デービス, パティ・マッキー, サラ・モールトン, ウィリアム・メイソン
Date: September 12, 7:45 PM
Priority: Highest
Subject: 【緊急】フェニックスのデプロイの大きなトラブル――私の提案：1週間後に再実行

スティーブ、
　まず第1に、ほかの誰にも負けず劣らず私はフェニックスの本番稼働を望んでいる者だということを伝えさせてください。

しかし、私が今までに見たところから考えると、明日午前 8 時の最終期限までにフェニックスを立ち上げることはできないと思います。

　ウィリアムと情報交換した結果、私としては、フェニックスがその目的を達成し、私が**ほぼ確実に**起きると考えている大問題を避けるために、フェニックスのリリースを 1 週間遅らせることをお勧めします。

　私は、1999 年のサンクスギビングデーに発生したトイザらスのオンラインストアの障害と同じ規模の問題が起きると考えています。つまり、アウテージとパフォーマンス障害が何日も続き、顧客、受注データを危険にさらす恐れがあります。

　スティーブ、数分以内にお電話します。

敬具
ビル

　私は一呼吸置いて考えをまとめてからスティーブに電話をかけた。1 度の呼び出しで彼は答えた。

「スティーブ、ビルです。今、あなたとサラ、クリスにメールを送ったところです。今までのところ、このデプロイがいかにひどい状況にあるかはいくら言っても足りないほどです。このままではひどいことになります。ウィリアムでさえ、同意見です。私のチームは、店が開く東部標準時の午前 8 時までにデプロイが完了しないのではないかということを非常に心配しています。その場合、店は売上を計上することができなくなり、ウェブサイトがおそらく数日連続のアウテージを起こします。

　まだ手遅れになっていません。事故を防ぐことはできます。エラーが起きると、誰からも注文を受けられなくなります。店のなかからも、インターネットからもです。さらに、受注データや顧客データが壊れる恐れもあります。そんなことになれば、顧客を失います。1 週間遅れれば、お客さんはがっかりするかもしれませんが、少なくとも戻ってきます」

　スティーブはため息をついて答えた。「まずい感じだが、もうこの時点で選択肢はない。先に進むしかないんだ。マーケティングはすでにフェニックスの運用が開始されたことを発表する週末の新聞広告を買っている。買って、支払いをして、全国の家庭に送られる。我が社のパートナーはみな準備を整えて待っている」

心底驚いて言った。「スティーブ、このリリースが遅れるとあなたにとって実際のところどれくらいまずいことになるんですか？　私はこのままリリースに踏み切ると、破滅的なレベルのリスクがあると言っているんですよ」

しばらくの沈黙のあとスティーブが言った。「それじゃあ、サラにリリース延期を説得できたら話をしよう。説得できなければ、このまま進める」

「本気でおっしゃってるんですか？　彼女はこのカミカゼ的混乱を作り出した張本人ですよ」

あまりの怒りに気がつくとスティーブへの電話を切っていた。しばらくしてから、あとでかけ直して謝ろうと思った。

絶対に嫌だったが、会社のためにこの愚行を止めるための最後にもうひとがんばりしようと思った。ということは、サシでサラと話すということだ。

愚かな決断

フェニックス戦略会議室に戻ると、あまりにも多くの人々が緊張と恐怖のために汗をかいているためか、むっとしてひどい臭いがした。サラはひとりで椅子に座り、ラップトップにタイプしていた。

私は彼女に声をかけた。「サラ、話しがあるんですけど、いいですか？」

彼女は隣の椅子を指さして言った。「いいわよ、何？」

私は声をおとして、「廊下でお願いします」と言った。

部屋から外に出て静かになったところで尋ねた。「今の段階から見て、リリースはどうなりそうですか？」

彼女は答えた。「私たちが機敏に動こうと努力しているときに、これがどうなるかがわかるというの？　テクノロジーが絡むときには、いつでも予見できないことが起きるものよ。でも、オムレツを作りたければ、卵を割る気にならないと」

「いつものリリースよりも状況が少し悪いと思うのですよ。あなたは私のメールを見ておっしゃっているんですよね？」

彼女は、「もちろんよ。私の返事は見た？」と言うだけだった。

しまった。

私は言った。「いいえ。しかし、まず先に、これが業務にもたらす意味とリスクをはっきりと理解していただきたいのです」。そして、つい数分前に

スティーブに話したのとほぼ同じ言葉を繰り返した。

まったく意外なことではないが、サラの心は動かされなかった。私の話が止まると、彼女は言った。「私たちはフェニックスをここまでのものにするためにみんな必死でがんばったのよ。マーケティングは準備できている。開発は準備ができている。みんなの準備ができている。あなただけよ。前に言ったと思うけど、聞いちゃいなかったのね。完璧主義は善の敵よ。前進するしかないの」

このとてつもない時間の無駄遣いに衝撃を受け、私は首を振って言った。「違う、能力の欠如こそ善の敵だ。私が言ったことに注意を払ってください。私たちはあなたの愚かな決断のために、何週間ではなくとも何日もの間事態の収拾に当たらなければならないんですよ」

私は NOC に駆け戻り、サラのメールを読み、さらに怒り狂った。返事を拒否し、怒りの炎に油を注いだ。削除してやりたいという強い感情にも逆らった。あとで、自分を守るための証拠として必要になるかもしれないからだ。

From: サラ・モールトン
To: ビル・パーマー , スティーブ・マスターズ
CC: クリス・アンダーソン , ウェス・デービス , パティ・マッキー , ウィリアム・メーソン
Date: September 12, 8:15 PM
Priority: Highest
Subject: Re:【緊急】フェニックスのデプロイの大きなトラブル――私の提案：１週間後に再実行

　あなた以外、みんな準備ができています。マーケティング、開発、プロジェクトマネジメントは、みなこのプロジェクトに全力を尽くしています。今度はあなたの番です。

　私たちは前進しなければならない！

サラ

悪夢

　突然、私はペイジにこの数時間何も言っていないことを思い出して取り乱した。私は急いでテキストメッセージを送った。
　[今晩の状況は悪くなる一方だ。少なくともあと何時間かはここにいる。午前中に帰る。愛しているよ。俺の幸運を祈ってくれ。]
　肩をぽんと叩かれたのを感じてふり返るとウェスがいた。「ボス、とても大変な問題が起きた」
　彼の表情を見ただけでも、十分恐ろしくなった。私はすぐに立ち上がり、部屋の反対側に移った。
「午後9時頃に後戻りできなくなるポイントを過ぎたのを覚えているか？　俺は、フェニックス導入によるデータベースのコンバージョン進行状況をチェックしていたんだが、俺たちの予想よりも1000倍も遅い。もう何時間も前に終わってなきゃいけないところなんだが、まだたった10%しか終わっていない。ということは、すべてのデータがコンバート（※ 変換、転換といった意味）されるのは火曜日になるということだ。完全にまずい状況になった」
　たぶん、私は自分が思っている以上に消耗していたが、彼の話をちゃんと聞けていなかった。そこで、「なぜそれが問題なんだ？」と言ってしまった。
　ウェスが粘り強く説明してくれた。「このスクリプトが実行を終わらないと、POSシステムが立ち上がらないんだ。スクリプトを止めることはできないし、再実行することもできない。スピードアップのためにできることはないんだ。フェニックスをハックして動かせるようにすることはできると思うが、店内のPOSシステムについてはわからない。こっちにはテストに使えるPOS端末がないんだ」
　なんてことだ。
　私は迷いに迷って尋ねた。「ブレントは？」
　ウェスはただ首を振るばかりだった。「数分間彼に状況を見てもらった。ブレントが言うには、誰かが早すぎる段階でデータベースのインデキシングをオンにしてしまったので（※ データベース検索を高速にするための索引作成処理。コンピュータ資源を大量に使うので、同時に実行されているほかの処理が遅くなる）、挿入のスピードが遅くなった。しかし、データを壊さずにできることは何もない。ブレントはフェニックスのデプロイに戻したよ」

状況を完全に評価したいと思って尋ねた。「ほかはどうなっているんだ？　パフォーマンスに改善は見られたのか？　データベースメンテナンスツールにアップデートはあったのか？」

ウェスは答えた。「パフォーマンスは依然として最低。きっとひどいメモリーリーク（※　プログラム使い終わったメモリーをシステムに返さないために使えるメモリーがどんどん減ること）がある。しかも、ユーザーがいないにもかかわらずだ。うちの人間は、サーバーが飛ばないようにするために、2時間に1回ずつサーバーをリブートしていなければならないんじゃないかと言っている。

あちこちを拝み倒して15台のサーバーを手に入れた。新しいのもあれば、会社のあちこちから引っ張り出してきたものもある。それでだ、信じられないかもしれないが、データセンターのラックが足りなくて、こいつらをデプロイできない。あれこれ動かしてケーブルを引き直してラッキングするという大仕事をしなきゃならない。パティが今電話をしてこの作業のために部下を集めているところだ」

驚くあまり、腹を抱えて笑った。「なんてことだ。デプロイするサーバーを見つけてきたのに、置き場所が見つからない。すごいじゃないか。なんてついてないんだ」

ウェスが首を振った。

「同僚たちからこういう話は聞いたことがあるけどな。こういうのは、あらゆるデプロイエラーの源だよ。

でも、もっともすごいところはこれからだ。こういうときに俺たちを助けてくれるはずだってことで仮想化に莫大な投資をしてきたわけだけど、パフォーマンス問題を解決できない開発が、ここにきて仮想化を非難している。そこで、すべてを仮想サーバーから物理サーバーに戻さなければならなくなった」

おいおい、仮想化が尻拭いしてくれるからって、この乱暴なリリース日を提案したのはクリスだぜ。

私は目をこすってむりやり笑いを止めた。「それで、開発者たちが約束したデータベースサポートツールはどうなった？」

ウェスの笑い顔がすぐに消えた。「まったくのゴミよ。フェニックスが生み出しているあらゆるエラーを修正するために、うちの人間が手作業でデー

タベースを編集しなければならなくなる。補充も手作業でスタートさせなきゃならない。フェニックスのおかげでこの手の手作業がどれくらい必要になるかはまだ調べているところだ。手作業はエラーを引き起こしがちだし、たくさんの人間を動因しなければならない」

本来なら壊れたアプリケーションがするはずだったつまらない仕事をするために、どれだけの人間が縛り付けられるかを考えると、私はたじろいだ。監査証跡を残さず、適切な管理がなされていないデータの直接編集ほど監査人たちが気にして突いてくるものはない。

「君はすばらしい仕事をやってくれているよ。俺たちの最優先事項は、未完のデータベースコンバージョンによって店内のPOSシステムにどのような影響が及ぶかを明らかにすることだ。そういったことをすっかり理解している人間を探し出して、考えを聞いておいてくれ。必要なら、サラのチームで日常的な小売業務を担当している人間を呼び出せ。実際にPOSデバイスに触って、サーバーにどんな影響が出ているかを俺たち自身で確かめられたらボーナスポイントだな」

ウェスがうなずきながら言った。「わかった。適任者を知っているよ」

私は彼を見送りながら、あたりを見回して、自分がどこにいたらもっとも役に立つかを考えていた。

店舗POSシステムダウン、そして……

窓から朝の光が滑り込み、コーヒーカップ、紙、その他あらゆる種類のゴミが散乱しているところを照らし出している。部屋の隅では、開発者がひとり、椅子の下で眠っている。

私はトイレに駆け込んで顔を洗い、歯に詰まった食べかすを取り除いたところだ。少し元気になった感じだが、久しぶりに徹夜をした。

リテールプログラム管理担当上級部長で、サラの部下であるマギー・リーが、午前7時に緊急会議を招集し、30人近い人間が部屋に詰め込まれた。疲れが隠せない声で彼女は言った。「壮烈な夜でした。フェニックスのリリースのために必要な仕事を進めてくださったみなさんにはお礼を言いたいと思います。

ご存じのように、この緊急会議を招集したのは、データベースコンバージ

ョンに問題が起きたからです。そのため、すべての店舗のPOSシステムが落ちており、店舗はレジを使えません。現金のやり取りもカードの処理もすべて手作業で行うことになります。

しかし、フェニックスのウェブサイトが立ち上がったのはよいニュースです」。彼女はジェスチャで私のほうを指しながら言った。「ビルとIT運用クルー全員に立ち上げを実現していただいたことを感謝します」

私は苛立って言った。「私としては、フェニックスよりもPOSシステムを立ち上げておきたかったところだ。NOCは、てんてこ舞いになっている。1時間前からIT運用の電話は鳴りっ放しだ。システムが動かないと店の人たちが悲鳴を上げているからだ。まるで、ジェリー・ルイスのテレソン（※コメディアンのジェリー・ルイスが始めた筋ジストロフィー支援のためのチャリティコンサート。全米にテレビ中継され、視聴者から電話で寄付を集める）のようだ。みなさんもそうかもしれないが、私の留守電は、120軒の店舗のスタッフからのものでいっぱいになっている。電話の応対のためだけでももっと人を動員しなければならなくなる」

まるで私の論点を強調するかのように、誰かの電話がテーブルのどこかで震えた。

私はサラに言った。「これからは積極的に動かなければならない。何が起きたか概要を説明するとともに、POSシステムなしで業務を遂行する方法を説明したまとめ情報をすべての店に送る必要がある」

サラは一瞬気の抜けたような顔をしていたが、「それはいい考えです。メールの第一案を作っていただけるかしら。私たちはそれを送ります」

あまりのことに驚き呆れて言った。「何言ってるんですか。私は店長じゃありませんよ！ あなたのグループで第一案を作ってください。そうしたら、クリスと私で正確な情報に書き直しますよ」

クリスがうなずいた。

サラは部屋を見回した。「わかりました。これから2時間で何かを作ります」

私は叫んだ。「なに冗談を言ってるんですか。東海岸の店は1時間たらずで開店するんですよ。今すぐ書かなきゃダメじゃないですか」

マギーが手を上げて、「私が責任を持ってやります」と言った。彼女はすぐにラップトップを開いてタイプを始めた。

頭痛を少しでも和らげられないかと両手で頭を押さえながら、このリリースはどこまで悪くなるのだろうと考えていた。

大失敗

　土曜の午後2時までに、底は私が思っていたよりもずっと深いところにあることがわかった。
　すべての店舗は、完全に手作業のフォールバック（※ システムエラーを起こしたときに、代わりにより劣った方法で仕事をすること）モードで営業していた。すべての売上は、靴箱にしまってあったカーボン紙をインプリンター（※ 昔使われていたクレジットカード用装置。カードのデコボコをカーボン紙に転写するために使う）に入れて手作業で処理されていた。
　店長は、店員を地元の文房具店に走らせ、インプリンター用のカーボン紙を買い足した。釣り銭を確保するために、店員を銀行にも走らせた。
　フェニックス・ウェブサイトを使った顧客は、落ちているのか使いものにならないほど遅いと苦情を言ってきた。我が社はツイッターのトレンドにさえ登場してしまった。テレビや新聞の広告を見て、新しいサービスを使ってみたいと言っていた顧客たちは、我が社のITの大失敗について文句を言い始めた。
　オンラインで発注できた顧客たちは、店に注文の品を引き取りに行ったときに、まずいことが起きていることを知った。フェニックスがランダムに取引をなかったことにしたり、クレジットカードに2倍、3倍の額を請求していたりすることを私たちが知ったのは、そこからだった。
　受注データの完全性が失われたかもしれないということで財務部のアンが激怒して乗り込んできた。そして、彼女のチームは、廊下を挟んで反対側に新しい戦略会議室を設定し、店舗からの問題のある注文についての電話を処理していた。帰った数百人の顧客が残し、店舗がファックスしてきた書類が昼までに山のように積まれていた。
　アンをサポートするために、ウェスはさらに多くのエンジニアを投入して、どんどん増えていくトランザクションエラーのバックログを処理するためのツールを作らせた。
　NOCのテーブルを3度目に通りすぎたとき、自分が疲れきってしまって

誰の役にも立たなくなっていると判断した。午後2時半頃だった。

ウェスは部屋の向こう側にいる誰かと話をしていたので、それが終わるのを待った。ウェスに、「これは何日も続くってことを考えたほうがいいぞ。君はよく体力が持っているなあ」と言った。

ウェスはあくびをしてから答えた。「やりくりして1時間寝たんだよ。お前はひどい様子だな。家に帰って数時間寝てこいよ。おれは状況を完全に把握している。何かあったら電話するからさ」

疲れてとても長々と議論できなかった。ウェスにありがとうと言うと会社を出た。

クレジット番号の漏洩

携帯の音にはっとして目が覚めた。飛び起きて携帯を手に取った。午後4時半。ウェスだった。

頭を振って注意力を呼び戻して答えた「どうした？」

ウェスの声が聞こえた。「悪いニュースだ。手短に言うと、フェニックス・ウェブサイトが顧客のクレジットカード番号をリークしているとツイッターで話題になっている。画面ショットまでついている。ショッピングカードを空にしたときに、セッションがクラッシュし、最後に成功した注文のクレジットカード番号が表示されるんだ。間違いない」

私はすでにベッドから飛び出してシャワーを浴びるためにバスルームに向かっていた。「ジョンを呼び出せ。猫を被っているだろうけど、たぶんこれには何かプロトコルがあるはずだ。山ほどのペーパーワークとたぶん法律による規制もあると思う。それから弁護士もだ」

ウェスが答えた。「ジョンはもう呼び出した。彼とそのチームがこちらに向かっている。ジョンはちびってたよ。まるで、『パルプ・フィクション』の伊達男みたいな声だったぜ。おまけに怒りと復讐のために人を撃ち殺す日のところとそっくり同じことを言ったよ」

私は笑った。ジョン・トラボルタとサミュエル・L・ジャクソンのそのシーンは大好きなところだ。私ならあそこで我らが物腰の柔らかいCISOをキャスティングしないが、彼らが言うように、静かなやつを監視せよだ。

私は急いでシャワーを浴びた。台所に駆け込み、息子の好物の「さけるチ

ーズ」を何本かつかんで車に乗り込み、オフィスに向かった。

　高速に乗ったところで、ペイジに電話した。彼女は 1 度の呼び出しで出た。「あなた、どこにいたの？　私は仕事だから子どもたちは母のところにいるのよ」

　私は言った。「実は家に 1 時間だけいたんだ。ベッドに潜り込むと同時に眠ったけど、ウェスに呼び出された。フェニックスが全世界の人々のクレジットカード番号を漏らし始めたんだ。これはセキュリティの大事故なので、オフィスに戻るところ」

　彼女がありえないとため息をつくのが聞こえた。「もう 10 年以上その会社にいるけど、今まではこんな時間に仕事に行くなんてことはなかったじゃない。今回の昇進は喜んでいいのかどうかわからなくなったわ」

「俺もだよ、ハニー」

第 13 章　　　　　　　　　　　　　　　　　　9 月 15 日（月）

後始末

　月曜までに、フェニックスの稼働は大失敗として広く知られることとなった。すべてのテクノロジーサイトのトップニュースに載ってしまった。WSJから誰かがやってきて記事になることを前提としてスティーブにインタビューを行うという噂も上がった。

　スティーブが私の名前に触れたのが聞こえたような気がしてぶるっと震えた。

　完全に混乱してしまって、私はまわりを見回し、自分が職場にいることに気づいた。フェニックスの現在状況会議が始まるのを待っているうちに眠ってしまったようだ。そっと腕時計を覗く。午前 11 時 4 分だ。

　今日が月曜だということを知るために電話を見なければならなかった。

　一瞬、私の日曜はどこに行ったのだろうかと思ったが、スティーブが真っ赤な顔をして部屋全体に向かって話を始めたので、私も神経を集中させた。「これが誰の落ち度なのかは問わない。私がこの地位にいる間にこんなことが二度と起きてはならないことはおわかりだろう。しかし今、私は先のことについて話をするつもりはない。私たちは顧客と株主を大きく傷つけた。私が聞きたいのは、どうすればこのどん底から這い上がり、通常の営業を回復できるかだ」

　スティーブは向きを変えてサラを指さし、こう言った。「君は、すべての店長が、正常に取引できるようになったと言うまで、責任から解放されることはないからな。手作業のカード読み取りだ？　うちの会社はどこか第三世界の国にでもあるのか？」

　サラがしおらしく答えた。「私はこれがいかに受け入れがたいことかわかっております。私の部下全員に、自分たちに説明責任と実行責任があるということを徹底させます」

　「違う」。スティーブがすぐに重々しく答えた。「究極的に説明責任と実行責任を負うべきは君だ」

一瞬私の気持ちは少し軽くなった。スティーブがサラの呪文から解放されたかどうか気になっていたのだ。

スティーブは再び部屋全体を見て重々しく言った。「店長たちがもうまともに営業できていないと言っているのだから、この件に関わった全員から15分ずつ時間をもらう。予定を空けておいてくれ。弁解は無用だ。

具体的には、サラ、クリス、ビル、キルステン、アン。そしてジョン、君もだ」。スティーブは名前を呼ぶたびに一人ひとりを指さしていった。

やったね、ジョン。やっとスティーブに気づいてもらえたよ。

「私は、この件で別のジャーナリストからの電話を受けてから帰ってくる。2時間後だ」

スティーブがバタンと閉じたドアで壁が揺れた。

サラが沈黙を破った。「みなさん、今のスティーブの話を聞きましたね。私たちは、POSシステムを立ち上げるだけでなく、フェニックスが使いものにならないという問題も解決しなければなりません。マスコミは、発注のインタフェースが使いにくく、すべてのものがタイムアウトになるということを盛んにつついてきています」

「あんたは頭がおかしくなったのか？」私は前のめりになって言った。「うちはフェニックスを生かし続けるためにそれこそ英雄的な仕事をしている。ウェスがすべてのフロントエンドサーバーを1時間ごとに積極的にリブートしていると言っているのはジョークではないんだ。これ以上不安定要因を入れるわけにはいかない。コードのリリースは一日に2回だけに絞り、パフォーマンスに影響を及ぼすようなコード変更はすべて制限することを提案する」

驚いたことに、クリスがすぐに歩調を合わせてきた。「わかった。ウィリアム、君はどう思う？」

ウィリアムがうなずく。「それから、すべてのコードコミットには、パフォーマンス問題に対応する欠陥番号を付けるよう、開発者たちに指示することを提案します。それがないものはすべて拒否します」

クリスが言った。「それはビルにとってもいいことだよね？」

ソリューションに満足して、「もちろん」と答えた。

ウェスとパティは、開発が突然協力的になったので、喜ぶと同時にあっけにとられていたようだったが、サラは満足しなかった。「私は反対だわ。私

たちは市場に答えられるようにならなければならないのです。市場は私たちにフェニックスは使いづらいと言っているのよ。それを無視するわけにはいかないわ」

クリスが答える。「使いやすさテストとチェックは1カ月前にしたんだよ。最初に正しくできなかったのであれば、本格的な仕事をせずに解決することなどできない。そちらの製品マネージャーのほうで改訂したモックアップ（※ 外見をそっくりに作った中身のないプログラム。使いやすさの検討、テストなどに使う）と提案については何とかしてくれ。こちらでは、危機が過ぎたらできるかぎり早くそれを取り入れるようにする」

私は、「賛成だ」と言ってクリスの立場に賛成した。

サラは、「いい点に注目したわね。受け入れるわ」と言った。この議論では勝てないということがわかったからだろう。

サラが何かを受け入れるなどと言える立場なのかはよくわからなかった。しかし、幸い、議論は急速にPOSの機能の回復方法に向かっていった。

私はクリスに対する評価を目盛りふたつ分上げた。彼は自分の意思でサラの共犯者になったとまだ思ってはいるが、疑わしい点はクリスに有利なように解釈しているかもしれない。

機密情報のさらなる漏洩

フェニックスの戦略会議室を出ると、廊下をはさんで反対側にあるアンと彼女のチームの部屋が見えた。ここでアンのチームは問題のある注文を処理しているのだ。私は、彼らがどういう仕事をしているのかを見てみたいという突然の好奇心に負けてしまった。

私は会議で出た古いベーグルをまだ嚙みながらノックして部屋に入っていった。土曜日以来、チーム全体が仕事をし続けられるように、ピザ、ペストリー、ジョルトコーラ、コーヒーがエンドレスで供給されていた。

私の前では白熱した仕事が展開されていた。店舗から送られてきたファックスが積み上げられたテーブルがあり、12人の人たちが動き回っていた。ファックスはどれも強制的にこのサービスに連れて来られた財務と顧客サービスの人々に処理されるのを待っている問題のある受注である。彼らの仕事は、これらの取引の重複を取り除いたり、取り消したりすることだ。

私の前には4人の財務の人々が別のテーブルに座っている。彼らの指はテンキーの計算機と開いたラップトップの上で飛び回っていた。彼らは手作業で注文を表にまとめていた。障害の規模を計算するとともに、帳尻を合わせてミスをキャッチするためだ。

壁では合計額を追跡していた。今のところ、5000人の顧客が支払いの重複か注文の消失の被害に遭っていた。そして、それ以外に推定2万5000件の取引を調査しなければならなかった。

私は信じられない思いで首を振った。スティーブは正しい。今回は大規模に顧客に迷惑をかけてしまった。これは本当に申し訳ないことだ。

その一方で、財務の人々が混乱に対処するために行っている作業には敬服するしかなかった。人々がきちんと組織され、必要とされていることをしている。

私の横で声がした。「フェニックスのもうひとつの鉄道事故か」

それは、私と同じようにその光景を見ていたジョンだった。彼は私に言ったつもりはないと言うかもしれないが、ほとんど私に言ったも同然だった。もちろん、例の黒い3穴バインダーを持っていた。

ジョンは、手のひらで自分の顔を叩いていた。「競合で同じことが起きているのなら、ただ大笑いするところなんだけどな。クリスにはこういうことになると繰り返し言ったのに、彼は聞こうとしなかった。今そのツケを払わされているんだ」

ジョンはテーブルのひとつに近づき、人の肩越しに作業を見始めた。そして紙をひとつかみ取り上げた途端、身体を硬直させた。紙を次々に見て、彼の顔は真っ青になった。

ジョンは私が立っているところに戻ってきてささやいた。「ビル、大きな問題がある。外に出よう。すぐだ」

彼は外に出ると、ひそひそ声で「この注文票を見てみろ。何が問題かわかるか？」

私はページを見た。スキャンされた注文票で斜めになっており、解像度は低い。さまざまな自動車部品を買うためのもので、金額は53ドルと妥当なものに見える。

私は言った。「わからない、教えてくれよ」

ジョンは、スキャンされたクレジットカードと顧客のサインの横に殴り書

きされている数字を指さした。「この3桁の数字は、クレジットカードの裏に書かれているCVV2コードだ。これがカードの裏に書かれているのは、クレジットカード詐欺を防ぐためだ。PCIルール（※クレジットカード業界のルール）で、磁気ストライプデータのトラック2にある情報は、保存したり転送したりすることが認められていない。この情報を持っているだけで、自動的にカード所有者のデータを漏洩したことになり、処罰される」

なんてこと。2度目があってはならないことだ。

彼は私の心を読んだかのように続けた。「そうだよ、しかし今度のほうがまずいぞ。単にローカルニュースになるだけでなく、顧客と店舗があるあらゆる地域の一面でスティーブが派手に書きたてられる。それからワシントンDCに飛んで、怒った選挙民の代表である上院議員たちに集中砲火を浴びることになる。これは本当に深刻だ。ビル、すぐにこの情報を全部叩き壊さなければならない」

私は首を振っていった。「いやいや。うちの会社は、この注文をひとつずつ処理して、お客様に料金を請求しないように、まして二重請求などしないようにしなければならないでしょう。それは義務ですよ。でなければ、最終的には返さなければならないはずのお金を徴収することになる」

ジョンは私の肩に手を置いていった。「それも重要に見えるかもしれないが、これは氷山の一角に過ぎないんだぞ。フェニックスがカード所有者のデータを漏らしてるんだ。これはそれと同じくらいまずいことだ。影響を受けるカード所有者の数に従って罰金を払うことになる。

ジョンは紙全体を指して言った。「それに、罰金が倍になる以上かもしれないぞ。うちの会社の監査報告がよくないのを知っているだろう？ うちの会社はずっとレベル1加盟店だから、これで10倍大変なことになる。手数料が3%から、まあどれくらい高くなるかはわからないけど、値上げになる。ヘタすると小売店舗の利益率は半分になり……」

彼は急に話をやめると例の3穴バインダーのカレンダーを開き、「うわ、まずい。今日はPCI監査がやってきて、事業プロセスの実地調査をすることになっているんだ。2階に来て、受注管理スタッフと面接して業務の聞き取り調査をするぞ。この会議室を使うかもしれない」

「冗談でしょう」。私はそう言いながら、パニックの予感が始まっていた。アドレナリンを出し続けて丸3日にもなることを考えるとこれは驚きだ。

振り返って会議室の窓からなかを覗くと、財務の人々が問題のある注文を処理している様子が非常に鮮明に見えた。まずい。
　ジョンに言った。「わかった。ときどきあなたが誰の味方なのか疑われていることは知っているけど、私にはあなたの力が本当に必要だ。あなたは、監査人たちがこのフロアに入ってこないようにしてください。いや、このビルから遠ざけたほうがいいかもしれない。私は窓にカーテンをかけます。いや、ドアにバリケードを築くかもしれない」
　ジョンは私をまじまじと見てうなずいた。「わかった。監査人は私が何とかしよう。しかし、あなたが本当に理解できているようには思えない。私たちは、カード所有者を守るという立場から、数百人もの人間がカード情報にアクセスすることを認められない。窃盗、詐欺のリスクが非常に高くなるのだ。データを今すぐ破壊しなければならない」
　私は終わりのない問題の噴出にしばらく笑ってしまうのを止められなかった。
　しかし、自分に集中するように言い聞かせてから、ゆっくりと言った。「わかった。私は財務の人たちにこの問題を理解してもらって善処しましょう。全部スキャンしてオフショアの会社に送り、そっちで入力させる手もあるし」
　「だめだめ、何言ってるんだ。それじゃかえってひどくなる」。ジョンは言った。「いいかい、情報を転送することが認められてないんだ。第三者に送っていいわけがないだろう。わかった？『妥当な否認権』（※ 知らないのだから責任はないという主張。実際にはこの例のように知らないふりをして責任を免れるために使われることが多い）を主張できるように、私は今の話を聞かなかったふりをするからね。あなたは禁止データをすべて破壊する方法を考えて」
　ジョンが妥当な否認権という言葉を使ったので、意図がどうであれいやな感じがした。私は深呼吸をしてから彼に言った。「では、監査人たちをこのフロアから遠ざけてください。私はカードのインプリントの件を何とかします。いいですか？」
　彼はうなずいて言った。「オーケー。監査人たちをどこか安全なところに落ち着かせたら電話するよ」
　彼が廊下を急ぎ足で階段に向かっていくのを見ながら、私は自分に言い聞かせていた。「彼は自分の仕事をしているだけだ。彼は自分の仕事をしてい

るだけだ」

　私は小声で言って振り返り、会議室を見た。すると、ドアに「フェニックスPOS修復戦略会議室」と印刷された看板がかかっていることに気づいた。

　突然、私は自分が映画『バーニーズあぶない！？ウィークエンド』の世界にいるような気がした。10代の少年たちが狙撃者から死体を隠し、死者がまだ生きているふりをする映画だ。そのうちに、この映画よりも、会計事務所のアーサー・アンダーセンで起きたと伝えられる大掛かりな徹夜の証拠隠滅作業に似ているような気がした。あのエンロン事件後に捜査対象になった会社である。私は重要な証拠隠滅の共犯者なのだろうか。

　なんたることか。私は首を振って悪いニュースを伝えるために会議室に戻っていった。

セキュリティ部門からの援軍

　やっとNOCに帰ってきたのは午後2時半だった。オフィスに帰ってくる道すがら、私は戦いのあとを見てきた。会議スペースを広げるために新たに7つのテーブルが入れられており、それぞれのまわりに人々が集まっていた。ピザの空き箱が多くのテーブルの上と部屋のひとつの隅に積み上がっていた。

　私は自分のデスクの後ろにある椅子に座って安堵のため息をついた。私はアンのチームとともに1時間かけてカード所有者のデータの問題を処理した。それから30分かけて、これは私の問題ではなく彼らの問題だということをわかってもらおうとした。手伝いたいのは山々だが、私のチームはフェニックスを動かし続けるために手一杯で、これ以上仕事を引き受けられないと伝えた。

　私は、今の役職について以来、人にノーと言うことができたのはこれが初めてだったことにちょっと驚いた。私たちがほとんど独力で店舗の受注処理システムを守っているのでなければ、そんなことはできなかったかもしれない。

　そんなことを考えていると電話が鳴った。ジョンだ。監査人問題の新しい状況を知りたかったので、すぐに出た。「お疲れ、ジョン。どんな具合？」

　ジョンが答えた。「まずまず。監査人たちは、7号館の私の隣に来てもら

っている。面談はすべてここで行うように予定を組み替えたよ。フェニックス戦略会議室の近くには行かない。それから、9号館の警備員に監査人たちをフロントデスクから通すなと言ってある」

私はジョンがあらゆるルールを曲げているのを見て笑ってしまった。「それはすばらしい。いろいろとありがとう。それから、アンは、カード所有者のデータに関する規制についての正確なところを知るためにあなたに助けを求めると思うよ。私もできるかぎりのことはしたんだけど……」

ジョンが言った。「いいんだよ。助けられてよかった」

それから彼はちょっと躊躇しながら言った。「今こんなことを持ち出すのは悪いと思うんだけど、今日SOX-404の回答書を内部監査に渡すことになっているだろう。あれはどうなってる？」

私は吹き出した。「ジョン、うちでは、フェニックスのデプロイが終わったあと、週末を使って回答書を書こうと思ってたんだよ。でも、仕事は予定どおりになんか進んでいないだろう？ 金曜以来、そんな仕事をしている人間はいないと思うよ」

ジョンは、非常に心配そうな声で言った。「監査委員会が監視しているんだよ。デッドラインを破ると、うちには深刻な統制問題があるということで、全員にレッドフラグが上がるってことになるよ。そうすると、外部監査にかかる時間も長くなる」

私はできるかぎり理性的に言った。「信じてくれよ。私にできることが少しでもあればしているさ。しかし今現在、私のチームは、フェニックスの修復作業を助けるために皆徹夜で働いている。たとえ回答書が完成して、私としては腰をかがめて回答書を取り上げるだけでよいとしても、それさえできないよ。うちの部門はそれくらい大変なんだ」

こう言いながら、うちのチームはぎりぎりの力を振り絞ってがんばっており、ほかの仕事のために残っているエネルギーはまったくないと言うことができ、聞いた人もまったくそうだろうと思ってくれることによって、どれだけ気持ちが楽になるものだろうと思っていた。

するとジョンが言い出した。「うちでふたりのエンジニアを用意できるよ。修復作業の見積もりのような下準備なら手伝えると思う。必要なら、修復作業を手伝う技術者のリソースプールに入れてくれてもいい。彼らはふたりとも経験を積んでいる技術的に優秀な人間だよ」

私の耳はぴくっと動いた。IT運用は、この緊急事態で必要なあらゆる仕事のために全員を動員しており、ほとんどの人間が少なくとも1回以上の徹夜を経験していた。壊れやすいサービスやシステムを監視する者、店長たちからかかってくる電話の対応を助ける者、品質管理がシステムを立ち上げ、テストを書くのを助ける者、開発が問題を再現するのを助ける者、みんなが働いていた。

　私はすぐに答えた。「それはとてつもなく助かる。おたくの技術者の得意分野を箇条書きでウェスにメールしてください。彼らのスキルが必要な仕事で急いで人手が必要だというのでなければ、フェニックスの仕事をしている人々の邪魔にならないかぎり、修復の見積もりのための仕事をしてもらえばいいし」

「よくわかった」。ジョンが言った。「それなら、今日中にウェスにその情報を送っておこう。そして彼と私が決めたことを知らせるよ」

　ジョンが電話を切ったあと、誰かに監査への回答の仕事をさせられるかもしれないという幸運について考えた。

　それから、疲れによってどうかなっているのかと思った。同じ日に開発とセキュリティに感謝するようなことがあるなんて、本当におかしなことがあるもんだ。

第 14 章

9月16日（火）

どん底での和解

　月曜遅くまでに、状況を安定させることができた。クリスのチームとの共同作業により、店舗のレジは再び動作するようになった。しかし、これが一時的な解決だということは誰もが知っていることだ。それでも、機密性の高いカード所有者のデータを持っている必要は少なくともなくなった。ジョンも安心したことだろう。

　今は午前 10 時 37 分であり、私はクリスとともにスティーブのオフィスの外に立っている。彼は、悲しげな表情で床を見つめながら、壁にもたれかかっていた。アン、ジョン、キルステンもここにいて、小学校の校長室の外で呼ばれるのを待っている子どものように自分の番を待っていた。

　スティーブのオフィスのドアが開き、サラが出てきた。彼女は真っ青な表情で、今にも泣きそうな顔をしていた。最初に呼ばれたのが彼女で、なかに入ってからまだ 10 分もたっていない。

　彼女はドアを閉めてホッとした表情でクリスと私に「次はあなたたちよ」と言った。

　「駄目もとでやってみよう……」。私はドアを開けた。

　スティーブは窓の横に立って、構内を見渡していた。「席につきたまえ」

　私たちが座ると、スティーブは私たちのほうにゆっくりと歩いてきた。「サラと今話した。私は、彼女にプロジェクトリーダーとしてフェニックスの成否の責任を負わせた。私にリーダーシップの問題があったのか、彼女のバスに間違った人間が乗っていたのか、私にはわからない」

　唖然とした。サラはこの大失態を避けるために自分で何かをしただろうか。すべては彼女が引き起こしたことだ。

　スティーブはクリスのほうを向いて言った。「私たちはこのプロジェクトに 2000 万ドルを投入した。そして獅子の分け前は君のチームに与えられた（※ 獅子の分け前はイソップ寓話のひとつで、ライオンとロバと狐が狩りに行ったときの分け前をロバが 3 等分するとライオンが怒ってロバを食べ、狐は改めて大部分をライオ

ンに与えて自分の取り分をごくわずかにしたというもの）。今にしてみれば、何も見せられるものがないほうがまだましだった。しかし、実際には君が引き起こした損害の尻拭いのために我が社の半分が引っ掻き回されることになった」

私たちふたりのほうに向き直ってスティーブは続けた。「いい時期には、うちの会社は純利益率が5％あった。つまり、2000万ドルの売上を上げれば100万ドルの利益が得られたということだ。この週末にどれだけの売上を失い、どれだけの得意客を永遠に失ったかわからない」

彼はまたゆっくり歩き出した。「我が社は顧客に対してとんでもない迷惑をかけてしまった。お客さんは、車が動くように直さなければならない人々、子どもたちとの約束を果たそうとしている父親だ。それから我が社は最良のサプライヤーやクライアントにも迷惑をかけた。

実際にフェニックスを使った人たちの怒りを和らげるために、マーケティングは今100ドル分のクーポン券を配っている。これは何百万ドルにもつく。なんだこれは！ 会社は客から金をいただくものだ。これじゃ逆じゃないか！」

元下士官として、誰かを叱りつけるべき時間と場所があることはわかっている。しかし、これはやりすぎだ。「反論はありませんが、これは私に新しく知らせようということではありませんよね？ 私はあなたに電話をかけ、何が起きるかを説明し、リリースを先に延ばしていただきたいとお願いしました。あなたは私を一蹴するだけでなく、サラを説得してみろとおっしゃいましたよね。この件について、あなたに責任はないのですか？ それともあなたは判断をすべてサラにアウトソーシングされたのですか？」

話している間、私は自分が本当に思っていることを言ってしまって大きな間違いを犯しているかもしれないと感じていた。おそらく、危機の数週間によって蓄えられたアドレナリンによるものなのだろう。しかし、スティーブを動揺させるのはいい気分だ。本当に。

スティーブは歩みを止め、私の額を指さして言った。「俺はお前が全生涯をかけてやっとわかったことよりもずっと責任とは何か知っている。空が落ちてくるとキーキーわめいて、あとで『ほら、私が言ったとおりでしょ』などとうれしげに言うチキン・リトル（※ 空が落ちてくると騒ぐが実際には木の実が落ちてきただけというひよこの話。話をアレンジしてディズニー映画に2度なっている）にはうんざりだ。お前は本物の解決方法というものを持ってこい」

私は前のめりになって言った。「あなたのお気に入りのサラが2週間ほど前にこのクレージーなプランを出してきたときに、どうなるかということは正確に言いました。起きたすべてのことを防げるタイムラインも提案しました。もっとやりようがあったとおっしゃるんですか？　私はしっかり聞いていますよ、社長」。ことさらに「社長」と付け加えた。

ITのアウトソーシング

　スティーブは静かに答えた。「君に望むことを言おう。部門には、自分たちはもう君たちITに人質を取られませんと言ってもらわなければならない。このことは私がCEOになってからずっと不満に思ってきたことだ。何か大きなことを始めようとするたびにITが立ちはだかる。IT抜きではゴミすら拾えない。もうたくさんだ」

　彼は深く呼吸をした。「今までに言ったことは、今日君を呼びつけた理由とは関係ない。君にはふたつのことを言い渡すために来てもらった。まず第1に、この最新のITの致命的エラーのおかげで、取締役会は会社の分割を検討するよう主張している。取締役会は会社の一部を売却したほうがよいと考えている。私はこれには反対だが、取締役会はすでにコンサルタントに依頼して実現可能性を調査している。それについて私ができることはない。

　第2に、私はITとロシアンルーレットをさせられた。フェニックスの一件により、ITはこの会社が育てられる能力ではないと判断した。たぶん、ITは私たちのDNAにはないものなのだろう。私はディックにIT全体のアウトソーシングの調査を指示し、90日以内にベンダーを選択してくれと言ってある」

　IT全体のアウトソーシングだと。ふざけるな。

　私の部門の全員を失業させるというのか。

　私も失業ってことか。

　突然酔いが醒めたように、自分の得意な気分やスティーブを動揺させたという自信は幻に過ぎないことに気づいた。スティーブはすべての権力を握っている。彼はペンを走らせるだけで、地球のどこかの片隅にある私たちよりもコストの低い入札者に私たち全員の仕事をアウトソーシングできてしまう。

私はクリスをちらりと見たが、彼も私と同じように動揺しているように見えた。

スティーブはさらに言った。「君たちは、ディックに全面的に協力してくれたまえ。この90日間に奇跡を起こせたら、ITを社内に残すことを検討しよう」

「ご苦労だった。次はキルステンを呼んでくれ」。彼はきっぱりと言った。

昼から飲まずにやってられるか

「遅れて申し訳ない」。クリスの向かいの席にドスンと座りながらそう言った。

スティーブとの面談で精神的にすっかりやられたクリスと私はいっしょに昼食を取ることにした。彼の前には、傘の付いたフルーティなドリンクが置いてあった。私は彼のことをブルーカラーの飲み助のようにイメージしていたので、独身女性が飲むようなカクテルではなくパブストブルーリボン（※アメリカの安いビールの銘柄）のほうがお似合いだと思った。

彼は乾いた笑いを返した。「いいんだよ。君が10分遅れたのは、俺が抱えている問題のなかではもっとも小さい。何か飲み物を取れよ」

ペイジはこの男を信用してはならないと繰り返し私に言っていた。彼女は人間に対して本能的な鋭い嗅覚を持っているが、私からすると彼女は面倒くさいくらいに防衛的で、それを見ると私は笑ってしまうのだ。しょせん私は海兵隊上がりである。彼女は「かわいいナース」だ。

「ピルスナーならなんでもいいのでひとつ」。ウェイトレスに言った。「それからスコッチと水ね。今日は、つらい日だからな」

「承知いたしました。問題ありませんよ」。彼女は笑いながら答えた。そして、クリスに「マイタイもうひとついかがですか」と言った。

クリスはうなずき、空のグラスを渡した。そうか、マイタイってのはそういうものなんだ。今まで飲んだことがなかったよ。海兵隊員は、自分たちが何を飲んでいると思われているのかをしっかりと意識している。

クリスは、水のグラスを上げて言った。「ともに受けた死刑宣告に乾杯」

私は弱々しく笑ってグラスを上げた。何か楽観的なことを言わなければけないような気がして言った。「そして、州知事から執行停止を獲得する方

第14章　どん底での和解　| 171

法を見つけるためにもうひとつ」

私たちはグラスを鳴らした。

「俺はずっと考えていたんだ」。クリスが言った。「俺のグループがアウトソーシングされるのは、世界で最悪なことではないんじゃないかって。俺はほぼすべてのキャリアをソフトウェア開発に費やしてきた。奇跡を要求し、不可能を望み、最後の瞬間に仕様変更する人間には慣れっこさ。でも、この最悪なプロジェクトを通り抜けたあと、そろそろ潮時かなとも思うんだ……」

私は彼の言葉が信じられなかった。クリスはいつも自信満々で傲慢でさえあり、自分がすることに本当に満足しているように見えたからだ。「潮時って？」

クリスは肩をすくめた。彼が下を向くと、大きくたるんでいる目の下が見えた。表情から疲れが隠せない。「昔はこの仕事が好きだった。でも、ここ10年で昔よりもずっと大変な仕事になっちまった。テクノロジーの変化はどんどん速くなり、もうとてもついていけなくなった」

ウェイトレスが私たちの飲み物を持ってきた。私のなかには、勤務時間中の昼食時に酒を飲むことに罪悪感もあったが、この2週間、自分の時間を十分会社に与えてきたのだからいいじゃないかという気持ちになった。クリスが一気に飲むので、私もそうした。

クリスは話を続けた。「プログラマーや私のようなマネージャーでさえ、毎年毎年学ばなければならないことはばかばかしく多い。まったく新しいデータベーステクノロジーだったり、新しいプログラミングまたはプロジェクトマネジメント方式だったり、クラウドコンピューティングのような新しいテクノロジーデリバリーモデルだったりだ。

最新トレンドについていくために、自分が持っているすべての知識を投げ捨てることが何回できるかい？　俺はときどき鏡を見て自分に尋ねてみることがあるよ。『今年こそもう諦めるべきだろうか？　これからの残りのキャリアはCOBOLのメンテナンスをして過ごすか、それとも時代遅れの中間管理者のひとりになるか？』」

私は共感して笑った。私も技術的に停滞したところにいることを選んだ。そこにいたときには幸せだった。サメが泳いでいる大きなプールにスティーブが私を投げ込んだときまでのことだ。

首を振って彼は続けた。「ビジネスに正しいことをするように言って納得

させるのが今まで以上に難しくなってきたね。あいつらは、お菓子屋に行った子どものようだ。飛行機の機内誌で、年間499ドルを出すだけでサプライチェーン全体をクラウドで管理できるなんて記事を読むと、それが突然社内で最大のプロジェクトになっちまう。本当はそんなに簡単なことじゃありませんよと言って、正しくやればこれだけのものが必要だということを見せると、彼らは消えてしまう。どこに行ったんだ？ いとこのビニー（※ 1992 年の映画のタイトル。冤罪で裁判にかけられた大学生が呼んできた弁護士が従兄弟のビニーという設定、つまりここは弁護士のところという意味）か、1/10 の時間とコストでできると約束するアウトソーシング先の営業のところに話にいくんだ」

　私は笑った。「2 年前だったかな、マーケティングの誰かが来て、サマーインターンのひとりが書いたデータベースレポートツールのサポートをしてくれって言うんだ。彼女がたった 2 カ月で書いたってことを考えれば、確かになかなかすばらしいものだった。で、それが日常業務で使われ始めたわけだ。しかし、マイクロソフトアクセスで書かれたものをどうやってサポートしてセキュアにするんだ？ 監査人がデータ全体へのアクセスを保護できていないのを見つけたときには、何週間もかけて監査人を満足させるようなものに仕立て直したよ。

　ただでもらってきた犬のようなものでさ、手に負えなくなるのは、初期費用じゃないんだ。目に見えない運用やメンテナンスなんだよね」

　クリスがげらげら笑い出した。「まったくだ。あいつらは言うんだよ。『この犬は何にもできない。飛行機を操縦できるように訓練してくれないか？ ちょちょいとコードを書くだけのことだろ？』ってな」

　食事を注文してから、私は自分が新しい役職を引き受けるのがいかにいやだったかを話し、私のグループがかかわっているすべての仕事を把握することができないということも言った。

　「面白い」。クリスが言った。「うちも苦闘しているよ。出荷日に間に合わせるということではあまり問題を起こしたことはない。うちの技術者たちは、エラーが起きたときのエスカレーションに対処するために、機能開発を分離しているんでね。デプロイはどんどん時間がかかるようになってきている。以前は 10 分で済んだデプロイが 1 時間かかるようになった。そのうちに丸一日かかるようになり、それが週末、そして 4 日までになった。完了までに 1 週間以上かかるようなデプロイもあるな。フェニックスのように。

市場にこれ以上早く投入できないからといってオフショアデベロッパーに機能を作らせて何になるんだ？ デプロイの間隔を延ばし続けているのは、各バッチ（※1回の作業）でより多くの機能をデプロイできるようにするためだ」

クリスは笑った。「先週出た会議でさ、機能の積み残しがたくさんあるってことで、製品マネージャーたちがこれから3年以内にどの機能が動くようになるのかを言い合ってたよ。うちはまだ1年間のプランさえ立てていない。3年先のことなんてわかるかよ」

私は熱心に聞いていた。フェニックスでは、必要な機能を市場に届けなければならないということと、運用が手抜きを強いられることの組み合わせで、デプロイが最悪な状況に陥った。クリスは、私たちが破らなければならない非常に重要な負のスパイラルを的確に指摘した。

「ビル、聞いてくれ。これを言うのが少し遅かったことはわかっているけど、言わないよりは遅れることのほうがまだましだろう。今回のフェニックスの大失敗では、うちが迷惑をかけて本当に申し訳なかった。キルステンのプロジェクトマネジメント会議の1週間前にサラがやってきて、ありとあらゆることを聞いていったんだ。コードを完成させられるのは最短でいつかってことも尋ねてきた。彼女がそれを稼働日と解釈するとは思っていなかった。しかもスティーブがいるところでね。ウィリアムはとんでもないことになると言っていたけど、私も彼が言うことをよく聞いておくべきだった。あれは俺の判断が間違っていた」

私はしばらく彼の目を見つめた。そして彼のことを信じることに決めた。私はうなずいて言った。「ありがとう。気にするなよ」

そして付け加えた。「でも、もう二度としないでくれよ。もしそんなことをするようなら、君の両足を折って、君のスタッフ会議に毎回ウェスを出席させるよ。どっちか1つに選べないから両方だ」

クリスは笑ってグラスをあげた。「今度のことが二度と起きないように乾杯！」

いいことだ。私も笑って彼のグラスに私のグラスを合わせた。

私は2杯目のビールを飲み終えた。「サラが今回のことを全部俺たちのせいにしようとするんじゃないかというのが本当に気がかりなんだが」

クリスはグラスを見上げて言った。「彼女はテフロン加工のようだ。彼女

にくっつくものはない。俺たちは互いにもっと密着しないといけない。俺は君の味方になった。サラがまた政治的に汚いことをやろうとしたときには、君に注意信号を送るよ」

「俺もだ」。私は共感して言った。

時計を見た。午後 1 時 20 分だ。戻る時間だ。ウェイトレスに会計のサインを送った。「今日はいい時間だった。もっとこれをやらないと。週に 1 度会って、IT 全体をアウトソーシングするというこの馬鹿げた考えを叩き潰すためにやらなければならないことをはっきりさせるってのはどうだろう？」

「同感だ」。クリスは言った。「君がどうでも俺はこのことでは裏切らないよ。俺は最後まで諦めない」

私たちは握手した。

開発との新たな関係

食事をしたあとも、ちょっと酒臭い感じがした。醸造所で午前中を過ごしたような臭いにならないように、口臭を取るミントを探した。

携帯で自分のスケジュールを見て、すべての会議を今週の後半にずらした。午後 4 時、まだオフィスにいたらクリスからメールが届いた。

From: クリス・アラーズ
To: ビル・パーマー
Date: September 16, 4:07 PM
Subject: フェニックスのささやかな打ち上げパーティ

やあ、ビル。
昼会えたのはとてもよかった。すばらしい時間だったよ。
開発では、フェニックスの完成を祝して急遽小さなパーティをすることにした。全然おかまいできなくて申し訳ないけど、ビア樽とワイン、食べ物を注文して、今 7 号館のランチルームに集まっている。
君のところの人たちも来ないか？ 今回はこの会社で今までに自分が経験したなかでも最良のチームワークのひとつだったと思うんだ。君のチームの

全員が来ても足りるくらいの酒は注文してあるよ :-)
　君たちが来るのを待ってるよ。

クリス

　私はクリスの言動を純粋にすばらしいと思っていたし、チームのみんなもそうだと思った。私は来たメールをウェスとパティに転送して、みんなに来るように言ってくれと頼んだ。彼らはパーティに参加するに値する仕事をしている。
　しばらくして、携帯が震えた。ウェスからの返事だった。

From: ウェス・デービス
To: ビル・パーマー , パティ・マッキー
Date: September 16, 4:09 PM
Subject: Re: Fwd: フェニックスのささやかな打ち上げパーティ

　何バカなことを言ってるんだ。うちの人間の大半は、やつらの腐れコードがぶっ壊したトランザクションデータを修正するために忙しくてそれどころじゃない。
　祝福する贅沢があるなんてうらやましいことだ。「ミッション完了」ってか？

W

　私はうなった。上の階のクリスの部下たちからすれば危機は終わったかもしれないが、地下のうちの人間はまだ後始末をしている。
　それでも、うちの人間がひょっこりパーティに姿を表すのは重要だと思う。成功をつかむためには、クリスのチームとそのような関係を築かなければならない。たった30分だけでもいい。
　私は決意を固めてウェスに電話をかけた。スポックがかつて言ったように、「ニクソンだけが中国に行けた」。そして私はニクソンだと思う。

第 15 章
第 4 の仕事

9月17日（水）

　完全な休日が取れたわけではないが、ペイジを朝食に連れ出した。彼女は、私が起きている時間をすべて仕事につぎ込むようになってからずっと、ひとりで家を支えている。

　私たちは、お気に入りの朝食レストランのひとつ、マザーズに来た。約8年前の開店日にもここに来た。オーナーはそれ以来成功し続けている。レストランが地元で人気を集めているだけでなく、料理本を書いており、その本のキャンペーンの間はあちこちのテレビに出ていた。

　彼女が成功したのはうれしいことだ。そして、混んでいるときでもオーナーが私たちに気づいてくれるとペイジが喜ぶことも知っている。

　私は、テーブルを挟んで反対側に座っているペイジの目を見た。水曜の午前中にしては驚くほどレストランは混んでいた。ビジネスミーティングをしている人たちがいる。地元の流行に敏感な人たちが……、えーと何をするんだろう、地元の流行に敏感な人たちが午前中にしそうなことをしている。仕事？　遊び？　正直なところ、全然わからないな。

　ペイジは、ミモザを手にしながら言った。「時間を作ってくれてありがとう。これから一日私とずっといられるわけじゃないのよね」

　最初のうちは、自分のためにはほとんど何も注文していなかった。勤務日にアルコール分を取りたくなかったからだ。しかし、2日連続で、「まあいいや」と言っていた。

　ペイジと同じオレンジジュースとシャンペンのカクテルを飲みながら、私は寂しく笑い、首を横に振った。「本当に休みたいところだよ。開発なら、クリスみたいにチーム全員に休みをあげられるんだけどね。運用は、まだフェニックスの事故の後始末が終わってないんだ。いつになったら普通の生活が戻ってくるのかわからないよ」

　彼女は、ゆっくりと首を振った。「まだ3週目だなんて信じられないわ。あなたは変わった。文句を言っているわけじゃないのよ。こんなに疲れ果て

た様子のあなたを見るのは、あれ以来……」

　彼女はしばらく上を向いて記憶をたどっていたが、私のほうを見て言い直した。「いや、今までこんなことは１度もなかった。車に乗っている間の半分は、あなたは今みたいに遠くを見る目をしていた。残りの半分は、頭のなかで恐ろしいミーティングを反芻するように歯を食いしばっていた。あなたは仕事のことで頭がいっぱいで、私が言っていることは耳に入ってない」

　私が謝り始めるとペイジにさえぎられた。「文句を言っているわけじゃないのよ、本当に。仕事と子供から離れて楽しんでいるこのすばらしい時間を壊したくないのよ。でも、この役職を引き受ける前にあなたがどれだけ幸せそうだったかを考えると、なぜあなたがそんなことをしているのかわからなくなるわ」

　私は口を尖らせた。この２週間のトラウマにもかかわらず、私は自分のがんばりで組織を少しよくしたという手応えも感じていた。そして、アウトソーシングされるという切迫した脅迫のもとでも、彼らを守ろうとしている人間のひとりであることに喜びを感じている。しかし、もう５年以上、私は仕事と生活のバランスがうまく取れていたごく少数の人間のひとりだった。今はそのバランスは完全にくずれている。

　以前、海兵隊の同僚下士官のひとりが言っていた。自分の優先順位は、生活を支える人、親、夫、変革者の順番だと。

　私の場合はどうだろうか。まず第１に、私のもっとも大きな責任は、家族の生活を支えることだ。私の昇給によって、債務の返済は楽になる。そして、子どもの大学教育のための貯金も再開できる。それを諦めて、立泳ぎをしているような感覚に戻ることは考えられない。

　私たちはふたりとも自宅には払った額ほどの価値はないような気がしてきている。２年前に家を売って街の反対側の彼女の両親が住んでいるところの近くに引っ越そうとしたことがあった。しかし、９カ月後に売り出しの申し込みを取り下げた。

　私の昇進により、私の２番目のローンの返済はすぐに終わらせることができる。そして、うまくいけば、ひょっとして、数年でペイジは仕事を辞められるかもしれない。

　しかし、明けても暮れても、スティーブの不可能を可能にしろという途方もない要求を相手にする意味があるのだろうか。

さらに悪いことに、サラといういかれたやつを相手にしなければならない。

「わかった？　またやってたでしょ。当ててみようか」。ペイジが私の思考に割り込んできて言った。「スティーブとの何かのミーティングのことを考えていたでしょう。なんでスティーブはあのいかれポンチのサラ以外、誰の話も聞かないまったくのバカになってしまうのかって」

私は笑って聞いた。「どうしてわかったの？」

ペイジはにっこりとして言った。「そりゃ簡単よ。どこか遠くを見始めたかと思うと、肩と顎が緊張しだして、唇をぎゅっとしばっていたもの」。私はまた笑った。

ペイジの表情は悲しそうなものに変わった。「あいつらが誰かほかの人をこの仕事につけてくれればよかったのにとずっと思っているわ。スティーブは、あなたにイエスと言わせる方法を知っていたのよね。彼は自分の仕事と会社を守ることがあなたの任務だと思えるような話し方をしたのよね」

私はゆっくりうなずいた。「でもね、それは今や真実になったんだよ。やつらがIT全部をアウトソーシングすることになれば、俺のグループの200人の人間は職を失い、顔のないアウトソーシング会社のために働くようになる。そして、クリスの部門の200人もだ。俺は何とかそれを食い止められるんじゃないかって気がしているんだよ」

彼女は疑るような表情になって言った。「あなたとクリスで本当に阻止できると思っているの？　あなたの話を聞いた感じでは、あいつらはもう腹を固めていると思うけど」

いいニュース

ペイジをなだめて家に連れて帰り、仕事に行く前に時間を割いて道で携帯を見ることにした。すると、ウェスから明るい気分のメールが入っていて驚いた。

From: ウェス・デービス
To: ビル・パーマー , パティ・マッキー
Date: September 19, 9:45 AM

このメールを見てくれ。あるデータベース管理者が午前中にほかのエンジニア全員に送ったものだ。

　みんな、新しい変更管理プロセスのおかげで、今朝は危うく難を免れることができた。今日は、同時に原材料管理データベースとアプリケーションサーバーに変更を加えようとしているグループがふたつあった。
　ラジブが変更管理の壁で衝突が起きるかもしれないと言ってくれたんだ。私の変更を先に行うと決めて、終わったら彼を呼び出すことになっていた。
　そのままならとんでもないことになっていたところだ。
　変更要求カードは出し続けよう。今日はカードが俺たちを助けてくれたんだ。
　ラジブ、トム、シェリー、ブレント、ありがとう。

　　　　　　　　　　　　　　　　　　　　　　　　　　　　　ロバート

　ついに、いいニュースが入るようになった。障害防止の問題点のひとつは、避けられたはずの障害についての情報がまず得られないことだ。
　しかし、私たちはそれに成功した。すばらしい。
　しかも、マネージャーではなく、エンジニアのひとりがそれを知らせてきたのは、なおよいことだ。
　自分のデスクのところに来ると、ドッキングステーションについてのポストイットが目に入って思わずにやりとした。ラップトップの電源を入れ、約2分間、ログイン画面が出てくるのを辛抱強く待ってから、それをドッキングステーションにつないだ。
　うるさいアラームはなし。マニュアル通りだ。これでいい。
　すると誰かがドアをノックした。

変更ボードの新たな変異

　パティだった。「ああ、つかまってよかった。時間ある？　新たな問題が出てきたみたいなのよ」
　「もちろん」。私は言った。「何を考えているのかな？　当ててみよう。変更管理に文句を言う人間が増えた」

パティは恐い顔をして首を振った。「それよりもちょっと深刻なことよ。じゃあ、変更調整室に」

私はうなった。パティが私を変更調整室に呼び出すのときは、かならず何か大変な新しい問題が出てきている。しかし、雨のなかに残された犬の糞のように、無視しておけばよくなるような問題はまずない。

立ち上がって言った。「わかった、行こう」

変更調整室に行って変更ボードを見ると、風景が一変していた。「おやまあ」。思わず声が出た。

パティは私といっしょにボードを見ながら言った。「どう？ ひと目でわかるけど、予想外でもあるんじゃないかしら？」

私はうなるだけだった。

先週の木曜までは、ボードは私が覚えているとおりだった。毎日、40件から50件の変更に完了マークが付けられていった。しかし、それ以降は、新たな変更要求はほとんど提出されなかった。そのため、まるで誰かがボードからすべてのカードを拭い去ったような感じになった。

「変更要求はどこに行ったのだろう？」

彼女は、「改めてスケジューリングすべき変更」というラベルが付いた別のボードを指さした。その下にはかごがあり、インデックスカードの山があふれんばかりになっていた。

おそらく600枚くらいはあるだろう。

状況がだんだんわかってきたので、パティに尋ねた。「変更が完了していない理由は……」

パティが目をむいた。「フェニックス事故が起きたでしょ。予定されていた変更はすべて実行不能になったわ。タイピングの力になれるほぼすべての人々を動員したのよ。彼らを通常の業務に返すことができたのはたった今。ボードを見れば、予定された変更が再び予定どおりに実行されるようになった最初の一日だということがわかるはずよ」

これは、何らかの理由で重要な意味を持つように感じた。

そしてあることがひらめいた。

以前エリックにばったりでくわしたので、4つのタイプの仕事のうち3つがわかったと言ったことがあった。ビジネス・プロジェクト、内部プロジェクト、変更である。彼は、仕事にはもうひとつのタイプのものがある、それ

はとても破壊的なのでおそらくもっとも重要だと言っただけだった。

今ひらめいたというのは、第4のタイプの仕事とは何かがわかったように思ったということである。

しかし、それからすぐによくわからなくなってしまった。私のわかったという思いは弱々しく、短い間ちらちら点滅したかと思うと、完全に消えてしまった。

私は「クソ！」と声を出した。

パティがなにごとかと私のほうを見たが、あの束の間の光をつかまえようとして彼女を無視した。

私は、変更ボードのカードがない部分を見た。その部分は本当に何か大きな手が、すべての変更カードを掻き出したかのようだった。あれだけ丁寧にスケジューリングして並べたカードだったのだが。そして、カードを掻き出したものが何かはわかっている。フェニックスの事故だ。

しかし、フェニックスは仕事の第4のタイプではない。

おそらく、私が探しているのはダークマター（※ 宇宙にあるとされる光を発せず、反射もしない仮説上の物質。暗黒物質とも呼ばれる）のようなものだ。それによって何が動かされたか、目に見える他の物質とどのような相互作用を起こしたかといった形でしか目に見えない。

パティは、消火活動と言った。それでもいいと思う。消火活動によって全員が一晩中足止めされた。そして、すべての予定された変更を流し去った。

私はパティに向き直ってゆっくり言った。「ちょっと聞きたいことがあるんだけど、ブレントも、フェニックス以外の変更作業を終わらせていないよね」

「もちろんよ！　あなたはそこにいたでしょ？」彼女は、私が化け物でも育ててしまったかのように思ったようだ。「ブレントは、修復作業のために徹夜で仕事をしていたわ。システムとデータを動かし続けるための新しいツールを作っていたのよ。それ以外のことはすべてあとまわしになったわ」

消火活動がプロジェクトであれ変更であれ、すべての予定された仕事を押し出してしまった。

なるほど、わかったぞ。

予定された仕事を押し流せるものは何か？

予定外の仕事だ。

当たり前じゃないか。

　私が大声で笑い出したので、パティは本気で心配になって私のことを見た。何しろ、1歩下がって私から離れたくらいだ。

　エリックがもっとも破壊的なタイプの仕事と言ったのはそのためだ。ほかのタイプとは異なり、実際には仕事でも何でもない。ほかのタイプの仕事は、やる必要があるのでやろうと思って予定したものだが、予定外の仕事は、予定された仕事をできなくする。物質と反物質と同じように、予定外の仕事は、まわりにあるすべてのものを焼き払い、すべての予定された仕事はその激しい熱のために光り輝くのだ。フェニックスのように。

　私がIT運用担当VPとして短い期間に行ってきたことの多くは、予定外の仕事が起きないようにすることだ。変更をよりよく調整して失敗しないようにすること。インシデントやアウテージに秩序正しく対処することにより、中心的なエンジニアの仕事を中断させないこと。エスカレーションがブレントにまで達しないようにできることは何でもすること……。

　私はそれらを主として本能的に行ってきた。何をしなければならないかがわかったのは、人々が間違ったことのために働いていたからだ。私は、人々が間違った仕事、いや予定外の仕事をするのを防ぐために、あらゆる手を打とうとしてきた。

　私は、ゲームを決める60ヤードのフィールドゴールに成功した選手のように笑い、腕を上下に動かしていった。「そうだ！　わかったぞ！　答えは予定外の仕事！　第4のタイプの仕事は予定外の仕事だぞ！」

　私の沸き立つ気持ちは、パティの様子を見るとやわらいだ。彼女は困惑し、本当に心配そうにしていた。

　「あとで説明するよ。約束する」。私は言った。「君が変更ボードを見て気づいてほしいと思ったことは何かな？」

　彼女はあっけにとられていたが、先週、完了した変更がないことを改めて指摘した。「先週、予定された変更の60%が完了していないことを心配していたわよね。だから、100%の変更が終わっていないことを知ったら、激怒するんじゃないかと思ったんだけど。どう？」

　「うん、わかった。パティ、これはすばらしいよ。その調子でいこう」。私は上機嫌で言った。

　それから私はくるりと反転してドアから外に出て行って、携帯を取り出し

た。電話しなければならない人がいる。

「ねえ！」パティが呼び止めた。「説明してくれるんじゃないの？」

私は肩越しに叫んだ。「あとでね！ 約束する！」

予定外の仕事

自分のデスクに戻って、エリックが渡してくれた紙切れを探しまわった。捨てていないことは間違いないが、正直なところあれを使うとは思っていなかった。

エレンが後ろから「お手伝いしましょうか」と言う声が聞こえた。

私たちはふたりで私のデスクを探しまわり、やっと小さな紙切れを見つけ出した。

「これですか」。エレンが私の書類受けから掘り出したものを高く掲げて尋ねた。

私は近くに寄って見た。間違いない。エリックが渡してくれた5cmのくしゃくしゃになった紙切れだ。まるでガムの包み紙のようだった。

彼女から紙切れを受け取り、それを高く掲げていった。「よかった。これを見つけてくれて本当にありがとう。信じられないかもしれないけど、これはここ数年私が受け取った紙のなかでもっとも重要なものかもしれない」

私は外で電話することにした。秋の明るい日差しを浴びて、駐車場のそばにベンチがあるのを見つけ、そこに座った。空には雲ひとつない。

エリックに電話をかけると、彼はすぐに出た。「やあ、ビル。フェニックスが派手にクラッシュして大惨事になってから、君たちはどんな具合だね？」

「はい……、事態はだんだんいい方向に向かっています」。私は答えた。「ご存知かもしれませんが、POSシステムが落ちて、さらに小さなクレジットカード番号の漏洩もありました」

「はっはっは。『小さなクレジットカードの漏洩』ときたか。そいつはいいや。『原子炉の小さなメルトダウン』みたいな言い方だな。メモに書き留めたよ」。彼は鼻を鳴らして荒い息で言った。

エリックはこのレベルの惨事が起きると予測していたかのようにくすくす笑っていた。たぶん、私が初めて彼と会議室で会ったときから予測していた

のだろう。「カレンダーが空っぽになる」というようなことを言っていた気がする。

それは、変更ボードが空になるのと同じようなことだ。私は彼の手がかりに早く気がつかない方向に自分を追いやっていたようだ。

「君はもう第4のタイプの仕事が何かを言えるということだよね？」彼が尋ねるのが聞こえた。

「はい、言えると思います。工場では、1種類の仕事、すなわちフェニックスのようなビジネス・プロジェクトを挙げたと思います。その後、部内のITプロジェクトに触れていなかったことに気づきました。それから1週間後には、プログラム変更が第3のタイプの仕事だと気づきました。しかし、第4の仕事がわかったのは、フェニックスの惨事が起きてからです。それは、この惨事によってほかの仕事が終わらなくなったからです。それが最後のカテゴリではないですか？ 消火活動。予定外の仕事です」

「ご名答！」エリックが言うのが聞こえた。「予定外の仕事という私がもっとも気に入っている言葉さえ使えた。消火活動は鮮やかでわかりやすいけれども、『予定外の仕事』のほうがなおいい。『反仕事』といえばなおよいかもしれない。破壊的だが避けられるという性質がよくわかるからね。

ほかのタイプの仕事とは異なり、予定外の仕事は修復作業であり、ほとんどかならず君を目標から引き離すものだ。だからこそ、予定外の仕事がどこから湧いて出てくるのかを知るのは重要だ」

彼が私の正解を認めてくれるのを聞いて笑みがこぼれた。そして、予定外の仕事の反物質的な性質も評価してくれていることもうれしかった。

エリックは言った。「君が言っていた変更ボードはどんなものなのかな？」

私は、何らかの変更要求の手順を確立しようと思ったこと、変更要求のフォームにいくつのフィールドを作るかというような議論を抜け出したいと思ったこと、インデックスカードに意図している変更の内容を書いてもらい、それをボードに貼り付けていくことにしたことを説明した。

「とてもいいね」。エリックは言った。「君は、仕事をビジュアルに管理するためのツールをこしらえ、仕事をシステムに乗せようとしたわけだ。これは、第1の道の重要な部品だ。第1の道は、開発からIT運用に向かって仕事のスピーディな流れを作るものだからな。かんばんボードのインデックスカードは、これをするための最良のメカニズムのひとつだ。全員がWIPを

見られるようになるからね。あとは、第2の道で、予定外の仕事の最大の源を継続的に叩き潰さなければならない」

　しまった。今まで、仕事とは何かの定義にばかり考えていて、エリックの3つの道のことを忘れていた。しかし、以前は右から左に話が抜けていってしまったが、今は彼の言葉を一つひとつしっかり聞いている。

　そして、そこから45分間、私はVPになってからの短い期間にどんなことがあったかをひととおり話していた。私がどんな災難が降りかかってきたか、混沌に秩序を与えるためにどんなことをしたかを説明するたびに、エリックは大笑いをした。

『ザ・ゴール』の5つのステップ

　私の話が終わると、エリックは言った。「君は私が思っていたよりもずっと深いところまで来たね。君は、運用の環境を安定化させるための一歩を踏み出し、IT運用のなかでのWIPをビジュアルに管理する方法も始めた。そして、君にとっての制約条件であるブレントを守ることも始めた。さらに、運用の厳格さと規律の文化を強化してきた。よくやったよ、ビル」

　私は眉間にしわを寄せていた。「ちょっと待ってください。ブレントが私の制約条件？ どういう意味ですか？」

　エリックは答えた。「えーとね、君の次のステップについて話すなら、流れに勢いをつける必要があるから、制約条件について知ることがどうしても必要になる。今のところ、それよりも重要なことはない」

　エリックは講義用の声になって話し始めた。「君は、ビジネススクールにいたときに、工場の生産管理について学んだと言っていたね。カリキュラムの一貫として、エリヤフ・ゴールドラットの『ザ・ゴール』を読んでいると思う。もうなくしちゃったのなら、新しいのを買いなさい。君にはあの本が必要になる」

　私の本は、自宅の自分の部屋にあるはずだ。本を探すことというメモを急いで書くと、彼は話を続けた。「ゴールドラットは、ほとんどの工場には、システム全体の出力を左右するごく少数のリソースがあることを教えてくれた。リソースというのは、人でも機械でも原材料でもよい。その少数のリソースを制約条件、あるいはボトルネックと呼んでいる。どちらの言葉を使っ

てもよい。どう呼んだとしても、制約条件に入っていく仕事の流れを管理する信頼性の高いシステムを作るまでは、制約条件は一貫して浪費されてしまう。つまり、制約条件が極端に活用できていない状態になるということだ。

すると、君は使える能力をフルに活用してビジネスにサービスを提供する状態にはならない。また、技術的な負債を支払いきれなくなる。すると、問題や予定外の仕事の量が時間とともに増えていってしまう。

君は、サービスを回復するうえでブレントが制約条件になることを突き止めた。君はきっと、ほかの仕事でも彼が流れを止めていることに気づくはずだよ」

私は質問しようとしたが、彼はすごいスピードで話を続けた。「ゴールドラットが『ザ・ゴール』で説明している5つの重点的なステップというのがある。ステップ1は、制約条件を明らかにすることだが、君はここのところはもう終わっている。おめでとう。しかし、君の見立てが間違っていれば、君が何をしても効果はないので、それが本当に君の組織の制約条件になっていることを確認し続けることが大切だ。制約条件以外のところでどんなに改善をしたところで、幻になってしまうことは覚えているな？

ステップ2は、制約条件を十分に活用することだ。言い換えれば、制約条件が時間を無駄にするのを許してはならない。制約条件は、何であれほかのリソースを待っていてはならないし、IT運用の組織が会社の他部門のためにしていることのなかでもっとも優先順位の高い仕事をしていなければならない。いつもだ」

励まされるような気持ちでエリックの話を聞いていた。「君は、いくつもの切り口から制約条件を活用するために効果的な仕事をしてきた。予定外の仕事とアウテージでのブレントへの依存度を下げ、ビジネス、ITプロジェクトとプログラム変更の3つの仕事でも、ブレントをより活用する方法を見つけ始めている。予定外の仕事は、予定された仕事をこなす能力を削ぐということを忘れちゃだめだぞ。予定外の仕事を根絶するために必要なことはいつもしなければいけない。それでも、マーフィーの法則（※ 起きる可能性があることはかならず起きるという経験則。エラーやミスも起きる可能性があればかならず起きる）というものがあるので、予定外の仕事がなくなることはないが、効率的に処理する必要がある。まだ、道のりは長いぞ」

それからもっと厳しい声で彼は続けた。「しかし、君はもうステップ3に

ついて考え始めていい。それは制約条件に従うということだ。制約条件理論では、ドラム-バッファー-ロープと呼ばれるものを使って実現する。『ザ・ゴール』では、ボーイスカウトのなかでもっとも歩みの遅いハービーによってグループ全体の更新のスピードが左右されることに主人公のアレックスが気づくところがある。アレックスは、ハービーを行列の先頭に置いて、子どもたちがあまり前のほうに離れてしまわないようにしている。その後、アレックスの工場では、工場のボトルネックである熱処理炉が消化できる速度でジョブを投入するようにし始めた。熱処理炉は、彼の仕事におけるハービーだったのだ。

『ザ・ゴール』が出版されてまる20年がたっているが、デビッド・J・アンダーソンは、開発、IT運用でWIPを制御しながらジョブを投入するために、かんばんを使ったテクニックを開発している。君はきっとこれに興味を持つだろう。君とペネロペは近いよ。君の変更ボードは、フローを管理できるかんばんボードのようだ」

新たな宿題

　エリックは、続けた。「それでは、君への宿題だ。ブレントに合わせて仕事のテンポを刻む方法を考えたまえ。IT運用と工場のフロアの仕事の間に適切な対応関係を見つければ、答えは自ずとわかる。わかったらまた私に電話をかけてきたまえ」

「あ、ちょっと待ってください」。エリックが電話を切ってしまう前に急いで言った。「宿題はきっとやりますけど、私たちは全体の中心を見落としていませんか？　すべての予定外の仕事を引き起こしたのはフェニックスです。なぜ今すぐブレントのことを考えるんですか？　予定外の仕事が実際に生まれたのは開発です。開発の内部で起きたフェニックスの問題に対処する必要があるのではないでしょうか？」

「おやおや、自分でコントロールできないことについて文句を言い出したりして、君はまるでジミーのようだな」。エリックはため息をついた。「もちろん、すべての問題を引き起こしたのはフェニックスだ。君は、君が予定していたとおりのものを受け取っている。開発のチェスターがいるね。彼はすべてのサイクルを機能に使っていて、安定性、安全性、拡張性、保守性、操作

性、持続性といったなんとか性に時間を割いていない。

　生産ラインの反対側にいるジミーは、歯磨きがチューブから出たあとで、生産管理を付け加えようとし続けている」。エリックはあざけるように言った。「見込みなし！ 無駄！ 絶対にうまくいかない！ 君は製品のなかに、人が『非機能要件』と呼んでいるこれらのものを入れる必要がある。しかし、君の問題は、君たちの技術的な負債について、運用しやすく設計されたコードを実際に作る方法についてもっともよくわかっている人物が忙しすぎることだ。誰のことだかわかるね？」

　私はうめいた。「ブレントですね」

「そうだ」。エリックは言った。「君のブレント問題を解決しなければ、君が開発との設計、アーキテクチャ会議にブレントを呼んでも、彼は決して現れない。なぜなら……」

　再び促されて答えた。「予定外の仕事があるから」

「よろしい」。彼は言った。「君はだんだんわかってきている。しかし、君が自信過剰になる前に君に言っておかなければならないことがある。第1の道の大きな構成要素で君がまだ気がついていないものがある。そして、偶然君も同じ問題を抱えている。WIPを削減するだけでは終わらないということを忘れてはならない。システムにより多くの仕事を投入できるようにすることよりも、システムから不要な仕事を取り除くことのほうが大切だ。そのためには、プロジェクト、運用、戦略、法規制へのコンプライアンス、セキュリティ、その他なんでもいい、ビジネスの目的を達成するために何が重要かを知る必要がある。

　いいか、大切なのは結果だ。プロセスでも、統制でも、どんな仕事を終わらせたかでもない」

　私はため息をついた。制約条件について十分具体的な理解が得られたと思ったら、エリックはまた幻になってしまった。

「注意をそらしちゃだめだぞ。ブレントに渡す仕事を制限する方法がわかったら電話してきなさい」。そう言うと、エリックは電話を切った。

　私には信じられないことだった。急いで電話をかけ直したが、すぐに留守電に切り替わってしまう。

　私はベンチに座って後ろによりかかり、深呼吸した。そして、暖かい午前中の空気を楽しもうとした。

それから、エリックが言ったことをつなげようとして、10分ほどかけてクリップボードに覚えていることをできるかぎり書き留めた。
　それが終わると、社内に気持ちを移してウェスとパティに電話した。私は自分がしなければならないことをはっきりと把握しており、それを始めることにハイになっていた。

第 16 章

決裂

9月18日（木）

　私がデスクである懸案事項に没頭していると、エレンがメールのプリントアウトを手に走ってきた。メールはディックからのもので、請求書システムに恐ろしい問題があることを全社の役員に注意喚起するものだ。この3日間、顧客に請求書が一切送られていないことを今日になって事務員のひとりが見つけたのである。何よりもまず、これは後払いの顧客が支払いをしていないということであり、四半期末の銀行の預金残高が予定よりも少なくなるということだ。すると、会社の業績を発表するときに、さまざまな問題が引き起こされることになる。

　ディックのメールの文面からも彼が真っ青になっていることは明らかであり、売掛金の責任者と担当社員は立て続けにタバコをすいながら、あらゆるレベルで損害に対する対策を打っていることだろう。

From: ディック・ランドリー
To: スティーブ・マスターズ
Cc: ビル・パーマー
Date: September 18, 3:11 PM
Priority: Highest
Subject:【要対処】: IT エラーにより 5000 万ドルの現金欠損の可能性

　顧客に対するすべての請求書情報は依然としてシステム内から取り出せない状態になっているかシステムから失われており、情報を取り出して手作業で請求書メールを送ることさえできません。

　私たちは正常な業務を再開するための方法を模索しています。システムから取り出せない売掛情報は 5000 万ドルほどと考えられ、四半期末にはそれだけの現金資産が失われることになります。

　IT にシステムを修復するよう指示をお願いします。四半期決算でこの欠損

を隠すことは不可能です。釈明するこもできないかもしれません。

　電話を下さいますようお願いします。窓際で待っています。

ディック

　私たちは全員 NOC の会議室に集まった。パティがインシデントの説明を終えるときに、過去72時間の関連するプログラム変更をすべて手短に説明してくれたのはうれしいことだった。

　彼女の説明が終わると、私はチーム全体に厳しく言った。「何よりも私が心配しているのは、トランザクションが失われるリスクだ。このことははっきりと言っておく必要がある。**私の承認がなければ、何にも触れてはならない。**ここで相手にしているのはアウテージではない。誤って受注データや売掛データを失うかもしれない状況にあるということだ。私が恐ろしいと思っているのはそのことであり、諸君もそれを恐れなければならない。

　パティが言ったように、必要なものはタイムラインと、請求書システムがエラーを起こした原因についての仮説だ。これは私たちにとってアポロ13号（※2章でも出てきたが、アポロ13号は月に向かう途中で爆発事故が起きて緊急に3人の乗務員を地球に帰還させた。ジーン・クランツは地上で帰還を支援した飛行主任）級の問題であり、私はヒューストンのコントロールルームのジーン・クランツだ。当て推量はいらない。事実に基づく仮説を持ってきてほしい。では、それぞれの持ち場に戻ってタイムラインとデータを作ってくれ。因果関係について諸君のもっとも優れた思考を期待している。失敗は許されない」

　午後6時までに、パティのチームは提出された20種のエラー原因についての仮説を文書にまとめた。その後の調査で、可能性のある答えとして8つが残った。それぞれを検討するオーナーを任命した。

　彼らが調査を終えるまでに私たちがグループとしてできることはもうほとんどないので、今晩の午後10時に再度集まることとした。

　一方では、またも危機に突入し、一日が予定外のインシデントの仕事に支配されてしまったことにイライラしたが、もう一方では、私たちのインシデント調査が秩序立っており、すぐに家族の夕食に参加できるとペイジにテキストメッセージを送ったことに深く満足していた。

非難なしの建設的な議論

「パパ」。私はグラントのベッドの横に座り、彼を寝かしつけていた。アウテージのことはすっかり頭のなかから消えていた。「ねえ、きかんしゃトーマスにはなんでテンダー車がついてないの？ ねえ、なぜ？」

彼に微笑みかけながら、私は3歳の息子が尋ねてくる内容に驚いていた。我が家には、夜本を読むという儀式がある。毎晩していること、いや、フェニックスの復旧作業が始まる前までのことだから毎晩していたことか。それをまたできるようになって、私は喜んでいた。

ほとんどの灯りは消えていたが、ひとつだけがついていて、ぼんやりと明るかった。グラントのベッドには本の山が積まれており、読書を再開して3度目の夜だった。

私は本を読んでいたおかげで少し口のなかが乾き始めていた。少し休んでインターネットでテンダー車について調べてみるのはいいなあと思った。

子どもたちがいろいろなことを知りたがり、本がとても大好きなのは本当にいいことだと思っている。しかし、私が疲れ果てていて、夜の儀式の最中に私のほうが眠ってしまうこともあった。妻が入ってくると、私がグラントの本のどれかを顔の上において眠り、その横でグラントが眠っているのである。

どんなに疲れていても、早く家に帰ってお兄ちゃんと夜の儀式を再開できるのはありがたいことだ。

「パパ、そうだよ、調べなくちゃいけないよ」。グラントがねだった。グラントににっこり笑って、グーグルで「タンク機関車 テンダー車」をサーチするためにポケットから携帯を取り出した。

しかし、サーチをする前に、請求書システムの問題で何か新しい報告が入っていないかどうかを急いでチェックした。2週間前との違いは目を見はるほどだ。

クレジットカード処理システムで起きたその前の深刻度1インシデントのときは、顧客が支払いをできなくなっているというのに、会議電話でやりとりされていたのは、責任のなすり合いと言われた責任の否定ばかりだった。何よりも重大だったのは、ただ時間を浪費していたことだ。

その後、私たちは何が起きたのかを明らかにして、再発を防ぐためにどう

すべきかについてのアイデアを出し合う非難なしのポストモーテム（※ もともとは検死という意味だが、コンピュータ関連では、プロジェクト完成やアウテージ発生後の事後検証のことをこう言う）を初めて行った。さらに、パティが新しい手順の練習のために、全員参加で模擬インシデントコールを何度か実施したのが効いている。

新しい方法が動いているところを見ると感動する。ウェスでさえ、価値を認めていた。

問題に携わるチームの間で、いい情報を知らせ、意味のある議論を進めるメールがやりとりされるのを見るのはすばらしいことだ。問題の解明に当たっている人々のコミュニケーションのためには、電話会議ブリッジとチャットルームを用意してある。私は午後10時に電話を入れて状況を確認するつもりでいる。

それは今から45分後だ。もうじき眠ってしまうグラントと過ごす時間は十分ある。

グラントは私のことをつついている。調査がどれだけ進んだのかを知りたがっているのだ。

「ごめんよ、グランティ。パパはちょっと寄り道しちゃった」。私はブラウザを開けながら言った。きかんしゃトーマスのサーチ結果の多さにはびっくりしてしまった。このシリーズは、おもちゃの汽車、子供服、ビデオ、カラー絵本などで数十億ドルの売上を記録するフランチャイズを生み出している。

私がウィキペディアの列車の項目を読み聞かせていると、電話が震え出し、画面に「スティーブ・マスターズから電話」と表示された。

スティーブからの電話

私は不機嫌になり時計を何度も見直した。午後9時15分で間違いない。

最近、スティーブに呼び出されて会ったり、電話がかかってきたりすることがやたらと多い。一体何回会えばいいのだろうと思う。

フェニックスの大事故が起きてしまってからは、どんなアウテージ、インシデントでも、それと比べれば小さなものだ。

私は優しく言った。「グラント、ちょっと待っててね。パパは電話をかけ

なくちゃなんないんだ。すぐに戻るからね」。そして、ベッドから飛び出し、暗い廊下のほうに歩いていった。

　数秒前にアウテージ関連のメールをひととおり読んでおいたのは幸運だった。私は深呼吸をひとつしてから、ボタンを押して電話に答えた。
「はい、ビルです」
　スティーブの大声が耳元で鳴り響く。「ビルか、いてよかった。もちろん、顧客宛請求書の問題はディックから聞いて知っているよな？」
「ええ、もちろん」。私は彼の声の調子に驚いて答えた。「私のチームは午後早くに大インシデントを宣言し、それ以来この問題への対処を進めています。私は1時間ごとに状態報告をお送りしています。夜に入ってからも、ディックと私は電話で20分話しています。問題が重大だということはわかっていますので、私のチームは給与計算のエラーのあとで作った手順に従って動いています。手順がしっかりと機能しているので満足しています」
「今ディックから電話があったところだが、彼は君の対応が遅いと言っている」。スティーブは明らかに非常に怒っている。「君に夜中に電話をしているのは、もちろん雑談をしたいからではない。君は、これがどれだけ大変なことなのかわかっているのか？　またITがヘマをして何もかもをぶち壊そうとしているんだぞ。現金は会社の血液だ。顧客に請求書を送れなければ、入金がなくなるんだぞ！」
　苛立っている人間を相手にするための昔の訓練に立ち戻って、私は穏やかにさっき言ったことを繰り返した。「先ほども申し上げましたが、ディックとは今日の少し前の時間に話をしています。彼は、この問題が持つあらゆる意味をしっかりと私に教えてくれました。私たちは新しいインシデント対策手順を発動させており、整然とエラーの原因を調査しています。スタッフたちは私が求めているとおりのことをしています。動く部品が非常に多いので、結論に簡単に飛びつくと事態は簡単に悪化します」
　スティーブは私の説明を途中で切って詰問してきた。「君はオフィスにいるのか？」
　彼は私の無防備なところをついてきたのだ。
「えー、今は家にいます」。私は答えた。
　彼は問題を部下に委ねたことを攻撃しているのか？　私は危機への対処における自分の役割と自分のチームに対する期待を強調するために言った。

「私は午後 10 時に電話会議ブリッジにコールインするつもりです。いつもそうですが、現場には当直将校がいますし、オフィスにいなければならないスタッフはすでにいます」

　最後に、私はぶっきらぼうに尋ねた。「スティーブ、あなたが考えていることを私に命令しようと思っているんですか？ 私はこの状況における責任者です。あなたは今何が足りないと思っているんですか？」

　スティーブは熱くなって答えた。「君には緊急時だという意識を持ってもらいたい。ディックと彼のチームは、6 営業日後にこの四半期がどのような決算になるのかを明らかにしようとして、深夜まで働いている。しかし、答えがどうなるかはもうわかっている。

　私たちは取締役会に約束したほぼすべての目標をクリアできないだろう。収益、現金、売掛債権、すべてだ。実際、取締役会に約束したすべての指標は、まずい方向に向かっている。今回のエラーで、私たちがこの会社の管理能力を完全に失っているのではないかという取締役会の疑いは確かめられることになる」

　スティーブはもうほとんど吠えまくっていた。「私が君、ビルに望みたいことは、問題解決の先頭に立ち、我が CFO に対応が遅いなどと言われないようにすることだ。家が燃え落ちようとしているのに、お前が私に言うことは絵を描いているとかタイムラインがどうとかいうようなことばかりだ。君は身体の具合でも悪いのか？ 部下をベッドから叩き起こすのが恐いのか？」

　私は言った。「スティーブ、そうすれば効果があると思えば、私だって今晩全員をデータセンターに呼び出します。フェニックスのときは、何人かがほとんど 1 週間近く家に帰っていません。家が燃えていることはわかっています。しかし、今は何よりも状況を理解することが必要です。消防用ホースを持って突入する部隊を送り込む前に、少なくとも敷地の直径を急いで測る人間が必要です。でなければ、結局隣の家まで燃やすことになってしまうのです」

　子どもたちを眠らせようとして静かにしていたのに、自分の声がかなり大きくなってしまったことに気づいた。私は声をおとした。「お忘れかもしれませんが、給与計算のアウテージのときには、自分たちの行動によってアウテージをさらに悪化させてしまったのです。誰かが SAN をいじらなければ、営業時間中に給与計算の実行を終わらせられていたはずだったんです。

それのおかげで、アウテージは6時間も長引き、給与データを失う寸前まで追い詰められたのです」

スティーブにわかってもらえるように、理性的な声で穏やかに話したつもりだったが、期待は打ち砕かれた。スティーブは、「本当か？ 君のチームは君と同じ考えではないと思うぞ。君が私に紹介してくれた優秀な男性の名前はなんて言ったっけ？ ボブ？ いや、ブレントだ。今日、ブレントとも話をしたが、彼は君のやり方にはかなり懐疑的だったぞ。君はしなければならないことから実際に仕事をする人間を引き離していると彼は思っている。ブレントは今何をしている？」

くそ。

私は透明性を保とうとしている。私の上司や各部門が私のチームに自由にアクセスできるようにいつも努力してる。しかし、そうするとかならずリスクがついてまわる。

たとえば、ブレントが馬鹿げた理論をCEOに吹き込むのを許すようなことだ。

私は答えた。「ブレントは自宅にいます。彼は自宅待機すべきだからです。正確に何がまずかったのかを把握するまでは、ブレントには自宅にいてもらいます。彼のような優秀な人間こそ、往々にして最初に問題を起こすんですよ。ブレントにエスカレーションするたびに、彼に対する信頼は揺るぎなくなっていきます。それにより、彼抜きで問題を解決する能力が大きく損なわれるのです！」

スティーブがわからなくなっているかもしれないと思い、私はまた最初から説明した。「今までの秩序のないやり方を続ければ、ブレントはほとんど毎日パンクしたタイヤを修理していなければなりません。しかし、そもそもタイヤがパンクした原因のひとつがブレントになっていることもあるのです。もちろん、悪意でやっていることではありませんが、今までの仕事のやり方やアウテージの解決方法の副作用としてそうなっているのです」

打ち砕かれた期待

しばらく間が空いた。そして、スティーブはゆっくりと決定権を振りかざすようにして言った。「君が非常にプロフェッショナルな態度でいてくれて

うれしいよ。しかし、火事はもう手に負えない状態になっている。今までは、君のやり方でやってきたが、これからは私のやり方でやる。

　君にブレントを呼び出すことを命じる。そして、彼には袖をまくりあげてこのアウテージの解決に当たってもらう。ブレントだけではない。全員の目を画面に向けさせ、全員の手をキーボードに置かせる。私がカーク船長で、君はチャーリーだ（※ ふたりともスタートレックの登場人物）。私はワープのスピードを必要とする。よって、君の怠惰なエンジニアたちには仕事をするようケツをひっぱたく。わかったか？」

　このときにはもうスティーブは絶叫しており、私は携帯を耳から離して持っていた。

　突然、怒りがふつふつと湧いてきた。スティーブはまたすべてをぶち壊すに違いない。

　海兵隊時代を思い出しながら、私は言った。「社長、自由に話すことをお許し願います」

　電話の向こう側のスティーブが鼻を鳴らして人を馬鹿にした態度で答えた。「勝手にしろ」

「あなたは私が過度に慎重になっており、やらなければならないことを躊躇してやらないと思っておられるようですが、あなたは間違っています。全然間違っています」。私は決然と言った。

「私は、フェニックスの立ち上げの前にも同じようなアドバイスを差し上げました。今までの私たちのアウテージへの対処のしかたには規律というものがありませんでした。システムは複雑で動く部品が多数含まれているので、そのようなやり方では別の問題を引き起こす可能性が高くなります。今のところ、私は請求書システムの問題の原因を正確に把握しているわけではありませんが、絶対的な自信を持って、あなたが提案していることは非常にまずいと言うことができます。私は、今私が遂行している方法を続けることをお勧めします」

　私は息を止めて、スティーブがどのように反応するのかを待っていた。

　彼はゆっくりと言った。「君がそのように感じているのは残念だよ、ビル。しかし、私の机の横の引き出しは開いている。今はデフコン１だ（※ 米軍の戦闘準備態勢で平時の５から核戦争が差し迫っているという１まで５段階になっている）。だから、この問題にはもっとも優秀な人間を当たらせろ。解決まで２

時間ごとに状況報告をしろ。わかったか？」

　なんと答えたらいいのかを考えるよりも早く、私の口が勝手にしゃべっていた。「なぜ私にそんなことをさせようと思うのかまったく理解できません。私の部下たちに直接言ってください。自ら采配を振るってください。どうかご自身で。こんなフーバーな状況の結果に私は責任を持てません」

　そして、電話を切る前に私は決定的なことを言ってしまった。「明朝、辞表を提出します」

　私は額の汗をぬぐった。携帯から目を上げると、妻のペイジが目をひんむいて私をにらんでいた。

　「あなたはおかしくなったの？　たった今会社を辞めたってこと？　そういうこと？　どうやって借金を返していくのよ」。彼女の声は上ずっていた。

　私は電話の呼び出し音をオフにしてポケットにしまって言った。「君が電話をどれくらい聞いていたのかわからないけど、説明させてくれ……」

第 3 部

プロジェクトマネジメント

　フェニックスの本稼働が迫るなか、ビルは IT 運用部門に課せられた 4 つの仕事のうち、ビジネス・プロジェクト、IT 運用のプロジェクト、プログラム変更の 3 つを知る。

　エリックから「工場の生産管理と IT 運用には何らかのつながりがある」との指摘を受け、フェニックス稼働のカギを握るリードエンジニア、ブレント・ジェラーが IT 運用のボトルネックになっていることを理解する。

　迎えたフェニックスの本稼働は大失敗に終わる。ビルは失意のなか、これまで対立していたアプリケーション開発担当 VP のクリス・アラーズと和解。そして、IT 運用の第 4 の仕事、「予定外の仕事」に気づく。

　請求書システムの問題が発生したものの、IT 運用部門の適切な対処に手応えを感じるビル。しかし、その対処法についてスティーブと電話中、ビルは衝動的に辞意を表明してしまう。

第 17 章

9月22日（月）

至福の時

　会社を辞めてから4日間、ペイジはずっとイライラしている。ところが私はそれとは対照的に夜もずっとよく眠れるようになった。まるで隠れた大きなおもりが肩から消えたようだ。

　メールだの緊急ページャーだのに割り込まれない週末は、とてつもなく平和だった。木曜にはまだそういったものも届いていたが、メールアカウントを削除し、テキストメッセージをブロックした。

　いい気分だ。

　ペイジには、グラントを義母のところに連れて行かないようにと言ってある。代わりに私がグラントを冒険に連れてきたのだ。ペイジは、ぼんやりと笑いながら、グラントのきかんしゃトーマスのバックパックに荷物を詰めるのを手伝ってくれた。

　午前8時までに家を出て、機嫌よく駅に向かった。何カ月も前からグラントを連れて行くという約束だったのだ。もう1時間も列車が行き来するのを見ているが、グラントの無邪気な喜びように驚きっぱなしだ。私の明日は不確実だが、この瞬間をグラントとともに過ごせるのはすばらしいことだ。

　グラントが喜んで叫んでいるところや、走って行くディーゼルカーを指しているところを写真に撮っているうちに、この1カ月、いかに子どもたちの写真を撮っていないかということに気づいた。

　私の電話が鳴ったときも、まだ列車を見ていた。ウェスだ。出ないで留守電に切り替わるがままにしておく。

　彼は何度もかけてきて、毎回何かしら留守電を残していった。

　次にパティが電話をかけてきたが、それも留守電に切り替わるがままにしていた。さらに3回かかってきたので、「なんだよ、まったく」と文句を言いながら、電話に出た。

仲間の叫び

「はい、パーマー」

「ビル、私たちは今スティーブから聞いたところなのよ」。パティが言うのが聞こえた。スピーカーフォンからしゃべっているような声だ。驚き、怒った声で彼女は続けた。「ウェスもここにいる。私たちはふたりともとてもショックを受けているわ。金曜にあなたが定例のCAB会議に出てこないから何かあったとは思ったけど、このアウテージの間に、そして何もかもうまくいったあとだったのに、あなたが辞めるなんて信じられないわ」

「あのね、君たちとは関係のないことなんだよ」。私は説明した。「請求書システムの大きなエラーの解決方法に関して、スティーブと私の間に妥協できない差が生まれただけだ。私がいなくても君たちはちゃんとやっていけるよ」

最後の部分を言うときに、少し意地悪なものを自分に感じた。

「確かに、お前が辞めてからとんだ災難に引っ掻き回されたよ」。ウェスが純粋に当惑した様子で言った。私がもっとも恐れていたことが起きたのだ。「ブレントを含めてすべてのエンジニアを呼べとスティーブが頑固に言い張ったんだ。『緊急時の意識』を持てとか、『ベンチに座っている人間はいらない、キーボードに手を置け』などとも言われた。当然、全員の仕事を十分にコーディネートすることはできなかったよ。そして……」

ウェスは最後まで言わなかった。あとをパティが引き継いだ。「確かなことはわからないけど、少なくとも在庫管理システムも完全に落ちているわ。工場や倉庫の在庫レベルがまったくわからないし、どの原材料を補充しなければならないのかもわからない。財務の人たちは、四半期の決算が間に合いそうにもないからって、全員窓から飛び降りそうな勢いよ。これだけいろいろなシステムが落ちているので、売った製品のコスト、粗利、純利を計算するために必要なデータを誰も持っていないのよ」

ひどいな……。しばらく言葉が出なかったが、やっと「信じられないよ」と言った。

グラントは私の注意を引こうとして電話を狙っている。私は言った。「実は今息子といっしょでね、ちょっと大事なことをやっている最中なんだ。悪いけど、あまり長い間話すことはできない。でも、私たちがいっしょにやっ

てきたすべてのことを誇りに思っているし、君たちは私がいなくてもこの危機を切り抜けられるよ」

「何言ってんのよ。ゴミの山だってことぐらい、あなただって知ってるでしょ」。パティが言った。「こんな状態でよく私たちを見殺しにできるわね。いっしょに直していこうって計画したものがこんなにたくさんあるのに、あなたは全部未完成のまま放り出そうとしているのよ。あなたがこんな辞め方をする人だったなんて知らなかったわ」

「まったくだ。今辞めるなんて、頼んできたとしても許されない」。ウェスも同調した。

　私はため息をついた。私が我慢してきたスティーブとの馬鹿げていてイライラの残るやり取りをすべて彼らにぶちまける気にはなれなかった。
「君たちの期待を裏切って申し訳ない。しかし、これはどうしてもやらなければならないことなんだ」。私は言った。「君たちはうまくやっていける。スティーブでもほかの誰でもマイクロマネジメントをはねのけろよ。君たち以上にITシステムをわかっている人間はいない。だから、誰にも命令させるなよ、いいかい？」

　ウェスがつぶやくのが聞こえた。「それにはもう遅い」

　グラントは電話を切ろうとしていた。「ごめん、行かなきゃならない。またあとでってことでいいかな？一杯やろう」

「わかった」。ウェスが言った。

「よかった。どうもありがとう」。パティが言った。「またあとで」

　そこで電話は切れた。

　私は深くため息をついた。それからグラントのほうに向くと、電話をしまい、再びグラントだけのパパになった。邪魔されぬうちに至福の時間を取り戻そうとして。

謝罪

　車で家に帰る途中にまた電話が鳴った。グラントは後ろのシートで眠っていた。今度はスティーブだった。

　まだ彼と話す気にはなれなかったので、留守電に切り替わるがままにした。3回もだ。

ガレージに車を停めて降りると、後ろのシートからグラントを起こさないように降ろした。グラントを抱えて家に入ると、ペイジがいた。私はグラントを指さし、「眠ってる」と声を出さずに口の形で伝えた。私は足音を立てないようにしてそっと階段を上り、グラントをベッドに寝かせて靴を脱がせた。

　安心してほっとため息をついてから、ドアを閉めて階段を下りた。

　ペイジは私を見ると言った。「あのスティーブの大馬鹿野郎が今朝電話してきたわよ。よっぽどぶちっと切ってやろうと思ったんだけど、エリックとかいう人といっしょに長々と反省の弁を述べちゃってね。あなたに提案があると言ってたわよ。メッセージを伝えるって言っといた」

　私が目をむくと、彼女は突然心配そうな声で言った。「ねえ、あなたが辞めたのは、それが正しいことだと感じたからだってことはわかっているのよ。でも、この街には、パーツ・アンリミテッドと同じくらいの給料をくれる会社はほかにあまりないわ。それは、あなたも知ってるでしょう？特にあなたの昇進後の給料は難しい。私は自分の家族から遠く離れたところには行きたくないの」

　ペイジは、落ち着いた様子で私のことを見ていた。「ねえ、私はあいつが大馬鹿野郎だってことはわかっているの。でも、私たちはまだ生活費を稼がなければならないでしょう。スティーブが言いたいことを聞いて、意固地にならずに心を開くって約束してほしいの。いい？　ビル、いい？」

　私はただうなずいてダイニングルームに入り、スティーブの短縮ダイヤルを押した。

　スティーブはすぐに出た。「ビル、どうも。電話をかけ直してくれてありがとう。君の奥さんの声を聞かせてもらったよ。自分がいかにバカだったかということを洗いざらい言わせていただいた」

「はい、連れがそう言ってました。あなたが本当に話したがっていたと」

　スティーブの声が聞こえた。「IT運用担当VPになってくれという私の願いを君が快く引き受けてくれて以来の私の行動について謝罪したい。ディックは、私がITを管掌すると彼に言ったとき、私のことをどうかしていると思ったそうだ。しかし、私は彼に言ったんだ。もう何十年も前になるけど、初めて工場のマネージャーになったとき、1カ月間生産ラインで働いていた。それは、ラインで働くすべての人たちの日常生活の細かいところを理解

するためだったんだってね。

　私はディックに自分の手を汚して問題を誰かに任せきりにしたりしないと約束した。しかし、私はその約束を守っていなかった自分に怒っているよ。そして、ITの問題をすべてサラに委ねていたのは、まったくの大間違いだった。

　私は君に対して公平でなかった。特に、君は契約の義務を忠実に果たしていたことを考えると申し訳ないと思う。君は正直で率直だったし、君は純粋に悪いことが起きないように努力してくれた」

　スティーブは、少し間を置いた。「私はエリックと監査委員会全体から叩きのめされたよ。エリックは、何かがやっと少しわかるようになるまで私を厳しく追及した。そのおかげで、私は長年にわたって間違ったことをしてきたことに気づいた。私はそれを正したいんだ。

　手短に言うと、君にはIT運用担当VPに今すぐ戻ってほしい。エリックが言ったように、うまくいっていない夫婦のようでも、君といっしょに仕事がしたいんだ。たぶん、私たちふたりがいっしょに仕事をすれば、ここパーツ・アンリミテッドでITの管理方法がどのように間違っていたかを解明できると思う。

　ITは、社内で育てていかなければならない能力だと今は思っている。君にお願いしたいのは、試しに私と90日働いてみてもらえたらということだ。90日後になっても辞めたいというのなら、そうすればいい。1年の契約解除付きのパッケージだ」

　私は、ペイジにした約束を思い出し、言葉を慎重に選んだ。「あなたは、ご自身でおっしゃるとおり、この1カ月間、一貫してまったくのバカでした。私は、一貫して自分が分析しお勧めしたいことを繰り返し繰り返しあなたに伝えてきました。そして、毎回あなたはそれを踏みつけてきました。今私にあなたを信じることがどうしてできるでしょうか」

　スティーブはその後も戻ってきてくれと言い続けたが、45分後に私は電話を切った。そして、どんな話になったのかを聞くためにペイジが待っている台所に戻っていった。

第 18 章
仕切り直し

9月23日（火）

　次の朝6時半に、私は車で仕事に向かった。スティーブのITリーダーオフサイトミーティングに出るためだ。彼はオフサイトと言っていたが、ミーティングは2号館で行われる。

　朝のその前の時間に、私はそっとグラントとパーカーの部屋に行って、さよならを言ってきた。パーカーが眠っているのを見ながら、彼にキスをしてそっとささやいた。「今日は君を冒険に連れていけなくなってごめん。今日は君の番だったけど、パパは仕事に戻らなくちゃならなくなった。今週末ね。約束するよ」

　スティーブ、今日は冒険のほうがふさわしかったんだ。

　ミーティングは、重役室で行われていた。15階に行くと、ほかの建物となんて違うんだろうと信じられない思いがまだする。

　クリス、ウェス、パティはすでにいた。みんなコーヒーカップとペストリーが載った皿を持っていた。

　パティは私にほとんど気づかなかった。

　ウェスは大声で私に声をかけてきて、皮肉をかました。「やあ、ビル。会えてよかった。お前が今日また辞めないことを願うよ」

　ありがとう、ウェス。

　クリスは、わかってるよ、と微笑んできた。目をむいてビールを飲む仕草をした。私はうなずいて微笑んだ。そして部屋の後ろのほうに向かった。

　バンダルドーナツがあるのを見て、私の気分は明るくなり、紙皿にドーナツを載せ始めた。皿にドーナツを6個載せるのはエチケットに反するかどうかを考えていると、肩をぽんと叩かれた。

　スティーブだった。「君とまた会えてよかったよ、ビル。よく来てくれた」。私のあふれそうな皿を見下ろして彼は大きく笑った。「全部取っちゃえよ」

　「それはいいですね。ここに来れてうれしいですよ」。私は答えた。

エリックは私の真向かいの席に座って、「おはよう、ビル」と言った。彼の後ろには、彼が引っ張り込んだ大きなスーツケースがあった。

私は目を細くしてそのスーツケースを見た。車輪のついていないスーツケースを見たのは、20年ぶりだ。母の屋根裏部屋にそういうものがあった。

エリックの髪は濡れてしずくが垂れており、彼のデニムシャツの肩は濡れていた。

彼は今朝遅くまで走っていて、髪の毛を乾かす間もなくホテルを出てこなければならなかったのだろうか？　それとも、彼は毎朝こんな感じなのだろうか。

スティーブは、いったいどこでこの人物を見つけたのだろうか。

スティーブの挨拶

「おはようございます」。スティーブが部屋全体に向かって挨拶をした。「まず、非常に早くシステムの復旧に成功したすべてのみなさんに感謝します。特に、みなさんとみなさんのチームがこの2週間というもの信じられないほど長時間にわたって働いてくれたおかげだと思っています」

「ふん」。エリックが鼻で笑った。「そいつはたぶん今世紀で一番控え目な言い方だな」

みんながピリピリしながら笑い、ほかの人とアイコンタクトを取らなかったためにずるずるとそれが延びた。

スティーブは寂しそうに微笑んだ。「この2週間が悲惨なものだったことは私にもわかっています。そのすべてに対して自分の責任がいかに重いかも今は理解しています。フェニックスの障害だけでなく、監査の問題、この数日間の請求書システムと在庫管理システムのエラー、私たちが監査人との間で抱えているトラブルも含めてということです」

彼は明らかにひどく取り乱したので、そこで話を区切った。気持ちを立て直すために間が必要だったのである。

彼はボロボロになっているのだろうか。

これは毎日見ているスティーブとは違う側面だ。私が辞めてからスティーブに一体何があったのだろうか。

彼は自分が持っているインデックスカードを下ろし、肩をすぼめて、エリ

ックへの注目を促した。「エリックは、CEOとCIOの関係をうまくいっていない夫婦にたとえました。どちらも無力を感じ、互いに人質に取られているような気分になっているということです」

　スティーブは、指でカードを振り回した。「私がこの1カ月間に学んだことはふたつあります。ひとつは、ITが重要だということです。ITは、外部に委託できるような部門ではありません。会社の大きな取り組みにはかならずITが入っていますし、日常の業務のほぼすべての側面で決定的に重要な役割を果たしています。

　今の私は、ここに集まっていただいたリーダーたちのチームがどのようなパフォーマンスを見せるかということ以上に、会社の成功にとって大切なものはない、決してないということを理解しています。

　私が学んだ第2のことは、私の行動がほぼすべてのIT問題を悪化させたことです。クリスとビルがもっと予算をと言ったときにも却下し、ビルがフェニックスの立ち上げのためにもっと時間をと言ったときにも却下しました。そして、自分が望む結果が得られなかったときにはマイクロマネジメントに走りました」

　ここでスティーブは私を見た。「誰よりも申し訳ないことをしたのはビルです。彼は耳に快くないことを私に言い、私は彼をはねのけていました。あとから考えれば、彼は完全に正しく、私は完全に間違っていました。ビル、そのことについて私は本当に申し訳なく思っています」

　ウェスがぽかんと口を開けている。

　私も完全に当惑して、「水に流しましょう。昨日も申し上げましたが、スティーブ、謝罪を求めているわけではありません。しかしありがたいことだと思っています」

　スティーブはうなずいて、持っているカードをしばらく見つめた。「私たちの前にあるとてつもなく大きな試練を乗り越えるためには、傑出したチームにベストの状態で働いてもらうことが必要です。しかし、まだ私たちは相手を完全に信頼しているわけではありません。そうなってしまった一因は自分にあることは自覚しています。しかし、そのような状態はいますぐ止めにしなければなりません。

　この週末、私は自分のキャリアを思い返していました。取締役会がはっきり言っているとおりで、いつ終わっても不思議ではないんですけどね。それ

で思い返してみると、もっとも実りある時期は、いつも私は優れたチームのなかにいました。仕事の面でも、プライベートの面でもです。

　もっとも賢い人を集めているからといって優れたチームにはなりません。メンバーが互いに相手を信頼していたチームが優れたチームだったのです。信頼というダイナミクスが働くところには力が生まれます。

　チームのダイナミクスについて述べた本のなかでも私が気に入っているのは、パトリック・レンシオーニの『あなたのチームは、機能してますか？』(※ Patrick M. Lencioni, Five Dysfunctions of a Team, Jossey-Bass, 2002) です。彼は、相互信頼を育てるためには、弱い人間でなければならないと書いています。そこで、私は自分自身について、そして自分のどういう部分がよくないかについて話してみようと思います。そして、みなさんにも同じことを尋ねていこうと思います。

　こんなことを言うと不安になるかもしれませんが、これはリーダーとしてのみなさんに私が求めることの一部です。自分ではそんなことできないということであれば、パーツ・アンリミテッドの4000人近い従業員とその家族の生活を守るためだと思ってしてください。私はその責任を軽々しく考えていません。みなさんもそうでなければなりません」

マネージャーオフサイトで自分をさらけ出す

　ああ、しまった。これは「マネージャーオフサイト」だったのを忘れていた。馴れ馴れしく人の弱いところに手を突っ込むなんてありえない。

　部屋のなかの人々が私と同じようにディフレクター・シールド（※ 攻撃をそらす盾）を取り出して緊張が頂点にまで達するなか、スティーブはそれを無視して話し始めた。「私の家族は非常に貧乏でしたが、私はそのなかで初めて大学に行ったということをとても誇りに思っています。私以前には、誰も高校を出ていないのです。育ったのはテキサスの田舎で、両親は紡績工場で働いていました。夏の間、兄弟と私はまだ工場で働くには幼すぎたので、綿畑で綿花を摘んでいました」

　20世紀には綿花を積んだりしていたのか？　そんなことが可能だったのか、頭のなかですぐに計算をしてみた（※ 今世紀に入ってもテキサスなどを中心に綿花生産は行われている）。

「そういうわけで、アリゾナ大学に入ったときには有頂天でしたが、両親は月謝を払えなかったので、私は銅山の仕事を見つけてきました。

そのころ OSHA（※ 労働安全衛生局。1970 年の労働安全衛生法に基づき設立）があったかどうかはわかりませんが、私の勤め先に OSHA がやってきたら、閉鎖になっていたでしょう。危険で不潔なところでした」。そして、左耳を指さしながら言った。「こちらがわの耳の聴力は、私から近すぎる場所で爆発が起きたときにほとんど失われました。

自分にとって最初の大きなブレイクは、パイプ製造工場の仕事に就いて、機器のメンテナンスを手伝うようになったときです。これは、考えることによって給料をもらう最初の仕事でした。

私は経営学を学び、大学を卒業したら何よりも営業職に就きたいと思っていました。工場から見ていると、営業は世界でもっともいい仕事に見えたのです。お客さんとワインを飲んで食事をすると給料がもらえ、街から街へと旅行してもっとも優秀な工場がしていることを見られる」

スティーブは悲しそうな表情で頭を振った。「しかし、実際にはそういうわけにはいきませんでした。月謝の足しにするために、私は ROTC（※ 予備役将校訓練課程。大学に設置されている教育課程。軍役が義務付けられる）に入り、そこでアメリカの中産階級の子どもたちがどういうものなのかを初めて知りました。しかし、ROTC に入ったおかげで、大学を出ると、産業界で仕事をするのではなく、合衆国陸軍で義務を果たさなければなりませんでした。ロジスティクスの魅力を覚えたのは陸軍です。必要なところに物資を送る。まもなく、私は何でも必要なときに必要なものを運ぶ男という評判を取りました」

私は引きつけられていた。スティーブは話がうまい。

「しかし、特権的な家からやってきた人々に囲まれたなかで貧乏な田舎者でいるのはつらいことでした。私は、自分の価値をみんなに証明しなければならないと感じていました。私は 25 歳でしたが、アクセントと育ちのおかげで、同僚の士官たちは私のことをぐずでばかと言っていました」。彼は少し声をうわずらせて言った。

「そのような環境で私は自分の真価を証明しようという気持ちをますます高めていきました。9 年後、私は傑出したキャリアを過ごして陸軍を退役しました。辞める直前に、私の上官が私の人生を変えるようなことを言いまし

た。

　私の成績は毎年コンスタントに高かったけど、私の下で働いた人間のなかでで再び私の下で働きたいと言う人間はいない、10年で最悪賞というものがあれば、私は大差をつけて優勝してしまうというのです。自分で何かをしたいのなら、そこを直す必要があると言われました」
　私の視野の片隅で、ウェスがクリスをにらんでいるのが見えた。クリスはあからさまにウェスを無視していた。
　スティーブはウェスのほうを向いてうなずきながら、「君が考えていることはわかるよ」と言って話を続けた。「それは、私の人生でもっとも大きな打撃を受けた瞬間でした。そして、自分の真価を裏切るというもっとも重大な生き方の間違いを犯していたことに気づいたのです。
　それからの30年間、私は互いを本当に信頼し合う優れたチームを作るということをずっと学んできました。最初は資材、次に工場のマネージャー、さらにマーケティング、営業の責任者としてそれを心がけてきました。そして、12年前、この会社の当時のCEOだったボブ・ストラウスが私を新しいCOO（※ 最高執行責任者。経営方針の執行の責任者）として雇ってくれました」
　スティーブはここでゆっくりと息を吐き、顔をこすった。突然非常に疲れ、年老いた感じに見えた。「しかし、陸軍でしてしまったのと同じように、私はどこかで間違った方向に行ってしまった。私は、二度とならないと自分に誓ったような人間になっていた」
　彼は話すのを休んで、部屋を見回した。静寂が長い間続き、私たちは窓の外を見つめるスティーブを見ていた。明るい日差しが会議室の窓から入り込んできた。
　スティーブが言った。「私たちの前には解決が必要な大きな問題があります。エリックは正しい。ITは単なる部門ではありません。ITは、会社全体として獲得する必要のある能力です。そして、私たちが自らを偉大なチームに組み替えることができれば、私たちが互いにそれぞれを信頼し合えるチームになれば、私たちは成功できます。間違いありません」
　そして、彼は最後に言った。「みなさんは、私たちが全員それぞれの相手を信頼し合えるようなチームを作るために役立つことなら何でもできますか？」
　スティーブはテーブルのまわりを見た。全員がまっすぐにスティーブを見

ているのに気づいた。

　静寂が苦しくなるほど続いた。

　クリスがまず言った。「私はやります。壊れたチームで働くのはたくさんです。あなたがチームの立て直しを手伝って下さるのなら、私も全力でやります」

　パティとウェスもうなずいた。そして、全員が私のほうを見た。

第19章
それぞれの秘密

続・9月23日（火）

　私もうなずいた。
　パティが言った。「ビル、あなたはこの2週間の間に本当にすばらしい仕事をしたと思うわ。それから、あなたが辞めたときの私の態度については謝ります。IT組織全体の仕事のしかたがこれだけ大きく変わったんだから。うちのITは、あらゆる手順を受け入れることを頑なに拒否し、部門間の信頼関係にも問題があった。でも、今は見違えるようになったわ。そのほとんどは、あなたの力よ」
　「俺もパティと同じ意見だ。偉大な退職者が戻ってきてうれしいよ」。ウェスが大声で笑った。「あの最初に何か言ったけど、俺はお前のポストなんかいらないよ。俺たちはお前が必要だ」
　当惑して私は照れ笑いするばかりだった。「ありがとう、みんな」。言ってくれたことに感謝の言葉は返したが、あまりいろいろなことを言われたくなかった。
　私たちのやり取りを見て、スティーブもうなずいた。そして言った。「では、順番にそれぞれの個人史を話してもらいましょう。どこで生まれたか。兄弟は何人いて、どこが気に入っているか。子どもの頃のどんなことが自己形成に役だったか。
　この課題の目標は、人間として互いのことをよく知ることです。みんなは私と私の弱点について少し知ったと思います。しかし、それだけではまだ足りません。私たちはお互いのことをもっと知る必要があります。それが信頼の基礎を築くのです」
　スティーブはまわりを見回した。「最初に行く人は？」
　げげ。
　海兵隊は、こういうべたべたしたことをするのが嫌いなのだ。私は、最初に呼ばれたくないので、急いで目をそらした。
　ありがたいことに、クリスが手を挙げてくれた。

「私は3人兄弟の末っ子としてベイルートで生まれました。18歳になるまでに、8カ国に住んでいるので、私は4カ国語を話すことができます」

　クリスは、彼と奥さんが子どもを授かるために、5年間も苦労した話をした。奥さんに不妊治療の注射を打たなければならない苦しみ、3度目には耐えられなくなったこと。

　そして、一卵性双生児を授かった奇跡。しかし、彼らは未熟児で生まれ、奥さんともども3カ月間もICUにいなければならなかったこと。毎晩、みんなの無事を祈り、双子がひとりになってしまわないようにと思ったこと。せっかく、世界中のほかのどの人よりも互いに理解し合えるように生まれてきたのだから。

　そして、この経験から自分がいかに自己中心的だったかを教えられ、そうでなくなろうと思ったこと。

　驚いたのは、クリスが子どもたちの未来を思って熱心に語るのを聞いて、必死に瞬いて涙を押し戻していたことだ。こっそりまわりを覗くと、ほかの人たちも同じことをしていた。

　クリスの話がおわってしばらくしてからスティーブが重々しく言った。「クリス、いい話をありがとう」。そしてまた部屋のなかを見回した。

　驚き、またほっとしたのだが、ウェスが次に出て行った。

　彼が今までに3回も婚約し、いつもぎりぎりのところで婚約解消をしているというのを初めて知った。そして、ついに結婚したときも、すぐに離婚してしまったのだが、それは奥さんが彼のとてつもないカーレース好きにうんざりしたからだという。

　いったい、110kgもある人間がどうやってカーレースに出るのだろうか。

　ウェスは4台の車を持っており、パーツ・アンリミテッドの社員になっていなくても、パーツ・アンリミテッドの上客のひとりになっていただろう。彼は空いている時間のほとんどをマツダミアータと古いアウディの整備に費やしており、ほぼ毎週末、この2台のどちらかでレースに出ている。彼は、小さな子どもの頃から体重を落とすためにずっと闘っている。彼は独り者でいることについて話した。

　彼は今も体重と闘っている。それは、友達を作ったり健康になるためではなく、歳が彼の半分しかないアジア系のやせた10代のカーレーサーに追い付くためだ。そのためには、体重低下のためのキャンプにだって出かける。

2度もだ。

　話が終わってからも長い静寂が続いた。

　私は神経を使いすぎてとても笑えなかった。

　やっとスティーブが言った。「話してくれてありがとう、ウェス。次は誰かな？」

　私は口を尖らせていたが、パティが手を挙げたのを見てまたほっとした。

　私たちは、彼女が本当に芸術専攻だったことを知った。彼女は、私がずっとからかってきた相手だが、とても理知的に見えた。

　彼女は、「胸が大きくてメガネをかけている賢い少女」が人生で何をするのかを決めようとして育っていくのがどういうことかを話した。大学で専攻を５回変えた挙句、ドロップアウトして、ジョージア州アセンズでシンガーソングライターになり、バンドとともに国中のクラブを回ったこと、MFA（※ 芸術学修士）を取るために学校に戻ったものの、アーティストとして生きていこうとすれば貧困を覚悟しなければならないということで、パーツ・アンリミテッドに応募したこと。まだ記録に残っている市民的不服従による逮捕のために、もう少しで仕事に就けなかったこと。

　パティの話が終わると、スティーブは彼女にありがとうと言って、不安そうにしている私に向かって「さあ、残ったのはビル、君だけだ……」と言った。

ビルの告白

　この瞬間がやってくるのはわかっていたが、部屋がだんだん霞んでいくような感じがした。

　私は自分のことを話すのがいやだった。海兵隊では、人を怒鳴りつけ、命令するキャラクタを装うことができた。給料をもらって家族を養えたのは、ほんのすこし賢く、いい声帯に恵まれたからだ。

　私は仕事の同僚に自分の感情を話したことがない。

　というか、その点についてはほとんど誰にも話していない。

　自分の前のメモ帳を見た。何を話すかアイデアを書き出していたのだが、書かれていたことは神経質な落書きだけだった。

　静寂が極限に近くなり、誰もが私の話はまだかとこちらを見ていた。もう

我慢ができないと思ったが、彼らは我慢強く優しく見えた。
　パティの表情が柔らかくなっているのが見えた。
　私はしばらく口を尖らせていたが、出し抜けにしゃべっていた。「私がもっとも影響を受けたことですか？　うちでは、私たちのためにすべてのことをしてくれたのは母でした。父は、まったく頼りになりませんでした。父はアル中で、何かうまくいかないことがあると、兄弟姉妹は全員父に見つからないように隠れていました。しかし、あるときどうにも耐えられなくなって、私は逃げ出しました。家族を置き去りにしたのです。そのとき、一番下の妹はまだ8歳でした」
　私はとにかく話を続けた。「そのときは、逮捕されても、家に帰るよりはいいと思っていました。そして、逮捕される代わりに海兵隊に入りました。そこはまったく新しい世界で、人生にはまったく違う過ごし方があることを知りました。海兵隊では、正しいことをして同僚の兵士たちの面倒を見れば報われることを教わりました。
　そんな人生から何を学んだかとうことですが、私の父のようなひどい父親ではなく、すばらしい父親になることが一番の目標です。息子たちにふさわしい男になりたいと思います」。私は涙がほほを流れ落ちるのを感じた。涙はぬぐったが、身体が自分を裏切るのに腹を立てた。
「スティーブ、こんなところでいいでしょうか？」私は自分で思っていた以上に怒りを含んだ声で言った。
　スティーブは、わずかに笑顔を見せてうなずき、ゆっくりと言った。「ありがとう、ビル。私たち全員よりも君のほうが話すのが大変だったと思うよ」
　私はゆっくりと息を吐き出した。無意識のうちに精神の均衡を取り戻そうとしていたようだ。
　気まずい沈黙が流れた。
「ビル、俺が口を挟む場面でないことはわかっているけど」とウェスがゆっくり言った。「でも、お前のお父さんはお前のことをとてつもなく自慢に思っているはずだよ。そして、お前と比べて自分がいかにクソ野郎だったかわかっているって」
　テーブルのまわりで笑い声が起きるのが聞こえた。そしてパティが静かに言った。「私もウェスと同じように思うわ。あなたのお子さんたちは、自分

たちがどれだけ幸運かわからないわね」

　ウェスがそうだとうなり、クリスが私のほうを見てうなずいた。そして、私は30年以上ぶりに自分が泣いていることに気づいた。

「完成したプロジェクト」の定義

　私は困惑していたが、気を取り直してみんなのほうに顔を上げた。
　みんなが気持ちのギアをシフトしてまたスティーブのほうを向いているのを見てほっとした。スティーブは部屋を見回していた。
「まず、全員がそれぞれ自分のことを話し、私と同じ課題に取り組んでくれたことに感謝します。一人ひとりのことをよりよく知れるのはすばらしいことだけど、これが大事だと思っていなければこんなことはしませんでした。複雑なビジネス問題を解決するためにはチームワークが必要です。そしてチームワークのためには信頼が必要です。レンシオーニは、弱点を見せることによって信頼の基礎が作られると言っています。
　私は、このミーティングが終わるときに、しなければならないことがはっきりとわかっていて、優先順位を付けてオーナーを割り当てることができているなどとは思っていません。しかし、私たちが解決に向かって動いていくために、共同のビジョンを持ちたいと思います」
　スティーブは、両手を前に伸ばして言った。「ボールを転がすために言っておきましょう。私たちの大きな問題のなかのひとつは、すべての仕事、設定したスケジュールを破ってしまうことだと思います。IT以外の部門の人々は、いつも私たちが自分で設定した予定を守れない、というか大きくかけ離れてしまうことに不満を言っています。
　そこから考えると、私たちはITの内部での取り組み方がよくないのではないかと思います」
　気まずい沈黙が流れた。
「屁理屈を言うつもりはありませんが」。クリスがやっと守りに入って言い出した。「実際の記録を見れば、うちのグループは、ほとんどの大きなプロジェクトを期限内に送り出していることがわかると思います。うちは時間を守っています」
「フェニックスが期限内に作れたように？」ウェスが皮肉っぽく言った。

「それは大成功だったよ。スティーブは、先週君のパフォーマンスを高く評価していたって聞いてるよ」

クリスは真っ赤になって、両方の手を前に出した。「私はそんなつもりじゃなかった」。彼はしばらく考えてからさらに言った。「あれはまったくの大失敗だった。でも、技術的には、期限を守った」

面白い。

私は熱を込めて言った。「もしそれが正しいのなら、私たちの『完成したプロジェクト』の定義には非常に間違っている部分がある。『クリスはフェニックスの自分のところの仕事を終わらせたのか？』という意味なら、成功だっただろう。しかし、フェニックスを本番稼働させ、ビジネスの目標を満たし、ビジネス全体を火だるまにするようなことはしないということがプロジェクトの完成なのだとすれば、まったくの失敗だったと言わなければならない」

「ここでこそこそ逃げるのはやめよう」。スティーブが割り込んできた。「私は、フェニックスは我が社の歴史で最悪の形で遂行されたプロジェクトのひとつだとサラに言った。成功のもっともよい定義とはどういうものなのか？」

私はしばらく考えて言った。「それはわかりませんが、我が社には繰り返されるパターンがあります。クリスのグループは、運用がしなければならないすべての仕事を必要な要素として組み込んできません。仮に組み込んだとしても、日程のすべての時間を使ってしまって私たちの時間は残っていません」

クリスは、わかっている様子でうなずいた。「君と私はその一部を修正しようとしているところだね。その一部はプラン、アーキテクチャの問題であり、君と私が修正しようと話したのはその部分だ。しかし、君は君のグループがいかにボトルネックになっているかということを過小評価しているよ。うちにはデプロイしなければならないほかのアプリケーションがたくさんある。しかし、君のチームがいっぱいいっぱいなので、それらのデプロイ待ちのアプリケーションまで遅れてしまう。

どの週でも、君のグループが何かをデプロイするために、5、6個のアプリケーションが待ちぼうけになる。そして、作業のどこかに問題が出ると、すべてが積み残しになる。責めているわけではないけど、君たちの仕事が遅れると、空港が閉鎖されたときのようになってしまう。君たちは知らないか

もしれないけど、たくさんの飛行機が着陸待ちで空港のまわりをぐるぐる回っている」

ウェスが大声で文句を言った。「それは、お前んところで作った飛行機が着陸時に事故を起こして滑走路を完全に破壊したときに起きることだよ」

それからウェスはなだめるように手を挙げた。「クリス、俺はお前のことを非難しているわけじゃないよ。よくわかっている事実を言っているだけだ。予定どおりにデプロイが進まないと、プランをそっちで書こうがこっちで書こうが、ほかのすべてのものに影響が出る。言っているのはそのことだ」

ウェスの説明にそのとおりだという意味で私はうなずいた。そして驚いたことに、クリスもうなずいていた。

私は答えた。「エリックに助けてもらって理解したことですが、IT運用の仕事には4種類のものがあります。ビジネス・プロジェクト、IT運用のプロジェクト、プログラム変更、予定外の仕事です。しかし、私たちが今話題にしているのは第1のタイプの仕事と、私たちがヘマをしたときにできてしまう予定外の仕事だけです。それでは、IT運用の仕事の半分について話しているに過ぎません」

私はスティーブのほうに向き直って言った。「あなたにはプロジェクトリストをお見せしましたよね。35件のビジネス・プロジェクトのほかに、75件程度のIT運用内プロジェクトを抱えています。さらに、数千件のプログラム変更のバックログを抱えています。これらはどれも何らかの理由で実行しなければならないものです。そして、予定外の仕事の量がどんどん増えています。それは、フェニックスを含め脆弱なアプリケーションが壊れるから起きるものです。

私は感情的にならないように言った。「私たちは、目の前にある仕事の量から考えて、能力が不足しています。それに、大規模な監査所見対応プロジェクトの適切な見積もりはまだできていません。スティーブは、これも最優先事項だと言っています」

スティーブとクリスが状況を理解し始めたのを感じた。

監査所見と言えば……

私はまわりを見て、困惑した。「あれ、ジョンはどこですか？ 彼もここにいなければならないはずですよね？ 彼もITリーダーチームのメンバーです

よね?」

ウェスが軽く目をむいて言った。「ああ、ホントだ。まさにここに必要なやつじゃないか」

スティーブは驚いたようだった。持っていたインデックスカードを見て、自分の目の前にある印刷されたカレンダーを指で追った。「しまった。ジョンを呼ぶのを忘れた」

クリスがつぶやいた。「もう多くのことを済ませちゃったからな。ひょっとすると不幸中の幸いだったんじゃない?」

気持ちの悪い笑いが起きたが、ここにいないジョンをからかったのでみんな気まずくなったようだった。

「違う違う、そんなつもりじゃなかったんだ」。誰よりも困惑した様子のスティーブがあわてて言った。「ビルが言っていることは正しい。彼はここにいなければならない人だ。それでは15分の休憩にしよう。ステーシーにジョンを探してもらう」

私は頭をすっきりさせるために散歩することにした。

未払いの「技術的負債」

10分もたたないうちに戻ってきた。現在進行中のミーティングの残骸が見えた。コーヒーが半分残っている発泡スチロールのカップ、食べ残しが残った皿、くちゃくちゃのナプキン。

部屋の向こうでは、パティとウェスがクリスと活発に議論をしている。テーブルの反対側では、スティーブが誰かと携帯で話をしている。エリックは、壁にかかった自動車部品の写真を見ている。

パティとウェスの話に加わろうかと思っていたところに、ジョンが部屋に入ってきた。もちろん、黒い3穴バインダーを持って。
「スティーブ、ステーシーが私を探していると言っていましたが」と彼は言った。ジョンは、自分抜きでミーティングがはるか前から始まっていた証拠をゆっくりと見回していた。「ミーティングの知らせを見落としたのかな?それとも、また置いてきぼりを食ったのかな?」

ほぼ全員が極端に長い間彼と目を合わすのを避けていると、ジョンはもっと大きい声で、「おい、何やらここでお楽しみだった匂いがするぞ。私は何

かいいものを逃したのか？」

　クリス、パティ、ウェスは話を止めて、ことさらに無関心な様子でそれぞれの席に戻った。

「ああ、よかった。来てくれたか。来てくれて本当にうれしいよ」。スティーブが平然として言った。「席についてくれ。ではみんな再開しよう」

「ジョン、招待状を送っていなくて申し訳ない。完全に私の責任だ」。スティーブがテーブルの上座に向かって歩きながら言った。「この会議を組織したのは、昨日、監査委員会が終わったあと土壇場になってからなんだ。すべてのIT問題を悪化させていたのは自分だということがわかったので、ITリーダーチームを招集して、プロジェクト、運用の安定、コンプライアンスをめぐって私たちが抱えている問題を解決するための一般的な方向性で一致点を見出せたらと思ったんだよ」

　ジョンは、眉毛を吊り上げながら私のほうを怪訝そうに見た。

　私は、スティーブが弱さのさらけ出し訓練のことを省略したことに興味を持った。自分自身二度とできないことだったので、持ち出すのもやめておこうと思ったのだろうか。

　私は安心させるようにジョンに向かってうなずいた。

　スティーブが私のほうに向き直った。「ビル、続けてくれ」

「取り組み、仕事といった言葉が出てくると、エリックが先週私に尋ねてきてずっと引っかかっていることが頭に浮かんできます。それは、私たちが何に基づいて新しいプロジェクトを受け入れるかということです。わからないと答えると、彼はまた私をMRP-8工場に連れて行き、製造資源計画コーディネーターのアリーに引き合わせ、彼女に新しい注文を受け入れるかどうかをどのようにして決めるかを尋ねました」

　私は自分のノートをひっくり返した。「彼女は、まず発注を見て、次に原材料と工程計画の明細書を見ると言っていました。そして、工場の関連するワークセンターの負荷を見て、それらに基いて注文を受け付けても既存の仕事が危険にさらされることはないかどうかを判断すると。

　エリックは、ITでは同じような判断をするためにはどうすればよいかと私に尋ねました。そのときも言いましたが、今も変わりません。私にはわかりません。確かなのは、仕事を受け入れる前に、どのような形でも私たちの能力と仕事の内容を分析することはないということです。その結果、私たち

はいつも緊急状態で、近道を通らざるをえなくなります。そのために、本番環境でより脆弱なアプリケーションを動かすことになります。すると、そのあとで予定外の仕事と火消しが増えるわけです。こうして、私たちは堂々めぐりになっています」

驚いたことに、エリックが割り込んできた。「ビル、よく言った。君が今説明したのは、未払いの『技術的負債』のことだ。それは近道を通ることによって生まれる。短期的にはいいように見えるが、本物の負債と同じように、時間とともに複利方式で利息がたまっていく。技術的負債を返済しなければ、組織のすべてのエネルギーが予定外の仕事という形の利息の支払いで手一杯になってしまう。

わかっていると思うが、予定外の仕事はタダではない。むしろ真逆だ。非常に高くつく。なぜなら、予定外の仕事は何かを犠牲にしているからだ……」

エリックは教授のようにあたりを見回して、答えが出てくるのを待っている。

ウェスが答えた。「予定された仕事？」

「そのとおり！」エリックが陽気に答えた。「チェスター、君の言うとおりだよ。ビルが4種類の仕事のことに触れたね。ビジネス・プロジェクト、IT運用プロジェクト、プログラム変更、予定外の仕事。技術的負債を放置しておくと、予定外の仕事しかできなくなる！」

「確かに、それはうちの職場のようだ」。ウェスがうなずきながら言う。それからエリックのことをキッとして見て言った。「それから俺はウェスでチェスターではない。俺はウェス」

「ああ、わかった」。エリックが気持よく答えた。それから部屋全体に向かって話した。

「予定外の仕事にはもうひとつ副作用がある。火消しにばかり時間をかけていると、計画のための時間もエネルギーもほとんど残らなくなる。起きたことに反応するばかりになると、新しい仕事を受け入れられるかどうかを判断するという難しい頭脳労働に十分な時間をかけられなくなる。プロジェクトを押し込めば押し込むほど、それぞれにかけられるサイクルは少なくなり、悪しき仕事の掛け持ちが増え、ダメなコードによるエスカレーションが増え、近道を通ろうとすることが増える。ビルが言ったように、『堂々めぐ

り』になってしまう。ITの処理能力が負のスパイラルに入ってしまう」

　エリックがウェスの名前を変形してしまったのを見て、頭のなかでにやりと笑ってしまった。彼の頭のなかがどんな仕組みになっているのかはわからないが、見ていて面白い。

プロジェクトに「ノー」と言う権利はあるのか

　それはともかく、私はスティーブに尋ねた。「そもそも、私たちはノーと言うことが許されているんですか？　私がプロジェクトの仕事に優先順位を与えようとしたり遅らせようとしたりすると、あなたはいつもこっぴどく私を叱りつけてきました。ノーという答えが許されないと考えるように条件付けられてしまうと、誰もが御用聞きとして言いなりになってしまって、確実に破滅に向かう道を歩いていってしまいます。私の前任者たちもそうだったのではないかと思うのですが」

　ウェスとパティがわずかにうなずいた。クリスでさえうなずいた。
「もちろん、君はノーと言うことができる」。スティーブは熱くなって答えた。表情にはありありと苛立っている様子が見えた。それから、彼は深く呼吸をしてから言った。「はっきりさせておこう。君は、私にノーと言わなければならない。このリーダーチームを御用聞きにしておく余裕はないんだ。ただ言われたことをするだけではなく、考える人間に給料を払っているんだ」

　スティーブはだんだんヒートアップしてきた。「ここで賭けているのは、会社の生き残りだ！　プロジェクトの結果によってこの会社全体が成功するか失敗するかが左右されるのだ！」

　スティーブは私をまっすぐに見た。「もし君が、いや、それに関しては誰でも同じだ。プロジェクトが失敗することがわかっている人間は、私にそう言ってもらわなければならない。しかし、データの裏付けがほしい。工場のコーディネーターが君に見せたようにデータをくれ。そうすればなぜだかわかる。ビル、君の言うことを聞きたいのは山々だが、君の気持ちだけでノーと言われてもごめん、それでは従えない」

　エリックがふふんと笑って言った。「そいつは大層結構で高邁なレトリックだな、スティーブ。とても感動したよ。しかし、君は自分の問題がわかっ

ているのか？　君たちビジネスサイドの人間は、プロジェクトのパンチドランカーになってしまって、成功する見込みのない新しい仕事に飛びつく。なぜだ？　それは、自分が実際に持っている能力がどれくらいかわからないからだ。君は、かならず不渡りになる小切手をせっせと切っている男のようだ。自分がお金をいくら持っているかがわからず、メールを開けようとしないからだ。

　君に話をしてあげよう。私が行く前の MRP-8 工場がどんな感じだったかだ。哀れな工場の連中は、あらゆる種類の馬鹿げた注文が書かれたマニラ封筒を渡される。ビジネスサイドの連中は、システムにどんな仕事がすでに投入されているかをきれいに忘れて、不可能な日付に何かを出荷しろという馬鹿げた指示を送る。

　そりゃ毎日悪夢の連続だ。仕掛りは天井まで積み上がった。この WIP を製品にして工場から送り出すシステマティックな方法はあったか？　まったくない。どの仕事が実際にされるかは、誰がもっともうるさくもっとも多くせっついたか、誰が納期管理係ともっともうまく裏取引できたか、誰がもっとも高いランクの重役に味方してもらったかによって決まっていた」

　エリックは、今までの彼と同じように生き生きとしていた。「私たちは、制約条件がどこにあるのかを明らかにしたときに正気を取り戻す方向に進んだ。それから制約条件を守り、制約条件となっている部分の時間が決して浪費されないようにした。制約条件になっているところの仕事がすいすい流れるようにするために、ありとあらゆることをした」

　エリックはここで勢いを落としてぽつんと言った。「君の問題を解決するには、ノーの言い方以上にもっと多くのことをする必要がある。ノーの言い方なんかは氷山の一角でしかない」

　私たちはエリックを見て、続きを待った。しかし、彼は立ち上がると、スーツケースのところまで歩いていき、ケースを開いた。ぐちゃぐちゃに詰め込まれた衣類やらシュノーケルやらゴミ袋やらボクサーパンツやらが見えた。

　エリックはケースのなかを引っ掻き回してグラノーラバーを取り出すと、スーツケースを閉じてテーブルに戻ってきた。

　私たちは全員、エリックがグラノーラバーの袋を開けて食べ始めるのをじっと見ていた。

私たちと同じように煙に巻かれたらしいスティーブが、「エリック、それは面白い話です。続きを話してください」と言った。
　エリックはため息をついた。「いや、私が言おうとしたのはあれだけだ。あの話から自分が何をしなければならないのか君がわからないのなら、君たちにあまり希望はないな」
　スティーブは怒ってテーブルを叩いた。
　しかし、私の頭は突っ走っていた。
　私たちがしなければならないことは、単にもっと適切に優先順位を付けることではない。私はすでにいかに不都合でも最優先事項が何なのかはわかっていた。フェニックスだ。監査所見はあとでいい。すべてのシステムを実行し続けつつ、そうするのである。
　制約がどこにあるのかはわかっているはずだ。それはブレントである。ブレント、ブレント、ブレント。そして、私たちはすでに予定外の仕事からブレントを守るための手順を踏んでいる。
　これ以上リソースを増やすことができないのはわかっていた。
　また、私の組織の作業量がまったく制御不能になっていることもわかっていた。
　私の側でどんなに英雄的な仕事をしたとしても、システムに入ってくることを認められた仕事の大波の前では大差がない。それは、今まで誰もノーと言ってこなかったからだ。
　私たちの誤りは、私のもとにやってくるよりもずっと前に犯されている。それは、クリスがプロジェクトを引き受け、その結果通らなければならなかったありとあらゆる近道だ。プロジェクトが私のところにやってくるのはそのあとである。
　これをまともな状態に戻すにはどうすればよいだろうか。
　ここで、奇妙なアイデアが頭に浮かんだ。
　私はそれについてしばらく考えた。まったく馬鹿げたことのように聞こえるだろう。しかし、論理的に誤りは見つからない。
　私は言った。「スティーブ、私にアイデアがあります。しかし、私がアイデアをすべて説明し終わるまで、どうか口をはさまないでください」
　そして、私は自分が考えていることをみんなに説明した。

ビルの奇妙なアイデア

　最初に口を開いたのはスティーブだった。「君は正気を失っているに違いない」。最初に信じられないと思ったのが怒りに変わっているようだ。「君はただ仕事をするのを止めたいのか？　君は私たちを誰だと思っているんだ。芋を育てない農家に補助金を寄越せというのか？」
　しかし、私が返答する前にジョンが言った。「私も同感だ。君のアイデアは、最悪な感じがする。私たちは、プラットフォームが燃えて、やっと正しいことができるところに来ているんだよ。鉄は熱いうちに打たなければならない。これは、私たちがただ正しいことをするだけでなく、正しいことを正しいやり方でするために必要な予算をやっと獲得するための大チャンスだ」
　ジョンは指を折りながら早口で言いたいことを言い始めた。「指摘された監査所見は取締役会にも筒抜けだ。よく知られているプロジェクトは失敗してはならないし、運用エラーも起きてはならない。本気を出してこれを最後にきっぱりと必要なセキュリティ統制を確立しなければならない」
　ここでウェスがジョンに向かって声高に笑いながら言った。「こいつはびっくりした。お前はビルのアイデアがきっと気に入ると思ったんだがなあ。お前は仕事を止めてノーというのが好きだったんじゃないのかい？　お前にとったら夢が現実になったってもんだろう」
　ジョンは真っ赤になって、痛烈な一言を返そうと頭をひねっていた。しかし、ウェスが肉付きのよい大きな腕をジョンの肩に回して笑いながら言った。「おいおい、からかっただけだよ。冗談だってば」
　全員が話し出すと、エリックが突然立ち上がってグラノーラバーの包装をくしゃくしゃにして部屋の反対側のゴミ箱に投げたが、完全に外れた。彼は椅子に深くすわって言った。「ビル、君の提案はとても鋭いと思うよ」
　それからジョンのほうに向かっていった。「ジミー、いいかい、目標はただやる仕事の数を増やすことじゃなくて、システム全体のスループットを上げることだ。ちゃんと動くと信頼できるシステムがなければ、どうしてシステムのセキュリティ統制を信じることができるんだ？　まったくの時間の無駄だ」
　ジョンはエリックのほうを見て困惑した様子で「え？」と言った。
　エリックはため息をついて目をむいた。そして、ジョンには答えず、ステ

ィーブをにらみつけた。「君は工場のマネージャーだっただろう。WIP が完成品になって工場を出ていくまで原材料の投入を凍結することだと考えればいい。このシステムを制御するためには、動く部品の数を減らす必要がある」

スティーブが確信を持てない様子なので、エリックは椅子のなかで前かがみになり、鋭く尋ねた。「君が MRP-8 工場を管理していて仕掛りが天井まで積み上がっていたとする。君がジョブと材料の投入を止めたらどうなるかな？」

質問のターゲットにされて驚いたスティーブは、しばらく考えた。「WIP が完成品として工場から離れていくので、工場の WIP の量は減りますね」

「そのとおり」。エリックはうなずいて言った。「納期の遵守率はどうなる？」

「WIP が減るので、納期遵守率は上がります」。スティーブはそう答えたが、疑いはどんどん増し、エリックが自分を導いていく方向に不満を感じているようだった。

「そのとおり、大変よろしい」。エリックは、たたみかけるように言った。「しかしだ。工場に注文を受け入れさせ続け、新しいジョブを投入したらどうなる？」

スティーブは、しばらくして答えた。「WIP は増えます」

「すばらしい」。エリック言った。「そして、納期遵守率はどうなる？」

スティーブは同意できなかったものを飲み込んだようだった。そして、ついに言った。「工場の人間なら誰でも知っています。WIP が増えれば、納期遵守率は下がります」

「ちょっと待ってください」。スティーブは目を細めてエリックを見ながら言った。「まさか、それを IT にも応用しようというつもりではないですよね？ フェニックス以外のすべての仕事を停止することによって IT の WIP を減らし、それにより納期遵守率が上がる。本気でそうおっしゃっているのですか？」

エリックは椅子に深く腰掛け、満足した様子で「イエス」と答えた。

ウェスが言った。「そういうことだと、俺たちの大半は何もすることがなくて指をこまねいているだけになるんじゃないか？ IT 運用の 130 人がただじっとすわっている。それはちょっと無駄な感じがするけど？」

エリックがふふんと笑って言った。「無駄とはどういうことか教えてやろう。1000件を超えるプログラム変更がシステムに溜まっているのに、それをきちっと終わらせる方法がなかったらどうなる？」

ウェスは眉をひそめた。それからうなずいて言った。「まったくだ。パティの変更ボードに貼られるカードの数は増える一方だ。そのまま続けたら、負のスパイラルに入って手に負えなくなるな。ほんの数週間のうちにカードは天井まで届いてしまう」

私はうなずいた。ウェスは正しいことを言っている。

私のアイデアというのは、IT運用と開発が今後2週間新しいプロジェクトを受け付けず、IT運用ではフェニックス関連以外の仕事をすべて停止するというものだ。

私はまわりを見回した。「2週間にわたってもっとも重要なプロジェクトだけに専念しても大きな進展がなければ、私たちは全員新しい仕事を見つけなければならなくなると思う」

クリスがうなずいた。「俺たちはそれをやってみるしかないと思う。今やっているプロジェクトの開発は続けるけど、デプロイはフェニックス以外凍結する。ビルから見たら、フェニックス以外の仕事はしていないという形にする。それでいこう。フェニックスは誰にとっても最優先事項だ」

パティとウェスも賛成してうなずいた。

ジョンは腕を組んでいる。「私はこの馬鹿げた提案を指示できない。まず、どんな組織でも今までにおよそこんなことをしたところはない。第2に、こんなことをすれば、監査問題の修復がまったくできなくなる。スティーブがすでに言っているように、監査所見もこの会社の致命傷になりうる」

「お前は自分にどういう問題があるかわかっているか？」エリックはジョンを指さして言った。「お前は事業プロセスの全体を見ようとしない。お前が加えたがっている統制の多くは必要でさえないと断言できる」

ジョンは「何だって？」と言った。

しかし、エリックはまたジョンの問いを無視した。「今はそんなことは気にするな。それによって起きることは避けられないことだ。そこから学べることを見ていけばよい」

スティーブがジョンに向かって言った。「君がセキュリティについて心配していることは私も理解している。しかし、会社にとって最大のリスクは、

監査所見を解決できないことではない。会社が生き残れないことだ。再び競争力をつかむためにはフェニックスが必要だ」

方針決定

スティーブは、一呼吸おいてさらに言った。「このプロジェクトを1週間凍結して、フェニックスの仕事に違いが出るかどうかを観察しよう。差がないのなら、監査所見への対応の仕事も最優先課題に戻す。いいかな？」

ジョンはいやいやながらうなずいた。それから3穴バインダーのページをめくって、何かを書き込んだ。きっと、スティーブの約束を記録に残したのだろう。

私は言った。「スティーブ、これを実現するためには、絶対的にあなたの支援が必要です。私の部下たちは、日常的にこの会社のほぼすべてのマネージャーが大事に抱えているペットプロジェクトにむりやり引っ張り込まれています。あなたから会社全体にメールを出していただく必要があると思います。そのなかで、なぜこういうことを行っているかだけではなく、無許可の仕事を押し込もうとしたらどうなるかも言ってください」

エリックが後押しをしてくれた。

スティーブがすぐに答えた。「いいよ。このミーティングが終わったら君に草案を送るからそれに手を入れてくれ。私はそれをすべてのマネージャーに送ろう。これでいいよな？」

自分の声から不信感を取り除く努力をしながら、私は「はい」と答えた。

それから1時間の間に私たちが合意したことは驚くべきものだった。IT運用は、フェニックス以外のすべての仕事を凍結する。開発は、フェニックス以外の20個以上のプロジェクトを止めることはできないが、デプロイはすべて凍結する。言い換えれば、今後2週間、開発からIT運用に流れていく仕事はない。

さらに、技術的負債のトップ領域を突き止めた。開発は、問題のあるアプリケーションを本番稼働することによって生み出される予定外の仕事を減らすことに取り組む。

これは、私のチームの作業負荷を大きく下げるだろう。

さらに、クリスとキルステンは、フェニックスのなかの作業が止まってい

る部分をすべて洗い出し、ほかのプロジェクトの要員をそれに回して作業を進める。
　誰もがこのプランを実行に移すことに鼓舞され熱を帯びている。ジョンでさえも。
　散会する前にスティーブが言った。「今日は優れた思考を寄せ合ってくれて、また自分自身について話してくれてありがとう。君たち全員を今までよりもよくわかることができたと思う。そして、ビルのプロジェクト凍結という突拍子もないアイデアには信じられないと思ったけれども、今はそのアイデアがいいと思っている。これも同じくらい信じられないことだ。このチームはこれからも多くの優れた決定を下していくだろう。今回の決定がその第1回になるのを心待ちにしている。
　繰り返し言ったように、私の目標は、私たちが互いに全員のことを信頼できるようなチームを作ることだ。私たちは、その方向に向かって小さな一歩を踏み出したと思う。そして、君たちの間では、率直で嘘偽りのないコミュニケーションを求め続けるようにしていってほしい」
　スティーブは全体を見回して尋ねた。「君たちのほうからさしあたり私に求めることは何かあるだろうか」
　要求はなく、散会した。
　私たちが部屋を出て行くとき、エリックが大声で言った。「ビル、よくやった。私自身でも、これ以上の成果は出せなかったと思うよ」

第 20 章
ワークセンター

9月26日（金）

　3日後、私は自分のデスクにいた。ラップトップでキルステンからのフェニックスの進行状況報告を読もうとしていたのである。ラップトップが苦しそうに音を立てると、ジョンのセキュリティパッチが私のラップトップをやっつけてから何週間たったのだろうかと思う。

　代わりのラップトップを手に入れるのは、宝くじのようなものだ。マーケティングのマネージャーのひとりがそそのかしてきたように、サービスデスクの担当者のひとりにわいろを贈れば、という誘惑はあるが、私は行列に横入りしようとは思わない。私はルールを作って人に守らせる責任者なので、ルールには従わなければならないのだ。ラップトップの交換にかかるリードタイム（※ 作業を始めてから終わるまでの時間）を短縮するために必要な催促のことについてパティと話すこととメモに書いた。

　そして、ついにメールが届いた。

From: キルステン・フィングル
To: スティーブ・マスターズ
Cc: ビル・パーマー , クリス・アラーズ , サラ・モールトン
Date: September 26, 10:33 AM
Subject: プロジェクトの前線についてのすばらしいニュース

スティーブ、
　私たちはついに前進しようとしています。プロジェクト凍結とITのフェニックス専念によって、停滞が破られました。
　この7日間で、普通まる1カ月かけてすることよりも多くのことを達成しています。
　チームのすべての人々に賞賛を！
　なお、多くのプロジェクトスポンサー（※ 成果の受け皿となる事業部門側の

長）たちがそれぞれのプロジェクトの凍結に非常にイライラしています。特に、サラ・モールトンは、自分のプロジェクトは凍結の例外だと言い張っています。彼女には、あなたの名前を出してあります。

　正式な状況報告は添付してあります。疑問があればお知らせください。

キルステン

　サラがまたトラブルを起こしているという注記には怒りを感じたが、これは文句なしにすばらしい知らせだ。

　私たちはこうなることを予想していたが、それでも、特にあのミーティングのあとにこのニュースが来るのはありがたい。というのも、内線電話と留守電システムを破壊する深刻度1のインシデントが起きて、四半期の最終日に営業と製造をさんざんな目に合わせたために、大きな後退が起きたからだ。

　アウテージに入ってから2時間で、ネットワークベンダーのなかの1社が誤ってホットスペアではなく本番電話システムに変更を加えたことがわかった。

　このアウテージは、四半期の収益に影響を及ぼすかもしれないが、私たちはまだそれがどれくらいになるのかは知らない。このようなことが再発しないようにするために、私たちは特に重要なシステムが無許可で変更されないように監視するプロジェクトを立ち上げようとしている。

　今は、ウェス、パティ、ジョンの3人でパティの会議テーブルに集まってこの監視プロジェクトについて検討しているところだ。

　私は、「邪魔してごめん。でもいいニュースを知らせたくてさ」と言って、キルステンからのメールを彼らに見せた。

　ウェスは椅子の背もたれによりかかって言った。「よし、これでお前のプロジェクト凍結が実際に効果を生んでいることが正式に発表された」

　パティは驚いたようにウェスを見上げている。「あなたは本当に疑っていたの？　今まで彼らがここまで集中して仕事をしているのを見たことがないってふたりで話していたじゃない。プロジェクトの凍結によって優先順位争いが消え、悪しき仕事の掛け持ちもなくなったのよ。それによって生産性にとても大きな違いが生まれたのはわかっていたはずだわ」

　ウェスは肩をすぼめて笑った。「キルステンが俺たちに信用を与えてくれ

るまでは、全部俺たちの頭のなかにしかなかったことじゃないか」

ウェスが言っていることは正しい。私たちの仕事が進んでいることをキルステンが認めてくれるのは非常に大きい。

パティが言った。「マネージャーたちが怒っているというのはキルステンの冗談じゃないのよ。私のところに電話をかけてくる VP はどんどん増えているわ。自分たちのペットプロジェクトは免除してくれとか、影でこっそり仕事をしてくれとか言うのよ。サラだけじゃない。サラが一番図々しくてうるさいだけでね」

私は眉をひそめた。「わかった。それはこっちの仕事だし、こうなることは予想していた。でも、こういったプレッシャーがうちの人間にかかってくるのはいやだな。ウェスは？」

「俺はうちのチーム全員に苦情は全部こっちに回せって言ったよ。で、そういう苦情には全部こっちから電話をかけて、そういうのはいかんと言ってる」

パティが言った。「私はもうプロジェクト凍結を解除したあと、私たちがどうすべきかとても心配になってるわ。水門を開けるようなことにならないかしら？」

パティが今言ったことも重要なポイントだ。私は言った。「エリックに電話をしてみるよ。でもその前に、今はうちの仕事の優先順位をどのように決めているのかな？ プロジェクト、プログラム変更、サービス要求その他さまざまな仕事を引き受けるとき、この時間この仕事をしようということをみんなはどうやって決めているんだろうか？ 優先度が同じくらいのものがいくつもあったらどうするんだろう？」

「それこそ、狂った毎日に起きていることだ」。ウェスが疑り深い目になって言った。「ひとつ以外のすべてのプロジェクトを凍結して何がよかったかといえば、そこだよ。みんな何の仕事をするか決めなくて済む。仕事の掛け持ちが認められないんだから」

私は言った。「私が聞きたいのはそういうことじゃないんだ。同時に複数の仕事の流れがあるときに、どの仕事をしなければならないということをどのようにして決めているかということなんだけど」

「そうだなあ」。ウェスは言った。「みんなが持っているデータに基づいて正しい判断をするだろうと彼らのことを信頼しているな。だから頭のいい人間

を雇っているわけで」

これはよくない。

プロジェクトの凍結の前にブレントの仕事の様子を20分観察したときのことを思い出しながら、私は尋ねた。「彼ら賢い連中は、どういうデータに基づいて優先順位を判断しているのかな?」

ウェスは守りに入って言った。「優先順位が同じくらいの仕事をできるかぎりうまくやりくりして手をつけるようにしているよ。それが人生。優先順位は変わる」

「正直になりましょうよ」。パティが言った。「優先順位1位は誰がもっともうるさく言っているか、それと同点がもっとも偉い重役にエスカレーションできる人。ただし、もっと微妙な事情が絡むときを除く。うちのスタッフがいつも特定のマネージャーの要求を優先する場面をよく見ているけど、それは月に1度そのマネージャーに外でランチをおごってもらっているからよ」

そうか。脅されているエンジニアだけでなく、テレビのM*A*S*Hのマックス・クリンガーのように、IT仕事のブラックマーケットを動かしているエンジニアも俺のところにはいるんだ。

「もしそれが本当なら、プロジェクトの凍結を解除することはできないじゃないか。ITに仕事を依頼しても、実際にやってもらえるかどうか信頼できないだろう。そう思わないか?」

自分の声に諦めの色が混ざらないようにしながら続けた。「パティは正しい。プロジェクトの凍結を解除する前に、はっきりさせておかなければならないことがたくさんある。たった1週間でそれをしなければならない」

プロジェクトの凍結と解除

私は外に散歩に出ることにした。次の会議までは30分ある。私は考えなければならない。

私は今までになく落ち着かない気分だった。システムに同時に複数のプロジェクトがあるとき、ビジネスサイドのほぼすべての人間やITの誰かに優先順位をかき回されたり、割り込まれたりして仕事に邪魔が入らないように守るにはどうすればよいのだろうか。

日の光が私に降り注いでいた。午前 11 時、空気は秋の匂いがした。木々の葉はオレンジや茶色に変わり始めており、駐車場には落ち葉の山ができ始めていた。
　私は凍結解除後のことで悩んでいる一方で、自分たちがしなければならない仕事は何か、どのようにして優先順位を決めて仕事を始めるかといったことを考えられることがいかに新鮮なことかとも思っていた。私の IT でのキャリアは、ほとんど火消しに追われていたが、今はそれがない。
　私たちが最近解決しなければならないと考えている問題は、ずいぶん高級なものになったものだ。
　それは、MBA を取得したときに経営とは何かと自分が考えていたことだ。
　私は、自分たちが考えるということでしっかりと仕事をすれば、目に見える違いを生み出せると本気で思っている。そこまで考えたとき、エリックに電話をしようと思った。
　「もしもし」。彼の声が聞こえてきた。
　「どうも、ビルです。今数分お話できますか？ プロジェクトの凍結のことでお尋ねしたいことがあるんです」。私は一呼吸置いてから言い直した。「というより、プロジェクトの凍結を解除したときにどうなるかということについてです」
　「うん、そろそろそれを考えるべきときだな。実は、君たちがとてつもなく大きな新しい問題を抱えていることに気づいた頃なんじゃないかなと思っていたんだ」
　私はここで手早くキルステンからのいい知らせを伝えた。そして、監視プロジェクトやシステム内の仕事の守り方について考えているときにぶつかった問題の概要を説明した。
　「ビル、悪くないよ！」エリックは言った。
　「君は私たちの制約条件についての議論を実践に取り入れ、予定外の仕事から制約条件を守るためにできることを何でもしようとしている。君が今尋ねてきていることは、第 1 の道についての重要な質問であり、予定された仕事の流れをどのように管理するかということだ。それができるようにならなければ、ほぼあらゆることが管理できない。どうだね？
　君が混乱しているのは、仕事が実際にどのように行われているのかを知らないことがだんだんわかってきたからだ」

私はイライラのたまったため息を抑え込んだ。
「そろそろまた MRP-8 に行ったほうがよさそうだな。どれくらいであそこまで行ける？」エリックの言葉に驚いて尋ねた。「今この街にいらっしゃるんですか？」
「ああ」。エリックは言った。「監査役や財務の人たちと午後に絶対に欠席できない会議があるんだ。きっと来いよ。俺たちでジョンをあっと言わせてやるぞ」
　私は 15 分で MRP-8 に行くと言った。

答えを求めて、再び工場へ

　エリックはロビーの真ん中で私を待っていた。
　私はびっくりした。彼は色あせた T シャツと色あせた組合のロゴがついたスエットシャツをきていた。スエットは前開きでフードがついていた。彼はすでにビジターバッジを付けて、イライラと足を鳴らしていた。
　私は言った。「すみません、できるだけ早く来たんですが」
　エリックはただぶつぶつ言って身振りでついてこいと言った。私たちはまた階段を上って、床を見渡せるキャットウォークに立った。
「では、何が見えるか言ってくれ」。彼は、工場のフロアを指して言った。
　私は見下ろしたが、エリックが何を求めているのかがわからず困惑した。見ればわかることから始めることにした。「前回と同じように、左の搬入口から原材料が入ってきています。そして、右側では、搬出口から完成した商品が出荷されていってます」
　驚いたことに、エリックはそれでうなずいた。「よし。では間には何がある？」
　私は下を見下ろした。ミスター・ミヤギに知識を試されるベスト・キッドのように見えていやだなと思う部分もあったが、こちらから頼んだことなので、答え始めた。「原材料と WIP があり、左から右に流れていきます。しかし、動きは非常にゆっくりとしています」
　エリックはキャットウォークから下をじっと見ていたが、「本当に？ 川のような感じか？」と言った。
　彼は私のほうを見てうんざりしたように首を振った。「お前はこれを何だ

と思っているんだ？　詩の朗読の授業か？　突然 WIP が水のように滑らかな岩の上を流れていくのか？　本気になれ。工場のマネージャーならこの問いにどう答える？　どこからどこにものが動き、それはなぜなのか？」

　私は、やり直そうとして言った。「すみません、わかりました。WIP は原材料と工程計画の明細書に指示されたようにワークセンターからワークセンターに動いています。それは、あのデスクで投入されるジョブ命令書に書かれています」

「ましになった」。エリックが言った。「では、工場の制約条件になっているワークセンターがどれだかわかるか？」

　私は、エリックにこの工場に初めて連れて来られたときに、制約条件が何かを教えられたことを覚えている。

「熱処理炉と塗料硬化設備です」。私はすぐに答えた。

　工場のフロアをざっと見て、遠くの壁の近くにあるふたつの大きな機械を見つけて「あれです」と言った。それから、「塗料硬化設備 #30-a」「塗料硬化設備 #30-b」と書かれた大きな部屋を指さして、「それとあれです」と言った。

「よろしい。作業の流れを理解するのは、第1の道を極めるためのポイントだ」。エリックうなずきながら言った。そして、より厳しく尋ねた。「では、君の組織で制約条件になっていると考えたワークセンターは何か言ってみてくれ」

　私はにっこり笑って、気軽に「ブレントです。それについては以前に話題になりました」

　彼はふふんと笑って、工場のフロアのほうに向きを変えた。

「えっ？」私はほとんど叫びそうになった。「ブレントじゃないんですか？　2週間前に制約条件はブレントだと言ったときには、よくわかったとおっしゃってくださったじゃないですか」

「突然ブレントがロボットの熱処理炉になるのか？　それとも、自分の部門にとっての塗料硬化設備がブレントだと言うのか？」エリックはわざと不審そうに言った。「それじゃあ、俺が今までに聞いたなかでも一番バカな答えだな」

　エリックは続けた。「では、君のふたりのマネージャー、チェスターとペネロペはどこに置いていかれたんだ？　当ててみようか。たぶんだな、あの

ボール盤のところか、あっちの型打機のところか。それともそこの金属破砕機か？」

エリックは私を厳しい表情で見て言った。「本気になれ。私が尋ねたのは、どのワークセンターが制約条件になっているかだ。よく考えろ」

完全に当惑して、私は工場のフロアを見下ろした。

答えの一部がブレントだということはわかっている。しかし、私がうっかり自信満々でブレントと言ったら、エリックは私の頭をひっぱたいた。またもだ。

エリックが怒ったのは、私が実際の個人名を出して、ブレントが装置の一部であるかのように言ったからのようだ。

私は再び熱処理炉を見た。そして彼らを見つけた。熱処理炉のところには、カバーオールを来て、ヘルメットとゴーグルを付けたふたりの人がいる。ひとりはコンピュータの画面の前にいて何かを入力している。もうひとりは荷役用パレットの上の部品の山をチェックし、ハンドヘルドコンピュータを使って何かをスキャンしている。

「ああ、そうか」。私は答えが出て大きな声を出した。「熱処理炉はワークセンターであり、そこに作業者がいます。あなたは、どのワークセンターがIT運用の制約条件になっているかを尋ねられましたが、私はブレントと答えました。しかし、ブレントはワークセンターではないので、正解にはなりえません」

私は繰り返した。「ブレントは作業者でワークセンターではありません。そして、ブレントは非常に多くのワークセンターを手伝っている作業者だと思います。だから彼が制約条件になるのです」

「私たちは、新しい地点に来たぞ」。エリックが微笑みながら言った。彼は目の下の工場のフロアを広く指しながら言った。「あそこにあるワークセンターのうちの25％は、ブレントというひとりの人間しか動かせなかったらどうなると思う？ ワークフローはどうなる？」

私は目を閉じて考えた。

「ブレントは同時にひとつのワークセンターにしかいられませんから、仕事は時間内に終わりません」。私は夢中になってきて、さらに続けた。「私たちの問題はまさにそれです。予定されたプログラム変更のなかには、ブレントがいないと始めることさえできないものがかなりあります。そのような仕事

では、ブレントにエスカレーションして、彼に今していることを中断するよう指示して、ほかのワークセンターが動くようにしています。彼がほかの誰かに邪魔されずにそのプログラム変更を完全に実施できるくらいそこにい続けられればラッキーということになっています」

「そのとおり！」

エリックの答え方に賛成だという温かい感じが含まれてることに私は少しうろたえた。

機械、方法、計測

エリックはさらに続けた。「当然ながら、すべてのワークセンターは、4つのものから構成されている。機械、人、方法、計測だ。マシンについて言えば、熱処理炉を選んだ。人間は、あらかじめ決められた手順を実行するために必要なふたりだ。そして、方法として定められた手順を実行した結果に基づいて計測を行う必要がある」

私は眉をひそめた。これらの工場用語は、MBA時代に聞いたのをうっすら覚えている。しかし、それがITの領域と関係があるとは思いもしなかった。

このことを書き留めておくために使えるものを探していて、車にクリップボードを忘れてきたことに気づいた。ポケットを叩いてくしゃくしゃになったインデックスカードが後ろのポケットにあるのを見つけた。

私は急いで書き付けた。「ワークセンター：機械、人、方法、計測」

エリックは続けた。「もちろん、この工場のフロアは、25%がひとりの人間に依存しているなどということはない。そんな馬鹿げたことはありえない。しかし、君の場合はそれがありうる。だから、ブレントが休暇を取ると、あらゆる仕事が止まってしまう。ブレントだけがある手順のやり方を知っていて、おそらくその手順の存在を知っているのもブレントだけだ。違うか？」

私はうなずいた。うなるのを止められなかった。「あなたのおっしゃるとおりです。もしブレントがバスに轢かれるようなことがあれば、完全にお手上げだとうちのマネージャーたちが言っていたのを聞いたことがあります。ブレントの頭のなかに何が入っているのか、誰もわからないのです。レベル

3 エスカレーションプールを作った理由のひとつがそれです」

　それから、アウテージの最中にブレントが予定外の仕事に邪魔されないようにブレントへのエスカレーションを防ぎ、予定されたプログラム変更でも同じことをしようとしていることを手短に説明した。

　エリックはそれを聞いて言った。「いいじゃないか。君はブレントの仕事を標準化して、ほかの人間でも実行できるようにしている。そして、最終的にそういう手順を文書化すれば、ある水準の一貫性や品質を保証できるようになる。君は、ブレントが必要なワークセンターの数を減らしているだけでなく、文書化してその一部を自動化できるようにしている」

　エリックはさらに続けた。「ちなみに、それが実現できるまでは、ほかに何人ブレントを雇っても、ブレントはいつまでも君の制約条件でありつづける。君が雇った人間は、結局壁になってしまう」

　私はまったくだと思ってうなずいた。これはウェスが言っていたとおりだ。彼はブレントの数を増やそうとしたものの、実際にスループットを上げることはできなかった。

　私は、頭のなかでばらばらだったものがひとつにまとまってくるのを感じて突然気分がハイになってきた。エリックは、私が深く抱え込んでいた直感の正しさを確認し、なぜそう思っていたかを説明する理論を与えてくれた。

　しかし、私のハイな気分はすぐにしぼんだ。エリックは私のことをダメだなというように見て言った。「君が尋ねていたのは、プロジェクト凍結をどのように解除するかだったな。君の問題は、ふたつのことを混同し続けていることだ。君の頭のなかでそのふたつを分けることができなければ、君はいつまでも堂々巡りを繰り返すだけだ」

プロジェクトの安全な再開の答え

　エリックが歩き出したので、私は急いで彼を追った。まもなく、私たちは工場のフロアの中央に立っていた。

　「あそこにワークセンターがあるね。黄色いライトが点滅しているところだ」。エリックは指さして言った。

　私がうなずくと、「何が見えるか言ってみなさい」と言った。

　彼と通常の対話をするためにはどうすればよいのだろうかと思いながら、

私はダメ生徒の役を再び演じた。「機械の一部が明らかに壊れていますね。点滅しているライトはそのことを示しているのだろうと思います。その横で5人の人々が相談しており、そのなかにはマネージャーらしき人がふたり含まれています。彼らはみな心配そうです。ほかに3人しゃがんでいる人がいて、マシンの点検パネルだと思われるものを覗き込んでいます。彼らは懐中電灯を持ち、ドライバーも持っていますね。落ちたマシンを……」
　エリックが言った。「そんなところだろう。たぶん、動かなくなったコンピュータ制御の破砕機で、メンテナンスチームが復旧のために働いているんだろう。修理のためにブレントが必要なすべての機器が故障したらどうなる？」
　私は笑った。「すべてのアウテージが直接ブレントにエスカレーションされます」
　エリックは言った。「そうだ。君の最初の問いから始めよう。プロジェクト凍結を解除したときにどのプロジェクトは安全に再開できるか。仕事がどのワークセンターを通過していくのか、どのワークセンターがブレントを必要とし、どのワークセンターが必要としないのかがわかっていれば、答えはどうなると思うかね？」
　私は、エリックが今言ったことをゆっくり繰り返し、答えを導き出そうとした。
　「わかりました」。私はにっこり笑って言った。「安全に再開できるプロジェクトとは、ブレントを必要としないプロジェクトです」
　エリックが「大当たり、実に簡単なものだろ？」と言ったときには、笑みがちょっと大きくなった。
　しかし、自分が言ったことの意味を考えたときに、笑いは消えた。「あれ、ブレントを必要としないプロジェクトはどうすればわかるんでしょうか？ 仕事を半分くらいまでやってみなければ、本当にブレントが必要かどうかなんて考えないんですよ」
　エリックが私のことを見つめたときに、質問をしたことを急に後悔し始めた。「君のところがあまりにも無秩序で自力ではわからないようなすべてのことについて君に答えをあげなければならないのかな？」
　「申し訳ありません。それは自分で考えます」。私は急いで言った。「実際にブレントが必要な仕事がすべてわかったときには、一息つけると思います」

エリックが言った。「いいかい、君が作ろうとしているものは、君がIT運用しているすべての仕事の材料明細書だ。しかし、鋳型、スクリュー、キャスターといった部品や組立部品のリストではなく、仕事を完成させるために必要なすべての必要条件のカタログを作るんだ。ラップトップのモデル番号、ユーザー情報の仕様、必要なソフトウェアとライセンス、それらの設定、バージョン、情報、セキュリティと容量、持続性の要件などなど……」
　彼は自分で話を中断して言った。「もっと正確にするために、君は実際にリソースの明細を作ろうとしているんじゃないか。それは材料の明細書と必要なワークセンターと工程計画のリストだ。それが完成して仕事の発注とリソースが揃えば、君はやっと自分の能力と需要を把握できるようになる。新しい仕事を受け入れて、実際に作業のスケジューリングができるかどうかを知るために必要なものがそれだ」
　すごい。もうすぐ手に入るじゃないかと思った。
　私はあと少し質問をしようとしていたが、エリックが言った。「君の第2の質問は、監視プロジェクトを始めても大丈夫かどうかだろう。このプロジェクトにブレントがいらないことははっきりしている。さらに、このプロジェクトの目標はアウテージを防ぎ、それによりブレントへのエスカレーションを防ぐことだと言っていたね。それだけでなく、アウテージが本当に起きたときに、トラブルシュート、解決のために必要になるブレントの時間も短くなる。君はすでに制約条件を明らかにし、制約条件から最大限のものを引き出し、仕事の流れを制約条件に従属させた。とすると、監視プロジェクトの重要性はどうなるだろうか？」
　私はしばらく考えて、当然の答えを言った。
　私は髪の毛をかきむしった。「あなたは、制約条件を活用するための方法をいつも探す必要があるとおっしゃいましたね。つまり、私はブレントから少しでも多くのサイクルを引き出す必要があるということです。監視プロジェクトはまさにそれをします」
　私は、以前の自分がこのことをわかっていなかったという疑問を感じながら言った。「おそらく、監視プロジェクトは、私たちが考えている改善プロジェクトのなかでももっとも重要です。今すぐスタートさせなければなりません」
　「そのとおりだ」。エリックが言った。「予防のための仕事を重視すること

は、TPM（※ Total Productive Maintenance: 全員参加の生産保全の略。TPM はアメリカから学んだ手法を日本で発展させて 1971 年に生み出されたもの）などのプログラムの中心的な課題だ。TPM は、リーンコミュニティでも支持されている。TPM が強調するのは、メンテナンスを重視して機械が使える状態を保証するため必要なことは何でもすることだ。私の先生のひとりは、『日常の仕事を改善することは、日常の仕事をすることよりも重要だ』と言っている。第3の道は、システムに絶えず緊張を与え続けられるようにして、習慣を絶えず強化し何かしら改善していくということだ。レジリエンス工学は、システムには定期的にエラーを注入し、それを頻繁に行うことによって、エラー処理が苦痛にならないようにせよと教えている。

　マイク・ローザーは、何かを改善しているなら、何を改善しているかはほとんどどうでもよいと言っている。なぜか？ 改善をしていなければ、エントロピーの法則により、実際にはどんどん悪くなっていく。すると、エラーゼロ、作業完全の事故ゼロ、ロスゼロは絶対に達成できなくなる」

　突然、それが自明で当然になった。すぐにパティに電話して、すぐに監視プロジェクトを開始させるように指示したくなった。

　エリックはさらに話を続けた。「ローザーは、これを『改善の型』と呼んだ。彼が『型』という言葉を使ったのは、反復が習慣を作り、習慣が習熟を生むということを知っていたからだ。スポーツのトレーニング、楽器の習得、特殊部隊の訓練などでは、訓練と練習以上に習熟に役立つものはない。研究によれば、毎日 5 分ずつ練習するほうが、週に 1 度 3 時間練習するよりも効果があることがわかっている。そして、改善の文化を生み出したければ、改善の習慣を生まなければならない」

リリースの待ち時間の計算方法

　エリックは工場のフロアに向き直って話を続けた。「ここから帰る前に、ワークセンターだけでなく、ワークセンター間のスペースに注目しなさい。仕事の投入を制限することと同じくらい重要なのが、仕事の受け渡しの管理だ。特定のリソースの待ち時間は、そのリソースがビジー状態になっている割合をリソースがアイドル状態になっている割合で割った値になる。そこで、リソースが 50% 使われている場合は、待ち時間は 50/50 で 1 単位にな

る。

　リソースが90%使われている場合は、待ち時間は90/10で9倍の長さになる。リソースが99%使われていたらどうなるか？」

　私は意味がよく理解できたわけではなかったが、頭のなかで計算をした。99/1である。「99になりますね」と答えた。

「正解だ」。エリックは言った。「リソースが99%使われている場合は、そのリソースが50%しか使われていないときと比べて99倍もの時間待たなければならない」

　彼は大きくジェスチャをした。「待ち時間を明らかにして、仕事が誰かの前で何日も止まってしまうのがいつかを把握することは、第2の道の重要な構成要素だ。悪くすると、部品が揃っていなかったり、やり直しが必要な部分が出てきて仕事が後退することさえある。

　私たちの目標は、フローを最大限に増やすことだということを忘れてはならない。このMRP-8では、何年も前のことになるが、ある部品が最終の組み立てに時間通りに届かないということがあった。それは、リソースが足りなかったからだろうか？　それとも特定の仕事に時間がかかり過ぎたのだろうか？

　違う。工場のフロアでその部品の動きを実際に追跡すると、大部分の時間、部品はただ作業を待っていたことがわかった。つまり、『作業時間』は、『合計加工時間』のごく一部だったということだ。納期管理係は、山ほどある仕事からその部品を見つけ、ワークセンターに持っていかなければならなかったのだ」。エリックは信じられないという表情で言った。

「君の工場で起きているのもそういうことだ。だからそこをしっかりと見なさい」

監視プロジェクトは大切か

　私はうなずいて言った。「エリック、私はまだ監視プロジェクトの開始に引っかかっています。人はみな、自分の特別なプロジェクトは緊急なものであり、ほかのすべてのものを犠牲にしてしなければならないものだと言います。ジョンが強く主張している監査、セキュリティ関連に緊急プロジェクトは、どのあたりに入るのでしょうか？」

エリックは、私の顔を真剣に見て言った。「君は、この2週間に私が言ったある単語を聞いていたのかな？」

そして時計を見て言った。「行かなくちゃ」

エリックがキャットウォークの出口に早足で歩いて行くのを見て私は驚いた。彼に追い付くためには走らなければならなかった。彼は身体が大きく、おそらく50歳を少し過ぎたところだ。余分な重量を運んでいるはずなのに、動きは素早いものだった。

エリックに追いつくと私は言った。「待ってください。あなたは、監査問題は急いで対応するほど大切ではないとおっしゃるのですか？」

「そんなことは言っていない」。エリックは立ち止まって私のほうに振り返って言った。「君はあるものを壊しており、そのために会社は法律や規制へのコンプライアンスを維持する力を失いそうになっている。君はその部分を修正したほうがいい。でなければ炎上するよ」

彼はまた背を向けて、先ほどのペースで歩き始めた。そして、背を向けたまま言った。「言ってみなさい。君のところのCISOのジミーが推しているプロジェクトは、IT組織を通るプロジェクトの流れを強化するものか？」

「いいえ」。また走って追いつくとすぐに答えた。

「それは運用の安定性を向上させたり、アウテージやセキュリティ問題を見つけ、修復するために必要な時間を短縮したりするものか？」

先ほどより少し長く考えた。「おそらく違います。大半は時間をよけいに使い、ほとんどの場合はリスクがかかり、実際にアウテージを引き起こす場合さえあります」

「そのプロジェクトはブレントが処理できる仕事量を増やすのか？」

私は笑ったがまじめに言った。「いいえ、逆です。監査問題だけで、ブレントを1年縛りつける可能性があります」

「そして、ジミーのプロジェクトを全部やったらWIPレベルはどうなる？」彼は、吹き抜けの階段に戻るドアを開けながら言った。

私は階段を下りながらイライラして言った。「また天井レベルになります」

地上に戻ってくると、エリックは突然立ち止まって言った。「よろしい。その『セキュリティ』プロジェクトは、君のプロジェクトスループットを下げる。プロジェクトスループットは、ビジネス全体の制約条件だ。そして、君の組織でもっとも制約されたリソースを縛り付ける。そして、君の組織の

スケーラビリティ、アベイラビリティ、サバイバビリティ、サステナビリティ、セキュリティ、サポータビリティ、ディフェンシビリティを強化するものではない」

そして、エリックは無表情に尋ねた。「では、ジミーのプロジェクトは君にとってよい時間の使い方だと思うか？」

答えようとしたときに、彼は出口のドアを開けて歩いて行ってしまった。あれは明らかに反語だった。

第 21 章
意外な解決法

続・9月26日（金）

　途中の制限速度はすべて違反したにもかかわらず、私は2号館の監査会議に20分遅れた。会議室に入ると、あまりにも多くの人が詰め込まれているので、私は唖然とした。

　この会議が政治的なニュアンスをともなうハイリスクな会議だということはすぐにわかった。テーブルの中心にはディックと顧問弁護士が座っていた。

　彼らの反対側には、社外監査人がいた。彼らには、財務報告書の誤りや詐欺を見つける法的責任があり、しかも顧客として私たちを維持したいという利害もある。

　ディックと彼のチームは、監査人が見つけたものはすべて純粋な誤解だったということを示そうと努力していた。彼らの目標は熱心だが、貴重な時間を浪費していることに怒るという姿を見せつけることだ。

　それはまったくの政治劇だが、私の階級よりもずっと上で演じられているハイリスクな政治劇だった。

　アンとナンシーもウェスやほかの仲のよさそうな数人と来ていた。

　そしてジョンを見て、びっくりして二度見した。

　彼はまったくひどい姿だった。まるで中毒から覚めて3日たった人のようだった。彼は、部屋全体がすぐに彼に襲いかかりボロボロに引き裂かれるとでも思っているかのようだった。もちろんそんなことはありえないが。

　ジョンの隣にはエリックが落ち着き払った様子で座っていた。

　彼はどのようにしてこんなに早くここに着いたのだろうか。そして、カーキ色のズボンとデニムのシャツをどこで着替えたのだろうか？　車のなか？歩きながら？

　ウェスの隣の席に座ると、彼が耳に近づいてきた。綴じた紙の形を手で描いてささやいてきた。「この会議の議題は、2件の重要な欠陥と16件の重要な不備を精査することだ。ジョンが消防隊の先頭に立って銃弾を待っている

ような顔をしているだろ」

ジョンの腕が汗まみれになっているのが見えた。頭のなかで「ジョン、大変だなあ。気をしっかり持てよ」と言った。私もこれらの欠陥を指摘されたITの責任者なので、本当は君ではなくてこっちが前線に立っているのだが。

しかし、ジョンとは違って私はエリックからすべてが解決するというメッセージをコンスタントにもらっている。

そして、エリックは例によって全然慌てていない。ほんの一瞬だが、私もジョンと同じくらいナーバスになったほうがいいのかなと考えてしまった。

外部監査通過

5時間後、テーブルには書き込みがされた紙と空のコーヒーカップが散乱し、緊張と激論の応酬に疲れて室内はどんよりとしていた。

外部監査人がブリーフケースを閉じる音に私は目を上げた。

彼はディックに言った。「この新しいデータから考えると、2件の潜在的な重要な欠陥については、IT統制の範囲外で非常に早い時期に解決できそうです。できるかぎり早くにこれらの問題を解決するために必要な文書をあらかじめ私たちに開示していただき、本当にありがとうございます。

私たちは熟慮のうえ、一両日中に何らかの提案をお送りします。おそらく、御社が作成している財務諸表の裏付けのために、この新しく文書化されたダウンストリーム統制が実際に存在し機能していることを確かめる検証の日程をお願いすることになると思います」

私は立ち上がった監査パートナーを怪訝な思いで見た。私たちは本当に銃弾を避けきったのだ。テーブルを見回してみると、パーツ・アンリミテッドチームは一様に驚いた様子だった。

例外はエリックだった。彼は、わかったとうなずいたが、明らかに監査人を追っ払うまでこんなに時間がかかったことにイライラしていた。

もうひとりの例外はジョンだ。ひどく取り乱した様子で肩を落として座っていた。健康状態が急に心配になるぐらいだった。

ジョンのほうに行って彼の様子を見ようとしたとき、監査人はディックと握手していた。そして、驚いたことにエリックがつかつかと近寄って監査人とハグした。

「エリック、オーランドのGAIT以来だから久し振りだな」。監査人は親しげに言った。「いずれまた何か縁があるだろうと思っていたけど、まさかクライアントになるとは思わなかった。最近はどうしているんだ？」

エリックは笑って言った。「たいていボートに乗ってるよ。友達にパーツ・アンリミテッドの取締役になってくれって頼まれたんだ。理由のひとつがさ、こうるさい外部監査人が社内の若い監査人ともめてるってことだったんだよ。きっと君が関わっていると思った」

外部監査人は困惑した表情になり、ふたりはひそひそ声で話していた。

この5時間、ジョン、ウェス、私はサイドラインに座って、IT統制問題があるからと言って財務報告書に誤りが入り込んでも気が付かなくなるようなことはないという議論をビジネスマネージャーたちが外部監査人たちに説明しているのを見ていた。彼らは「GAIT原則」（※ IT全般統制の評価に関する範囲を決めるためのガイド）とかいう文書を引っ張り出し、そのなかのフローチャートを引用した。

まるでテニスのゲームを見ているかのように、ボールは我が社のチームと監査人との間で行ったり来たりしていた。そして、「リンケージ」「重大性」「統制の信頼性」といった言葉が行き来していた。ディックは、悪意の誰かがIT統制にエラーを引き起こしても、その詐欺はダウンストリーム（※ ITあるいはビジネスプロセスの下流）にある別の統制にキャッチされるということを示すために、関連する分野の専門家たちのなかに入っていった。

資材管理、受注処理、財務管理、人事のマネージャーたちによって、アプリケーション、データベース、オペレーティングシステム、ファイアウォールにセキュリティホールが空き、完全に乗っ取られても、詐欺による取引は、日次または週次の突き合わせ作業でキャッチできることが示された。

彼らは、ITインフラストラクチャ全体が穴だらけのスイスチーズで、従業員のなかの不満分子や犯罪者、外部の悪意のハッカーなどがログインし、詐欺的な取引をコミットしたときのシナリオを繰り返し繰り返し示した。

そのようなことがあっても、財務諸表の重大な誤りはキャッチできるというのである。

ディックは、誤った注文は、20人のメンバーを抱える部門で見つけ出すと言った。もちろん、詐欺による注文もである。ビジネスセーフティネットは、IT統制ではなく、彼らのところに張られているというのである。

毎回、監査人たちは、いやいやながらのことが多かったが、財務部門での帳票の突き合わせによって統制の信頼性があることを認めた。そして、信頼性を認めたのはITシステムやIT統制ではなかった。
　これは私にとってはまったく新しい経験だった。しかし、私が彼らに反対するいわれはなかった。実際、黙ってじっとしていればパーツ・アンリミテッドがすべての監査所見から逃れられるのであれば、喜んでよだれを垂らして字が読めないふりをするだろう。
　そのとき、ジョンがカリカリした声で「話す時間、あるかな？」と言った。
　ジョンはまだ落ち込んでおり、両手で頭を抱えていた。
「いいよ」。私は言って、ほとんど空になった部屋を見渡した。大きな会議用テーブルについているのはジョンと私だけで、エリックは部屋の反対側の隅で外部監査人とひそひそ話をしていた。

ジョンの失望

　ジョンはぞっとするような格好をしていた。彼のシャツがもう少ししわくちゃで、前面にしみがひとつふたつついていたら、彼はほとんどホームレスと言えるくらいの状態になっていた。
「ジョン、何か病気にでもかかったのかい？　元気なさそうに見えるけど」
　彼の表情は醜く変わった。「この2年間、みんなに正しいことをさせようと思って私がどれくらいの政治資金を使ったか君はわかるかい？　この会社はこの10年というもの情報セキュリティというものをずっと軽視してきた。私は情報セキュリティに関するあらゆるものを押し出してきた。リップサービス以上のところまで踏み込まなければ世界が終わると言ってきた。少なくとも、全体的なITセキュリティ問題の一部を解決しようと努力してきた。少なくとも、気にするふりくらいはしなきゃいけないと言ってるんだ」
　私は、部屋の反対側からエリックが振り返って私たちのほうを見ているのに気づいた。外部監査人はジョンが言っていることを聞いている様子はない。しかし、エリックは腕をまわして彼を抱きかかえるようにして廊下に誘い出して話を続け、ドアをぴしゃりと閉めた。
　ジョンは、そんなことはおかまいなしに話を続けた。「自分たちのシス

テムとデータのセキュリティについて本気で心配しているのは、この会社全体で自分ひとりなんじゃないかと思うことがあるよ。開発部門全体が何をやっているのかを私に見せないで、どこで会議しているかも人に頼み込んで教えてもらわなければならないってことを知っているかい？ 私はただ彼らの仕事を助けようとしているだけなのに！」

　私が黙っていると、彼は私のことをふふんと笑った。「そんなふうに私のことを見るなよ。ビル、君が私のことを軽蔑していることは知っているんだ」

　私は純粋に驚いて彼のことを見た。

「君は私からのメールを決して見ないよね。君にメールを開いてもらうだけのために電話しなきゃならないんだ。電話中に返事をもらうからわかっているんだ。いい加減にしろよ」

　なんということだ。

　しかし、私は先に電話をしてもらわなくても彼のメールの多くを読んでいるのだ。そう答える前に、彼はどんどん突っ走っていった。「君たちはみんな私のことを軽蔑している。私も昔は君と同じようにサーバーの管理をしていたんだ。しかし、情報のセキュリティを守れという声が聞こえたんだ。悪いやつを捕まえる手伝いをしたい。外から会社を狙ってくる人間から会社を守りたいと思った。私は義務感から、世界をもっとよい場所にしたいという思いからここに来たんだ。

　しかし、ここに来てからしていることは、社内の官僚制やビジネスとの闘いだけだ。彼らを彼ら自身から守ろうとしているのに」。ジョンはイライラした様子で笑い、話を続けた。「監査人たちは、私たちにお灸をすえなきゃいけないはずなんだ。私たちのひどいやり方を糾弾しなければいけないはずなんだ。でどうなったか見たかい？ 午後いっぱいつぶして、監査人たちは私たちを甘やかしていったのを見ただろう。情報セキュリティプログラムがあるのは一体何のためなんだ？ 監査人でさえ、気にもかけないじゃないか。問題は全部隠蔽されちまった」

　ジョンはほとんど叫んでいた。「うちの無能な監査人は、裁判にかけてやればいいんだ。あいつらが見逃した所見はみんな基本中の基本だ。うちの会社はリスクの汚水溜めだ。まったく、ここが無警戒のあまり自分の重さで壊れちまわないのが不思議ってもんだよ。私は足元のすべてのものが壊れるの

をずっと待っていたのに」

彼は一呼吸おいて、つぶやいた。「なのにまだ、私たちはここにいる……」

範囲の誤り

ちょうどそのとき、エリックがドアをバタンと開けて部屋に入ってきた。彼はドアからもっとも近い椅子に座ってジョンを厳しくにらみつけた。「ジミー、お前は自分の問題が何だかわかっているか？」エリックはジョンを指さして言った。「お前は工場のフロアにつかつかと入ってくる共産党のお偉いさんみたいなんだよ。ラインの作業者たち全員に誇らしげにバッジをちらつかせて、みんなの仕事にサディスティックにくちばしを突っ込み、みんなを脅して自分の命令に従わせようとする。ただ、つまらない自尊心を満足させるためにだ。お前は全体の半分くらいは修正するんじゃなくて壊していく。いや、実際に重要な仕事をしているすべての人々の作業スケジュールをぶっ壊して歩いてんだ」

話はどんどんエスカレートしていった。

ジョンは興奮して言った。「一体お前は何様なんだ。私はこの会社のセキュリティを守って監査人を追っ払おうとしているだけだ。私は……」

エリックがさえぎって言った。「ミスター CISO、そいつはありがた迷惑ってもんだ。今お前が見たように、お前なんかが何にもしなくても、会社ってものは監査人を追っ払うことができるんだ。お前は飛行ルートや会社の経営状態はもちろん、飛行機のための仕事をしているということさえわからない配管工みたいなもんだ」

ジョンは紙のように真っ白になって口をぽかんと開けていた。

ジョンのために間に立とうとしたときに、エリックが立ち上がってジョンに叫んだ。「お前がこの部屋でたった今起きたことが理解できていることを私に証明するまで、お前にこれ以上何も言う言葉はない。会社は、お前のチームの助けなど借りずに、SOX-404 監査という危機を乗り切ったんだ。なぜ、どのようにして乗り切れたのかわかるまで、この会社の日常業務を邪魔するんじゃない。よく覚えておけ。お前が守るべき原則は、IT システムに意味のない仕事を押し付けずに会社を守ることだ。IT システムから意味のない仕事を取り除けたらなおいい」

エリックは私のほうに向き直って言った。「ビル、お前は正しいよ。情報セキュリティを完全にお釈迦にしたのは、ここにいるやつだ」
　私はそんなことを言った覚えはない。ジョンのほうを向いてそんなつもりはないことを伝えようとしたが、ジョンは私に気づかなかった。ジョンは、強い憎悪の表情を浮かべてエリックをにらんだ。
　エリックは親指でジョンを指しながら私に言った。「こいつはもう出荷させていない製品のためにごまんと新しいテストを書かせ、もう存在しない機能のためにごまんとバグレポートをファイルする品質管理のマネージャーみたいなやつだ。こいつが作っているものは、明らかに君や私なら『範囲の誤り』と呼ぶようなものだ」
　ジョンは激怒して身体をぶるぶるさせて言った。「なんだてめえは！　取締役になるかもしれないって人間が、顧客データや財務諸表を危険にさらせだと？！　信じられねえ！」
　エリックは穏やかにジョンを見た。「君は本当にわからないのか？　パーツ・アンリミテッドの最大のリスクは、営業できなくなることだ。そして君は誤解によってどうでもいい些細なことに熱中して、会社がもっと早く行き詰まるように必死になっているように見える。軽く見られて当然だ！　君以外の人間は、少なくとも会社が生き残る方向で頑張っている。テレビの『サバイバー』だったら、まっさきに追放だよ」
　このときにはもう、エリックはジョンを上から見下ろしていた。「ジミー、パーツ・アンリミテッドは、私の家族のクレジットカード番号を少なくとも4件システムに記録している。そのデータを守ってくれよ。しかし、プログラムがもう本番稼働しているのにカードのデータを十分に守ることはできない。プログラムを作る手順のなかで守らなければならないんだ」
　エリックはポケットに手を突っ込んで、もう少し穏やかに言った。「手がかりがほしいかい？　MRP-8工場に行って安全管理者を見つけるんだ。彼女と話をして、彼女が何を目指そうとしているか、そのためにどうしているかを知るんだ」
　エリックは少し明るい表情になって付け加えた。「彼女によろしく言っておいてくれ。ディックが本当に君を必要だと言ったら、また君とも話をする用意がある」
　それだけ言うと、エリックはドアから出て行った。

ジョンは私を見て言った。「何だこれは？」

椅子から立ち上がりながら答えた。「あんまり気にするなよ。エリックは私にも同じようなことを言うよ。私は疲れたので家に帰る。君もそうしな」

ジョンは無言で立ち上がった。穏やかな表情を少し残したまま、彼は3穴バインダーをテーブルから押し出した。バインダーは大きな音を立てて落ち、中身がすっかり散らばった。数百ページが床にばらまかれた。

ジョンは私に向かって寂しく笑って言った。「そうするよ。家に帰る。明日来るかどうかはわからない。ずっとかもしれないな。一体なんなんだ？」

そして部屋から出て行った。

私はジョンのバインダーを見つめた。彼がそんなに無造作にこれを捨てていくとは信じられなかった。もう2年以上持って歩いていたものだ。彼が座っていた場所の真ん前に1枚の紙があった。ほとんど空白だが、数行の殴り書きがあった。自殺するための遺書とか辞表とかではないだろうなと思い、詩のように見えるものを急いで覗いた。

ハイク？

縛られて
わかってくれよ
助けたい

第22章
かんばんボード

9月29日（月）

　監査会議の次の月曜日、ジョンは姿を消した。NOCには、ジョンが神経をヤラれたのか、クビになったのか、ただ隠れているのか、もっと悪い状況なのかを当てる賭金入れが置いてあった。
　ウェスと部下のエンジニア数人が全員大声で笑いながら、おそらくジョンをネタにしているのを見かけた。
　私は咳払いをしてウェスの注意を引きつけた。ウェスが歩いてくると、私は向きを変えNOCを背にして、私がウェスに話していることが誰にも聞こえないようにした。「頼むよ。ジョンの噂を煽らないでくれ。スティーブがオフサイトで俺たちに言っただろう。ジョンとも相互に尊敬し信頼し合う関係を作らなければだめだよ」
　ウェスの笑いは消え、しばらくしてから言った。「わかってる。ちょっと冗談を言ったまでだ」
　「わかった」。私はうなずいて言った。それで十分だ。「ついてきてくれ。君とパティに監視プロジェクトのことを話さないと」。私たちがパティのオフィスに行くと、彼女は自分のデスクでガントチャートがふんだんに使われているプロジェクトマネジメント・アプリケーションを操作していた。
　「30分時間をくれないか？」パティに言った。
　パティがうなずき、私たちは彼女の会議用テーブルのまわりに集まった。私は言った。「金曜日、監査会議の前にエリックと話したんだ。そこで学んだことを言うよ」
　私は、エリックが監視プロジェクトの立ち上げをどのように評価し、ブレントに効果的に仕事をしてもらうためにこのプロジェクトがいかに重要かを説明した。次に、安全に再開できるプロジェクトの判定方法についての思考プロセスを説明した。プロジェクトがブレントに依存するかどうかに基づいて決めるというものである。
　「ちょっと待った。原材料と工程計画の明細書？」ウェスは急に疑り深い表

情になって言った。「ビル、お前に言うようなことじゃないと思うが、俺たちはここで工場を動かしているわけじゃないぞ。ここでやっているのはITの仕事だ。俺たちは手ではなく頭を使ってものを作っている。エリックがそこここでなるほどと思うようなことを言っているのはわかるが、ちょっとこれはどうよ。これはコンサルタントのかくし芸っぽい感じがするけど」

「私もこれに頭を慣らすのは大変なんだ」。私は言った。「しかし、彼の思考に基づいて出した結論が間違っていると本当に言えるかい?」

ITの機会、方法、人、計測

パティが額にしわをよせた。「ITの仕事がプロジェクトかプログラム変更だっていうのはわかるわ。そして、多くのプロジェクトには、繰り返し顔を出すタスク、サブプロジェクトっていうものもある。サーバーのセットアップとかね。こういうものは繰り返されるわ。それを組立部品と呼ぶんだと思う」

彼女は立ち上がってホワイトボードに歩いていき、ボックスをいくつか描いた。「サーバーの立ち上げを例として考えてみましょうよ。まず調達して、何らかの仕様に従ってオペレーティングシステムとアプリケーションをインストールして、ラックに入れて積み上げる。そして、正しくできたことをチェックする。一つひとつの手順は、普通別々の人間がするわ。その一つひとつの手順はワークセンターのようなもので、それぞれの機械、方法、人、計測がある」

しかし、パティはそこから確信がなくなって、「でも、機械に当たるものが何なんだかわからないわ」と言った。

パティがボードに何かを描いているのを見て私はにっこり笑った。彼女は私がまだできていない跳躍をしようとしている。彼女がどこに行き着くかはわからないが、彼女は正しい方向に向かっていると思った。

私は考えて言った。「たぶん、機械は仕事をするために必要な道具じゃないか? 仮想化管理コンソール、ターミナルセッション、それからシステムにアタッチする仮想ディスクスペースといったものだよ」

パティは首を横に振った。「コンソールとターミナルは機械でいいような感じがするけど、ディスクスペース、アプリケーション、ライセンスキーと

いったものは、どれも実際には出力を作るために必要な入力、つまり原材料よ」

パティはホワイトボードを見つめた。そしてついに次のように言った。「こういうことをやらないと私たちは暗闇でつまずくんじゃないかしら。このワークセンター概念は、ITの仕事をうまく表現できているような感じがしてきたわ。このサーバーセットアップの例から考えても、ほぼすべてのビジネス、ITプロジェクトはワークセンターを通過していくと思う」

「みんな、ちょっと待ってくれよ」。ウェスが言った。「まず第1に、俺たちの仕事は反復作業じゃない。第2に、俺たちの仕事は非常に多くの知識が必要とされる。部品を組み立てたり、ネジを締めたりする人たちとは違うだろう。俺たちはとても頭がいいうえに経験を積んだ人間を雇っている。製造現場のように仕事を標準化することなんてできないよ」

私はウェスが言ったことを考えた。「先週なら、君が今言ってたことに賛成してたと思うよ、ウェス。でも、先週工場のフロアの最後の組み立てワークセンターを15分ほど見たんだ。実際に行われていることを見て圧倒されたよ。正直なところ、私にはついていくことができなかった。すべてが同じことの繰り返しになるように努力してはいるけど、毎日の生産目標を達成するだけのために、驚くほど機転をきかせて問題解決をしていかなきゃならないんだ。ただネジを締めるだけじゃなくてもっとずっと複雑なことをしているんだ。彼らが持っている経験と頭脳を駆使して毎日超人的な仕事をしているよ」

私は断固として言った。「彼らのことは本当に尊敬したよ。彼らがいなければ、俺たちはみんな仕事さえなくしてしまう。俺たちは工場の生産管理から学べることはいっぱいあると思うよ」

一呼吸置いてから言った。「それでだ。できるかぎり早く監視プロジェクトを立ち上げよう。早く始めれば始めるほど、早く成果が得られる。一人ひとりのエンジニアを全員がブレントであるかのように守っていかなければならないんだ。すぐにこれをやろうよ」

パティが言った。「もうひとつ、私はいつもうちで作ろうとしている作業の道筋について考えているんだけど、アカウントの追加/変更/削除、パスワードのリセット、ラップトップの交換といったサービス要求でこの考え方をテストしてみたいわ」

パティは私の巨大なラップトップを申し訳なさそうに見た。この機械は、3週間前に入手したときと比べてもさらにひどい形になっていた。車のキーでこじ開けたときにさらに壊したため、ばらばらにならないように前以上にダクトテープを貼らなければならなかったのである。そして、ふたのペイントの半分は、はげ落ちてしまっていた。

ウェスがラップトップを見てきまり悪くなって言った。「もっとうるさく言えよ。まだお前に代えのマシンを回してなかったなんて思わなかった。俺たちはそこまでひどくはないよ。パティ、ラップトップとデスクトップのバックログに専念する要員を探しておくよ」

「うれしいわ、ありがとう」。パティが答えた。「試してみたい実験があるのよ」

私は邪魔をしたくないので言った。「じゃあ、やってみて」

かんばんボードと「改善の型」

次の月曜日にオフィスに着くと、パティが私を待っていた。「ちょっと時間ある？」彼女が尋ねた。明らかに、私に何かを見せたくてうずうずしているのだ。

気がつくと、私はパティの変更調整室にいた。後ろの壁に新しいボードが置いてあるのがすぐにわかった。そのボードには、4行のインデックスカードが並べられている。

行にはそれぞれ「オフィスの移動」「アカウントの追加/変更/削除」「新しいデスクトップ/ラップトップのプロビジョニング」「パスワードのリセット」と書かれている。

そして各行は、「準備完了」「実施中」「実施済み」と書かれた3つの欄に分かれている。

面白い。うっすら見覚えがあるような気がする。「これは何？ 新しい変更ボード？」

パティは急に笑い出して言った。「かんばんボードよ。先週の会議のあと、私もMRP-8に行ったの。ワークセンターの概念にとても興味があって、実際に動いているところを見ないではいられなくなったのよ。うまい具合に以前いっしょに仕事をしたことのあるスーパーバイザーのひとりを見つ

けてね。彼が1時間かけて彼らがワークフローをどんなふうに管理しているかを見せてくれて」

　パティは、かんばんボードが工場の日程管理と作業管理の手段として特に重要なものだということを説明してくれた。かんばんボードは要求とWIPを可視化し、前工程と後工程に合図を送るためにも使われる。
「うちの重要メンバーの作業管理のために試しにかんばんを使っているのよ。彼らが何かをするときには、かならずかんばんを経由するようにしているわ。メール、インスタントメッセージ、電話じゃなくてね。
　かんばんボードに書かれていないことはしない。でも、もっと大事なのは、かんばんに載っているものは、すぐにしなければならないってことよ。進行中の仕事を制限しているから、仕事の完成がびっくりするほど速いわ。今までの経験から言うと、リードタイムが予想できるようになると思うし、今までよりスループットが上がると思う」

　パティが少しエリックのように感じられるのは面白いことでもあり、うかうかしていられないと思うことでもある。
「やってみたのは、うちでもっともよくするサービスを取り出して、手順を正確に文書化し、誰がそれを実行できるかをはっきりさせ、それぞれの手順がどれだけかかるかを計測するってこと。結果はこのとおりよ」

　彼女は私に誇らしげに1枚の紙を手渡した。

　その紙は「ラップトップ交換の順番」というタイトルで、ラップトップ、デスクトップを新しく要求した人、交換を要求した人のリストで、いつ申し込んだか、受け取り予定日はいつかも書かれている。もっとも早く申し込んだ人から順に並べられている。

　私は行列の14番目におり、ラップトップは今から4日後に届く予定になっている。

「本当にこのスケジュールを信じていいの？」私は努めて懐疑的に聞こえるように尋ねた。「でも、このスケジュール表を実際に全員に配布してそのとおりに実行できれば、とてもすばらしいことだ」

「週末はずっとこれを作っていたのよ。金曜から試してみたところでは、最初から最後までにかかる時間の理解については自信があるわ。それから、ディスクのミラーリングをする場所を変えて、手順を省略する方法も編み出したのよ。あなたの場合、私たちが生み出した時間節約効果もあるので、この

日付よりも早くに交換できると思うわ」

　パティは首を振ってさらに続けた。「実はね、ラップトップを支給した人たちに簡単な調査をしたの。正しい設定になるまでだいたい 15 回くらいやり取りをしていることがわかったわ。今、それを追跡調査していて、3 回に減らそうと努力しているところよ。かならずチェックリストを入れるようにしているの。特にチームに渡すときはね。大きな差が生まれているわよ。エラー率が下がっているわ」

　私はにこっと笑って言った。「それは重要だね。役員と社員に仕事をするために必要なツールを提供するのは、私たちの重要な職務のひとつだ。でさ、君を信じていないと言っているわけじゃないんだけど、さしあたりはこの配布予定の時間は IT 運用内にとどめておこう。毎週予定内に届けられたかどうかの記録を作れるようになったら、すべての申請者とその上司に公開することにしないか？」

　パティも微笑んで言った。「私も同じことを考えていたわ。待っている人がどれくらいいて、コンピュータが届く日がわかって、本当にその日に手に入るようになったら、ユーザーがどれくらい喜んでくれることか。仕事の掛け持ちや割り込みがなくなるわけでしょ。

　工場のスーパーバイザーの友達は、工場で採用している『改善の型』についても教えてくれたのよ。なんと、エリックが何年も前に導入を手伝っているの。工場では、2 週間の改善サイクルというのを継続して行っていて、計画 - 実施 - 評価 - 改善の小さな PDCA プロジェクトを目標達成まで進めているわ。うちのグループでこれを取り入れてもいいわよね？　目標を立ててそれに向かって進むってことを継続していきたいの」

　確かに、エリックがこの型という用語と持続的な 2 週間の改善サイクルのことを言っていた。ここでも、パティは、少なくとも私より 1 歩先に進んでいる。「パティ、これはすばらしいよ。本当に本当によくやったね」

　「ありがとう」。彼女は控え目に答えたが満面の笑顔になっていた。「教えてもらったことが本当に刺激になってね。初めて、どのように仕事を管理すべきかってことがわかってきたのよ。こんな単純なサービスデスクの仕事でも、大きな違いが出るってことがわかったわ」

　彼女は、部屋の前にある変更ボードを指さした。「私が本当にやりたいのは、こういったテクニックをもっと複雑な仕事に使うことなの。もっとも頻

繁に繰り返されるタスクが何かがわかったら、サービス要求でしたのと同じように、ワークセンターと作業レーンを作ってみたいのよ。たぶん、このスケジューリングの作業も一部を取り除いて、かんばんボードを作ることになると思うわ。すると、うちのエンジニアたちは『準備完了』の欄のカードを『実施中』に移して、最後に『実施済み』に移していける」

　あいにく、私にはそれがイメージできなかった。「先に進めてよ。それから、ウェスもいっしょにやるようにしてね。ウェスも同じ舟に乗るように、いい？」

　「それはもうとっくに」。彼女はすばやく答えた。「今日、あとでウェスとミーティングをやって、ブレントをさらに日常的な危機対策から引き離すためにブレントのためのかんばんボードを作ることについて話をすることになっているのよ。ブレントにどのように仕事をまわすかを定式化して、私たちが彼の仕事のあり方を標準化できる方向に変えていきたいということ。すると、ブレントの仕事が前工程、後工程のどこからやってくるかもわかるわ。そしてもちろん、ふらっとやってきてブレントに仕事を投げ込んでいく人々からの防御線も1本増えることになるわね」

　パティに親指を立てて見せ、出ていこうとしたところで気がついた。「おや、変更ボードがちょっと違う。なんでカードの色が違うの？」

　パティはボードを見て言った。「あら、言ってなかったかしら。プロジェクト凍結を解除したときの準備のために、カードをカラーコードしているのよ。何とかしてもっとも重要な仕事をしているようにしなければいけないでしょ。そこで、5大ビジネス・プロジェクトのどれかをサポートするプログラム変更を紫にして、それ以外は黄色にしているわけ。

　ピンクの付箋は、そのカードが何らかの形でブロックされていることを示しているので、一日に2回見直すことになってるの。それからこれらのカードは全部うちの変更追跡ツールに戻して、1枚1枚のカードに変更IDを付けているわ。ちょっと面倒だけどね。しかし、今は少なくとも追跡の一部は自動化されているのよ」

　「お、それはすごい……」。私は完全に圧倒されて言った。

凍結解除後のプロジェクトの優先順位決め

　その日、もう少しあとになって、私はウェス、パティと別の会議テーブルで、プロジェクトが出てくる水道栓を水が飲める程度にゆっくり戻し、溺れるほどの勢いがつかないようにするにはどうすればよいかを考えた。
「エリックが言ったように、うちには順に処理していかなければならないプロジェクトの行列が2本あるわ。ビジネス・プロジェクトと内部プロジェクトね」。パティが私たちの前に置いてある薄い書類を指して言った。「簡単だから、ビジネス・プロジェクトを先にするのがいいと思うわ。すべてのビジネス・プロジェクトのランク付けで5大プロジェクトというのがあるでしょ。そのうち4つは、ブレントに何らかの仕事をしてもらわなければならないわ。凍結が解除されたら、この5つのプロジェクトだけを動かすように提案してはどうかしら」
「こいつは簡単でいいや」。ウェスが笑った。「このトップ5プロジェクトを決めるためにどれだけの議論、演技、駆け引き、足の引っ張り合いがあったことか。シカゴ警察以下だったぜ！」
　そのとおりだ。でも、最終的に優先順位リストを作ることができた。
「では、ここからが難しいところよ。私たちは73件の内部プロジェクトにどのような優先順位を与えるかについて、まだ苦労しているわよね」。パティの表情は少し暗くなった。「まだたくさんあるのよ。すべてのチームリーダーとすり合わせて、何らかの相対的な重要度を付けようと思ったんだけど、できたのはここまでなの。そこで議論しようということなんだけど……」
　パティは2ページ目に移った。「プロジェクトは、脆弱なインフラストラクチャの交換、ベンダーのアップグレード、何らかの内部でのビジネス要求のサポートに分類できると思うの。ほかは、監査とセキュリティ、データセンターのアップグレードといったものが混ざっているという感じね」
　私は第2のリストを見て頭をかいた。パティは正しい。「電子メールサーバーの統合とアップグレード」が「SQLデータベースの35のインスタンスのアップグレード」と比べて重要かどうかを客観的に決めるにはどうしたらよいのだろうか？
　私は、何かアイデアが飛び出してこないかと思ってページの上で指を走ら

せた。これは、VPになった最初の週に見たのと同じリストであり、どれもみな重要に見える。

ウェスとパティがこのリストでほぼ1週間を費やしていることはわかったうえで、自分の思考を高みに引き上げようとした。多くのボックスをごちゃごちゃ動かさなくても、何か単純な方法でこのリストの優先順位は付けられるはずだ。

突然、エリックが監視プロジェクトのような予防的な仕事の重要性を言っていたことを思い出した。私は言った。「みんながそれぞれのプロジェクトをどれくらい大事だと思っているかは考えないつもりだ。制約条件の余力が残るかどうかを考える必要がある。そして、制約条件は相変わらずブレントだ。ブレントの作業量を減らしたり、ほかの誰かが代わりにやれるようになったりするプロジェクトでなければ、するわけにはいかないだろう。逆に、ブレントが必要でさえないプロジェクトなら、やってはいけない理由はない」

私は断定的に言った。「私に3つのリストをくれ。ひとつはブレントの仕事を必要とするもの、もうひとつはブレントのスループットを上げるもの、3つ目はそれ以外だ。それぞれのリストでトッププロジェクトを見極めよう。順序付けにあまり時間を使わないようにしよう。何日も議論するようなことは避けたい。もっとも重要なリストは第2のものだ。ブレントに降り掛かってくる予定外の仕事の量を減らしてブレントの余力を増やしていく必要がある」

「それはお馴染みの考えね」。パティが言った。彼女は、私たちが変更管理プロセスのために作った脆弱なサービスのリストを掘り出した。「これらをひとつずつ交換したり安定化したりするプロジェクトを作らないといけないわね。それから脆弱でないものをリフレッシュするインフラストラクチャ・プロジェクトは、ほぼ無期限で停止することになるわ」

「ちょっと待ってくれ」。ウェスが言った。「ビル、お前自分で言ったよな。予防的な仕事は重要だけど、いつも先延ばしになるって。このなかの一部は何年も前からやろうとしていたんだ。ここがチャンスなんだよ」

パティがすぐに言った。「あなた、エリックがビルに言ったことを聞いてなかったの？ 制約条件になっている場所と無関係なところを改善しても幻に終わるって。言っちゃ悪いけど、あなたが言っていることはまるでジョン

みたいよ」

　最大限努力したのだが、やっぱり笑ってしまった。

　ウェスは真っ赤になっていたが、やがて自分も大声で笑い出した。「こいつは一本取られたな。俺の負けだよ。でも、正しいことをやろうとしただけなんだけど……」

　ウェスは自分で自分が言ったことを途中で切った。「うわ！　またやっちまった」

　全員で大笑いになった。そして、ジョンがどうしているのか気になった。私が知るかぎり、一日じゅう誰も彼のことを見ていない。

　ウェスとパティがメモを書いている間、私は内部プロジェクトのリストをまた見ていた。「おい、BARTデータベースは来年引退だったよな。なんでBARTのアップグレードプロジェクトが入ってるんだ？」

　パティはリストをじっと見ていたが、困ったというような顔をした。「ああ、いけない。ビジネス・プロジェクトとITプロジェクトを突き合わせたことがなかったから気がつかなかったんだわ。このような依存関係を見つけるためにもう1度リストを洗い直さないといけない。こういうのはきっとほかにもあると思うわ」

　パティは少し考えてから言った。「おかしいわね。うちには、プロジェクト、プログラム変更、チケットのデータがたくさんあるのに、今まではこんなふうに構造化してつなげて考えてみたことがなかったわ」

　パティはさらに続けて言った。「たぶん、ここのところも製造現場から学べることがあると思うわ。私たちがやろうとしているのは、生産計画部門がしていることよ。彼らは、顧客の需要に合わせて製品を作るために、生産の日程を組み、監督するわ。注文を受け入れたら、必要とされる個々のワークセンターについて十分な生産能力と原材料があるかを確かめ、必要なときに仕事を素早く片付けるの。彼らは営業と工場のマネージャーと調整して生産日程を組み、役割を果たしていくわ」

　またもやパティに先を越された。この答えは、私が辞表を出す前にエリックが私に出した宿題の1問目だ。MRP-8に行って生産計画の手順を見学するとメモを書いた。

　私は、「IT運用の生産日程を管理すること」が職務記述のどこかに入っていなければいけないんじゃないかと思い始めていた。

新しいラップトップ

　2日後、私のオフィスに新しいラップトップが届いているのを見て驚いた。私の古いラップトップは、電源コードを外して横に移されていた。
　私は自分のクリップボードを見て、パティが今週初めにくれたラップトップ/デスクトップ交換日程を見直してみた。
　驚いた。
　パティは金曜日にラップトップを持っていくと約束したが、私は2日早く受け取っていたのである。
　正しく設定されていることを確かめるためにログオンしてみた。すべてのアプリケーションは揃っているようだ。データはすべて転送されていて、電子メールは動く。ネットワークドライブは、以前と同じように現れる。そして、新しいアプリケーションをインストールすることもできた。
　新しいラップトップがいかに速いかを見て、私は感謝のあまり涙が出てきた。パティのスケジュール表を持って、隣のドアに向かった。「新しいラップトップいいねえ。しかも、予定より2日も早く来た。私よりも前の人たちもシステムをもらっているんだよね？」
　パティは笑顔になった。「もちろん。全員に行き渡っているわよ。最初の時期に送り届けたもののなかには、設定エラーや足りないものがあったけど、作業指示書を修正したので、この2日間は100％正しいシステムを届けているわ」
　「パティ、これはすごい」。私は興奮して言った。「どんどんやろう。スケジュールの公表も始めよう。これをみんなに知ってもらいたいよ、本当に」

第 23 章

10 月 7 日（火）

稼働率

　翌朝、車で職場に行くとすぐ、キルステンから緊急の電話がかかってきた。ブレントは、フェニックスのある仕事を1週間近く遅らせている。彼が1時間あればできると言ったことだ。またもやフェニックス全体のテストのスケジュールが危機に瀕している。

　そのうえ、私のグループのいくつかの重要な作業が遅れており、納期がさらに押している。こういう知らせを聞くと、心底がっかりする。私は、最近の大躍進によって納期の問題は解決されるだろうと思っていたのだ。

　今でもついていけていないのに、どうして凍結解除になる仕事を増やせるだろうか。

　私はパティに留守電を入れた。驚いたことに、彼女がかけ直してきたのは3時間後だった。彼女は、私たちの日程予測にひどくまずい部分があるので、すぐに会って相談したいと言ってきた。

　私はまた会議室に入った。パティはホワイトボードで説明し、ウェスはパティが作った資料をじっと見ている。

　「今までにわかったことを説明するわ」。パティが印刷物の1枚をさして言った。「キルステンが言ってきた仕事は、品質管理にテスト環境を提供することよ。彼女によれば、ブレントはたった45分でできると見積もったって」

　「それでよさそうだけどなあ」。ウェスが言った。「新しい仮想サーバーを作って、オペレーティングシステムといくつかのパッケージをインストールするだけだ。たぶん、安全のために時間を2倍に言っていると思う」

　「私もそう思ったのよ」。パティが頭をかきながら言った。「でも、それはひとつの仕事じゃなかったの。ブレントが登録した仕事は、ひとつのタスクというよりも小さなプロジェクトのようだったわ。少なくとも6つの異なるチームが関わっていてステップが20もあるのよ。オペレーティングシステム、必要なソフトウェアパッケージ、ライセンスキー、専用IPアドレス、特別なユーザーカウントのセットアップ、マウントポイントの設定のほか、

どこかのファイルサーバーの ACL リストに追加する IP アドレスまで必要だったの。この特定のケースでは、要件として物理サーバーも必要だったわ。だから、ルーターポート、ケーブリング、十分なスペースのあるサーバーラックも必要だったの」

「うわ」。パティが指摘したものを読んでいたウェスが怒った様子で言った。「物理サーバーは大変だ」

「問題はそこじゃないわ。仮想化されていてもこういうことは起きるもの」。パティが言った。「まず第 1 に、ブレントの『作業』はただの『作業』よりもずっと重いものだった。第 2 に、その『作業』は複数の人間がかかわっていて、それらの人々が自分の急ぎの仕事を抱えていた。一つひとつの受け渡しのために何日もかかっていたのよ。よほど見事な調整でも入らないかぎり、品質管理が必要とするものを手に入れるまで何週間もかかるわ」

「少なくともファイアウォールの変更は不要だな」。ウェスが馬鹿にしたように言った。「最後に変更が必要になったときには、ジョンのグループが 1 カ月近くかけていた。30 秒で終わる変更のために 4 週間待ったんだ」

　ウェスが言っていることはよくわかったので私はうなずいた。ファイアウォール変更のリードタイムは、伝説的になっている。

　あれ、待てよ。エリックが同じようなことを言ってなかったっけ？ ファイアウォール変更は、作業自体にかかる時間は 30 秒だけなのに、実際に終わるまでの時間は 4 週間にもなる。

　これはブレントに起きていることの縮図にすぎないが、私たちに今起きていることは、受け渡しが入る分、もっとずっとたちが悪い。

　私はうめいてテーブルに頭をつけた。

「大丈夫？」パティが尋ねた。

「ちょっと時間をくれ」。私は言った。ホワイトボードのところまで歩いていって、マーカーでグラフを描き出した。何度かやり直すうちに、次のようなグラフを描いた（図 1）。

　私は、エリックが MRP-8 で私にした待ち時間はリソースの稼働率の話を彼らにした。「待ち時間は『ビジー状態になっている割合』を『アイドル状態になっている割合』で割った値になる。言い換えれば、リソースのビジー率が 50% なら、アイドル率は 50% になる。すると、待ち時間は 50% を 50% で割って 1 単位となる。この 1 単位をたとえば 1 時間だとしよう。す

図1　待ち時間＝ビジー率/アイドル率

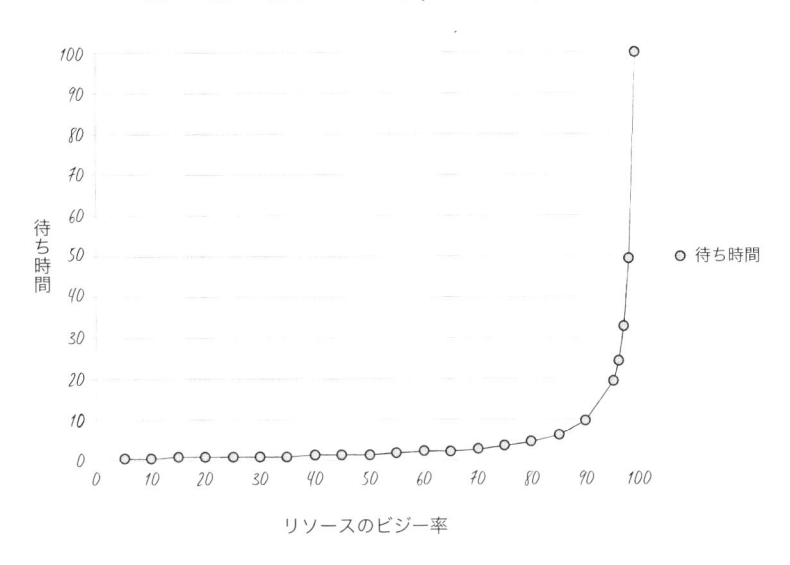

ると、平均で、私たちのタスクは、実際に処理されるまで1時間行列のなかで待つということになる。

一方、リソースのビジー率が90％なら、待ち時間は『90％割る10％』で9時間となる。つまり、私たちのタスクは、リソースのアイドル率が50％のときと比べて9倍も長い間処理されずに待たされることになる」

そして結論を言った。「だから、フェニックスの仕事の場合、7回の受け渡しがあるとして、すべてのリソースのビジー率が90％だとすると、タスクは行列のなかで合計9時間掛ける7ステップで……」

「え、待ち時間だけで63時間？」ウェスが信じられないという様子で言った。「そりゃありえない」

パティがにやにや笑いながら言った。「まったくよ。実際の作業は30秒だけなんだから」

ウェスはグラフをにらみながら、「うそだろう」と言った。

待ち行列をなくすには？

突然、私はキルステンの会議でサラとクリスがフェニックスのデプロイの

日を決める前にウェスと話していたことを思い出した。ウェスは、フェニックス関連のチケットが何週間も行ったり来たりしているためにデプロイが遅れると言っていたのだ。

これはあのときにも起きていたのだ。あれは IT 運用の内部での受け渡しではなく、開発と IT 運用の組織間の受け渡しであり、今回よりもはるかに複雑だった。

部門内で仕事を作って優先順位を付けるだけでも大変だ。部門間で仕事を管理するのは、少なくともその 10 倍は難しいに違いない。

パティが言った。「あのグラフからわかるのは、すべての人にアイドル時間、というかのんびりした時間が必要だということね。のんびりした時間が誰にもなければ、システム内に WIP が積み上がってしまう。というか、もっと正確に言えば、待ち行列に引っかかってただ待つことになってしまう」

私たちがこのことを理解したところで、パティが話を続けた。「ボードに貼ってある 1 枚 1 枚の紙は、このフェニックスの『タスク』のようなものよ」。彼女は手でカードの形を作った。「ひとりでできるタスクのように見えるけど、そうじゃないのよ。実際には、複数の人々の間で複数の仕事の受け渡しがあって、複数のステップがある。キルステンの推計がないのも不思議じゃないわ。

キルステンの日程とワークブレークダウンストラクチャー（WBS）のこの部分を正す必要がある。私が見たところでは、キルステンの仕事の 1/3 は、この手のものだわ」

「それはすごい。まるで『ギリガン君SOS』だ。人々を 3 時間のツアーに送り出し続けているのに、何カ月たっても誰も帰ってこない」。ウェスが言った。

タスクのかんばんレーン

パティが言った。「これらの『タスク』の一つひとつにかんばんレーンを作れないかと思うんだけど」

「うん、それだよ」。私は言った。「エリックは正しかったよ。君は反復される仕事の大きな山を見つけた。君がラップトップの交換で実現したように、この反復される仕事を文書にまとめて標準化し、統制が加えられれば、きっ

とフローを改善できる。

　繰り返されるデプロイの仕事をすべて標準化できれば、ついに本番環境のセットアップに統一をもたらすことができるようになる。どれも違っていて似ているものがないというインフラストラクチャのスノーフレーク問題（※雪の結晶が少しずつ異なるようにインフラストラクチャに少しずつ差があって統一的に処理できないという問題）も解決する。ブレントがブレントになったのは、ブレントだけが理解できるようにインフラストラクチャを構築することを認めてしまったからだ。同じことを繰り返すわけにはいかない」

「いいところを突いているね」。ウェスがうなった。「今俺たちが直面しているこういう問題の多くは、俺たちが下した決定が引き起こしたものだよ。俺たちは敵に会った。それは俺たちだったってことだ」

　パティが言った。「デプロイは、製造工場の最終組立のようなものよ。すべてのワークフローがそこを通り、最終組立を通らない製品を出荷することはできないわ。突然だけど、かんばんをどういう感じにすべきかわかったわ」

　それから45分かけて、私たちはプランを立てていった。パティは、ウェスのチームと共同で、もっともよく繰り返されるタスクのトップ20リストを作ることになった。

　パティはまた、タスクが待ち行列に入ったときに、タスクをもっとうまく管理し、コントロールする方法も考えることになっている。今、パティが提案しているのは、プロジェクトマネージャーと納期管理係を組み合わせたような新しいポストだ。彼らは一日単位ではなく分単位で作業をコントロールする。パティはこう言った。「完成した成果物を次のワークセンターにすばやく効果的に受け渡しする必要があるわ。必要なら、この人はワークセンターで作業の完了を待って、できあがったものを次のワークセンターまで運ぶの。もう、チケットの山のなかで重要な仕事が迷子になるようなことをしてはならないわ」

「なんだって？　人から人に仕事を運ぶ係だって？　そりゃウェイターか？」ウェスが疑わしげに尋ねた。

　パティはすぐに反論した。「MRP-8ではね、まさにそれをする『ウォータースパイダー』って人たちがいるのよ。最近のフェニックスの遅れは、ほとんどすべてが待ち行列で待っているタスクか、受け渡しを待っているタスク

が原因よ。こうすれば、そのような問題はもう起きないわ」

　彼女はさらに続けた。「最終的には全部かんばんに移行したいと思っている。そうすれば、仕事の受け渡しのための信号のような人は不要になるわ。心配しないで。数日のうちにやり方を考えるわ」

　ウェスと私は、パティをあえて疑おうとはしなかった。

第 24 章 人のために役に立つ

10 月 11 日（土）

　次の土曜日は、比較的平和だった。実際、私が新しい職に就いて以来、私の家族にとってはもっともくつろげる週末だった。ハロウィンが数週間後に迫っているので、ペイジの強い意見で家族みんなでハロウィン用のかぼちゃを売っているパンプキンパッチに行くことになった。

　寒い朝だったので、子どもたちに厚着をさせ、車に連れ込むだけで疲れた。近所の農場に着いたとき、ペイジと私はパーカーが青いパーカ（※ アノラック）に巨大な怒った顔のソーセージを詰め込んだようになっているのを見て、止まらないくらい笑った。ペイジは、私たちのまわりをグラントが興奮してぐるぐる回りだすと写真を撮らずにはいられなくなった。グラントはグラントで、自分のカメラで写真をぱちぱち撮っていた。

　それから私たちは地ビールの醸造所に行って、テラスで暖かい午後の太陽を浴びて昼食を食べた。

　「こんな休みが過ごせてうれしいわ」。ペイジが言った。「本当にいい。最近はあなたも前ほどストレスがないようね。本当にいろいろなことがよくなったわ」

　彼女の言うとおりだ。私たちは、仕事では何とかコーナーを曲がった気がする。私が古いラップトップとの格闘で時間を浪費しなくなったように、私のチームも生産的な仕事のためにより多くの時間を使うようになり、火消し作業は減ってきた。

　私が新しいラップトップを手に入れたことは、私たちの組織としてのパフォーマンスとはまったく無関係だが、古いがらくたがなくなって、大西洋横断の水泳中の私の首に誰かが縛り付けておいた 500kg の錨もなくなったような気がした。

　私たちはまだプロジェクト凍結の緩やかな解除のために格闘していた。私は、すべてのプロジェクトのうちの 25% の凍結を解除できると思っている。そして、ブレントの力を引き出すための新しいプロジェクトにも着手す

るつもりだ。

　不確実はことはまだたくさんあった。しかし、以前とは異なり、私たちの課題は、私たちが理解し、征服できる範囲に収まっているように感じる。私たちの目標は、ついに実現可能な感じになってきた。以前は、私を押し倒そうとしてどんどん人が私の上に積み重なり、私は膝を曲げて耐えているという感じがしたが、もうそんなことはなかった。

　サラを除きビジネスサイドが優先順位に同意してくれたので、私の仕事はまともなものになった。逆ではなく、私たちがイニシアティブを握り問題に取り組んでいるという感じを持てるようになった。

　私はこの状態が気に入っている。

　ペイジを見上げると、私に微笑みを返してくれた。しかしそのすぐあとで、パーカーが彼女のビールグラスをひっくり返したのが目に入ったので大騒ぎになった。

　午後の時間はあまりにも早く過ぎていった。しかし、今日は1年じゅうでももっともよい日のひとつになった。

15件の不在着信

　その日の夜、ペイジはソファーで私といっしょに丸くなっていた。私たちは、クリント・イーストウッド監督の映画『ペイルライダー』を見ていた。子どもたちはもう寝床に入っており、私たちがいっしょに映画を見たのは数カ月ぶりのことだ。

　イーストウッドが演じる主役の「プリーチャー」が9人の悪の副官たちを規則に従うようにして撃っていくのを見て、私はばかばかしいほど笑った。

　「これのどこがそんなにおかしいの？」ペイジは、そんな私を見て尋ねてきた。

　それを聞いて私はさらに激しく笑った。次の副官が背景のほうで撃たれたときに私は言った。「ほら、これを見てみろよ！　何が起きようとしているかはわかっているのに、保安官は道の真中にただ突っ立っているだけで、大虐殺を見ているだけだ！　風が保安官のコートのところで音を立てているところを見ろよ！　彼は銃を撃ちもしないんだぜ！　こいつは面白いよ！」

「あなたが言っていることはわけがわからないわ」。ペイジはそう言って、笑いながら首を振った。

ちょうどそのとき、私の携帯電話が鳴った。本能的に携帯を見た。

うわ、こりゃ大変だ。ジョンからだった。あの監査会議以来、ジョンのことを見聞きした人はいなかった。もう2週間も前のことだ。彼がクビになったわけではないことはわかっているが、それ以上のことは誰も知らなかった。私は本気で地元の病院に問い合わせて、彼がどこかでひとり療養しているわけではないことを確かめようと思っていたところだ。

ジョンと話をしたいのは山々だが、ペイジと映画から離れるのもいやだった。私は時計を見て、おそらくあと15分もすれば映画は終わると思った。最後の銃撃戦を見逃したくなかったので、電話の音を消した。映画が終わったらかけ直そう。

数秒後、電話がまた鳴った。私はまたミュートボタンを押した。

電話がまた鳴った。3度目もミュートボタンを押したが、急いでテキストメッセージを送った。「君からの電話はうれしい。でもすぐに出られない。20分後にかける」

信じられないことに、電話はすぐに騒ぎ出した。私は着信音をオフにして、電話をソファーの上のクッションの下に押し込んだ。

ペイジが尋ねてきた。「誰が何度もかけてきてるの?」

私が「ジョン」と言うと彼女は目をむいた。そして、私たちは映画の最後の10分を見た。

「この映画を今まで見ていなかったなんてどうかしてたよ」。私はペイジを抱きしめながら言った。「見て本当によかったよ!」

「今日はとてもいい日だったわ。また普通の生活が送れるようになって本当によかった」。彼女は私にハグを返して言った。そしてにこっと笑って立ち上がり、ビールの空ボトルを運んでいった。

私も同感だ。隠していた電話を掘り出すと、胸がドキドキした。「15件の不在着信」と表示されていたのだ。

突然、本当にまずいものを見過ごしていたのかと恐くなり、相手が誰かを急いでチェックした。全部がジョンからのものだった。すぐにジョンに電話をした。

「ビリー、君の声を聞けてよ、よかったよ。ひっく。我が友、我が我が親愛

なる古き良き友よ」。彼はよく聞き取れないことを早口で言った。
「ごめん、すぐにかけ直せなくて。ペイジと出かけてたんだ」。軽く嘘をついたことに罪悪感を感じながら言った。
「おー、いいんだよ。いなくなる、んーいなくなろうとしている、その前にだな、しゃっしゃっしゃいごに君に会いたいとお、思ってな」。ジョンは言った。
「いなくなる？『いなくなる』ってどういう意味だよ？　どっかに行っちゃうのか？」私は警戒しながら言った。ジョンはいったいどれくらい飲んでいるのだろうとも思った。すぐにかけ直すべきだったか？　電話の向こう側にいるジョンが睡眠薬を手にして空のボトルを持っているイメージが浮かんできた。睡眠薬はもう半分ない。

　ジョンの笑い声が聞こえた。ちょっとヒステリックに興奮しているようだ。「心配するなよ、ビリー。自殺しようってんじゃないんだ。まだ飲み足りないんだよ。ハッハッハー。今晩街を出る前に君と飲みたいだけだ。最後の１杯をおごらせてくれよ」
「それ、明日まで待ってもらえないかなあ？　今日はもうほとんど真夜中だし」。私は少しほっとしながら言った。

僕はたった１度も役に立たなかったのか？

　彼は明日までに長い旅に出ると言い、私は結局繁華街のハマーヘッドサルーンで彼と合流することになってしまった。
　駐車場に車を停めるときに、ジョンのボルボステーションワゴンがあるのをすぐにチェックした。彼の車の後ろにはU-ホールで借りてきたトレーラーが牽引されており、ドライバー側のドアの外にはビールの空缶の山があった。
　ジョンは、混んでいるバーの奥のブースにいた。一日じゅう飲んでいたことは明らかだった。最後に彼と会ってから、彼は風呂に入っておらず、服も着替えていないようだった。彼の髪の毛は油っぽく、起きたばかりのように派手に突っ立っていた。顔は無精ひげで覆われており、シャツには食べ物のシミがついていた。鍵と財布は塩コショウのボトルのそばに不用心にぽんと置いてあった。

ジョンは、ウェイトレスを早く早くと手で呼んだ。言おうとしていることを練習していたが、それでも実際に言ったときには早口でよくわからなくなっていた。「スコッチをふたつくださあい。僕のとこにいる我が友のとね。それからあ、あのうまいナチョスをお願い」
　彼女は明らかにすでに非常に多くのものを運んできているのだろう。私のほうを見てどうなんだという顔をした。私はうなずいたが、静かに言った。「まず、コーヒー２杯からよろしく。彼の面倒は私が見るから」。言いながら、テーブルに置きっぱなしになっていた彼の鍵に手を伸ばしてしまった。
　しばらく彼女は疑わしげに見ていたが、私に小さくにこっと笑い、歩いていった。
「ねえ、君ちょっとひどい感じに見えるよ」。私は率直に言った。
「友よ、ありがとう。君もな」。ジョンは答えてから、どっと大笑いした。
「君はずっとどこにいたんだい？ みんな君のことを探していたんだよ」。
「ずっと家にいたよ」。彼はテーブルの上のポップコーンをつかみながら言った。「本を読んでテレビを見ていた。最近のテレビにはなんかとんでもない番組があるね。まったく。でも、それからもうそろそろ自分は動いたほうがいいかなと思うようになってさ。今日はほとんど荷造りで潰れたよ。ただ さ、出て行く前にひとつだけ君に聞いておきたかったことがあるんだ」
「電話でそう言っていたね」。そう答えると、ウェイトレスがコーヒー２杯とナチョスを持ってきた。ジョンはテーブルの上のマグカップを怪訝そうに見ていたので、「心配するなよ。酒もあとで来る」と言った。
　ジョンにコーヒーを一口すするように勧めると、彼は言った。「正直に言ってくれよ。僕は君にとって役に立つことを何もしていないってのは本当なのか？ いっしょに働いたこの３年、僕はたったの１度も役に立たなかったのか？」
　私は深呼吸をして、彼に何を話すかを考えた。ある友人が何年も前に言ったことがある。「本当のことを言うっていうのは、愛情があるってことだ。本当のことを隠すのは、憎んでいるってことだぞ。いや、もっと悪い。無関心だってことだ」
　そのときは、私はその言葉を笑い飛ばしたのだが、その後何年も生きてきて、本当のことを言ってくれる人を持っていることは、とても貴重なことだということはわかった。向かい側に座っているジョンを見た。彼は完全に打

ちひしがれているように見えた。今ここで、彼が聞きたがっていることを言って楽にさせてやるのが正しいのかどうか迷っていた。

　しかし、意を決して言った。「ジョン、君はいいやつだし、まっすぐな気持ちを持っていることはわかっているよ。でも、フェニックスがメルトダウンしている最中に PCI 監査の人たちから財務の作業を隠してくれたときまでなら、役に立たなかったと言っていたかもしれない。君が聞きたい答えはこういうことではないと思うけど……、君のことを馬鹿野郎のひとりに入れたりはしていなかったってことをはっきりさせたいんだ」

　意外にも、ジョンはさっきよりもさらに元気がなくなってしまった。「おい、スコッチはどこ行ったんだ？」ジョンは叫んだ。それから私のほうに向き直って言った。「君は本気で言っているのか？　まる 3 年もいっしょに働いていて、ほんのちょっとも君のために役に立っていないというのか？」

　「3 年のほとんどは、ミッドレンジグループだったし、そのときにはあまり付き合いがなかっただろ？」私は穏やかに説明した。「そのときは、ウェブで独自のセキュリティガイダンスを見つけてきていたからね。実際に付き合いが深くなってからは、君は私に仕事をどっさり押し付けようとした。私だってセキュリティのことは気にしているよ。システムとデータに対するリスクをいつも探しているさ。でも、いつも溺れないように緊急の仕事には注目している。そして私の新しい職務では、私はただ会社が生き残るために役立つことをしようとしてきた」

　ジョンが言った。「でもさ、それこそ僕がやろうとしていたことでもあるんだよ。僕は君や会社が生き残るのを手伝おうとしているだけだ」

　私は答えた。「わかっているよ。でも、私の世界では、私はすべてのサービスを立ち上げて動かし続けることとフェニックスのような新しいサービスをデプロイすることに責任がある。セキュリティは、一歩下がったところにいなければならないんだよ。私はまずいセキュリティのリスクはわかっているつもりだし、私の管轄で大規模なセキュリティエラーが起きればキャリアが終わるようなことだということもわかっている」

　私は肩をすくめた。「私は自分のリスク管理の知識に基づいてできるかぎりよい判断を下すようにしている。でもね、君が私にするように望んだすべてのことが私の手元にあるほかのすべてのことと同じように役に立ったとは思っていない」

さらに言った。「あのさ。会社が君の力なしでSOX-404監査をうまくやり過ごしちゃったのがショックだったのかな？ あれで君が勧めていることの重要性や正当性に疑問を感じちゃったのかな？」

ジョンは、私を見つめ返しただけだった。

まるで合図に合わせたかのようにウェイトレスがスコッチを2杯持ってきた。ジョンは自分のほうをつかんでひと息に飲んだ。「もうひとつ、頼む」

彼女は私のほうを見た。私は首を横に振り、口の形だけで「お勘定よろしく、タクシーを呼んでもらえますか？」と言った。

彼女はうなずいて下がった。私は自分のスコッチをすすってジョンを見た。彼は頭を後ろに倒して何かをぶつぶつ言っていた。もう完全にわからなくなっていた。

ジョンのことを気の毒に思った。

テーブルから彼の財布を手に取った。

「おい」とジョンが声を上げたので、私は言った。「ウェイトレスにチップを払わないと。でも、家に財布を忘れてきちゃった」

ジョンは私のことを笑って、目をしょぼしょぼさせながら私を見た。「いいよいいよ、俺が払うから。いつだって払うよ」

「ありがとう」。私はそう言ってジョンの運転免許証を抜いた。ウェイトレスにそれを振って見せて、ジョンの住所を指さした。

ジョンの財布を返し、自分の財布を出して払った。

ジョンを立たせてタクシーに乗せた。彼の財布とキーがポケットにあるのを確かめ、タクシーの運転手に支払いを済ませた。ジョンにタクシーの運転手とやり取りをさせたくなかったからだ。

ジョンが家に向かうのを見届け、彼のステーションワゴンと彼の全財産のごく一部が詰め込まれたU-ホールを見て、首を振った。私は自分の車に戻り、次に彼と会うのはいつだろうと思った。

ジョンの決心

翌日、私はジョンの携帯に何度か電話をかけたが、彼は出なかった。結局、留守電を入れておくことにした。家に無事着いたか気にしていること、ジョンの車がどこにあるかということ、何か必要なことがあれば電話をして

くれということ……。

　噂というものはうるさいものだ。ジョンは入院した、逮捕された、エイリアンに誘拐された、精神病院に放り込まれた、といった話が広がっていた。

　私は昨晩ジョンと会ったことを誰にも言っていないし、今後も言うつもりはないので、こういった噂がどうやって生まれるのか不思議だった。

　ジョンからテキストメッセージが届いたのは、月曜の夜、グラントを寝かしつけたあとだった。急いで読んだ。「先日は家に送ってくれてありがとう。ずっと考えていた。明日午前8時のミーティングに君も参加するとディックに言ってある。面白いミーティングになるはずだ」

　ディックとどんなミーティングをするというのだろう？

　私は自分の電話を見つめた。一方では、ジョンが生きていて仕事もできる状態らしい、それはよいことだと思っていた。

　もう一方では、ジョンが会社で2番目に強い権力を持つディックと明朝ミーティングをすると言っている。たぶん、不安定な精神状態で、私が共謀者だと公言している。

　それはあまりよいことではない。私はすぐにジョンへの返事を打った。「君から知らせをもらって喜んでいる。大丈夫だよね？　ディックとのミーティングって何？　間に合わないかもしれないけど」

　すぐに返事が来た。「私は傲慢だった。昨日、自分がディックのことをあまり知らないことに気づいた。そこを変えなければならない。いっしょにね」

　ジョンが完全におかしくなっちゃったのではないかと心配して、私はすぐに彼に電話をかけた。彼は1度の呼び出しで出た。奇妙なくらいに陽気だった。「こんばんわ、ビル。土曜の夜は本当にありがとう。どうしたの？」

　「ジョン、君は何をしようとしているんだい？　明日のディックとのミーティングってのは何を話すのさ？　それに、なんで私を引っ張り込むの？」

　ジョンが答えた。「昨日はほとんど一日じゅうベッドにいた。やっとバスルームに行って戻ってくることができただけだったからね。頭はレンガで絞ったレモンのようだった。あの晩、君は私に何を買って飲ませてくれたの？」

　彼は私の答えを待たずに話を続けた。「バーでの最後の会話についてずっと考えていたよ。君は私ともっとも多くのものを共有する人なのに、その君

のために何も役に立つことをしていなかったのだとしたら、私と何も共有していないほかのほぼ全員にも何も役に立つことをしていなかっただろう」

ジョンはきっぱりと言った。「それは変えなきゃいけない」

明日のミーティングをキャンセルするように勧めたかったが、それを我慢してジョンが言うことを聞こうと思った。

ジョンは言った。「『ディックが本当に君を必要だと言ったら、また君とも話をする用意がある』ってエリックが言ったこともずっと考えていてね」

「うーむ、たった30分、『あなたのことを知りたい』ミーティングをやっても、そこまではいかないと思うけどなあ」。私は思い切り疑問だという響きで言った。

彼は穏やかに答えた。「人生ってさ、少なくとも自分が相手にする人間を理解するところから始めなきゃいけないんじゃないかな？ 悪くなるわけがないだろ？ 私はディックの仕事をもっとよく知りたいだけなんだ」

私の頭のなかにすぐにある光景が浮かんだ。ジョンが何かばかげたことを尋ねるか言うかして、ディックを完全に怒らせ、その場でディックがジョンをクビにし、続いて共謀者も取り除くということで私もクビになる。

それでも私は自分に言い聞かせた。「わかった。俺も行こう」

第 4 部

ビジネスとIT

　スティーブの謝罪を受け入れて出社したビルは、IT部門が今後2週間、フェニックスの仕事に集中し、それ以外はすべて停止することを提案する。これによりフェニックスは前進するようになったが、それと同時に、「プロジェクトの優先順位付け」と「開発運用リソースの稼働率」という新たな課題が浮き彫りになる。

　システム監査会議において、情報セキュリティの役割について、CISOのジョン・ペッシュとエリックが激しく対立。失望したジョンは姿を消してしまう。

第 25 章

10 月 14 日（火）

ビジネスを知る

　翌日の午前 7 時 50 分に私はディックのオフィスに向かった。角を曲がると、ジョンがすでにディックの秘書と談笑しているのが見えた。驚いてぽかんと口が開いた。ジョンの見かけはまったく変わっていた。

　シャワーを浴びて身体を洗ったのは明らかだった。ひげも剃り、6、7kg 軽くなったように見える。ヨーロッパ風のシャツとベストとしか私には表現できないものを着ていた。いつも来ていた少し大きめのシャツとは違い、ピンクのシャツは身体にぴったりとフィットしていた。それにベストが加わって彼はまるで……ファッションモデル？ ロンドンのクラブの人？ ラスベガスのディーラー？ のように見えた。

　ひげを剃り、穏やかで人懐っこい感じの笑みと完璧な姿勢、彼はまるで悟りを開いた修道士のようだった。

　特に目立ったのは、彼の 3 穴バインダーがもうないことだ。代わりに、きれいな黒と白の実験ノートとペンを持っていた。

「おはよう、ビル」。ジョンはにこやかに言った。

「やあ」。私は言った。「うーむ、最後に合ったときよりもずいぶん立派に見えるなあ」

　彼はにこっと笑っただけだった。それから、ディックの秘書に何かをそっと言うと、彼女は手をぽんと叩き、大声で笑った。それから立ち上がってディックのドアに向かい、私たちふたりについてくるように手を振って言った。「おふたりのミーティングを少し早く始められるかどうか確かめてみましょう。そうすれば、ディックと過ごす時間を延ばせます」

　私はジョンの後ろからディックのオフィスに入った。

「頭、きれいに刈ったね」。ディックは自分の禿頭を指さしながらジョンににっこり笑った。それからビジネスライクなトーンで言った。「で、用件は何かな？ 8 時半に約束があるから、時間を無駄にできないんだ」

　ジョンはノートの最初のページを開いた。まったく何も書いてない。「急

なアポイントメントでお会いする時間を作っていただきありがとうございます。あなたの時間を無駄遣いしないことをお約束します。私たちが誤った先入観を持たないようにしたいと思いますので、まずあなたが今このパーツ・アンリミテッドでなさっていることを教えていただけますか？ あなたの職務は正確にはどのようになっているのでしょうか？」

CFOの仕事って何ですか？

　ジョンの質問を聞いて私は恐怖に引きつった。これでは「子どもを職場に連れてこよう」で子どもが尋ねることで、会社の幹部が聞くようなことではない。
　私はすぐにディックの反応をうかがった。彼は一瞬驚いたような顔をしたが、平然と答えた。「面白い質問だね」
　彼はちょっとの間黙っていたが、やがて話に乗るかのように話し出した。「パーツ・アンリミテッドには15年前にCFOとしてやってきた。当時のCFOは、昔ながらの形に定義されていた。私のもっとも大きな職務は会社の財務上のリスク管理と財務計画、運用プロセスだった。当時でも、膨大な数の規制に対するコンプライアンスの問題があり、私はそれも担当していた。
　スティーブがCEOになってからすぐ、彼は全社を通じた計画の立案とその遂行を担当する上級幹部が必要だと言い、私がその職務を担当することになった。会社が目標を実現するために役に立つように、私は経営チーム全体の数値目標と指標のプログラムを作る。すべてのマネージャーは、いつでも説明責任を果たすことができ、成功のために必要なスキルを持っているようにしていく。それから、複雑な仕事を立ち上げるときには、かならず適切な利害関係者が参加するようにしていく。そういうことだ」
　ジョンは、新しいノートの1ページ目にすごい勢いでメモを取っていたが目を上げて尋ねた。「多くの人々があなたのことを『事実上のCOO』と呼んでいて、あなたはスティーブの右腕だと言っていますね」
　ディックは少し考えてから言った。「正式な肩書にはCOOの真ん中のOであるオペレーション、執行の文字は入っていないが、それは私の仕事の一部であり、もっとも好きな部分でもある。会社が我が社くらいに大きくなる

と、多くの事業プロセスが並行して進み、多くのマネージャーと作業者が仕事をするので、あらゆることが複雑になる。スティーブのように切れる人でも、現実的な戦略と数値目標を立て、実際に会社が何をできるかを客観的に評価するためには、助けを必要とする」

ディックはとても小さく笑ってから付け加えた。「ちょっと笑える話をしようか。みんなはスティーブよりも私のほうが取っ付きやすいと言っているそうだ。スティーブはとてつもなくカリスマ的であり、私は正直なところ小者だ。しかし、人は気にかかることがあるときに、決心が鈍らないようにしたいものだ。そこで、話を聞いてくれてスティーブにメッセージを伝えるのを手助けしてくれそうな人がほしくなる」

私は自分が前のめりで話を聞いていることに気づいた。ディックがジョンと私にここまでストレートに価値のある答えをしてくれていることに驚いた。

「あなたにとっていい日と悪い日はどのような違いがありますか？」ジョンがさらに質問を続けた。

ディックは、一瞬あっけにとられたようだが大声で笑い出した。「いい日ってのはこんな感じだよ。競合を完全に叩きのめした年度末、まだ財務諸表を締めてはいないけれども、全社員がこれはすごい四半期になるぞってことがわかっている。営業の連中は全員が予算を達成しており、トップセールスはすごいことになっている。そんなときには、うちのスタッフは、これから給与小切手に書く受取額にパニックになるだろう。

給与小切手の受取額が高いってことは会社が稼いでいるってことなので、私は気にしない」。彼はもっとはっきりと笑いながら言った。「スティーブも、ウォールストリートやアナリストたちに業績の発表をするときに気持ちが高揚してくるだろう。いかに好調だったかを強調するわけだから。そういう結果が出るのは、勝利を呼ぶ戦略を立て、正しい計画を立てて遂行する能力を持っていたからだ。社内のあらゆる部分がチームとしてうまく機能し勝利を勝ち取ったということだ。

そんな日は私にとってとてもうれしい日だ。いつまでも計画を立て続けることは誰でもできるが、計画を遂行して実際に目標を達成するまでは、空理空論でしかない」。そして、ディックの笑いは消えた。「もちろん、こういう日はもう４年以上もないが」

ディックの表情は不満げになり、怒っているのかと思うほどになった。「悪い日は、2週間前のようなときだ。ITのエラーで四半期の帳簿を締めることができず、競合との差を埋めるためにもっとも重要なプロジェクトを遂行できない。顧客は減る一方で、監査人たちは帳簿の修正について雑音を立てる。そして取締役会は、私たちがそんなへまばかりしているので、役員を全員解雇しようかどうしようかと議論している」

　ディックは首を振り、青ざめた疲れた笑いを浮かべる。「そういうときには、問題は経済なのか、会社の戦略なのか、経営チームなのか、君たちITの連中なのかということになる。そして、問題の根源は私かもしれないということになる」

　ジョンはノートを見ながら尋ねた。「今年の目標、数値目標、指標はどうなっていますか？」

　ディックは椅子から立ち上がって自分のデスクに歩いて行き、「これを見せよう」

　ディックは、デスクの上に開かれていた薄い黒の3穴バインダーを手に取り、私たちの反対側に座ると、開いたバインダーを見せた。「ここに私が毎日見ているスライドが2枚ある」

CFOの目標

会社の健全性の維持
収益　…
マーケットシェア　…
平均受注額　…
収益性　…
総資産利益率　…
財務の健全性の維持
受注から現金化までの日数　…
売掛金　…
正確でタイムリーな財務報告　…
借入費用　…

「これらが財務のために設定した目標と数値目標だ」。ディックが説明してくれた。「私が学んだのは、財務の目標は重要だが、もっとも重要なものではないということだ。財務がすべての数値目標をクリアしても、会社は失敗するということがありうる。結局、世界でもっとも優秀な売掛金チームを抱えていても、市場が間違っていて、製品戦略が間違っていて、R&D チームが製品を作れないなら会社を救うことはできない」

驚いたことに、ディックが話しているのはエリックの第 1 の道のことだった。ディックは、組織の一部だけの目標ではなく、組織全体の目標達成を確かめるシステム的な思考について話しているのである。

会社の目標を担うのは誰ですか？

私がそのことを考えていると、ディックは 2 枚目のスライドを指さして言った。「2 枚目のスライドは、私がより重要だと考えている会社の目標だ。私は毎日このスライドを見ている」

競争力があるか？
顧客のニーズと希望の理解：何を作るべきかわかっているか？
製品ポートフォリオ：正しい製品を作っているか？
R&D の有効性：効果的に製品を作れているか？
市場投入のタイミング：製品を早く出荷できているか？
営業パイプライン：製品を関心に基づく期待につなげられているか？

有効に動けているか？
時間内の配達：顧客は私たちが約束したものを手にしているか？
顧客維持：顧客は増えているか減っているか？
営業予測の正確性：これを営業計画に組み込めているか？

ジョンと私はスライドをじっくり見るために前のめりになった。通常、私のようなマネージャーは、部門の数値目標しかみない。このスライドは、もっと大きな目標を示している。

私が考えていると、ジョンがスライドを指さして尋ねた。「これらの指標

のうち、どれがもっとも危ないですか？」

　ディックは冷たく笑った。「全部だ。製品ポートフォリオということでは、競合にやられっ放しで、毎日シェアを奪われている。フェニックス・プロジェクトには 2000 万ドルと何年もの歳月を費やしたが、市場ではまだ競争力をつかめていない。小売、製造という側面では、顧客満足度は下がっていて、顧客を失っている。営業は何とかして顧客を連れ戻すと約束しているけどな」

　ジョンは、ノートのどこかにアンダーラインを引いている。「これのコピーをいただいてもいいですか？ ビルと私はこれをもっと勉強して、チームに理解を徹底させたいと思います。そうすれば、私たちがするすべてのことがこれらの目標に向かっての前進に役立つようになるはずです」

　ディックは少し考えて言った。「いいよ。問題ない。私の秘書に言って君たちが帰るときにコピーを上げよう」

「もうひとつあります」。ジョンが言った。「これらの戦略的プロジェクトや指標の一つひとつについて、実行責任と説明責任を負っているマネージャーはそれぞれ誰なんでしょうか？」

　ディックは見直したというようにジョンのことを見た。私もだ。ジョンにこのような側面があることは今まで知らなかった。

　ディックは言った。「名前が入っているスプレッドシートも秘書から渡すようにしよう」

　ジョンは感謝の言葉を言ってから時計を見た。「もう少しで時間オーバーになるところでした。この時間はとてもすばらしいものでした。あなたの日常について私たちに話す時間を作っていただきありがとうございます。私たちのどちらかがあなたのためにできることはありますか？」

　「もちろんだ」。ディックは答えた。「フェニックスの仕事に全力を注いでくれ。フェニックスがうまくいかなければ、我が社は泥沼から這い出せない」

　私は眉をひそめた。もう１度２枚目のスライドを見た。フェニックスは、ディックが私に力を注いでくれと頼むべきものではないような気がした。

　しかし、その理由をうまく言葉にすることはできなかったので、私はただ答えた。「はい、わかりました。月末までにかならずよい知らせをお持ちします。そのよい知らせがどのようなものになるかはまだはっきりとわかりませんが、上級幹部とのやり取りでは、悪いニュースを言うべき時間と場所が

あることを学びました。これはどちらでもありません」

「わかった」。ディックは唇をきっと結んで微笑んだ。私たちは気持ちよく挨拶を交わして彼のオフィスを出た。

エレベーターのドアが開くと、ジョンが私に言った。「うちの会社がSOX-404監査の追及を避けおおせたことと、ディックの2枚目のスライドには、何かとてもよく似たところがあると思う。まだはっきりと言うことはできないけど、ここにはもっとよく理解しなければならないことが含まれていると思う」

「そうだと思うよ」。私は言った。「ディックは自分の指標がどれだけITに依存しているのかをよくわかっていないように思う。彼は私にフェニックスのことを頼むと言ったけど、すべての数値目標のことを頼まなければならなかったんじゃないかな」

私たちはいっしょにエレベーターに乗った。「今日、あとで会えるかな？ この点を結べるかどうか考えてみようよ。会社が目標未達を繰り返す理由とITが低く評価され続けている理由を説明する失われた環の上に私たちはいるんじゃないかな」

「そうだね」。ジョンは興奮して言った。

ITの本当の必要性は何ですか？

私は気持ちが高揚してくるのをほとんど抑えられなかった。ジョンが提案したディックとのとんでもないミーティングは、非常に重要なことを明らかにした。

私たちが解明しようと努力していることがどんなことであれ、第1の道にとってきわめて重要だということは確実だと思う。ディックは、ITの本当のビジネスコンテキストを理解する必要性を語ったのだ。

そして、ディックが見せてくれた経営トップの指標とその前提となるITの数値目標を結び付けたことのある人はまだいない。

ディックが、ITは壊れている、ITはなまくらでずきずきする痛みを広げていくというぼんやりとした感覚しか持っていないことは不思議なことではない。私たちの次のステップは明らかだ。私たちは、その痛みを具体的で目に見えるものにしなければならない。それによって、ITは壊れる回数を減

らせるだけでなく、ビジネス全体の勝利に貢献できることをディックに理解してもらうのだ。

　この問題はきわめて重要で緊急性が高いので、暗闇のなかで手探りでもがいているわけにはいかない。エリックに電話してアドバイスをもらう必要がある。2号館のロビーでエリックに短縮ダイヤルで電話をかけた。
「はい？」エリックの返事が聞こえた。
　私は言った。「おはようございます、エリック。私は今、ディックとすばらしいミーティングをしてきたところです。その内容を突き詰めて考えるためにちょっとお時間をいただいてもいいですか？」
　彼が面倒臭そうに「ああ」と言うと、私は彼にミーティングの内容、ミーティングが実現した経緯を説明し、何か重要なことが明らかになったという自分の確信について話した。
「ジミーもなかなかいいことをやるじゃないか。いや、『ジョン』と呼んでやろうか。彼もようやくドツボから頭を引っこ抜いて見るべきことを見るようになったようだな」。エリックは皮肉っぽくなく笑いながら言った。「第1の道の一部として、ITが活動しているビジネスシステムのことを本当の意味で理解する必要がある。W・エドワーズ・デミングは、これを『システムの理解』と呼んだ。ITにはふたつの困難がある。一方では、まだ誰も正確に言葉にしていないが、ITが維持、保護のために責任を負っている組織のための仕事がある。もう一方では、ジョンが明らかにしたように、組織の別の部分が十分にリスクを緩和してくれるため、彼にとっては何よりも大事だと思っていたIT統制は不要だった。

　ITの内部にとって本当に重要な仕事の範囲はこういうものだ。そして、スフィア氏がフラットランドのあらゆる人々に言ったように、ビジネスが目標達成のためにITを必要とする場所を見つけるためには、ITの領域を離れて考えなければならない（※　エドウィン・アボット『フラットランド』参照）。君たちの課題はふたつある。ひとつは、ITが守備範囲を過小評価しているところ、つまり君が管理しているプロセスやテクノロジーの一部がビジネスの目標達成を危険にさらしているところを君が見つけなければならない。そして第2に、財務諸表の重大な誤りの検出には不要だったSOX-404 IT統制などのように、ITの守備範囲を過大評価しているところをジョンが見つけなければならない。

りんごとオレンジを混ぜているのではないかと思うかもしれないが、そんなことはない。もっとも賢い監査人たちのなかには、内部統制の目的は、財務報告の信頼性の保証、法律や規制の遵守、業務の効率性と有効性の3つだけだと言っている人々がいる。それだ。君とジョンが話していたのは、『COSO キューブ』と呼ばれるものの別々のスライドだったのだ」

私はただ聞くように自分を抑えつけた。そして、あとでグーグルで用語を調べられるようにすごい勢いでノートを取った。

エリックはさらに話を続けた。「君とジョンは、ディックの2枚目のスライドに書かれていた個別の目標の事業プロセスオーナーと話をしなければならない。彼らの正確な職務は何か、彼らの目標を支えている事業プロセスはどんなものかをはっきりと知り、その目標を危険にさらすもののトップリストを聞いてくるのだ。

君たちは、ディックの一つひとつの目標を達成するために必要な価値の連鎖を理解しなければならない。たとえば、100台のトラック部隊を使って荷物を運ぶ国際的な貨物運送会社なら、企業の目標のひとつは顧客に満足を与えることと時間内に配達することだ。

時間内の配達を危険にさらす要因のひとつが車両故障だということは誰にでもわかる。車両故障の原因のなかでも大きいのはオイル交換ミスだ。そこで、このリスクを緩和するために、8000km 走るたびにオイル交換をするという車両運用のための SLA（※ サービス品質保証契約。サービス提供者が契約者にサービスの品質としてどの程度のものを保証するかを文書化したもの）を作る」

エリックは明らかに自分も楽しみながら説明をしていた。「我が社の KPI（重要業績評価指標）は、時間内の配達だ。それを実現するためには、たとえば、必須のオイル交換を実施した車両の割合のような新しい前向きな KPI を作ることになる。

車両の 50% しか必須のメンテナンス方針を守っていなければ、近い将来に、トラックは運んでいる荷物もろともに道路から外れて迷子になってしまい、時間内配達の KPI は達成できなくなる。

人は、IT がオイルを使わず物理的に荷物を運ぶわけでもないからといって、IT には予防的メンテナンスが不要だと思ってしまう」

エリックはくすくす笑いながら言った。「IT の仕事、IT が運ぶ荷物は目に見えないので、コンピュータをまた動かすためには、コンピュータにもっと

神秘的な砂をまいてやらなければならない。

　オイルのような比喩を使うと、このようなつながりがわかりやすくなる。予防的なオイル交換と車両のメンテナンスポリシーは、予防的なベンダーパッチと変更管理ポリシーと似ている。ITがいかにしてビジネスの業績評価指標を危機にさらすかを示せば、ビジネスはよりよい意思決定をできるようになる。

　最後にあとひとつだけ言っておこう。ジョンにはかならず自分の課題をやらせろ。彼はSOX-404監査チームの財務サイドの人々と話をして、彼らがどのようにして監査の危機を乗り切ったのか、実際の統制環境がどうなっているか、実際にどこに信頼を置いているかを正確に学び、それを君に説明しなければならない。

　君は、ディックの目標とITがそれを危険にさらすことを結びつける価値の連鎖を突き止めたらディックとのミーティングに臨める。過去にITの問題がどのようにして目標を危険にさらしてきたか具体例を示せ。しっかりと準備するんだぞ」

　エリックは最後に「そのミーティングには、ぜひ私も呼んでくれ。君が学んだことをディックに示したときにディックがどんな顔をするか見てみたい」と言って電話を切った。

第26章
ITへの不満

10月17日（金）

　パティは会議室に入ってくると、すっかり装いを新たにしたジョンの姿を見て大声を上げた。「あら、ジョン、かっこよくなっちゃって」

　驚いたことに、ウェスは入ってきても違いにまったく気がつかなかったようだ。

　みんなが揃っているので、私は急いでエリックから学んだことを話した。私たちは、パティと私とで事業プロセスオーナーに「顧客のニーズと希望の理解」「製品ポートフォリオ」「市場投入のタイミング」「営業のパイプライン」についてインタビューを始めるとともに、ジョンはエリックが指揮するビジネスサイドのSOX-404対策について調査、研究することを決めた。

　今日は金曜であり、法人営業担当VPのロン・ジョンソンにインタビューすることになっている。彼とは買収統合プロジェクトのメンバーとして数年前にいっしょに仕事をしたことがある。ロンが今街にいるというのが驚きだった。彼はたいてい本社にはおらず、世界中を飛び回って契約交渉やトラブルになった顧客との交渉に当たっている。ロンはいっしょに出張してもっとも楽しい人のひとりと言われているが、そのとおりだろう。彼の出張報告書の厚さがそれを証明している。

　パティと私は2号館の彼のデスクの前に座っていた。ロンが会議電話で同僚に大声でしゃべっているのを聞きながら、壁にかかったロンのさまざまな写真を見ていた。ゴルフコース、トップセールスで表彰された人々と出かけた観光地のプレジデンツクラブ、顧客との握手。部屋の隅には、フェイクの植木が置いてあり、無数のカンファレンスバッジなどが付けられていた。

　このオフィスは、間違いなく人の前に立つことが好きな人のものだ。ロンは大きくて社交的であり、笑い声も大きい。

　しかし、シカゴである夜、彼と何杯もスコッチを飲んだときに、彼の身のこなしは、丁寧に作りこんだ人格のものだということがわかって驚いた。彼は外向きには非常ににぎやかで外向的だが、もともとは内向的であり、営業

の規律について非常に分析的であり厳しい面を持っている。彼が電話で誰かを厳しく叱責しているのを聞くと、混沌としていて予測不能だなどと言われている営業の規律でも、ITよりはずっときちんとしていると感じた。そして、それはどうにもおかしなことだと思う。

営業には、少なくとも販売キャンペーン、それによって生み出されたプロスペクト、リード、クオリファイドリード、営業チャンスという営業パイプラインまでの予測可能なファネルがある（※ 商品に薄い関心を持つ人は多く、実際に買う人はそれよりも少ないということで、これらの人々の層は漏斗：funnel形をしている。プロスペクト、リード、クオリファイドリード、営業チャンスは顧客になりそうな人の関心度別の層）。ひとりのセールスパーソンが数字を失っても、営業部門全体を危機に陥れることはまずない。

それに対し、ITのエンジニアは、一見小さくて無害に見える変更を加えた結果、全社規模の破壊的なアウテージを引き起こすだけで、私をクビにすることができる。

ロンはぷつんと電話を切った。「申し訳ない。訓練しているつもりなんだけど、うちのチームはときどき野生動物のような動きをする」。彼はまだ怒った様子で言った。彼は持っていた文書を真っ二つに引き裂くと、ゴミ箱にそれを投げ込んだ。

私は黙っていられなくなって口を出した。「おいおい、ロン、リサイクルボックスはすぐ横にあるよ」

「ゴミ処分場がいっぱいになるはるか前に俺なんか死んでいるよ」。彼は大声で笑って言った。彼はすぐに死ぬかもしれないが、私の子どもたちはまだまだ死なない。私はなぜやってきたかを説明しながら、デスクの下に手を伸ばし、ゴミ箱から紙を取り出してリサイクルボックスに入れた。「あなたは『営業パイプライン』と『営業予測の正確性』のオーナーですよね。これらの目標を達成するために大変なところについて話していただけますか？」

「俺はITのことはよく知らないよ。俺の部下の誰かのほうが適任じゃないかな？」ロンは答えた。

「心配しないでください。ITに関係のあることなど一切尋ねませんよ。ただ、あなたの指標について話していただければいいんです」。私は答えた。

「わかった。ITは君たちの領分だからな……」。ロンは言った。「営業予測の正確性について話したければ、まず、営業予測がなぜめちゃくちゃに不正

確かというところから知る必要がある。話は、スティーブとディックが馬鹿げた売上目標を私に渡してくるところから始まる。私はどうやってそれを達成するか悩む。何年も前から、私は自分のチームに過大なノルマを課さなければならなくなっている。当然、私たちは目標未達を繰り返している。スティーブとディックには毎年毎年このことを言っているのだが、彼らは聞く耳を持たない。おそらく彼らは取締役会で何か口からでまかせの売上目標をしゃべっているのだろう。

　これは会社の経営方法としては馬鹿げている。私のチームの士気は低下しており、トップセールスを上げた連中は雪崩を打って会社を辞めている。もちろん、代わりの人間を充てるけれども、その代わりの人間がフルに力を出すようになるまでには少なくとも1年かかる。こんな経済状態でも、優秀なセールスパーソンを見つけるには時間がかかりすぎる。

　何に頭に来ているかわかるかい？ サラが小売店を買収すれば売上が上がるって約束したんだ。で、どうなったか？ 全然変わりゃしないよ。

　この会社は全然ダメだよ。今朝はディストリクトマネージャーのひとりが電話してきた。うちの新製品の燃料噴射装置キットがすべての担当店舗で完全に品切れになっているから送ってきてくれなきゃ困るって言うんだよ。一番簡単な売上をみすみす失っているんだよ。顧客は買いたいと思っているのに、手ぶらのまま店を出て行って、たぶん競合のどっかが出しているくだらないものを買っていくんだろう」

　ロンが怒って言った。「顧客が何をほしがっているのかまったく手がかりがつかめないんだ。絶対に売れない製品がどっさりあって、売れる製品は足りなくなってる」

　彼が言っていることは聞き覚えのあることだ。私はディックのスライドをもう1度見て言った。「あなたは、『顧客のニーズと希望の理解』が十分に把握できていないので、『営業予測の正確性』が危機に瀕していると言っているわけですね？ どの製品が品切れになっているかがわかれば、営業成績を上げられると」

「それだよ」。彼は言った。「店舗での販売では、それがもっとも簡単で早く売上を上げる方法だ。大手のバイヤーの気まぐれに付き合うよりもずと簡単だ。間違いないよ」

　私は、品切れデータがどのようにして作り出されるかをはっきりさせるこ

ととノートに書いた。パティもすごい勢いでノートを書いていた。

ロンに営業パイプラインプロセスとその課題について尋ねると、苦情をいやというほど聞かされた。マネージャーたちにとって、CRM（顧客関係管理システム）から必要なレポートを取り出すのがいかに難しいか、営業部門全体に対して日常の仕事で CRM を使わせるのがいかに大変か。

しかし、ロンの不満が本当に噴出したのは、彼にとって悪い日はどういうものかを尋ねたときだった。

営業にとって「悪い日」

「悪い日だって？」とロンは繰り返し、私をじろっとにらんだ。「ビル、数週間前のように君が管理している MRP（資材所要量計画システム）と電話システムがダウンすると、本当に破滅的な被害が出るんだよ。MRP のアウテージだけでも、注文した品物が納期に遅れて顧客が怒鳴りこんできた。そのうちの 2 件は、25 万ドル分の注文がその場でキャンセルだ。一番のお客さんたちが 150 万ドル分の契約を再入札にかけようとするのを必死になって何とかしのいだんだ」

ロンは身を乗り出して言った。「そして四半期の最後の数日に電話が落ちただろう。あのときは、顧客が注文を出したり最終変更をしたりすることができなくなった。これでまた 150 万ドル分の注文が納期遅れになり、10 件の顧客が契約を見直して 500 万ドル分の契約が危なくなったんだ。

君のおかげで私の仕事は本当にすごく迷惑しているよ。うちの多くのセールスパーソンが自分ではどうにもならないことのためにわずかな差でノルマを達成しそこなったんだ。IT エラーのおかげで遅れた注文で未達になった部分については、ノルマ達成を認めてくれってスティーブに言ってるよ。そうじゃなきゃ、士気が下がる」

私は顔を歪めた。スティーブは、フェニックスに腹を立てた顧客たちにクーポン券を配るというサラの提案と同じようにそのアイデアも受け入れるだろう。

「私の管轄下で起きたことについては本当に申し訳ないと思っています。言い訳はできません」。私は真摯に謝った。ベンダーが電話のスイッチに無許可で変更を加えたということを説明し、そのようなことが二度と起きないよ

うに手順を整備したことも話した。

「そういうわけで、管理方針を変えましたが、それまではご存知のように訓練して信頼するというだけでした。方針を貫徹するためには、どこかの時点で監視が必要になるんです。ただ、情報セキュリティがデプロイした以上のライセンスの拡張が必要になるんですが、最近、緊急資本注入は難しくなっていまして。特にIT運用だと厳しいんです」

ロンは真っ赤になった。「なぜ？ 一体何のためにその節約をしているんだ？ たぶん、サラが夢見ている別のバカバカしい買収話だろう」。ロンは冷たく笑った。「それっていくらの話なんだい？」

額を言うと、彼はげっそりしたようだ。「毎週工場の芝に水やりするためにもっとお金を使っているじゃないか。私からこのことをディックに言ってやろう。そっちに金を使わなければ、注文を失うってな。君のプロジェクトは、うちのセールスチームがしているハードワークを蓄積するための保険だろう？ それをやらないならバカだ」

「私たちもそう思います。支援していただきありがとうございます」。私は言った。「ではそろそろ時間切れになりますので。何かほかに私たちがお役に立てる障害とか難問といったものはありますか？」

ロンは時計をちらっと見た。「いや。そのベンダーが電話システムをまた壊すようなことがないようにしてくれ。いいね？」

パティはエレベーターホールに着くまでノートをひっくり返して見ていたが、随分勇気づけられたようだ。彼女は言った。「ロンは、電話とMRPのシステムがいかに大切かという話をしていたけど、在庫管理システムをはじめとしてほかにも大切なシステムがあるわね。ロンを支援するアプリケーションとインフラストラクチャの完全なリストを作るわ。そのなかにひとつでも脆弱なものがあれば、交換が必要なもののリストに追加する必要がある。これは積極的な仕事をするためのいいチャンスだわ」

「まったく同感だよ」。私はにこっと笑って言った。「予防的な仕事は、会社のもっとも重要な目標を支援する。どうやってそれを知るか。そのために、ディックがもっとも気にしている指標から始めたんだよ」

私は成果に満足していた。次のインタビューが本当に楽しみになった。相手はフェニックスの予算を負担しているマギー・リーだ。

事業部門の不満

　パティと私は、次の週の月曜にマギーに会った。週末、サラがミーティングの議題を教えろとか、中止しろと脅すメールを送ってきた。しかし、返事にディックとスティーブを引用すると、勢いは弱まった。それでも、自分の部門を引っ掻き回すなと言ってきた。

　私は心配していなかった。パティと私はマギーとはしょっちゅう仕事をしている。マギーの部門はITプロジェクトの半分以上の予算を負担している。何よりも、マギーは個々の店舗の品揃えを最適なものにする責任者であり、商品カテゴリと価格のロードマップのオーナーになっている。

　マギーは、自分の職務をひととおり説明したうえで、そのまとめとして、「最終的に、顧客のニーズと希望は、顧客が友人に我が社の製品を薦めるかどうかを基準として判断しています。どのような切り口で判断しても、この指標はあまりよくありません」

　なぜかと尋ねると、マギーはため息をついた。「私たちはほとんどの時間を通じて何も見えないところを飛んでいるんです。営業データから顧客が望んでいるものがわかればいいんです。そう言うと、受注処理システムや在庫管理システムのデータを使えばわかるだろうと思うかもしれません。でも、これらのデータは基本的に間違っているので使いものにならないんです」

　パティが私のほうを意味ありげに見た。マギーの話はさらに続いた。「うちのデータの品質はひどいもので、予測のためにはとても使いものになりません。私たちが持っている最良のデータは、2カ月に1度の店長面接と年に2度のフォーカスグループインタビューから得たものです。こんなやり方では、10億ドル規模のビジネスを経営し、成功を期待することはとてもできません。

　前の職場では、毎日売上と品切れのレポートが届いていました。しかし、この会社では財務から月に1度ずつ来るだけで、しかも間違いだらけです。何を期待できると思いますか。レポートを作ったのは大学から来たインターンたちで、無数のスプレッドシートの数字をコピペしているだけです」

　「もし魔法の杖があったら、代わりにどうしますか？」と尋ねてみた。

　「その魔法の杖はどれくらいの力があるんですか？」と逆に尋ねられた。

　私はにっこり笑って、「何でもやりたいことができるんです」と答えた。

マギーは笑いながら言った。「それはすごく強力な杖ね。店舗とオンラインチャネルから正確でタイムリーな受注情報がほしいですね。私たちが作り上げたサーカスのような操作をしなくても、ボタンをひとつ押せば出てくるようにしたいです。そのデータを使って販促キャンペーンを打ち出し、そのなかでA/Bテストをして、顧客が飛びつく製品を見極めます。うまくまわる製品が見つかったら、顧客リスト全体にそれを送ります。こうすれば、ロンのために大きくて予測に使える営業ファネルを作れます。

私ならこの情報を使って製造スケジュールを考えます。そうすれば、需要供給曲線を管理できます。正しい店の棚に正しい製品を送り込み、在庫を切らさないようにすることができるでしょう。顧客あたりの売上額は最大限まで伸ばせるでしょうし、平均受注額も上がります。そうすれば、マーケットシェアを上げて、また競合を叩けるようになるでしょう」

マギーは、この話をしているうちに、元気が出てきて気持ちが高揚してきたようだった。しかし、彼女の熱意はやがて冷めていった。打ちひしがれたように彼女は言った。「でも、私たちは今のシステムを使うしかないから」

「ちょっと待ってください。フェニックスはこのような状況を変えるためのものだったんじゃないですか？」私は尋ねた。

彼女はうんざりという表情でふんと笑った。「私たちがフェニックスからもらったのは、たくさんの約束だわ。もともとはこのようなレポートをたくさん作るはずだったけど、何かをリリースしろという政治的なプレッシャーがかかって、機能はどんどん減らされていきました。来年のいつかまで先延ばしになったのはどの機能だかわかりますか？」彼女は不信感でいっぱいという様子で目をむいた。

「レポートですか？」私は最悪を恐れて答えた。

マギーがうなずいても、私は明るい話をしようとした。「それでは、その魔法の杖が効いたとします。店からはすばらしいアイデアが届くようになりました。店には適切な製品を送ることができており、あなたが言っていたキャンペーンは、あなたの予想をはるかに超えて成功しています。するとどうなりますか？」

「人生が楽しくなります」。彼女は目を輝かせて言った。「去年、新しいスポーツカーのためのカスタム燃料噴射装置を出荷したんですよ。アイデアから店頭までちょうど6カ月で市場に出せました。大成功ですよ。デザイナー、

R&D、マーケティング、みんなすばらしかった。正しい品質、正しいブランドの正しい製品を正しい場所に正しい価格で出したんです。これは、その年のベストセラー製品のひとつになりました。

私たちはリスクを取って大成功したのです。小売の動き、R&Dと製造のすばらしい能力がもっとよく見えれば、毎年50ずつそういうものを作れますよ。そのうち4つは、空前の大ヒットになります。利益が出るだけではなくて、とてつもない利益が出ます」

パティが口をはさんだ。「製品を市場に投入するまでの期間として許容できるのは何カ月までですか？」

マギーはすぐに答えた。「今ですか？ 6カ月ですね。長くても9カ月が限度です。そうでないと、どこか中国の企業が私たちのアイデアを盗んで競合の店に商品を並べ、市場の大半をかっさらってしまいます。

競争の激しい現在、ポイントは市場に出すまでのスピードであり、勝敗はあっという間についてしまいます。製品開発に2年以上かけるようなことは考えられません。勝ち負けがはっきりするまで待っているわけにはいかないのです。市場からのフィードバックを絶えず組み込んでいくためには、サイクルは短く、スピーディでなければなりません。

しかし、それはまだ話の半分でしかありません。製品開発サイクルが長引けば、会社の資本が塩漬けになり、リターンがありません。ディックは平均でR&D投資から10%以上のリターンを期待しています。これは社内のハードルです。そのハードルを越えられないのであれば、会社の資本は株式市場に投資するか競馬に賭けるほうがよかったということになります。

R&Dに投下した資本が2年以上WIPとして塩漬けになり、会社にキャッシュバックがなければ、会社に収益をもたらすことはほとんど不可能になります」

何ということだ。マギーの話も不気味なくらいエリックに似てきた。サイクルの時間を絶えず短縮していかなければならないというのは、第1の道の一部だ。顧客からのフィードバックループを強化しなければならないというのは第2の道の一部だ。

しかし、最長9カ月以内に会社にキャッシュバックを返さなければならない？ フェニックスにはほとんど3年かかり、しかもまだ期待されたビジネス価値を生み出していない。

私たちはフェニックスをまったく間違った道に引っ張りこんでいるのではないかと恐ろしくなった。
　時計を見ると、約束の時間はほぼ終わっていた。フェニックス以外にITが彼女の目標達成を邪魔している側面はないかと尋ねた。
　マギーの表情は暗くなった。「ええと、実はもうひとつ……」
　そしてマギーは、ITプロジェクトの要員をめぐる競争が激しすぎることを指摘した。「私たちの計画の視野に入るのは6カ月から12カ月です。今から3年後に彼らにどのプロジェクトをしてもらうべきかなんて誰がわかりますか？」彼女は怒った感じで言った。それを見て、私はすぐにロンを思い出した。
　人々を団結させようと思うなら、ITについての不満を言わせるのが一番だ。「あなたの不満はよくわかります」。私は感情を出さずに言った。「解決のためのアイデアはありますか？」
　マギーは、ITの要員を増やす、彼女のグループ専任のIT要員を設ける、ITプロジェクト待ちを悪化させるプロジェクトを精査するなどのアイデアを出してくれた。
　ほとんどは新しくないものだが、ITの予算拡大という考えにちょっと反応した。スティーブやディックには絶対にないことだ。
　マギーのオフィスを離れると、パティが「信じられない」と叫んだ。「マギーもロンもあんなに不満を抱え込んでいたなんて。受注処理システムや在庫管理システムのデータが信じられないという話がまた出てくるなんて思ってた？　しかも、今の設計のままでは、フェニックスはデータの品質問題を解決できないなんて」
　私はうなずき、きっぱりと言った。「ジョン、ウェスとミーティングをしよう。今までに学んだことを彼らに見せよう。クリスも呼ばないと。これはIT運用だけの問題じゃないよ。アプリケーションをどのような順序で開発していくかも変わらないといけないかもしれない」
　マギーと分かれてから、フェニックス関連で計算してみたことをもう1度見た。
　私たちは3年以上かけてフェニックスに2000万ドルをかけている。このプロジェクトに溜まっているWIP、塩漬けになっている資本のことを考えると、10%という社内のハードルをクリアすることは決してないだろう。

言い換えれば、フェニックスは承認すべきではなかったのだ。

第27章
サルでもわかる基本

10月21日（火）

パティ、ウェス、クリス、ジョンと会議室にいる。パティと私の作業の進行状況を報告するためだ。

私が口火を切った。「ディックの会社の指標スライドで事業プロセスオーナーとされているロンとマギーにインタビューしてきた。少し時間を使って学んだことについて考えてきた」

私は自分のノートを取り出してホワイトボードに歩いていって書いた。

「パーツ・アンリミテッドがビジネスの成果として望むこと：収益の増加、マーケットシェアの拡大、平均受注額の増大、収益性の回復、総資産利益率の増加」

そして、次の表を書いた。

業績の指標	必要とされているIT	ITに起因するビジネス上のリスク	必要とされているIT統制
1. 顧客のニーズと希望の理解	受注処理、在庫管理システム	データが不正確、レポートがタイムリーでない、リワークが必要	
2. 製品ポートフォリオ	受注処理システム	データが不正確	
3. R&Dの有効性			
4. 市場投入のタイミング（R&D）	フェニックス	3年の開発期間とWIPのために内部収益率の目標を達成できそうにない	
5. 営業パイプライン	CRM、マーケティングキャンペーン、電話/留守電、MRPシステム	営業のマネージャーがパイプラインを表示/管理できない、顧客が注文を追加/変更できない	
6. 時間内の配達	CRM、電話/留守電、MRPシステム	顧客が注文を追加/変更できない	
7. 顧客維持	CRM、カスタマサポートシステム	営業が顧客の健全性を管理できない	
8. 営業予測の正確性	（1と同じ）	（1と同じ）	

ホワイトボードを指しながら、私は説明した。「最初の欄は、ディックが望む成果を実現するために必要なビジネスの能力や手順だ。第2の欄は、それらの事業プロセスが依存しているITシステムのリストになっている。第3の欄は、ITシステムかデータにどのような問題が起きる場合があるかを示している。第4の欄には、それらの問題が起きないように予防するため、あるいは少なくとも問題を検出して対応するための逆指標を書いていく」

それから30分間、私はこの表と部門のすべての苦情を説明した。「ディックがもっとも気にしていることに対してITが重要な意味を持つことは明らかだ」。私は無表情に言うと、ウェスが言い返した。「何だよ、俺は間違ってもこの部屋のなかで一番賢いってことはないけど、もし俺たちがそんなに重要なのだとしたら、なんであいつらは俺たち全員をアウトソーシングしようとしているんだ？ 俺たちはここ何十年も里親の家をたらい回しだ」

誰にもいい答えは浮かばなかった。

ジョンが言った。「私はビルの第3の欄、『ITに起因するビジネス上のリスク』というのがとてもいいと思う。ITで何が問題を起こすと、ビジネスの目標達成が危うくなるかを書くってことは、事業プロセスオーナーたちがボーナスを手にするのを助けているってことだ。ここは非常に説得力がある。これをしたってことでビジネス部門から感謝されても不思議じゃないよ。これは新鮮な変化だ」

「そうだね、いいと思うよ、ビル」。クリスがついに言った。「しかし、解決策は何だろう？」

私が言った。「誰かアイデアはないかな？」

驚いたことに、ジョンが最初に口を開いた。「私には当たり前に見えるけど。まず、第3の欄のリスクを緩和する統制方法を用意する必要がある。次に、ロンとマギーにこの表を見せて、私たちの逆指標が彼らの目的達成に役立つと納得してもらう。彼らが納得したら、彼らと協力して彼らのパフォーマンス指標にITを組み込む……

エリックが君に示してくれた例は、ぴったりだと思う。彼らは『時間内の配達』と『顧客の確保』のための主要な指標として、『車両メンテナンス手順へのコンプライアンス』を組み込んだ。私たちは同じことをする必要がある」

私たちはそでをまくって仕事に取り掛かった。

電話と MRP システムについては、すぐに答えがわかった。変更管理プロセスへの準拠、本番システムの変更の監督と評価、予定されたメンテナンスの完了、既知のすべてのシングルポイントエラーの除去が予測的な指標になる。

しかし、『顧客のニーズと希望の理解』のところで止まってしまった。

ここでも、停滞を打ち破ったのはジョンだった。「この場合、目標はシステムの可用性ではなくて、データの完全性だ。偶然だけど、情報セキュリティの3大要素、機密性、完全性、可用性の CIA（※ confidentiality, integrity, availability の頭文字をつなげると CIA になる）のうちのふたつだ」。そしてジョンはクリスに尋ねた。「では、データの完全性問題の原因は何だろう？」

クリスはむっとして鼻息荒く言った。「フェニックスはその問題の多くを解決したけど、まだ問題は残っている。その大半は、上流だ。マーケティングの連中が形式に誤りのある在庫 SKU（※ 在庫管理の最小単位）を入力し続けているんだ。マーケティングも自分の問題を解決する必要があるよ」

そこで、『顧客のニーズと希望の理解』の指標としては、フェニックスにおける週次、最終的には日次のレポート作成のサポート、マーケティングが作った正しい SKU の割合などが含まれることになった。

その日のうちに、私たちはスライドを作った。パティと私とでロンとマギーにこれを見てもらい、最終的にはディックに見てもらう。

「これでしっかりとした提案ができたな」。ウェスが誇らしげに言った。そして、大声で笑いながら「サルでも俺たちがしあげたストーリーはたどれるよ」と言った。

翌日、パティと私はロンとマギーからすばらしいフィードバックをもらい、彼らはディックへの提案を支援してくれることになった。ロンは、私たちがまだ監視プロジェクトの予算を認めてもらっていないことを知ると、私たちの目の前でディックに電話し、なぜディックがロンの足を引っ張っているのかをよく考えてほしいと熱のこもった留守電を残した。

このような熱狂的な支援を受けて、私は木曜のディックとのミーティングは、簡単に成功を収めるだろうと思った。

ITリスク vs ビジネスリスク

「君は自分がまったく不注意だったということを言っただけだ」。ディックは、私のプレゼンテーションに感心しなかったということがはっきりわかる様子で厳しく言った。突然、スティーブにフェニックスと監査所見対策のどちらを優先させるのかと尋ねたときに、私が準備したスプレッドシートをスティーブが見もしなかったことを思い出した。

しかし、ディックは軽蔑するような様子になっているわけではない。本当に怒っているのだ。「君は、意気地なしのサルでもわかるようなことを言っている。こういった指標が重要だということを知らなかったのか？ スティーブがどのタウンホールミーティングでも繰り返し言っていることじゃないか。会社のニュースレターにも書かれている。サラがすべての戦略ブリーフィングで言っていることでもある。どうしてこんなに重要なことをずっと知らなかったんだ？」

私の両脇にいるクリスとパティがそわそわしているのがわかった。私たちはディックと机をはさんで向かい合っているのだ。エリックは窓際で壁に寄りかかっている。

海兵隊にいた頃のことが突然フラッシュバックしてきた。パレードで旗を掲げていたときだ。どこからともなく突然大佐が目の前に現われ、舞台全体の真ん前で私を怒鳴りつけた。「パーマー軍曹、その時計バンドは規則違反だ！」そのときは恥ずかしくて死にたくなったが、それは自分が間違っていることがわかっていたからだ。

しかし、今日は自分の使命をしっかりと理解している。そして、会社を成功に導くためには、ディックに私が学んだことを理解してもらう必要がある。しかし、どうすればいいのだろうか？

エリックが咳払いをしてからディックに言った。「意気地なしのサルでもこれくらいのことはわかっていたはずだというのは、まったくそのとおりだ。そこでディック、君の小さなスプレッドシートには、それぞれの指標について4レベルのマネージャーが書かれているが、なぜどこにもITマネージャーが書かれていないのか説明してもらおうか？ どうしてだ？」

ディックが答えるのを待たずにエリックは続けた。「マネージャーたちがこれらの指標をクリアするために最後の力を振り絞ろうというときに、IT

の人間はくだらない仕事に引っぱり出される。たとえば、ブレントがサラの最新セールスプロモーションの立ち上げを手伝うために引っぱり出されるみたいにね」。エリックは一呼吸おいてから言った。「公平に言って、君はビルと同じくらい意気地なしのサルだな」

ディックはうなったが、うろたえたようには見えなかった。彼はやっと口を開いた。「エリック、そうかもしれない。5年前には、四半期のビジネスレビューに CIO を出席させていた。しかし、彼は私たちが提案したことがすべて不可能だという以外、口を開かなかった。それから1年して、スティーブは CIO を呼ぶのをやめた」

ディックは私に向き直って言った。「ビル、君は本当はみんながすべてを正しくできるはずなのに、これらの IT 問題があるので、目標を達成できないでいると言いたいのか？」

「はい、そうです」。私は言った。「IT による経営上のリスクは、ほかのビジネスリスクと同じように管理する必要があります。言い換えれば、それらは IT リスクではなく、ビジネスリスクなのです」

ディックは再びうなった。椅子にどすんと座ると、目をこすった。「なんてことだ。私たちは、部門が何を必要としているのかも知らずに、IT のアウトソーシング契約を結ぼうと考えていたのか？」彼はそう言うと、テーブルを手でどんと叩いた。

ディックはそれから尋ねた。「で、君は何を提案しようとしているんだ？ひとつはもう言ったんだよな？」

私は座り直してチーム内で何度も練習した内容を話し始めた。「そのスプレッドシートに書かれているそれぞれの事業プロセスオーナーと3週間ずつ仕事をさせてください。IT によるビジネスリスクをもっときちんと定義し、合意したうえで、それらのリスクをパフォーマンス指標に加えるための方法をあなたに提案します。私たちの目標は、業績を向上させるということだけでなく、目標を達成できるかどうかを早期に明らかにして、適切な行動を取れるようにすることです。

さらに、あなたとクリスの3人でフェニックスについてのミーティングを設定したいと思っています」。そして、今のフェニックスが承認されるべきでさえなかったのではないかという私の懸念を説明した。

私はさらに続けた。「私たちの今の仕事は、WIP が多すぎ、機能を詰め込

みすぎ、進み方が遅すぎます。規模を小さくしたリリースを短期間で実現し、キャッシュバックを早くしなければ、内部収益率の基準をクリアすることができません。クリスと私にはアイデアがありますが、それは現在の公式プランとは非常に異なるものです」

ディックは黙ったままだった。それから意を決して宣言した。「両方の提案を受け入れる。アンをヘルプに付けよう。社内で最高の能力を持つ人間が必要だろう」

視界の隅でクリスとパティが笑顔になっているのが見えた。「ありがとうございます。かならず成し遂げます」。私はそう言って立ち上がり、ディックの気が変わらないうちにと、みんなを部屋から押し出した。

ディックのオフィスから出ると、エリックが私の肩をぽんとたたいた。「悪くないじゃないか。おめでとう。第1の道のマスターに着実に向かっている。ジョンがそこにやってくるように力になってやれ。君は第2の道にかかり切りになるわけだからな」

私は困惑して尋ねた。「え、なぜですか？ 何が起きるんですか？」
「すぐにわかるよ」。エリックはにやにや笑って言った。

監査を減らせる秘策

金曜日に、ジョンがすばらしいニュースを伝えると約束してウェス、パティと私を集めてミーティングを開いた。ジョンは、気持ちを込めて言った。「君たちはITとディックの経営目標をリンクするというすばらしい仕事をした。私のほうも、うちの会社が監査の追及をどのようにかわしたのかをやっと知ることができた。そして、監査、コンプライアンスの作業負荷を大幅に削減するという同じくらいすばらしい仕事ができるという確信がつかめた」
「監査の仕事を減らせる？」ウェスが携帯から目を上げて言った。「そりゃぜひ聞きたいな」

聞きたいのは私も同じだ。監査の荷を下ろしてバターン死の行進（※ 第二次世界大戦中の日本軍による米軍・フィリピン軍捕虜、民間人に対する虐待事件のこと。多数の死者が出ている）から解放される方法があるのなら、奇跡と言ってもいい。

ジョンはウェスとパティのほうを向いた。「社内、社外の監査人からのす

べての追及をどのようにかわしたかをとにかく知りたかったんだ。最初のうちは、うちの会社をクライアントとして維持するために、外部監査人がサービスをしただけなのかなと思っていたんだけどね。全然そんなことはなかった。

　パーツ・アンリミテッドチームから出席した全員のなかで、誰が魔弾を持っていたのかを調べた。意外だったけど、それはディックでも顧問弁護士でもなかった。10人に会って、ようやくフェイエを見つけ出した。財務のアンのもとで働いている金融アナリストだ。

　フェイエには技術職の経験があるんだよ。IT業界に4年いたんだ」。ジョンはそこまで言うと、私たちに紙を配った。

「財務チームのためにこのSOX-404統制文書を作ったのが彼女さ。そこには、財務的に重要な勘定項目のそれぞれについて、主要な事業プロセスの情報の流れが端から端まで示してある。フェイエは、資金、資産がどこでシステムに投入され、総勘定元帳に載るまでの流れを追跡して文書化したんだ。

　これはごく標準的なことなんだけど、彼女はもう1歩先まで踏み込んだ。プロセスのなかのどこで重大な誤りが発生し、それがどこで検出されるかを正確に理解するまで、ITシステムを一切見ないようにしたんだ。そして、ほとんどの場合、複数のソースの間で勘定項目のバランスと値を比較するマニュアルの突き合わせ作業、これが週に1回ずつ行われるわけだけど、それが入口だったんだ」

　ジョンの口調に熱がこもってきた。「これが明らかになって、彼女は上流のITシステムは監査の範囲外になるはずだと考えた」

　ジョンは「彼女が監査人に示したのがこれだ」と言ってページをめくった。「そのまま読むよ。『重要な誤りを検出するための信頼性のある統制は、マニュアルの突き合わせ作業であり、上流のITシステムにはない』。フェイエが書いた書類を全部読んでみたけど、すべてのケースで監査人たちはIT所見の取り下げに同意したんだ。

　エリックが監査所見の山を『範囲の誤り』と言ったのはそれでなんだよね。エリックは正しかったんだ。監査のテストプランが最初から正しい範囲で作られていれば、IT所見なんてなかったはずなんだ」。ジョンはそう言って説明を締めくくった。

　パティ、ウェス、私はジョンのことを呆然と見つめていた。ジョンはそん

な私たちを見まわしていた。

　私は言った。「ごめん、私はついていけてないよ。これと監査の作業負荷の削減にどんな関係があるんだい？」

「会社がうちの IT 統制に依存しているのは正確なところどこかってことがわかったので、それに基づいてコンプライアンスのプログラムを 0 から作り直しているんだ」。ジョンが言った。「この新しい理解によって何が重要かがわかる。これは魔法の眼鏡のようなもので、統制が決定的に重要なものとまったく無価値なものとを見分けることができるんだ」

「そうか！」私は言った。「私たちがディックにとって会社の経営のために重要なことを見つけたのも、その『魔法の眼鏡』のおかげだ。何年も前から私たちの目の前にあったのに、私たちが決して見ようとしなかったものだ」

　ジョンがうなずき、にこにこしている。そして、彼は配布物の最後のページをめくった。「そこで、セキュリティ関連の作業負荷を 75% 削減する 5 つのことを提案したい」

　ジョンの提案は、目を見張るようなすばらしいものだった。最初の提案は、SOX-404 コンプライアンスプログラムの範囲を大胆に削減するものだ。なぜそんなことをしても安全かを彼が言語化したとき、私はジョンも「システムの深い理解」ができており、第 1 の道をマスターしていることがわかった。

　第 2 の提案は、本番システムの脆弱性がそもそもなぜそこに入り込んだのかを明らかにし、デプロイプロセスを変更してそういうことが起きないようにするというものだ。

　第 3 の提案は、監査の対象範囲に含まれるすべてのシステムにフラグを付けて、パティの変更管理プロセスで管理することだ。そうすれば、監査で指摘を受けるような変更を避けられ、作業中に監査が要求する文書を作ることもできる。

　ジョンは、ショックのあまり黙ってしまった私たちを見回して言った。「何か間違っていることを言ったかな？」

「いや、そういうことじゃないよ、ジョン」。ウェスがゆっくりと言った。「でも、君、具合悪くないかい？」

　私は言った。「ジョン、私のチームから君の提案に対して反対が出るとは思わないよ。どれもすばらしいアイデアだ」。ウェスとパティは、同感とば

かりにうんうんとうなずいた。

　ジョンは喜んで提案を続けた。「第4の提案は、カード所有者のデータを格納したり処理したりするすべてのコードを取り除いて、PCIコンプライアンスプログラムの規模を縮小することだ。こういったコードは有害なゴミのようなものだ。失ったり処理を誤ったりすると致命的だし、保護しようと思ったらコストがかかりすぎる。

　カフェテリアのPOSシステムから始めよう。あんながらくたのセキュリティ評価なんて金輪際やりたくないよ。はっきり言って、あんなものはサラのいとこのビニー（※173ページの訳注参照）でも誰でもくれてやるさ」

　パティは片手で口を覆っていた。ウェスに至っては顎がテーブルにつきそうになっていた。ジョンは完全におかしくなっちゃったんだろうか？　この提案は……無謀な感じがする。

　ウェスはしばらく黙っていたが、考えを変えた。「いいんじゃないか。俺は何年も前からこんなのは取り除きたいと思っていた。監査のためにシステムのセキュリティに数カ月もかけてきたんだ。給与システムともやり取りがあるばっかりに、SOX-404監査の対象範囲にさえ入り込んでいた」

　パティもうなずいた。「カフェテリアPOSがコアコンピタンス（※競合他社を圧倒的に引き離すために必要な能力）だという人はいないわよね。ビジネスにとって役に立つものではないのに、ビジネスに大きな痛手を与える可能性はある。しかも、我が社のコアコンピタンスの一部であるフェニックスと店舗内POSシステムから稀少なリソースを奪ってしまうわけだものね」

「わかった、ジョン、それをやろう。君の打率は4の4だ」。そして、強い口調で言った。「でも、差を生み出すために間に合うようなタイミングでそれを取り除けると思うか？」

「ああ」。ジョンは自信があるという表情で笑った。「すでにディックと法務チームとは話をしてある。適切なアウトソーシング先を見つけて、その会社がシステムとデータを守ってくれるという信頼が得られればいいだけだ。仕事はアウトソーシングできるけど、責任をアウトソーシングすることはできないからね」

　ウェスが期待している様子で口をはさんだ。「フェニックスを監査の対象範囲から外すためにできることはあるのかな？」

「私の目の黒いうちはだめだ」。ジョンは腕組みをしてきっぱりと言った。

「第5の提案というのは、今までの提案で節約できた時間をすべて使ってフェニックスの技術的負債をすべて支払ってしまうということだ。フェニックスにはリスクがどっさりあることがわかっている。戦略的なリスク、運用上のリスク、セキュリティとコンプライアンスに関わる大きなリスクだ。ディックの主要な指標の大半は、この問題で大きく決まってしまう。

パティが言ったように、受注処理と在庫管理のシステムはコアコンピタンスだ。我が社の競争力は、これらのシステムに大きく依存している。しかし、今までにさまざまな近道を通ってきたために、今にも爆発しそうな火薬庫のようになっている」

ウェスは心配そうにため息をついている。昔の悪いジョンが帰ってきた、という表情になっていた。

しかし、私はそうは思わなかった。このジョンは、昔のジョンよりもはるかに複雑で微妙なものを持っている。ほんの数分のうちに、彼はカフェテリアのPOSシステムのアウトソーシングから、フェニックスのセキュリティ強化という絶対に譲れない主張に至るまで、ほとんど無謀とも言える大きなリスクを自ら引き受けると言っている。

私はこの新しいジョンはいいと思う。

「ジョン、君は正しいと思うよ。私たちは技術的負債を支払わなければならない」。私は強く言った。「で、君の提案では、どうしようというのかな？」

私たちは、ウェスとクリスのグループとジョンのチームの人々をペアで組ませて、セキュリティの能力の底上げを図ることにした。こうすれば、日常のすべての仕事にセキュリティを組み込めるようになる。デプロイされたあとのシステムにセキュリティを加えるようなやり方はやめるのだ。

ジョンは、「自分の議題はすべて取り上げることができた、ありがとう」と言った。私は時計を見た。予定よりも30分も早い。間違いなく、セキュリティの問題で全員が賛成するまでの時間の短さで、世界新記録を樹立しているはずだ。

第 28 章
ブラックマーケット

10 月 27 日（月）

　会社に向かう車のなかでいつもより数カ月も前からヒーターのスイッチを入れなければならなかった。

　今年の冬は去年のようにひどいことにならないのを祈るばかりだ。ペイジの親戚たちは、私の知人のなかでももっとも疑い深い人々だが、気候変動と言われるものと何か関係があるのではないかと言い出している。

　オフィスに着くと、バッグからラップトップを取り出した。立ち上がるまでのスピードに笑みがこぼれる。この 6 週間でどこまで進んできたかについての報告をスティーブ宛に書いた。そのなかに新しいラップトップについては何も書かなかったが、本当は書きたかった。

　私からすると、このラップトップは、チームが成し遂げてきたすべてのものの象徴なのだ。私はチームのメンバーをとてつもなく誇りに思っている。今では、日々がまったく別のもののように感じられる。今月、深刻度 1 のアウテージは、1/3 以下に減った。インシデントからの回復にかかった時間も短縮されており、半分以下になっているはずだ。

　ディック、ジョンとの最初の奇妙なミーティング以来、私たちがつかんできた知恵について考えると、私たちはビジネスの勝利に本当に役立つための方法をどんどん理解してきたことがわかる。

　メーラーを開くと、キルステンからのメモが入っていた。彼女の下のプロジェクトマネージャーたちは、プロジェクトの流れがどうしてこんなに速くなったんだと騒いでいるという。ブレントやその他の IT 運用メンバーの手が空くのを待っているタスクの数は減った。実際、私が報告を読み誤っていなければ、ブレントの仕事はほとんど遅れていない。

　プロジェクトのほうでも好調だ。特にフェニックスはいい感じになっている。

　金曜には、フェニックスの新たなデプロイが予定されている。大きな機能の追加や変更はなく、いくつかの欠陥の修正だけだが、前回よりはずっとい

い感じで進んでいる。プロジェクトの成果物はすべて時間内に揃った。もっとも、まだやり残されている細かい仕事は無数に残っているのはいつもと同じだが。

インフラストラクチャを安定させたおかげで、私のチームがフェニックスにずっと力を注げるようになったのはありがたいことだ。避けられないアウテージやインシデントが起きたときには、私たちは十分に油をさしてある機械のように動く。私たちは部全体に知識を浸透させるようにしており、それにより今まで以上に速く問題を修復できるようになっている。そして、エスカレーションが必要なときには、統制され秩序立った形で行う。

インフラストラクチャとアプリケーションの本番システムの監視はどんどん改良されており、ビジネス部門よりも先にインシデントに気づくことも多くなっている。

滞留しているプロジェクトはかなり少なくなったが、順番待ちのプロジェクトのなかから意味のないものを切り捨てていることも効果を生んでいる。開発、デプロイの手順を修正して、アプリケーションと本番インフラストラクチャの両方を意味のある系統的な方法で強化し、セキュアにしている。そして、将来はその種の欠陥は再び起きないという自信をつかみつつある。

私たちの変更管理会議は、今までになくスムースで規則的に進むようになった。チームが何をしているのかを可視化するだけでなく、仕事が実際に流れるようになっている。

人々は、今までになく、何の仕事をすべきかを正確に把握できるようになった。そして、修正ばかりの仕事から抜け出せて満足感を持つようになってきている。実際に本来の仕事をできるようになったため、人々は幸せに感じ陽気になってきていると報告を受けている。

ほんの数カ月前と比べても、ITの世界はずっとはっきりと見えるようになったし、見え方が変わってきた。

ブレントのためにかんばんを作るというパティの実験は成功だった。私たちがタスクや結果を理解していなかったか十分に指示していなかったために、ブレントがそれを翻訳したり修正したりしなければならなくなり、仕事がブレントに逆流するという事例も見つけた。

今なら、そういうことが起きたときには、すぐにそれをキャッチし、再発しないようにすることができる。

そして、私たちが改善しているのは、ブレントの仕事だけではない。動かしているプロジェクトの数を減らすことにより、作業の道筋がはっきりと見えるようになり、ワークセンターから次のワークセンターへの仕事の受け渡しが素早くなり、終わるのも今までの記録を次々に塗り替える勢いで早くなった。

古くなりすぎて不要になった仕事はほとんどチケットシステムから取り除いた。たとえば、10年以上前に見習いエンジニアだったウェスが、長いこと使われていないマシンのための仕事を指定して発行したチケットなども見つかっている。今は、チケットシステムに含まれているすべての仕事は重要であり、終わらせてほしいという要望を持つものだということに確信を持てるようになった。

もう、仕事のベイツモーテル（※140ページの訳注参照）ではなくなったのだ。

スタッフの予想とは裏腹に、同時に処理できると私たちが考えているプロジェクトの数は増え続けている。ワークフローがどうなっているかについて以前よりもよく理解できており、どれをブレントにまわしてもよいかを慎重に管理するようになったので、既存の仕事を圧迫せずにより多くのプロジェクトを投入し続けられるようになっている。

エリックが教える3つの道

私はエリックのことをただの変人とは思っていないが、彼が普通の人とはかなり違うのは間違いない。私は自分の組織のなかで自分の目を使って結果を見てきたので、IT運用の仕事が工場の仕事と非常によく似ていることは理解している。しかし、私たちが今までに改善してきたことは氷山の一角に過ぎないということをエリックは繰り返し言っている。

エリックは、私たちが第1の道をマスターし始めていると言っている。私たちは欠陥のあるものを下流のワークセンターに受け渡しすることを防ぎ、ワークフローを管理し、制約条件に合わせてテンポを設定するようにしている。そして、監査とディックから学んだことに基づいて、重要なものとそうでないものを今まで以上によく理解している。

最後に、今までどのように仕事をしていたか、改善すべきところはどこか

の自己評価も進めてきた。アウテージを解決したあと、根本原因の分析ミーティングで開発の人も参加してもらうようにしたほうがいいという発言があったときには、私たちはエリックの第3の道も理解しつつあると思った。

エリックがよく言うように、優れたチームは実践しているときにもっとも力を発揮する。実践は習慣を生み出し、習慣は手順やスキルの習得を呼ぶ。柔軟体操でも、スポーツでも、楽器の習得でもそうだ。私自身の経験から言えば、海兵隊でも終わりのない訓練が続いた。反復、特にチームワークを必要とすることの反復は、信頼と透明性を生み出す。

先週は、2週間に1度のアウテージ訓練を最初から最後まで見たが、非常に感銘を受けた。とてもうまくなっているのだ。

私がこのポストについた初日に発生した給与計算エラーが今また起きた場合、給与計算全体を復旧させられることは間違いない。時給計算ではない人々だけでなく、時給計算のスタッフの給与計算までということだ。

ジョンは、カフェテリアPOSシステムを引き継ぎ、サポートするアウトソーサーを募集することについて、すぐにディックとスティーブの承認を取り付けた。

ウェス、パティ、私にとって、ジョンとともにカフェテリアPOSシステムのアウトソーシングの要件をまとめる仕事をしたのはいい経験だった。デューディリジェンス（※投資対象の詳細な調査）の一環として、すべてのアウトソーサー候補が古いドグマを聞かされた。エリックの影響を受ける前には、私たちも信じていたものだ。アウトソーシング先を再教育できるかどうかは楽しみなところだ。

私からすれば、3つの道を話題にせずにITを管理しようとすることは、危険な前提条件のもとでITを管理しようとすることだ。

そういったことを考えていると、電話が鳴った。ジョンだ。

「うちのチームが、今日ちょっといやなものを見つけた。未承認のITブラックマーケットができたら大変だろう？ だから、そいつを叩き潰すために、キルステンのプロジェクトマネジメント室に入ってくるすべてのプロジェクト提案を定期的にチェックすることにした。それから、チャージが繰り返されている会社のクレジットカードもチェックすることにした。オンラインサービスやクラウドサービスを買っているかもしれないからね。これも未承認ITのひとつの形だ。プロジェクト凍結を迂回してやろうという人間が

いるらしい。これについて話をする時間を作ってくれないかな？」

「10分後に会おう」。私は言った。「で、裏をかこうとしている人間てのは誰なんだい？」

電話の向こうでジョンが笑うのが聞こえた。「サラだよ。ほかに誰がいる？」

臨時会議

この臨時会議にウェスとパティも誘ったが、出てこれたのはパティだけだった。

ジョンが見つけた内容の説明を始めた。サラのグループには、外部ベンダーとオンラインサービスを使っている事例が4件ある。2件は比較的無害だが、ほかの2件には重大な問題がある。サラは、顧客データのマイニング（※ データの緻密な分析を通じて知見を取り出す技術。オススメ商品の選定などに利用できる）のためにあるベンダーと20万ドルのプロジェクトを契約し、セールスデータで顧客分析をするために別のベンダーにすべてのPOSシステムへのアクセス権を与えている。

そしてジョンは言った。「第1の問題は、どちらのプロジェクトも、我が社が顧客に約束しているデータプライバシーポリシーに違反していることだ。私たちは繰り返しパートナーとデータを共有しないということを約束している。そのポリシーを変更するかどうかは、もちろん経営判断だ。しかし、このような形で顧客データマイニングをすれば、自分自身のプライバシーポリシーを破ることになる。それから、複数の州の個人情報保護規制が企業に義務を課しているけれども、それを破る可能性もある」

これは嫌な感じだ。しかし、ジョンの口調からすると、もっと悪い話が続きそうだ。「第2の問題は、サラのベンダーがカフェテリアPOSシステムで使っているのと同じデータベーステクノロジーを使っていることだ。これは、日常業務の一部として運用した場合、セキュリティを確保し、本番サポートを維持することがほぼ不可能だということがわかっている」

怒りがこみ上げてきて顔が真っ赤になっているのを自分で感じた。これは本番稼働のために修正が必要なカフェテリアPOSシステムがもうひとつ増えたというだけでは済まない問題だ。この種のアプリケーションは、受注処

理と在庫管理のデータが不正確になる原因を作る。台所にシェフはたくさんいるが、データの完全性を確保する人間がいない状態になる。

　私は言った。「サラのプロジェクトマネジメント、請求書ツールがどうでもかまわない。連中からすると、そっちのほうが仕事がはかどるというのだったら、勝手にすればいい。要するに、既存のビジネスシステムとの間にインタフェースがなくて、機密データを格納していなくて、財務報告書に影響を及ぼさなけりゃ、どうでもいいんだよ。しかしそういう問題があるなら、私たちは関与して、少なくともうちの既存のシステムに影響を与えないことを確認しなければならない」

　ジョンが言った。「そうだよな。私がアウトソーシングされたITサービスのポリシー文書を突きつけてみようか」

　「いいね」。私はそう言ったが、あまり確信のないことを続けて言った。「しかし、サラを相手にするときの正しいやり方ってのはどうなんだろう。普通のやり方では全然ダメな感じがするんだよな。スティーブはいつもサラのことをかばうだろ？　サラが未承認のプロジェクトでどんな大混乱を引き起こすかわからないということをどうやってスティーブに伝えたらいいんだろうか？」

　ジョンのオフィスのドアが閉まっているのを確認してから、ジョンとパティに言った。「ねえ、ちょっと教えてくれよ。スティーブはサラに何を見ているんだ？　彼女はどうやって災難から逃げおおせているんだ？　この数週間でも、スティーブがいかに強情かということをいやってほど感じさせられたけど、サラはかならず大虐殺を免れてるぞ。どうしてだ？」

　パティが、ふふんと笑った。「スティーブが女だったら、危険な男に惹かれていたんじゃない？　何年も前から多くの人があれこれ考えていたのよ。私には理論がある。最後のオフサイトでその理論の正しさはほぼ証明されたわ」

　パティは、私とジョンがふたりとも陰謀を巡らしているかのように前かがみになっているのを見て笑った。「スティーブは実行力には自信があるけど、会社のミーティングでは戦略センスがないってことを何度か言っているの。彼が元上司で現会長のボブのもとで働くのが好きだった理由はそこだと思うわ。ボブは10年にわたって戦略の人だった。だから、スティーブはビジョンを実行に移すだけでよかったの。

スティーブは、何年もかけて自分の右腕になる戦略の人を探してきたわ。かなり大勢の人を候補に挙げて、ふたりの幹部にこの恐ろしい勝ち抜き戦を戦わせたこともあった。かなりのマキャベリストよ。そしてサラが勝った。かなり汚い手を使ったって評判だったけどね、トップに浮かび上がるためにはそういうものが必要なんでしょうね。いずれにしても、彼女がスティーブの妄想と野望に火をつける言葉を耳に流し込むテクニックをマスターしているのは間違いないわ」

　パティの説明は、私が考えついていたことと比べてはるかに精妙にできていた。実際、それは私が夕食時によそよそしく怒ったような感じになったときにペイジが考えることと恐ろしくよく似ていた。

　ジョンがおずおずと言った。「うーむ、ふたりの間に何かあるとは思わないの？　その、何かあまり適切でない……」

　彼の目の色が変わった。私もそれが気になっていたのだ。

　パティはどっと吹き出した。「私は人を見る目があるわ。両親とも心理学者よ。もしそれが本当だったら、ふたりの卒業証書を食べてみせるわ」

　私の顔に浮かんだ表情を見て、彼女はさらに激しく笑った。「あのお話を作るのが得意なウェスだってそんなこと思わないわよ。サラはスティーブをすごく脅しているの！　誰かが話をしているときに、サラはいつもスティーブの反応を見ようとしてスティーブのことをじっと見ているでしょ。あれは普通じゃないわよ。

　スティーブはサラの欠点が見えないところがあるけど、それは彼が必要とし望んでいるものをサラが持っているからよ。それが何かと言えば、創造的な戦略を組み立てる力よ。その戦略がいいか悪いかは別としてね。その一方で、サラはとても自信がないので、自分が悪く見えないようにするために必要なことは何でもやっているわ。

　サラは自分のあとに死体がいくつ転がっていようが気にしないの。パーツ・アンリミテッドの次の CEO になりたがっているからね。そして、スティーブもそれを望んでいる。何年も前から自分の後継者として彼女を訓練しているわ」

　「何だって？　彼女が次の CEO？」私はショックのあまり叫んでしまった。そして、ジョンの会議用テーブルに吹き出したコーヒーを急いで拭いた。

　「まあ、ボスったら。冷水機のところにあまり行かないでしょう？」パティ

が言った。

フェニックス、2度目のデプロイ

　今日はフェニックスのデプロイの日だ。おかげで息子たちとハロウィーンを過ごすことができなくなってしまった。

　もう、午後11時40分になっている。私たちはまた、NOCの会議テーブルのまわりに立っている。まるでデジャヴじゃないか。ここには、クリスとウィリアムも含めて15人の人間がいる。

　ほとんどが緊張した面持ちでラップトップが置いてあるテーブルを囲んでいる。ピザの空き箱とキャンディの包み紙が後ろに山になっている。数人はホワイトボードのところにいて、チェックリストやダイアグラムを指さしている。

　フェニックスを品質管理のテスト環境に移植し、すべてのテストを合格させるために、予定よりも3時間余分にかかった。前回のデプロイよりははるかにましだが、デプロイプロセスの改善のためにあれだけ頑張ったのだから、問題はもっと少ないだろうと思っていた。

　午後9時半までに、本番への移植の準備が整った。テストはすべてパスし、クリスとウィリアムはデプロイに親指を立てた。ウェス、パティ、私はテストレポートを見て、デプロイ作業の開始にゴーサインを出した。

　地獄が始まったのはそこからだ。

　極めて重要なデータベース移植ステップのひとつが失敗した。私たちはデプロイ作業全体の30％しか終わっていなかったが、またもや泥沼にはまってしまった。データベースが変更され、スクリプトがすでに実行されているので、明朝の開店までに残された時間でロールバックすることは不可能だった。

　デプロイを再開するために、状況を打開して何とか次のステップにたどり着かなければならない。

　私は壁に寄りかかり、腕を組んで、イライラ歩きまわったりしないようにしながら、みんなが働いているところを見ていた。破滅的な結果を生む恐れのあるフェニックスのデプロイの障害とまた闘わなければならないのは面白くないことだ。

もっとも、前回と比べれば、事態ははるかに穏やかである。緊張感がみなぎっており、あちこちで熱い議論が戦わされているが、全員が問題解決に集中できている。すでに店長たちにはデプロイの進行状況を知らせており、彼らはみな、開店時にPOSシステムがダウンしている場合に備えて、マニュアルのフォールバック手続きの準備を終えている。

　ウェスがブレントに何かを言っているのが見えた。ウェスは立ち上がって疲れた様子で額をこすってから、私のほうに向かって歩いてきた。クリスとウィリアムも、立ち上がって彼の後ろに続いた。

　私も彼らのほうに移動して、「どう？」と尋ねた。

　ウェスは、穏やかに話しても聞こえる距離まで近づいたところで答えた。「犯罪の証拠を見つけたよ。フェニックスのビジネスインテリジェンスモジュールをサポートするためにブレントが数週間前に本番データベースに変更を加えたのを見つけたんだ。誰もそんなことは知らなかったし、記録した文書もない。これがフェニックスのデータベース変更の一部と矛盾しているので、クリスのところの開発者がコードを書き直す必要がある」

「最低だな」。私は言った。「ちょっと待てよ、フェニックスのどのモジュールだって？」

「うちがプロジェクトの凍結を解除したあとに投入したサラのプロジェクトのひとつだ」。ウェスが答えた。「ブレントのかんばんをやる前でさ。裂け目にするっと滑り込んだデータベーススキーマ変更だったんだ」

　私は小声で「またサラかよ」と言った。

　クリスは苦しそうな表情をしていた。「これは大変なことになる。データベースのかなりの列の名前を変えなければならない。それが数百のファイルに影響を与える。あと、すべてのサポートスクリプトにも。手作業でやることになるので、エラーを起こしやすい」

　クリスはウィリアムに言った。「少なくとも基本的なテストを実行してからデプロイを継続するにはどうしたらいいだろう？」

　ウィリアムはぼんやりとして具合が悪そうだったが、手で顔の汗をぬぐって言った。「これは何とも言えないなあ。テストはできるけど、バグのあるコード行を実行するまでバグが見つからないかもしれない。とすると、本番システムにエラーを持ち込むことになる。本番システムでは、アプリケーションがちょうど飛んだところだ。店舗内POSシステムを落とす恐れさえあ

る。そんなことになったら大変だ」
　ウィリアムは自分の時計を見た。「仕事を終わらせるまで6時間しか残ってない。すべてのテストを再実行するだけの時間はないので、ショートカットしなければならない」
　私たちは次の10分で午前6時までに作業が終わる新しいスケジュールを立てた。1時間の予備を残して店舗が通常どおりに開店できるようにしたのである。クリスとウィリアムは、そのスケジュールを知らせにそれぞれのチームに向かい、私はウェスに残るように言った。
　私は言った。「危機を脱したら、こういうことの再発を防ぐための方策を考えないといけないな。開発と品質管理の環境が本番環境と一致しないようなことが絶対起きないようにするんだ」
　ウェスが信じられないというように首を振りながら言った。「まったくだ。どうやったらいいのかはわからないけど、異論はないよ」
　ウェスは後ろにいるブレントを信じられないという様子で見た。「また、問題の中心にブレントがいたなんて信じられるかい？」

2度目の正直

　それからずっとあと、デプロイ完了が宣言されたときには、全員が拍手喝采だった。時計を見ると、土曜朝午前5時42分だった。チームは徹夜で仕事を進め、予定よりも20分早くデプロイを終えたのだ。つまり、私たちが打ち出した緊急スケジュールから考えれば、20分早いということである。元のスケジュールから考えれば、ほとんど6時間遅れだ。
　テストPOSシステムとeコマースサイト、関連するフェニックス・モジュールが動いていることは、ウィリアムが確認した。
　パティは、すべての店長にデプロイが「成功」したというメールを送り始めた。注意すべき既知のエラーのリスト、フェニックスの最新状況がわかる内部ウェブページ、新しい問題の報告方法も添付している。サービスデスクの担当者を全員スタンバイさせ、クリスと私の両方のチームが電話に出て初期サポートに当たる。基本的に、私たちはビジネスを支援するために全員がスタンバイ状態だということだ。
　ウェスとパティが電話対応のスケジュールを立てているところで、私はみ

んなに「グッジョブ」と言って自分の荷物をまとめた。家に帰る車のなかで、私はフェニックスの毎回のデプロイが緊急事態を引き起こさないようにするためにどうすればよいかを必死に考えようとした。

第 29 章　シングルピースフロー

11 月 3 日（月）

　次の月曜の午前 7 時 10 分に、クリス、ウェス、パティ、ジョンといっしょに再び重役室に座っていた。私たちはスティーブを待ちながら、フェニックスの 2 度目のデプロイメントの直後の状況を話していた。

　エリックが部屋の後ろのほうにいる。彼の前にはボウルと空のインスタントオートミールの包みと葉っぱが乗った緑色の液体でいっぱいになったフレンチプレス（※ コーヒーを淹れるためのピストン型の容器）が置いてある。

　私の困惑した表情を見てエリックは言った。「マテ茶だよ。南米の飲み物で好物なんだ。これなしで旅行に行ったことはないよ」

　スティーブがやっと入ってきたが、まだ携帯で話していた。「ロン、これで最後だぞ。ダメだ。たとえ最後に残った顧客だと言っても、ディスカウントはもうしない。どこかで線を引かなきゃ。わかったか？」

　スティーブは怒った様子で電話を切り、テーブルの中心の席につき、「遅れて申し訳ない」とぶつぶつ言った。自分のフォルダーを開け、少し時間を掛けて中身をじっくり読んだ。

　「週末のフェニックスのデプロイはあのような経過になったけれども、この数週間のうちに諸君がしたことはすべてとても誇りに思っている。多くの人々が IT に満足している。ディックでさえもだ」。彼は信じられないという様子で言った。「ディックは、君たちが会社の主要な業績指標を向上させるためにいかに力になってくれたかと言っている。彼は、これが状況を大きく変えると思っているようだ」

　スティーブはにこっと笑った。「私はこのチームの一員として大変誇らしく思っているよ。今までになく緊密に協力し、互いを信頼し、とてつもない成果を上げている」

　スティーブはジョンのほうに向き直った。「ところで、ディックは君の助力で財務報告の修正が重大なものにならないようになったとも言っていた」。にっこり笑ってスティーブは言った。「ありがたい。これでフォーチュ

ン誌の表紙に手錠付きの私の写真が載ることはなくなったわけだ」

ちょうどそのとき、サラがドアをノックして入ってきた。

「おはようございます、スティーブ」。彼女はそう言うと取り澄ましてつかつかと歩き、エリックの横に座った。「あなたが私の新しいマーケティングプロジェクトのことでお話があると聞いていますが」

「それは、良心的でない中国の工場長のようなITファクトリで動かしている未承認の仕事のシフトのことかな？」エリックが尋ねた。

サラは、エリックを不躾に上から下までじろじろと見た。

スティーブがジョンにわかったことを言うように合図した。ジョンの話が終わると、スティーブは厳しく言った。「サラ、私が声明を出したはずだぞ。私の明示的な承認がないかぎり、社内、社外を問わず新しいITプロジェクトを始めることは認められないと。君の行動を説明したまえ」

サラは自分のアイフォンを持って怒った様子で何度かタップしてからアイフォンを下ろして言った。「ライバルは私たちをどんどん引き離そうとしています。使えるものは何でも使う必要があります。あなたが設定した目標を達成するためには、ITを待っているわけにはいきません。IT部門はきっと持っているものと知っていることの範囲内でベストを尽くして一所懸命働いていると思いますけど、それでは不十分なのです。私たちは機敏でなければなりません。そして、ときどきは作るのではなく買う必要があるのです」

ウェスが目をむいた。

私が答えた。「私は、あなたが今までに必要としてきたものをいつも提供できていたわけではないことを承知しておりますし、マーケティングと営業が大変だということも承知しております。私たちは、あなたと同じくらい会社を勝たせたいと思っています。問題は、あなたの創造的なプロジェクトの一部が、個人情報に関する州法や規制へのコンプライアンス、フェニックスへの資源の重点投入など、会社のほかの重要な取り組みを危険にさらしてしまうことです。

あなたが提案されているプロジェクトは、受注処理と在庫管理の両システムのデータ完全性を損ねる危険があります。ディック、ロン、マギーとの話し合いで、私たちはこれらのデータをクリーンアップし、クリーンな状況を保たなければならないことになっています。顧客のニーズと希望、正しい製品ポートフォリオ、顧客維持、そして究極的には収益とマーケットシェアを

上げることが何よりも重要ですから。

　それと、これらのプロジェクトをサポートしようとすると、信じられない量の仕事が必要になります。あなたのベンダーに本番データベースへのアクセスを認め、私たちがデータベースをどのようにセットアップしているかを説明し、ファイアウォールの変更をいくつもして、さらに数百もの作業が必要になります。請求書にサインすれば終わりという簡単な話ではないのです」

　サラは、私を振り返ってじろっとにらんだ。これは今まで見たなかでは、もっとも怒った顔だった。

　私がディックの会社の目標を引用し、それを使って彼女の希望を否定したので、私のことを嫌っているのは明らかだ。ちょっと危険な敵を作っちゃったかもしれないと思った。

　サラは部屋全体に向かって言った。「ビルは私よりもずっとビジネスのことを理解されているようですから、ぜひ私たち全員に彼のほうから提案していただきましょうよ」

　私はできるかぎり理性的に答えた。「サラ、あなた以上にあなたの分野のビジネスニーズをご存知の方はいませんよ。私たちがそのニーズに答えられない場合には、社外に行ってそのニーズを満たしていただいて全然かまわないのです。ただし、それによって会社のほかの部分がどの程度影響を受けるかを私たちが理解し、判断するかぎりにおいてですが。あなたとクリス、私とで定期的にミーティングをして、私たちがあなたのプロジェクトをどのようにお手伝いできるかをはっきりさせていくというのはいかがでしょうか」

　サラは言った。「私はとても忙しいの。あなたやクリスと1日じゅうミーティングしているわけにはいかないわ。私は大きな部門全体を動かしていかなきゃならないのよ」

　ありがたいことに、ここでスティーブが間に入ってくれた。「サラ、時間を作りなさい。そのミーティングがどのように進んで、君のふたつの未承認ITプロジェクトの問題をどのように解決するか、私は楽しみなんだけど」

　彼女は腹を立てて言った。「私は、パーツ・アンリミテッドにとって何が正しいかを試しているだけです。私は自分が持っているものでベストを尽くしますが、結果について楽観的にはなれません。あなたは今ここで私の手を縛っているんですよ」

サラは立ち上がった。「ところで、私は昨日、ボブ・ストラウスと話をしました。みなさんの革ひもはみなさんが思っているほど長くないと思いますよ。ボブは、戦略的オプションを見る必要があると言っていました。会社を分割するとかね。彼は正しいと思いますよ」

彼女がドアをバタンと閉めて出て行くと、エリックは皮肉っぽく言った。「彼女の……を見るのもこれが最後だな」

仕事の流れは片方向のみ

スティーブは、一瞬ドアを見つめてから、私に向かって言った。「今日の最後の議題に進もう。ビル、君はフェニックスに関して間違った方向に進んでいると心配しているんだね。ただあれこれのことが悪くなっていくというだけでなく、初期のビジネス上の成果が決して達成できないのではないかと。それは非常に問題だ」

私は肩をすくめた。「あなたは私がわかっていることをすべてご存知です。実は、エリックにヒントをいただきたいと思っていたのですが」

エリックは顔を上げ、口ひげをナプキンでぬぐった。「ヒント？ 私に言わせれば、君の問題の答えは自明だと思うがね。第1の道は、開発からIT運用への仕事の流れをコントロールすることだ。君は、プロジェクトの投入の凍結と制限によって流れをよくした。しかし、君のバッチサイズ（※1回の作業で作るものの大きさ）がまだ大きすぎるのだ。金曜のデプロイエラーがいい証拠だ。それに、工場内にはまだWIPがたくさん残り過ぎている。それも最悪な種類のものだ。君のデプロイは、下流で予定外の修復作業を引き起こしている。

今こそ君は、IT運用から開発へのフィードバックループを作って、第2の道もマスターできることを証明しなければならない。もっとも早い段階で製品設計に品質を組み込むのだ。そのためには、9カ月のリリースではだめだ。もっと早くフィードバックをする必要がある。

9カ月に1度しか大砲を撃てないのであれば、狙っている的に当てることはできない。大砲といっても南北戦争時代のものじゃないぞ。高射砲のことだ」

エリックは立ち上がってオートミールのボウルをゴミ箱に捨て、それから

ゴミ箱を覗き込んでスプーンだけを取り出した。

　彼は振り返って続きを言った。「どのような作業システムでも、理論的に理想的なのは、シングルピースフロー（※ 中断、後退などをなくしてひとつの完全な製品を作るプロセス）だ。そうすれば、スループットは最大限まで上がり、差異は最小限に縮まる。そこに至るまでは、バッチサイズを削減し続けなければならない。

　しかし、君はフェニックスのリリース間隔を引き延ばし、毎回のリリースにおける新機能の数を増やして、ちょうど逆のことをしている。前のリリースから次のリリースまでの差異をコントロールする能力さえ失ってしまった」

　エリックはいったん休んでから話を続けた。「本番システムを仮想化するために大きな投資をしたのに、それは馬鹿げている。君はまだ物理サーバーを相手にしているようにデプロイしている。ゴールドラットが言うように、君はすばらしいテクノロジーを配備したのに、君自身が仕事のやり方を変えていないために、実際には限界を乗り越えられていない」

　私はまわりを見回して、誰もエリックが言っていることを理解していないことを確認して言った。「前回のフェニックスのデプロイの問題は、本番システムのデータベースサーバーに対する変更が、上流である開発環境にレプリケートされていなかったために起きたものです。私はクリスと同じように考えていました。すべての環境の同期を保つにはどうすればよいかがわかるまでは、デプロイを停止すべきだと。それは、リリースのペースを下げるということですよね？」

　エリックは立ったまま鼻を鳴らした。「ビル、それは今月聞いたなかでももっとも賢い話であると同時にもっともバカな話でもあるな」

　エリックが重役室の1枚の絵を見ていたので、私は反応しなかった。すると、その絵を指して、エリックが尋ねた。「ウィルバー、このエンジンはなんてやつだ？」

　ウェスは嫌そうな顔をして言った。「それは2007年型のスズキ隼の1300ccエンジンだ。それから、『ウィルバー』じゃなくて『ウェス』だから。俺の名前は前回から変わってないぞ」

　「もちろん、そうだ」。エリックは答えた。「この手のバイクは見ていて楽しいなあ。こいつはたぶん、時速370kmを超えることができる。このレーサー

にはギアがいくつあるんだ？」

ウェスは間をおかずに答えた。「6速だ。コンスタントメッシュ、532チェーンだ」

「バックギアは入っているのか？」エリックが尋ねた。

「そのモデルにはリバースギアはないよ」。ウェスはすぐに答えた。

エリックは壁の絵をさらに近くで見ながらうなずいた。「面白くないか？ リバースギアがないんだ。それじゃあ、なんで君たちのワークフローにはリバースギアがあるんだ？」

いつまでも沈黙が続いたので、スティーブが口を出した。「エリック、あなたは考えていることをそのまま言うことはできないんですか？ あなたからすれば、これは楽しく遊べるゲームかもしれませんが、私たちには守らなければならないビジネスがあります」

エリックはスティーブをじっと見た。「工場のマネージャーのように考えろ。仕事が上流に行くのを見かけたら、それはどういう意味だ？」

スティーブはすぐに答えた。「仕事の流れは、片方向のみ、つまり前に進むのが理想的です。仕事が後ろに戻るようなら、『無駄』と思います。それは欠陥、仕様の不足、作業のやり直しなどによるものです。しかし、それは修正しなければなりません」

エリックがうなずいた。「すばらしい。私もそう思う」

彼はテーブルから空のフレンチプレスとスプーンを持ち上げてスーツケースに仕舞い、ケースを閉め始めた。「仕事の流れは、片方向のみ、前にだけ進む。ITのなかでこのような仕事のシステムを作れ。目標はシングルピースフローだ、忘れるなよ」

エリックは私のほうを見た。「それから、これをやると君とディックが悩んでいる問題も解決できる。リリースサイクルが長いと、人件費を計算に入れれば、必然的に内部収益率の社内基準をクリアすることはできなくなる。サイクルを短くしなければダメだ。フェニックスが内部収益率の達成を阻んでいるなら、機能を提供する方法を何かしら工夫することだよ。

もちろん、サラみたいなやり方は論外だがね」。エリックは小さく笑って言った。スーツケースを持つと彼は付け加えた。「そのためには、『ザ・ゴール』のハービーと同じように、ブレントを行列の先頭に回す必要がある。ブレントは、開発プロセスのもっとも早い段階で仕事をするのだ。ビル、君な

らどうすればよいかわかるはずだ。

　それじゃあ、がんばってくれたまえ」。エリックはそう言うと、ドアを閉めて出て行った。

SWATチームの新設

　スティーブが言った。「誰か提案はないか？」

　クリスがまず答えた。「先ほども言いましたが、フェニックスのごく小さなバグフィックスリリースでさえこれだけの問題を起こすので、毎月デプロイする余裕はないと思います。エリックはあのように言っていましたけど、私はリリーススケジュールを1カ月おきにすることを提案します」

　スティーブは首を振りながら言った。「それはダメだな。前の四半期では、私たちはほとんどの業績目標が大差で未達になった。これで5四半期連続だ。しかも、ウォールストリートの期待を引き下げたにもかかわらずだぞ。我が社の希望は、フェニックスの完成にかかっている。君は、必要な機能を手に入れるまでさらに長い間待てと言っているようなものだ。競合はどんどん我が社を引き離しているんだぞ。ありえない」

　クリスは負けずに言った。「あなたからすれば『ありえない』かもしれませんが、私の立場から見てください。私は開発者たちに新しい機能を作ってもらわなければなりません。彼らは開発を進めなければなりませんから、いつもビルのチームといっしょに仕事をしているわけにはいきません」

　スティーブが答えた。「この四半期は伸るか反るかだ。私たちは世界に向かって先月にはフェニックスを立ち上げると約束したのに、先延ばしにした機能がたくさんあるため、私たちが期待した営業効果は得られないでいる。もう四半期を1カ月も過ぎているんだぞ。歳末商戦までもう30日を切っている。もう時間がないんだ」

　私はじっと考えていた。クリスは彼の目に映る現実を言っており、それは事実に基づいているということを受け入れるよう自分をコントロールしていた。同じことはスティーブにも当てはまる。

　私はクリスに言った。「君がフェニックス・チームはスローダウンする必要があると言うのなら、私が言うことは受け入れられないだろう。海兵隊では、100人の兵士がいてひとりが怪我をしているときに、まず最初に失われ

るものは機動性だと言われている。

　しかし、私たちはそれでもスティーブが必要としているものを実現する方法を見つけなければならないだろう。エリックが言っていたように、フェニックスの枠組みのなかでできなくても、フェニックスの外ではできるかもしれない。私は、フェニックス・チーム本体から小規模の部隊を切り離してSWATチームを作り、どの機能が収益目標の達成に役立つかを早急に解明するよう指示することを提案する。時間はあまりないので、よく考えて機能を選ばなければならない。仕事をするためにはルールを破ってもいいと言うつもりだ」

　クリスはしばらく考えてうなずいた。「フェニックスは顧客が我が社の製品をより速くより大規模に買えるようにするためのシステムだ。今までの2回のリリースはそれを実現するための基礎工事だったが、実際に売上を伸ばすための機能はまだできていない。よい『オススメ商品』の生成に重点を置き、マーケティングが利益になる製品で在庫のあるものをプロモーションできるようにする必要がある。

　我が社には何年分もの顧客の購入データがあり、自社ブランドのクレジットカードのおかげで顧客の人口統計や好みもわかる」。スティーブが前のめりになって入ってきた。「マーケティングは、それらのデータを取り込みさえすれば、顧客にとても魅力的な提案を作ることができると言っている」

　クリス、ウェス、パティはこの議論をどんどん進めていったが、ジョンは懐疑的なようだった。最後にウェスが言った。「これはうまくいくかもしれない」。ジョンを含めて全員がうなずいたときに、数分前にはなかった可能性と熱気を感じた。

第 5 部

究極の組織

　装いを新たにさっそうと登場したジョンは、CFO のディック・ランドリーに、企業の目標達成における IT の必要性を問いただす。会社の KPI と IT の関連に気づいたビルはパティと一緒に、各部門の IT への期待と不満を明らかにしていく。そして、IT による経営上のリスクはビジネスリスクそのものであることを理解する。
　2 度目となるフェニックスの本番稼働はなんとか成功。今後のリリース体制の確立に向けた専任部隊（SWAT チーム）の設立を決める。

第 30 章　　　　　　　　　　　　　　　　　　　続・11 月 3 日（月）
バッチサイズ

　1 時間後にスティーブとのミーティングは終わったが、私はエリックの暗号めいたコメントについて考えていた。私たちは何か非常に大きなものに近づいているような感じがしたが、まだあまりにも多くの疑問があった。私は結局エリックに電話することにした。
「はい？」彼が出た。
　私は言った。「ビルです。私たちがどうすればよいかについてもう少し手がかりがほしいのですが……」
　エリックは、「建物の外で会おう」と言って電話を切った。
　外に出ると、激しい突風が吹いていた。しばらくあたりを見回していると、クラクションが鳴った。幌を下ろした高そうな赤の BMW コンバーチブルにエリックが乗っていた。「さあ、乗りな。急いで！」
　私は助手席に乗ると、「いいですね」と言った。
　エリックは、「ありがとう。友だちは、街にいる間に借りたんだろうと言って聞かないんだ」と答えた。
　エリックがアクセルを踏むと、私はアームレストをつかんで急いでシートベルトを締めた。床に財布が落ちているのが見え、その『友だち』ってのは誰なんだろうと思った。
「また MRP-8 に行くからな」。エリックが言った。
　幌を上げてくれとエリックに言うと、彼は私を見て言った。「まさか『元海兵隊』にそんなものがあるとは思わなかった。私の時代よりも君たちは軟弱に育てられたのかな」
　私は、ガタガタ鳴る歯を隠しながら、「あなたは軍人だったんですか？」と尋ねた。
　エリックは笑った。「20 年以上も前のことさ」
　私はさらに尋ねた。「士官として退役したんですか？」
　エリックは私を見て、「合衆国陸軍特殊部隊少佐」と答えた。かなりスピ

ードが出ていたので、私としては、彼にはずっと道を見ていてもらいたいと思っていたが、彼はかまわずに言った。「スティーブと同じ部署だけど、彼は士官として入った。私は君と同じように下士官として入った」

彼はそれ以上何も明かさなかったが、彼はすでに軍でのキャリアがわかる程度には話をしてくれている。彼はおそらく私が毎日相手にしなければならなかった連中と同じように准士官だったのだろう。彼のたたずまい、身のこなしは私にはあまりにもお馴染みのものだ。彼は上官からまれにみる可能性を秘めた人間のひとりと認められ、その上官は彼の未来に投資する気になって大学と幹部候補生学校に彼を送り込んだに違いない。そして、もっとも年長の、おそらくほかの全員よりも10歳以上年上の少尉として軍に戻ってきたのだろう。

そのコースをたどる人はかなり特別な人だ。

第２の道

私たちは記録的な速さで工場に着き、キャットウォークに立った。彼は私が期待した話をしてくれている。「製造工場はシステムだ。片方の端から原材料を入れると、予定どおりに完成製品となって反対側から出荷されるように、何万という加工作業が加えられる。あるワークセンターが別のワークセンターと争っている場合、特に製造部門とエンジニアリング部門が争っている場合、少し前進するだけでも大変なことになる」

エリックは私のほうを向き、私に指をさして言った。「君はワークセンターのスーパーバイザーのような考え方をやめなければならない。もっと大きく、工場長の立場で考える必要がある。でなければ、この製造工場と工場が依存しているすべての手順を設計した人物のように考えるのだ。彼らはワークフロー全体を見て、制約条件がどこにあるかを突き止め、あらゆるテクノロジーと持っている作業手順の知識を駆使して、作業が効果的、効率的に遂行されるようにしなければならない。彼らは自分の『内部アレスポー』を利用するのだ」

私は「アレスポー」の意味を尋ねようとしたが、彼は手を振って質問させなかった。「工場にはタクトタイムという単位がある。これは、顧客のニーズに応えるために必要なサイクルにかかる時間だ。ワークフローのなかにタ

クトタイムよりも時間のかかる作業が含まれる場合、顧客のニーズに応えることはできない。

「だから、君がうろうろ走り回って『きゃあ、大変だわ！ フェニックスを動かせる環境がないじゃないの！ やだあ！ 助けて！ 誰かがフェニックスの環境をまた壊しちゃったから、デプロイできなくなっちゃったわ！』などと言っているときは、君の管轄下のなにか重要な作業のサイクル時間がタクトタイムよりも長いってことだ。君たちが顧客のニーズについていけないのはそのためだ。

君は、第2の道の一部として、製品の定義、設計、開発の最初の部分に戻るフィードバックループを作る必要がある。君がディックと交わしている会話を考えると、君はもっと前のところさえ行けるかもしれない」

エリックはフロアを指さしながら言った。「フロアのオレンジ色のテープの間にある装置の長いレーンを見てみなさい。あのレーンは、我が社でももっとも利益の大きい商品の一部を作っている。しかし、何かの運命のめぐり合わせで、あのワークフローには、準備と加工にもっとも長い時間がかかるふたつの作業が含まれている。パウダーコーティングと熱処理炉での焼き付けだ」

彼は視線を戻して両手を大きく広げた。「当時、これらふたつの作業のサイクル時間はタクトタイムよりもかなり長かったので、私たちは顧客のニーズについていけなかった。人生はなんて不公平なんだろう。もっとも利益が見込める商品が、熱処理炉と塗料硬化設備のふたつの制約条件を両方とも使っているなんて！ で、私たちがどうしたと思う？

顧客は、もっとこの商品をくれと言って余分にお金を払おうとさえした。それぞれの作業の準備には数時間、いや数日かかることさえあった。ニーズに応えるために、私たちはバッチサイズを非常に大きくしなければならなかった。私たちは、ペイント用に非常に大きなトレイを使い、1度にできるかぎり多くのユニットを焼き付けなければならなかった。スループットを上げるためには、バッチサイズを小さくしなければならないことを知っていたが、誰もがそれは不可能だろうと言っていた。

トヨタは、この問題を伝説的なやり方で解決した。1950年代のトヨタには、ほとんど3日かけないと切り替えができないボンネットのプレス加工の工程があった。この工程では、何トンという巨大で重い金型を動かさなけ

ればならない。私たちと同じように準備にかかる時間がとても長かったので、トヨタもバッチサイズを大きくしなければならなかった。そのため、トヨタはひとつのプレス機で同時に複数のモデルの車を作ることができなかった。切り替えに3日間もかかるなら、プリウスのフードを1枚作ってからカムリのフードを1枚作るというわけにはいかないだろう？

ではどうしたか。トヨタは金型の切り替えに必要なすべての手順を観察し、一連の準備、改良を通じて、切り替えにかかる時間を10分以下にしたのだ。もちろん、ここから『シングル段取り』という言葉が生まれたのだ。

私たちは、大野耐一、スピア、ローザーのすべての業績を研究した。バッチサイズを小さくしなければならないということはわかっていたが、相手にするのはプレス機の金型ではない。私たちがどうにかしなければならないのは、塗布と硬化だ。生産技術とともに何週間もブレーンストーミング、調査、実験を繰り返した結果、私たちはあっと驚くようなアイデアを生み出した。それは、1台のマシンで塗布と硬化の両方をできるんじゃないかということだ。部品に粉体塗料を吹き付けられる熱処理炉を作り出した。自転車から取り出したチェーンと歯車を使って動かしていたんだ。

私たちは4つのワークセンターをひとつに統合し、30を超える手作業で失敗しやすい手順を削減し、作業サイクルを完全に自動化して、シングルピースフローを実現し、準備にかかる時間を削減した。スループットは、青天井だった。

得られたものは莫大だった」。エリックは誇らしげに言った。「まず、欠陥が見つかった場合、私たちはそれをすぐに解決した。同じバッチの他の部品をすべて廃棄する必要はなくなった。第2に、次のワークセンターの前に積み上げるだけのために余分な製品を作ることがなくなったので、WIPも減った。しかし、もっとも重要なメリットは、注文リードタイムが1カ月から1週間に短縮されたことだ。顧客が何を望んでも、どれだけたくさん必要としても、そのニーズに応えられるようになり、逆に倉庫に出血価格で放出しなければならないような在庫が溜まることもなくなった」

1日10デプロイを目指せ

「さあ、今度は君の番だよ」。エリックは私の胸を指でつつきながらきっぱ

りと言った。「君は君の切り替え時間を削減し、デプロイサイクルを短縮できる方法を考え出さなければならない。

「目標は……」。彼は一瞬、間を置いて言った。「1日10デプロイだな。どうだ？」

私はあっけに取られた。「そんなことは不可能ですよ」

「本当か？」エリックは表情を変えずに言った。「君にいい話をしてやろう。2009年のことだ。当時私はある技術系企業の取締役をしていた。その会社であるエンジニアをベロシティカンファレンス（※ オライリーが主催しているウェブ技術者を対象とするカンファレンス）に送ったところ、この男はとんでもない夢を見て、危険でありえないアイデアをどっさり持って帰ってきた。彼はジョン・アレスポーとポール・ハモンドのプレゼンテーションを見て、頭のなかの世界をひっくり返したんだ。アレスポーとハモンドは、フリッカー（※ 写真を共有するためのコミュニティサイト）のIT運用、技術部を統括していた。彼らは猫と犬のように喧嘩するのではなく、1日に10デプロイを普通に行うために共同作業するにはどうすればよいかを話し合った。これは、ほとんどのIT組織が四半期に1度とか年に1度のペースでデプロイしていたときの話だ。彼らを想像してみなさい。彼は、それまでの最先端の1000倍ものスピードでデプロイをしていたんだ。

そりゃあ、私たちはみんなこいつはどうかしちまったようだと思った。しかし、アレスポーとハモンドの実践は、ITのバリューストリームに3つの道を応用したときに必然的に生まれる結果だということがわかった。このやり方が私たちのITの管理方法を根本的に変え、その会社を救ったのだ」

「彼らはどうしたんですか？」私はびっくりして尋ねた。

「いい質問だ」。エリックは答えた。「アレスポーは、品質管理やビジネスとだけでなく、開発と運用が共同作業することが、素晴らしい成果を達成できるということを教えてくれた。彼らはまた、コードが本番環境に入るまでは、何の価値も生み出されていないことも知っていた。そうでないコードは、システムに積まれているWIPに過ぎないのだ。アレスポーはバッチサイズの削減を続け、スピーディな機能実現の流れを作った。そのために、必要なときに環境がいつでも使えるようにした。アレスポーはビルド、デプロイプロセスを自動化したが、それはインフラストラクチャが、開発から出荷されるアプリケーションと同じようにコードとして扱えることを認識してい

たからだ。この認識があったので、私たちが塗布と硬化を1ステップでできるようにしたのと同じように、彼は1ステップで環境を作成してデプロイを済ませる手続きを作れたのだ。

　そういうわけで、今の目で見れば、アレスポーとハモンドは、それほど突拍子もないことをしていたわけではない。ジェズ・ハンブルとデービッド・ファーレイも独立に同じ結論に達し、1日複数回のデプロイを実現する実践と原則を『継続的デリバリー』にまとめた。エリック・リースも、『リーン・スタートアップ』でこの機能がビジネスの学習と勝利に役立つことを示した」

　エリックは、話しているうちに私が今まで見たことないくらい活き活きとしてきた。彼は首を振って私のことを厳しい目で見つめながら言った。
「これで君の次のステップは明らかだろう。顧客のニーズについていくためには、君の上流にいる開発ともども、ハンブルとファーレイがデプロイパイプラインと呼んだものが必要だ。それは、コードのチェックインから本番システムまでのバリューストリーム全体だ。熟練の技ではない。本番システムだ。すべてのものをバージョン管理システムに入れる必要がある。すべてだ。コードだけでなく、環境を作るために必要なものすべてだ。そして、環境作成プロセス全体を自動化する必要がある。テスト、本番環境を作れるところには、デプロイパイプラインが必要だ。そうすれば、完全にオンデマンドでそこにコードをデプロイできる。セットアップのための時間を短縮し、エラーをなくすための方法はこれだ。そうすれば、開発がどんなペースで変更をしても、本番システムをそれに合わせることができるようになる」

　私は言った。「ちょっと待ってください。私が自動化するのは正確なところ何なんですか？」

　エリックは私を厳しい目で見て言った。「ブレントに聞け。新しいチームに彼を配置し、彼がほかのことで気が散らないようにしろ。君がビルドプロセスの自動化を実現するまでは、今まで以上に彼はボトルネックになる。彼の頭のなかにあることをビルド手続きにコード化しろ。デプロイから人間を弾き出すのだ。1日に10デプロイを実現する方法を考え出せ」

　私は自分の疑いを払拭することができなかった。「1日に10デプロイ？ そんなこと誰もほしがっていないのは明らかです。ビジネスが必要とする以上の目標を設定していませんか？」

エリックは目をむいて、ため息をついた。「デプロイの目標率にばかり引っ張られるな。ビジネスの機動性は、ただのスピードだけではない。市場の変化をいかにうまく見つけて対応するか、計算できているリスクをいかに大きくかけられるかだ。スコット・クックがインテュイットで行っていたような継続的な実験だ。彼らは、顧客の乗り換え率を最大限に引き上げる方法を見つけるために、納税申告期間のピークの時期でも 40 件を越す実験をしていた。納税申告期間のピークでもだ。

　君たちが実験をやり抜いて市場に出すまでの時間と機動性で競合に勝てなければ、没落するだけだ。機能はいつもギャンブルだよ。運が良ければ、10% が期待した利益をつかんでくる。だから、市場に機能を打ち出してテストするのが早ければ早いほど、君たちの収益は上がる。ついでに、君たちはビジネスに投資の見返りを早く返せるようになる。これは、ビジネスが早いうちに収益を上げられるようになるということだ。

　スティーブは、君が新しい機能を早くデプロイできるようになるかどうかに生き残りをかけている。だから、クリスと協力して、アジャイル開発プロセス（※ 小規模な機能を迅速に開発する手法。従来の重厚長大なウォーターフォール型開発に代わって主流になりつつある）のあらゆるステージで出荷可能なコードだけでなく、デプロイできる動作する環境を確保する方法を突き止めろ」

　「わかりました」。私は言った。「しかし、この寒いなか、わざわざここまで私を連れ出したのはなぜですか？　ホワイトボードで説明するので十分だったのではないですか？」

　エリックは見下げるように言った。「君は、IT 運用は製造なんかと比べればロケット科学だと思っているだろう。それは大きな間違いだ。ここから見れば、この工場にいる人々のほうが、君たち IT の連中が今までに作り出したものよりもはるかに創造的で勇気のあるものを作っているぞ」

第31章
共通ビルド手続き

続続・11月3日（月）

　SWAT チームのキックオフミーティングに入っていくと午後 0 時 13 分になっていた。エリックのコンバーチブルで帰ってきたら、髪の毛からはしずくが垂れるほどでシャツもびしょびしょだった。クリスが話をしていた。「……そこで、スティーブはこの小さなチームにオススメ機能を作り、歳末商戦に好影響を与えるために必要なあらゆることををする権限を与えた」
　クリスは私を見ると、部屋の後ろのほうを指さした。「このキックオフミーティングに参加する全員のためにランチを取ってあるんだ。好きにやってくれ。で、どうしたんだ？」
　私はクリスの問いに答えなかった。彼が指さしたところを見ると、うれしいことに七面鳥のサンドイッチランチボックスがまだあった。ひとつつかんで席に座ると、部屋にいる全員、特にブレントの熱意を測った。
　ブレントは、「なぜ、僕がここにいるのか説明してもらえないかな？」と言っている。
　それに対し、ウェスが熱心に説明している。「それをはっきりさせるために俺たちはここにいるんだよ。お前も俺たちと同じくらいわかっているだろ。取締役会メンバーになるかもしれない人物が、このチームにお前を入れろと言い張ってるんだよ。はっきり言って、この人は何度も正解を出しているので俺も信用はしているんだけど、理由は全然わからないんだ」
　パティが話に入ってきた。「エリックはいくつか手がかりをくれたわよ。私たちが力を入れなければならない問題は、デプロイプロセスと環境の作り方だって言ってた。フェニックスのデプロイのたびに大混乱になっているから、エリックは私たちが根本的に間違ったことをしていると思っているみたいね」
　私は、自分のサンドイッチを包みから出しながら言った。「実は、エリックとのミーティングから帰ってきたところなんだ。いろんなものを見せてくれて、トヨタがシングル段取りを実現した経緯を説明してくれた。エリック

は、私たちが1日に10デプロイできる能力を作り上げる必要があると考えている。10デプロイは可能だというだけじゃないんだ。会社がただ生き残るだけでなく、市場で勝つためには、機能をすばやくデプロイしていかなければいけないってことなんだよ」

　驚いたことに、クリスが非常に激しい口調で言った。「1日に10デプロイだって？ そんなことをしなきゃならない理由なんかないだろう。3週間でも速いほうだよ。1日に10回もデプロイするようなものなんてあるかよ」

デプロイの再定義

　パティが首を振った。「そんなことないでしょ？ バグフィックスはどうなるの？ 過去2回の大きなデプロイでも起きたけど、サイトが落ちたらパフォーマンスを上げなきゃいけないでしょ？ 緊急事態だからって規則を破らずに、普通に本番でこの種の変更ができたほうがいいんじゃない？」

　クリスはしばらく考えてから答えた。「面白い。私なら、この種のフィックスはパッチやマイナーリリースと呼ぶところだ。でも君が言うことは正しいよな。これもデプロイだよ。もっと早くフィックスを本番稼働できればすばらしい。でもさ、1日に10デプロイはないだろ」

　エリックが言ったことについて考えたうえで付け加えた。「マーケティング自身がコンテンツやビジネスルールを変えたり、A/Bテストを素早く試したり、どのサービスがもっとも効果的かを調べられたりするようにしたらどうだろう？」

　ウェスが両手をテーブルに置いて言った。「みんなよく聞いてくれ。そんなことはできない。ここで相手にしているのは物理法則。今どれだけの時間がかかっているかを忘れているだろう。準備に1週間、実際のデプロイに8時間かかっているんだぞ！ そんなに速くディスクにビットを置いていくことはできないよ」

　エリックと工場に行く前なら、私もそう言っていただろう。私は熱をこめて訴えた。「君たちのほうが正しいかもしれないけど、ちょっとの間だけ私の話に合わせてくれよ。デプロイプロセスの最初から最後までステップはいくつあるんだ？ 20ステップか、200ステップか2000ステップか？」

　ウェスはしばらく頭をかいてから言った。「ブレント、どう思う？ 200ス

テップくらいかなと思ったんだけど……」
「うそだろ？」ブレントが答えた。「20 ステップくらいだと思うけどなあ」
　ウィリアムが入ってきた。「どこから数え始めているのかわからないけど、開発がコードをコミットしてうちがそれに『リリース候補』のラベルを付けたときから始めれば、IT 運用に渡す前にうちだけで 100 ステップくらいになるよ」
　うわ。
　ウェスが割り込んだ。「いやいや、そうじゃない。ビルは『デプロイステップ』って言っただろ。話をややこしくしちゃ……」
　ウェスが言っている間、私はエリックがワークセンターのスーパーバイザーではなく、工場長のように考えろと言ったことについて考えていた。突然、エリックはおそらく、開発と IT 運用の部門の壁を乗り越える必要があると言おうとしていたのだとひらめいた。
　私はウェスとウィリアムの両方に割り込んだ。「君たちはどちらも正しいよ。ウィリアム、そのステップをホワイトボードに書き出してくれないかな。『コードのコミット』からうちへの受け渡しまでね」
　ウィリアムはうなずいてホワイトボードに歩いて行き、ボックスを描き始めた。描きながら、ステップを説明してくれた。それから 10 分間、ウィリアムは本当に 100 ステップ以上ありそうだということを証明した。開発環境での自動テストの実行、開発に対応する品質管理の環境の作成、その環境へのコードのデプロイ、すべてのテストの実行、品質管理の環境に対応する新しい予備環境へのデプロイと移植、ロードテスト、そして最後に IT 運用にバトンを渡すということになる。
　ウィリアムが説明を終えたとき、ボードには 30 個のボックスがあった。
　ウェスの様子をうかがうと、彼はイライラしているのではなく、ダイアグラムを見ながら顎をなでて深く考えているようだった。
　ブレントとウェスにどちらかがウィリアムの続きを描くようにと促した。
　すると、ブレントが立ち上がって、ボックスを描き出した。デプロイするコードのパッケージング、新しいサーバーインスタンスの準備、オペレーティングシステム / データベース / アプリケーションのロードと設定、ネットワーク / ファイアウォール / ロードバランサーの変更、デプロイが成功したかどうかを確かめるためのテストだ。

バリューストリームマップ

　私はダイアグラム全体について考えた。驚いたことに、工場のフロアが思い出されるのだ。これら一つひとつのステップはワークセンターのように見える。ワークセンターは、それぞれ別々の機械、人、方法、計測を持っている。ITの仕事は、おそらく製造の仕事よりもはるかに複雑だ。作業が目に見えず、追跡しづらいだけではなく、問題を起こしそうなことがはるかにたくさんある。

　無数の設定を正しくして、システムに十分なメモリーを与え、すべてのファイルを適切な位置に置き、すべてのコードと環境全体が正しく動作するようにしなければならない。

　ひとつの小さな誤りがすべてをぶち壊してしまう場合がある。こういうことを考えるとITでは製造よりも厳格さと規律、そして計画の必要度が高い。

　しかし、エリックにこれを言うのを待っているわけにはいかない。

　私は、自分たちの前にある課題の重要性、多様性を理解したうえで、ホワイトボードに歩いて行き、赤のマーカーを手に持って言った。「これに過去の立ち上げで問題が起きたステップに大きな赤い星印を描いていく」

　ホワイトボードにマークを描きながら、私は説明した。「品質管理にフレッシュな環境を作れなかったので、古いバージョンを使った。すべてのテストが失敗したので、品質管理の環境でコードと環境を書き換え、それを開発、本番環境に戻さなかった。3つの環境の同期を取らなかったので、次のデプロイでも同じ問題が起きた」

　赤い星は残したままで、ブレントのボックスに移った。「正しいデプロイ命令がなかったので、スクリプトを正しくパッケージング、デプロイするために5回の作業が必要になった。環境の作り方が間違っていたので、これは本番で吹っ飛んだ。このことはすでに触れた」

　意図的にやったことではなかったが、この作業が終わったときには、ウィリアムとブレントのボックスはほぼすべてが赤星付きになった。

　振り返ってみると、私がしてきたことを見て全員ががっかりした表情になっていた。自分がやり方を間違えたかもしれないということを意識しながら、私は急いで付け加えた。「私の目的は、誰かを非難したり、私たちの仕事がひどいものだと言ったりすることではないよ。私たちがしていたことを

正確に書き留め、各ステップに客観的な評価を与えようとしただけだ。ホワイトボードに書かれている問題にチームとして取り組んでみよう。互いを非難してはダメだよ。いいかな？」

パティが言った。「これを見ると、工場のフロアの人たちがいつも使っているあるものを思い出すわ。彼らのなかの誰かがここに入ってきたら、私たちが『バリューストリームマップ』を作っていると思うんじゃないかしら。ちょっと描き加えてもいい？」

私はホワイトボードのマーカーを彼女に渡して座った。

パティは、一つひとつのボックスについて、普通それらの作業にどれくらいの時間がかかるかを尋ね、ボックスの上に数字を書き込んでいった。次に、それぞれのステップで作業に待ちが入るかどうかを尋ね、ボックスの前にWIPを表す三角を書いていった。

これはやられた。パティからすると、私たちのデプロイと工場の生産ラインの類似性は理論的な問題ではないのだ。パティは私たちのデプロイを本当に工場の生産ラインのように扱っている。

パティは、工場の人々が自分たちの手順を記録し改善するために使っているリーンのツールとテクニックを使っている。

突然、エリックがデプロイパイプラインについて話したときの意図がわかった。ITの仕事が製造工場と似ているというように思えなくても、ITの作業はバリューストリームなのである。

私は自分の誤りを正した。これは私たちのバリューストリームであり、私たちはあと少しでワークフローを飛躍的に増大させる方法を見つけ出せるのだと。

パティは、ステップにかかる時間を書き終わると、プロセスのステップを説明する短いラベルを使ってボックスを描き直した。彼女はほかのホワイトボードに箇条書きで「環境」と「デプロイ」の2つの項目を書き出した。

パティは、今描いた図を示しながら言った。「現在のプロセスでは、2つの問題が常に起きているわ。デプロイプロセスのすべてのステップで、必要なときに環境が使えないか、前のものと同期を取るために環境にかなりの修正が必要になるのよ」

ウェスが鼻息荒く言った。「当たり前のことを言っても褒美はでないが、言っていることは正しいな」

パティの話が続いた。「修正と長いセットアップ時間の原因となっているもうひとつの当たり前の問題は、コードのパッケージングプロセスにあるわ。つまり、開発がバージョン管理システムにチェックインしたものをIT運用が取り出し、デプロイパッケージを作るところよ。クリスのチームは万全の体制でコードと設定方法のマニュアルを作っているけど、意外なところで何かがかならず抜け落ちていて、それはデプロイ後の環境でコードが動かないときに初めてわかるのよ」

　今回はウェスもすぐに反応しなかった。ブレントがウェスをぽんぽんと叩いて言った。「それはご名答ってものだよ。ウィリアムもきっとわかっているはずさ。リリースの指示が最新の状態になっていないので、インストーラースクリプトを書き換えたり、何度も何度もインストールを繰り返したりしていて、うちはいつも緊急状態になる……」

　ウィリアムも、うなずきながら「まったくだ」と言った。

　パティは、「私はこのふたつの問題に重点を置くことを提案します。何かアイデアは？」とボードを見ながら言って、席に戻った。

　ブレントが言った。「たぶん、ウィリアムと僕が協力すれば、自分たちの誤りから学んだすべての教訓を活かしてデプロイのためのランブック（※ 手順の指示書）を作ることができるよ」

　私は全員のアイデアを聞いてうなずいていたが、どれも私たちに必要な飛躍的な前進を生むような気がしなかった。エリックはボンネットの金型の準備時間を短縮したときの方法を説明してくれた。彼は、あれが重要なことだと言いたいようだったが、いったいなぜだろうか？

開発、品質管理、本番の３つの環境を同期？

　私は言った。「それぞれのグループがバラバラに環境を作っているのでは、どうしたってうまくいかない。私たちがすることは、この『１日10デプロイ』という目標に向かって大きく前進するようなものでなければならないと思う。そのためには、かなりの自動化が必要だということじゃないかな。ブレント、共通環境作成プロセスというようなものを作るためにはどれくらいの時間がかかるかな？　こういうものがあれば、開発、品質管理、本番の環境を同時に作って、これらを同期させることができるだろう？」

ブレントがボードを見ながら答えた。「面白いアイデアだね」。彼は立ち上がって「開発」「品質管理」「本番」というラベルの3つのボックスを描いた。その下に「ビルド手続き」というボックスを描き上の3つのボックスに矢印を付け加えてから言った。
「ビル、それは本当にすばらしい考えだと思う。共通ビルド手続きがあれば、そのツールを使った人は誰でも環境が作れるようになるよ。開発者たちは、少なくとも本番環境と似ている環境でコードを書くようになる。それだけでも大きな進歩だと思うな」
　ブレントは口でマーカーのキャップを外した。「フェニックスの環境を作るために、僕たちは自分で書いた無数のスクリプトを使っているんだ。マニュアルを書いてコードをきれいにすれば、数日中に使えるスクリプトができるはずだよ」
　私はクリスのほうを向いて言った。「これは、期待できそうだよ。環境を標準化して、開発、品質管理、IT運用がそれを日常的に使うようにすれば、デプロイでさまざまな問題の原因になる差異の大半がなくなる」
　クリスは気持ちが高揚してきたようだ。「ブレント、君とほかの人たちがみんなよければ、君をうちのチームスプリント（※ ある開発手法では、実際に開発を行う工程をスプリントと呼び、開発、まとめ、レビュー、調整を繰り返す）に招待したいな。そうすれば、最大限に早く君の環境作成を開発プロセスに統合できる。現状では、私たちがデプロイできるコードに力を入れるのはプロジェクトの最終段階だ。私はそのやり方の変更を提案する。3週間のスプリント期間中、常にコードをデプロイできる状態にするだけでなく、コードがデプロイされる環境も管理するというルールにして、環境もバージョン管理システムにチェックインするんだ」
　ブレントはその提案に対してにっこりと笑った。ウェスが返事する前に私が言った。「私は大賛成だ。しかし、先に進む前に、パティが指摘したもうひとつの問題のほうを考えてみないか？　クリスの提案を採用したとしても、デプロイスクリプトの問題は残るだろう。私たちが魔法の杖を持っていたとして、手付かずの品質管理環境があるときにはコードをどのようにデプロイすべきかな？　私たちは、デプロイのたびに、コードやスクリプト、そして神のみが知る何かを部門間でやり取りしている」
　パティが入ってきた。「工場では、仕事が前の工程に戻るってことはやり

直してってことよ。そういうことが起きるのは、マニュアルや情報の流れが非常に貧弱だということで、何も再現できない。作業スピードを上げようとしたとき、この問題は時間とともにどんどん悪化していくわ。彼らはこれを『非付加活動』とか『ムダ』と言っているわよ」

　パティはボックスが描かれた最初のホワイトボードを見ながら続けた。「プロセスを設計し直すなら、先頭に適切な人を配置する必要があるわ。生産技術グループは、すべての部分が製造のために最適化され、製造ラインが部分部分のために最適化されるように設計して、できればシングルピースフローを実現するようにしているけど、それと似ているわね」

　私はパティが勧めていることとエリックが今日教えてくれたことが近いので笑顔になってうなずいた。

　そして、ウィリアムとブレントに向き直っていった。「ではさ、魔法の杖があったとして、君たちはラインの先頭にいる。仕事が逆戻りしないように、そして前に向かって素早く効率的に流れが動いていくようにするためには、君たちなら製造ラインをどのように設計する？」

　ふたりが困ったような顔をして私のほうを見たので、少し怒気を含んで言った。「君たちは魔法の杖を持っているんだよ。それを使え！」

　ウィリアムが、「その魔法の杖はどれくらいの力があるのかな？」と尋ねてきたので、私はマギーに言ったことを繰り返した。「何でもやりたいことができるんだ」

　ウィリアムはホワイトボードのところに歩いていって、「コードのコミット」と書かれたボックスを指さした。
「その魔法の杖を振れるなら、私ならこのステップを変えたい。開発からバージョン管理システムを通じてソースコードかコンパイル済みコードを受け取るのではなく、すぐにデプロイできるパッケージングされたコードがほしい。

　実際、これはとても切実なことなので、パッケージ作成の責任者になれと言われたら喜んで引き受ける。誰に頼むかも決めてある。彼女が開発との受け渡しの責任者になって、コードに『テスト可能』のラベルが付けられたら、パッケージ化されたコードを生成、コミットする。パッケージができたら品質管理環境への自動デプロイが始まる。そして、そのあとの本番環境も同じようになる」

「わお。本当にやってくれるの？」ウェスが尋ねた。「それは本当にすばらしい。やろうよやろうよ。ブレントがパッケージを作り続けたいというのでなければ」

ブレントが吹き出して言った。「本気かよ？ 僕は今年いっぱいこの人と同じ飲み物を買い続けるよ。このアイデアはいいね。そして、新しいデプロイツールの構築を手伝いたいな。さっきも言ったけど、今までにいっぱいツールを書いているから、それを出発点として使えばいいんだ」

私は、部屋のなかに活気と興奮があふれてきたのを感じた。『1日10デプロイ』という目標がありえない夢だと思われていた状態から、本当に実現できるのではないかと思うところまであっという間に進化したことに驚いた。

突然、パティが目を上げて言った。「ちょっと待って。このフェニックスモジュール全体は顧客の購入データを扱うのよね。データ保護が必要じゃない。ジョンのチームからも誰かに参加してもらわないといけないんじゃない？」

私たちはみな互いの顔を見て、ジョンの参加が必要だということで一致した。そして、私たちが組織として大きく変わったことに私は改めて驚いていた。

第 32 章　　　　　　　　　　　　　　　　　　　11月10日（月）
抵抗勢力との攻防

　その後の1週間は、SWATチームの活動が私の時間の大部分を占めた。ウェスとパティもそれは同じだ。

　開発者たちと日常的にやり取りするようになってからは10年を超えるが、開発者が癖のある連中だということを忘れていた。私からすると、開発者はエンジニアというよりもインディーズミュージシャンのように見える。

　私の時代の開発者は、ビンテージTシャツにサンダルではなく、ポケットプロテクターを持っていた。そしてスケボーではなく、計算尺を持ち歩いていた。

　ほとんどの開発者は、多くの点で私とは逆の気質を持っている。私は、手順を作って従う人間、厳格さと規律を重んじる人間が好きだ。しかし、開発者たちは気まぐれや思いつきが好きで、手続きというと敬遠したがる。

　しかし、彼らがいることに感謝しよう。

　職業全体をステレオタイプ化するのがフェアでないことはわかっている。私たちが成功したいのなら、彼らのまったく異なるスキルが必要不可欠だということもわかっている。難しいのは、全員を引っ張って同じ目標に向かって仕事をすることだ。

　最初の課題は、SWATチームのプロジェクトに名前を付けることだった。いつまでも「ミニフェニックス」と呼んでいるわけにもいかなくなって、名前をどうするかで1時間も議論することになってしまった。

　うちのメンバーは、「クージョ」（※ スティーブン・キングの小説。映画化されたもののタイトルはクジョー）か「スチレット」（※ 小型の短剣）にしたがったが、開発者たちは「ユニコーン」（※ 一角獣とも呼ばれる伝説上の生きもの）にしたがった。

　ユニコーン？　虹とケアベア（※ アメリカ生まれのクマのキャラクター）みたいなやつ？

　そして、私の予想に反し、投票で「ユニコーン」が勝った。

開発者。うーむ、理解できない。

ユニコーン・プロジェクト

　名前こそ気に入らなかったが、ユニコーン・プロジェクトは、いい形になってきた。顧客に効果的な「オススメ」を届けるためには何でもするという目的のもと、私たちはフェニックスという巨大な化け物から完全に切り離されたクリーンなコードベースからスタートした。

　このチームが障害に取り組む様子は見ていて驚くものだった。顧客の購入データの分析は、最初の大きな壁だった。本番データベースに触れるだけでも、そのライブラリをリンクすることになる。データベースに少しでも変更を加えるなら、アーキテクチャチームの承認を受けなければならない。

　それまで待っていたら会社自体がなくなっているかもしれない。そこで、開発者たちとブレントは、オープンソースツールを使ってまったく新しいデータベースを作ることにした。フェニックスだけでなく、受注処理、在庫管理システムからもデータをコピーしたのである。

　こうすれば、フェニックスや業務上きわめて重要なほかのアプリケーションに影響を与えることなく、開発、テストでき、実際に稼働することさえできる。このようにしてほかのプロジェクトからユニコーンを切り離せば、ほかのプロジェクトを危険にさらすことなく、必要な変更をすべて加えられる。同時に、無関係なプロセスによってシステムが止まることもなくなる。

　私はこのアプローチを全面的に承認し、賞賛した。しかし、すべてのプロジェクトが思いつきで新しいデータベースを作るようになると、必然的にシステムが水ぶくれしてくる。私のなかの一部は、そうなったときにどう管理すればいいのかを疑問視していた。本番稼働させてよいデータベースのタイプを標準化して、これらを長期的にサポートするために必要なスキルを確保することが大切だと自分自身には言い聞かせた。

　一方で、ブレントはウィリアムのチームと共同で、開発、品質管理、本番の環境を同時に作れるビルド手続きと自動化メカニズムを作っていた。私たち全員が驚いたのだが、3週間のスプリント期間内に、おそらく記憶するかぎりでは初めて、すべての開発者が、まったく同じオペレーティングシステム、ライブラリバージョン、データベース、データベース設定等々を使うよ

うになっていた。

　各スプリントの最後に開かれるレビューで、ある開発者が言っていた。「これは信じられないようなことだよ。フェニックスの場合、フェニックスのコンパイル、実行のためにインストールしておく必要のある無数のものの完全なリストを誰も作っていないので、新しくやってきた開発者がそれぞれのマシンで実行できるものをビルドするためには、3週間から4週間もかかっていたんだ。でも、今はブレントとチームが作った仮想マシンをチェックアウトするだけで、すぐに仕事に取りかかれる」

　同様に、プロジェクトのこのような初期段階で開発環境と一致する品質管理環境の準備ができているのも驚きだった。これも今までにないことだ。開発システムは品質管理システムよりもメモリーとディスクスペースをかなり減らし、品質管理システムは本番システムよりもそれらを減らさなければならないので、かなり多くの調整が必要だった。それでも、環境の大部分はまったく同じであり、数分で変更して使える状態にすることができた。

　コードのデプロイの自動化と環境間でのコードのマイグレーションはまだ完成していなかったが、ウィリアムのチームはこれらの機能のデモを十分に実行していたので、私たちはみな、まもなくこれらも完成するだろうという自信を持っていた。

　さらに、開発者たちは、予定よりも早く機能スプリントの目標を達成していた。彼らは、「よく一緒に購入されている商品」を示すレポートを作っていた。このレポートは、予想していたものよりも数百倍も長かったが、開発者たちはパフォーマンスを上げることを約束してくれた。

　進捗が速いので、私たちはスプリント期間を2週間に短縮することにした。これにより、計画期間が短縮され、ほとんど1カ月前に立てた計画に縛られず、もっとひんぱんに決定を下し実行できるようになった。

　フェニックスは、相変わらず3年前に立てた計画によって進められていた。私は、それについてはあまり考えないようにした。

　私たちの進捗状況は、指数的に改善されているような感じだった。私たちは今までのいつよりも早く計画を立てて実行しており、ユニコーンとフェニックスのスピード差は開く一方だった。フェニックス・チームもこのことに気づき、さまざまな実践を真似るようになった。そのため、私たちが可能だと思っていなかったような成果を生み出すようになっていた。

ユニコーンには止められない勢いがつき、今や独自の生命を持つようになった。もう、これを止めて古いやり方に戻ることは望んでも難しいのではないか。

ブレントを探せ

　私が予算会議に出ていると、ウェスから電話が入った。「大きな問題が起きた」
　私は部屋から出た。「どうしたんだ？」
　「この２日間、誰もブレントを見つけられないんだ。どこに行ったか心当たりはないか？」
　「ない……、え？　見つけられないってどういう意味だよ？　ブレントは大丈夫なのか？　携帯にかけてみた？」
　ウェスは苛立ちを隠さなかった。「携帯にはもちろんかけたさ！　１時間ごとに留守電を入れてるよ。みんなが探してるんだ。仕事はどっさりあるし、チームメートは悲鳴を上げているよ。畜生、これからブレントに電話をかけるけど、そのまま切らないで……」
　ウェスがデスクの電話の受話器を取って、「おい、いったいどこにいるんだ？　みんながお前のことを探しているんだよ。いや、いや……、デモイン？　そんなところで何やってんだよ。誰も教えてくれなかったぞ。え？　ディックとサラの秘密指令？　なんてこった……」と言っているのが聞こえた。
　私は、少し楽しみながら、ウェスがブレントの状況を探ろうとしている様子をしばらく聞いていた。そのうちに、ウェスが「まだつないどいて。ビルが何を望んでいるのかを聞いてみるから」と言っているのが聞こえた。そして、ウェスはまた携帯を手に取ったようだ。
　「今のちょっと聞いたよな？」ウェスは私に言った。
　私は、「ブレントにすぐに電話するからと言っておいて」とウェスに言った。
　電話を切ってから、サラが今何をしているのか気になってブレントに電話した。
　「ビル、どうも」。ブレントの声が聞こえた。
　私は丁寧に尋ねた、「何が起きていてどうしてデモインにいるのか話して

もらえるかな？」

　ブレントが答えた。「ディックのオフィスから連絡なかった？」私が答える前に、ブレントは話を続けた。「昨日の朝、ディックと財務チームがうちのドアまで押しかけてきて、会社を分割する計画を立てるためのタスクフォースに加われって言うんだよ。当然、これはもっとも優先順位の高いプロジェクトだろ。で、会社の分割がITシステム全体にどういう影響があるかを知る必要があるって」

　私は尋ねた。「なぜディックは君をチームに入れたの？」

　ブレントは答えた。「知らないよ。こんなところにはいたくないんだけどなあ。飛行機は嫌いだし。ディックと財務はビジネスアナリストのなかのひとりをこの担当にしているけど、たぶん、僕が主要システム間のつながり方、主要システムの所在地、依存しているサービスといったことを一番知っているからなんじゃないかな」

　うちの会社が大きな小売チェーンを買収したときのインテグレーションチームを率いた経験を思い出した。あれは大きなプロジェクトだった。会社の分割は、もっと難しいだろう。

　これによって私たちがサポートしている数百のアプリケーションの一つひとつに影響が及ぶなら、ブレントはおそらく正しい。何年もかかる。

　ITはあらゆるところに根を張っており、枝を剪定するように分割することはできない。むしろ、会社の神経系統を分割すると言ったほうがいいだろう。

　ディックとサラが私に断りもなく私のところの重要な要員を引っこ抜いていったことを考えながら、私はゆっくりと慎重にしゃべった。「ブレント、よく聞いてくれ。君にとってもっとも優先順位の高い仕事は、ユニコーンのチームメートが必要としていることは何かを知って、それを与えることだ。やむをえなければ、飛行機に乗り遅れろ。これから何度か電話するけど、私の秘書のエレンが今晩の戻り便を予約してくれると思っていいよ。わかった？」

　ブレントは言った。「あなたは僕にわざと飛行機に乗り遅れてほしいと思っているんですね？」

「そうだ」

　ブレントが不安げに「ディックとサラにはどう言ったらいいんでしょ

う？」と尋ねてきた。

　私は一瞬考えて答えた。「彼らには、私が急用があって君を呼んでいる、あとで埋め合わせをすると言っておけばいい」

　ブレントは答えた。「わかりました……。そちらはどうなっているんですか？」

　私は説明した。「ブレント、簡単なことだよ。ユニコーンは、この四半期の目標数値を達成するための最後の希望なんだ。この四半期に目標が達成できないようなら、取締役会は間違いなく会社を分割する。そのときには、君はそのタスクフォースを手伝っていいよ。しかし、目標を達成できれば、会社が分割されない芽も出てくる。ユニコーンが絶対的最高優先順位なのはそのためだ。スティーブもこの点をはっきりさせているよ」

　ブレントは不審そうに言った。「わかりました。どこに行くべきか言ってください。そこに行きます。そういううぐちゃぐちゃしたことを話すのはあなたに任せます」。ブレントは明らかに自分のところに送られてくるまちまちな信号にうんざりしている。

　しかし、私ほどではないだろう。

　私はスティーブの秘書のステーシーに電話をかけて、そちらに向かっているところだと言った。

奪還せよ

　スティーブを探すために2号館に向かう途中でウェスに電話した。

　ウェスは満足気に笑った。「どうしたんだ？　お前は、片方がスティーブ、もう片方がディックとサラという政治戦争に巻き込まれているんだぞ。はっきり言って、お前が勝ちそうなほうを選んだかどうかわかんないぜ」

　そして一呼吸おいて言った。「お前は本当にスティーブが今度は俺たちを支持してくれると思っているのか？」

　私はため息が出そうになるのを抑えて言った。「もちろん、そうであってほしい。フルタイムでブレントに仕事をしてもらわなければ、ユニコーンは沈む。そうすると、新しいCEOがやってきて、うちはアウトソーシングされ、会社の分割方法を検討させられる。それがいいと思うか？」

　私は電話を切ってスティーブのオフィスに入っていった。スティーブは

弱々しく笑って言った。「おはよう。ステーシーから聞いたけど、君から悪い知らせがあるんだって？」

　私がブレントとの電話から知ったことを話すと、彼の顔が赤くなっていったので驚いた。スティーブはCEOなのだから、このことをすべて知っているだろうと思っていた。

　しかし、明らかに違った。

　しばらくしてから、スティーブは言った。「取締役会は、この四半期の業績を見るまでは、会社の分割を進めるつもりはないと言ったんだがな。ブレントが引き抜かれたらユニコーンにどういう影響があるのか言ってくれ」

　私は答えた。「クリス、ウェス、パティと話しましたが、ユニコーン・プロジェクトは、完全に沈むでしょう。私は生まれつき懐疑的な質ですが、ユニコーンは成功すると本気で思っています。サンクスギビングデー（※　アメリカの祝日。感謝祭。11月の第4木曜日）は2週間後ですが、ブレントは私たちが作らなければならない機能の成否のかなりの部分を握っています。ちなみに、私たちが成し遂げた大躍進の多くはフェニックス・チームにも取り入れられています。これはすごいことです」

　私は、自分が言いたいことを強調するためにきっぱりと言った。「ブレントがいなければ、私たちがユニコーンに託している売上、利益の目標達成はとうてい不可能です。私たちが生き残る目はありません」

　スティーブは、口を尖らせながら尋ねてきた。「次に優秀な人間にブレントの代わりをさせたらどうなる？」

　私は、ウェスが私に言ったことをそのままスティーブに言ったが、それは私自身の考えでもあった。「ブレントは特異な位置にいる人間です。ユニコーンは、開発者から尊敬されていて、うちで抱えているほぼすべてのITインフラストラクチャに対して深い経験を持ち、本番システムを私たちが管理、運用していくために開発者たちが作らなければならないものを説明できる人間を必要とします。このようなことができるスキルは非常にまれなもので、この特別な役割を果たせる人間を今すぐほかに見つけることはできません」

　スティーブはさらに尋ねた。「では、ディックのタスクフォースにブレントの次に優秀な人間を回すのはどうなんだ？」

　私は答えた。「分割のプランニングはブレントほど正確にはならないでしょうが、それでも無難にこなせるはずです」

スティーブは、何も言わずに椅子に深くもたれかかった。
そしてついに言った。「ブレントを呼び戻せ。後始末は私がする」

第 33 章　　　　　　　　　　　　　　　　　　11月11日（火）
クラウドに救い

　翌日までにブレントはユニコーンの仕事に戻った。そして、レベル3エンジニアのひとりを雪混じりの中西部のどこかで活動しているディックのチームに送り込んだ。数時間後にサラからのメールのコピーが届いた。

From: サラ・モールトン
To: ボブ・ストラウス
Cc: ディック・ランドリー, スティーブ・マスターズ, ビル・パーマー
Date: November 11, 7:24 AM
Subject: 誰かがプロジェクトタロンの足を引っ張っている

　ボブ、私はIT運用担当VPのビル・パーマーがタロン・プロジェクト（※Talonは猛禽類の爪という意味）の重要な要員を盗んだことを暴きました。
　ビル、私はあなたの最近の行動を深く憂慮しています。あなたがなぜブレントに帰るように命じたのか説明してください。これは絶対に許しがたいことです。取締役会は、私たちに戦略的なオプションを探るように命じたのです。
　できるかぎり早くタロンチームにブレントを合流させることを要求します。このメッセージを承知した旨、確認を返してください。
　　　　　　　　　　　　　　　　　　　　　　　　　　　　サラ

　会長への電子メールで非難されているのは純粋にまずいと思ったので、サラの裏切りに激怒しているはずのスティーブに電話をかけた。スティーブは小声で悪態をついてから、このメールについては自分が処理するから、私は予定どおりのことを進めるようにと指示した。
　ユニコーンの朝礼では、ウィリアムが浮かない顔をしていた。「昨晩現在で最初の『オススメ』レポートが出て、正しく動作しているようだというの

はいい話なんだけど、予定よりも50倍も遅い。クラスタリングアルゴリズムのひとつが思ったように並列化されていないので、小さな顧客データセットテストでも、予測ランはすでに24時間以上かかっている」

部屋中が重い空気に包まれた。

そのとき開発者のひとりが言った。「力ずくでってわけにいかないかな？ ハードウェアを増やすってこと。サーバーの数が十分にあれば、実行時間を短くできる」

ウェスが怒って言った。「冗談だろ？ 最高速サーバー20台分の予算しかもらってないんだぞ。要求されたスピードを出すためには1000台を超えるサーバーが必要になる。それじゃあ予算外で100万ドルも使うことになる」

私は口をとがらせた。ウェスが言っていることは正しい。フェニックスはすでに予算を大幅に超過している。特に、今の財務状況を考えるなら、それでは承認を受けるのが不可能な金額になる。

その開発者が答えた。「新しいハードウェアはいらないだろ？ デプロイできる仮想マシンイメージを作るためにこれだけの労力を費やしてきたんだから、それをクラウドに送り込んだらどうだろう？ 100でも1000でも必要なだけの仮想マシンインスタンスを作って、いらなくなったら削除すればいい。コストは使った時間分だけだ」

ウェスがブレントのほうを見ると、ブレントが言った。「それは可能だよ。うちの環境の大半がもう仮想化を使っているからね。それをクラウドで実行できるようにコンバートするのはそれほど難しくないはずだよ」

一呼吸おいて、ブレントがさらに言った。「これは面白そうだな。いつもこういったことを試してみたいと思っていたんだよね」

ブレントのやる気は周囲に伝染していく。

早速、クラウドの可能性の調査に人員を割り当てた。ブレントとこのアイデアを提案した開発者とでプロトタイプを作り、まずそれが可能かどうかを見てみることにする。

リテールプログラム管理担当上級部長のマギーはユニコーンに強い関心を示し、毎日の朝礼にも顔を出すほどになっていたが、業界の友人たちにこういうことをやったことがあるかどうか、勧められるベンダーはどこか、さらに価格はどれくらいかを調査すると言ってくれた。

ここで、ジョンの部署のセキュリティエンジニアが口を挟んだ。「顧客デ

ータをクラウドに送ることになると、個人情報の流出やコンピュータサーバーへのハッキングなどのリスクがあるんじゃないかな」

「いい指摘だ」。私は答えた。「検討しなければならない重要なリスクのリストとそれに対する対応策や統制方法のリストを作ってもらえるかな？」

　彼は笑顔で引き受け、開発者のなかのひとりが志願して彼と作業を進めることになった。

　ミーティングが終わるまでにデプロイプロセスの自動化に予想外の大きな効果があったことに驚いた。開発者たちはアプリケーションを機敏にスケーリング（※ 拡大縮小）でき、IT運用による変更はほとんど不要になるかもしれない。

　とは言え、このクラウドコンピューティングをめぐる騒ぎには私はきわめて懐疑的だった。クラウドは、すぐにコストを削減できる魔法の薬のように扱われているが、私からすれば、新手のアウトソーシングにしか見えない。

　しかし、クラウドが今の問題を解決してくれるなら、試してみる価値はあると思っている。ウェスにも同じように開かれた頭を持ってほしいと思う。

スプリントの最終日

　1週間後、再びデモの時間が来た。私たちは全員ユニコーン・チームのスペースに立っていた。今日はスプリントの最終日であり、開発リーダーはチームの成果を見せたくてしょうがなくなっている。

　開発リーダーが挨拶を始めた。「私たちが成し遂げたことの多さはほとんど信じられないくらいです。デプロイの自動化のおかげで、クラウドで実行できる仮想マシンインスタンスを作るのは思っていたほど大変ではありませんでした。実際、クラウドのシステムは非常に快調に動いているので、社内のユニコーン本番システムをテストシステムに、クラウドを本番システムにすることも検討しています。

　オススメレポートの作成は、毎晩実行し、数百の仮想マシンインスタンスを使って、最後にそれらのインスタンスは全部オフにします。この4日間、ずっと同じことをしていますが、うまく動いています。実際、とてもいい感じです」

　ブレントがチームのほかのメンバーと同じように満面の笑みを浮かべてい

る。

　通常なら、ここでプロダクトマネージャーが出てくるところだが、今回は代わりにマギーがプレゼンテーションを行う。彼女は明らかにこのプロジェクトになみなみならぬ関心を抱いている。

　彼女はプロジェクターでパワーポイントのスライドを映し出した。「これは、私のアカウントに対して生成されたユニコーンのオススメです。ご覧のように、私の購入履歴を見て、スノータイヤとバッテリが15%割引だということを知らせてきています。私は実際にウェブサイトに行って両方を買いましたが、それは私がこれらを必要としていたからです。これらはどれも過剰在庫を抱えていて、利益率が高い商品なので、会社は利益を上げています」

　自然に笑みがこぼれた。これはすばらしい。

　マギーはにこっと笑いながら次のスライドに移った。「そして、これがウェス向けのユニコーンのオススメです。あなたには、レーシングブレーキパッドと燃料添加剤の割引のお知らせがきています。これらの商品に興味はありますか？」

　ウェスは笑って答えた。「うーん、悪くない」

　マギーは、これらのオススメ情報がすでにフェニックス・システムに含まれており、あとは宣伝部門の決断待ちだと説明した。

　マギーはさらに続けた。「ここで提案があります。顧客の1%に対して電子メールキャンペーンを打って、どうなるか様子を見てみたいということです。1週間後にはサンクスギビングがやってきます。2、3回試してみてうまくいけば、1年でもっとも忙しいショッピングデーであるブラックフライデー（※サンクスギビングデーの翌日の金曜）に全面展開したいと思います」

　私は言った。「いいプランだと思います。ウェス、それは無理だというような障害はあるか？」

　ウェスは首を振った。「運用の観点からは、何も問題は思いつかない。大変なことはもう終わっている。コードがしっかり動いているという自信がクリス、ウィリアム、マーケティングにあるなら、俺からはゴーと言うだけだ」

　全員が賛成した。いくつか問題が出てきているが、マギーが自分のチームで徹夜してプランを実現すると言った。

私は内心ほくそ笑んでいた。かつては、何か本当にまずい問題が起きるので徹夜をしていたが、これはまったくの逆だ。すべてがうまくいっているので徹夜しようというのである。

キャンペーン開始

次の月曜日、車で出勤するころは辛うじて0度よりも上というような気温だったが、太陽は明るく輝いていた。サンクスギビングの休日に向けて素晴らしい週が始まろうとしている予兆のようだった。週末にサンタクロースが出ているコマーシャルを見たときには少し驚いた。

オフィスに入ると、重たいコートを椅子に投げた。パティが私のオフィスに入ってくるのが聞こえたので振り返ると、彼女は満面の笑みだった。「マーケティングからのすごいニュースはもう聞きました？」

私が首を振ると、パティはただ「マギーが送ったばかりのメールを読んでみてください」と言った。

私はラップトップを開いてメールを読んだ。

From: マギー・リー
To: クリス・アラーズ, ビル・パーマー
Cc: スティーブ・マスターズ, ウェス・デービス, サラ・モールトン
Date: November 24, 7:47 AM
Subject: ユニコーンの初めてのプロモーションキャンペーン：途方もない成果！

マーケティングチームは、週末に夜遅くまで準備を進め、顧客の1%を対象としてテストキャンペーンを実施することができました。

結果は見事なものでした。対象者の20%以上が我が社のウェブサイトにアクセスし、6%以上が実際に購入に至りました。これは、とてつもなく高いコンバージョンレート（※ サイトに来た人々のうち、実際に購入、ユーザー登録などを行った人々の割合）で、おそらく今までのすべてのキャンペーンの5倍を超えるものです。

私たちは、サンクスギビングデーにすべての顧客を対象としてユニコー

ン・プロモーションを展開することをお勧めします。ユニコーン・キャンペーンの結果をリアルタイムで誰もが見られるようにするために、私は今ダッシュボードを準備しています。

　また、プロモーションで購入を勧めた商品は、すべてマージンの高い商品なので、会社の損益に対する効果は非常に大きいはずです。

　PS: ビル、今回の結果から、私たちはウェブトラフィックにとてつもないサージ（※ アクセスの急激な集中）が発生するものと予想しています。ウェブサイトが落ちないようにしていただけますよね？

　みなさん、ありがとう。

マギー

私はパティに言った。「いいじゃん、やったね。ウェスといっしょに、トラフィックサージに対処するために何をしなければならないかをはっきりさせておいてくれ。あと3日しかないわけだから、時間はあまりない。ヘマをして顧客になるはずの人たちを敵に回したくない」

パティはうなずき、携帯が震えたので出ようとした。すると、一瞬あとに私の携帯も震えた。パティは急いで画面を見て言った。「また、ドラゴンレディからの攻撃よ」

パティは、「彼女のメールには『購読解除』ボタンがほしいわ」と言いながら出て行った。

30分後、スティーブがユニコーン・チーム全体におめでとうのコメントを送り、全員が読んで喜んだ。しかし、もっと驚いたのは、スティーブがサラに公開の返事を送ったことだ。そこでスティーブはサラに「人を挑発してトラブルを起こすな」とか「いつでも私を意識しろ」といったことを要求していた。

それでも、サラ、スティーブ、ボブの間の公開メールは止まらなかった。サラが新会長のボブにごまをすっているところを見るのは、見苦しくいやな感じだった。サラは、自分が醜態をさらし、自ら退路を絶っていることを気にもかけていないかのように見えた。

懸案の SOX-404 問題に終止符

　私は SOX-404 とユニコーンのセキュリティ問題の解決についてジョンとミーティングをするために会議室に入っていった。ジョンはピンストライプのオックスフォードシャツにベストを着て、カフスボタンを付けていた。まるで『ヴァニティ・フェア』（※ アメリカのポップカルチャー、ファッション、ニュースなどの雑誌）の写真ページから出てきたような出で立ちだ。きっと今も毎日髭を剃り続けているのだろう。

　ジョンが言った。「ユニコーンのセキュリティフィックスがあっという間に統合されたのには驚いたよ。フェニックスと比べてユニコーンのセキュリティ問題の解決は楽なものだ。サイクルが短いので、1 時間以内に修正を入れられたこともあったよ。まあ普通は、1、2 日以内に修正できるという感じだね。これと比べるとフェニックスの問題を修正するのは、麻酔なしで自分で自分の歯を抜くようなものだな。ちょっと本格的な変更を加えようと思ったら 1 四半期は待たなければならなかった。緊急の変更命令に対処しようと思ったら障害が山ほどあって、わざわざそんな手間をかける意味があるのかと思うほどだったよ。

　ボタンを 1 度押すだけで本番システムをビルドし直すことができるから、パッチを当てるのもすごく楽になった。壊れたら、また最初からビルドできるしね」

　私はうなずいた。「ユニコーンの短いサイクルでできることには本当にびっくりしているよ。フェニックスでは、四半期に 1 度しかデプロイのリハーサルと実行ができなかったからなあ。この 5 週間の間に、ユニコーンのコードと環境のデプロイは 20 回もしているからね。デプロイが日常的なことのように感じるよ。君が言ったように、フェニックスとは真逆だな」

　ジョンが言った。「私が以前ユニコーンに対して持っていた留保のほとんどはもう無効になったようだ。私たちは、本番システムに日常的にアクセスする開発者たちが読み出し専用アクセスしか持たないように定期的にチェックしているし、ビルド手続きへのセキュリティテストの統合もかなり進んだ。データセキュリティや認証モジュールに影響を与える変更もすぐにキャッチできる自信がある」

　ジョンは椅子の背もたれによりかかり頭の後ろで両手を組んだ。「ユニコ

ーンのセキュリティについて何らかの保証が得られるのだろうかと考えるととても恐かった。そういうふうに考えたのは、アプリケーションのセキュリティ評価に1カ月もかかるというやり方にあまりにも慣れていたからだな。優先順位の高い監査への返答のような緊急事態では、1週間でサイクルをまわすってこともあったけどね。

しかし、1日に10デプロイというようなペースについていくなんてね。まったくありえないことだよ。でも、セキュリティテストを自動化して、ウィリアムが品質管理の自動テストで使っているのと同じプロセスにそれを統合しなければならなくなってからは、開発がコードをコミットするたびにテストをするようになった。さまざまな意味で、この会社のほかのどのアプリケーションよりもユニコーンは見通しがよく、コードカバレッジ（※ コード網羅率とも。テストされているコードの割合）も高いんだ」

ジョンがさらに話を続けた。「それでね、最後のSOX-404問題の対策が終わったんだ。主として君が導入した新しい変更管理プロセスのおかげで、現在の統制が十分だということを監査人に証明することができたよ。これで、3年連続の監査所見に終止符を打ったんだ」

ジョンは笑顔で言った。「おめでとう、ビル。君は前任者たちが誰もできなかったことを成し遂げたんだよ。ついに監査人を追っ払うことができた！」

驚いたことに、この短い週はスムースに仕事が進んだ。サンクスギビングの休日に向けてみんなが水曜日に退社するときには、すでに大規模なユニコーンのキャンペーンの準備は整っていた。コードのパフォーマンスは、必要な水準よりもまだ10倍も遅かったが、必要になったらクラウドで数百の仮想マシンインスタンスを実行できるので、それで困ることはなかった。

システムが品切れ商品を薦めていることに品質管理が気づいたときの対処は本当に見事なものだった。顧客がオススメを見て興奮してクリックすると、「入荷待ち」の表示を目にするというのでは、大変なことになっていたところだった。しかし、開発は1日以内に修正コードを作り、そのコードは1時間以内にデプロイされた。

今は午後6時だ。私は荷物をまとめて、長い週末を楽しみにしている。これはみんなでつかんだ休暇だ。

第 34 章
さよならアウトソーシング

11月28日（金）

　サンクスギビングデー当日の木曜の正午までには、私たちはトラブルが起きていることを知っていた。宵越しのユニコーンによる電子メールプロモーションは信じがたいほどの成功を収めた。反応率は今までにない高さで、我が社のウェブサイトへのトラフィックは記録的なレベルで集中した。そのため、私たちのeコマースシステムが落ち続けたのだ。

　私たちは深刻度1の緊急事態を宣言し、受注能力を維持するためにあらゆる緊急手段を取った。投入するサーバーを増やし、計算資源を大量に必要とする機能をオフにした。

　皮肉にも、ある開発者がリアルタイムのオススメ機能をオフにすることを提案した。私たちが必死に作り上げてきた機能だ。彼は、顧客がトランザクションを完了させることもできないのに、買うべき商品を推薦したところで意味がないだろうと言うのだ。

　マギーはすぐにその意見に賛成したが、開発がシステムを書き換えて、デプロイするまでに2時間かかった。今はこの機能は、システム設定で無効にできるようになっている。次に同じことが起きたときには、いちいちコードの完全なデプロイをしなくても、数分でオフになる。

　これこそ、私が「IT運用のための設計」と呼んでいるものだ。本番システムのコードの管理がどんどん楽になっていっている。

　私たちは、データベースクエリーを最適化したり、大きなグラフィックデータをサードパーティのコンテンツ配信ネットワークに移したりといったことも進めて、会社のサーバーのトラフィックを軽減させている。そして、サンクスギビングデーの午後遅くには、顧客のエクスペリエンスは耐えられるレベルまで改善した。

　本当のトラブルは、翌朝に始まった。この日は会社の公休日だったが、私はスタッフをオフィスに呼び戻した。

　ウェス、パティ、ブレント、マギーが昼のミーティングのためにここにい

る。クリスもいるが、今日の呼び出しと引き換えにまったく別のドレスコードを採用したようだ。クリスは派手なハワイアンシャツとジーンズを着て、全員にコーヒーとドーナツの差し入れを持ってきた。

　マギーが数分前にミーティングを開始した。「今朝、店長たちがブラックフライデーのために店を開けると、その瞬間からユニコーンのプロモーションメールの刷り出しを手にした人々がなだれ込みました。今日の店内のトラフィックは記録的な水準にまで上がっています。問題は、プロモーションした商品がほとんど品切れになっていることです。顧客たちが手ぶらで怒りながら帰っていくので、店長たちはパニックを起こし始めています。

　店長たちが後日購買券を発行したり、顧客宛てに商品を出荷したりしようとすると、倉庫から注文を手作業でキー入力しなければなりません。1つの注文あたり少なくとも15分ずつかかるために、店の前に長蛇の列ができ、顧客たちのイライラが余計に募っています」

　ちょうどそのとき、テーブルのスピーカーフォンが鳴った。「サラです。誰かいる？」

　マギーは驚いて目を大きく見開き、ほかの人々は互いにささやき合った。サラがユニコーンの足を引っ張ろうとしていることはすでによく知られていた。マギーは2分かかって電話に出ている全員にこのことを知らせて自分で電話に出た。

　サラが言った。「ありがとう。つないだままにしているから続けて」

　マギーはサラにきちんと礼を言って、問題の解決方法についてのブレーンストーミングを始めた。

　1時間後、私たちは週末いっぱい取り組む20の行動をまとめた。私たちは店員用にクーポンプロモーションコードを入力するためのウェブページを提供し、それによって倉庫からのクロス出荷を自動化した。

　また、私たちは顧客アカウントのウェブページに新しいフォームを作り、そこで商品の直送を申し込めるようにした。

　そのほか、やるべきことはたくさんあった。

　月曜の朝までに、状況は安定した。おかげで、スティーブの毎週のユニコーン・ミーティングを開けた。

記録破りの売上

クリス、ウェス、パティ、ジョンがいる。今までのミーティングとは異なり、サラもここにいる。サラは腕を組んで座っている。ときどき腕組みをやめてアイフォンで誰かにメッセージを送っている。

スティーブが満面の笑顔で私たち全員に言った。「君たちを誇りに思うよ。すばらしい仕事だった。私のもっとも大胆な予想を超える成果だよ。ユニコーンのおかげで、店舗とネット通販の両方で、記録破りの売上が上がった。今のランレートなら（※ 最近の実績値がそのまま続いたら）、マーケティングはこの四半期では収益性目標を達成すると予測している。昨年半ば以来のことだ。

君たち全員に心からおめでとうと言いたい」

サラ以外の全員がこのニュースに笑顔になった。

クリスが言った。「スティーブ、それだけじゃないんですよ。ユニコーン・チームはすごい成果を上げつつあるんです。彼らは2週間に1回のデプロイを週に1回に変え、今では毎日のデプロイの実験もしています。バッチサイズがとても小さくなったので、小さな変更をすばやく加えられるようになりました。今では、A/Bテストをしょっちゅうしています。つまり、今まで私たちは市場に素早く反応することができませんでしたが、今は帽子からもっとウサギを出せるはずです」

私もクリスが言っていることを強調するようにうなずいた。「これから社内で開発する新しいアプリケーションではユニコーン・モデルに従おうという流れになるのではないかと思います。スケーリングも管理も今までにサポートしてきたどのアプリケーションより楽です。私たちは、顧客の状況にすばやく反応してどんなペースでもデプロイできるようなプロセスと手続きを準備しています。場合によっては、開発者がコードをデプロイできるようにさえしようと思っています。開発者がボタンを押すと、数分以内にテスト環境や本番環境にコードが展開されるようにするわけです」

スティーブが言った。「こんなに短期間でどれだけ大きく進歩したのかまったく信じられない思いだ。君たち全員のことを誇りに思うよ。君たちが本当の意味で助け合い、相互に信頼できる人間だということを賞賛したい」

サラが口を出してきた。「遅くてもやらないよりはましってことね。手前

味噌の仲間誉めが終わったら、私がビジネスの現実を教えて目を覚まさせてあげるわ。今月始めから、うちの小売部門での競合がメーカーと提携してカスタム受注生産キットを実現しているのよ。彼らがこのサービスを提供してから、うちでもっとも売れている商品がすでに 20% も売上を落としている」

サラは怒った様子で話を続けた。「何年も前からこの機能を作れるようなインフラを作れって IT には働きかけてきたけど、返事はずっと『いいえ、そんなことはできません』だったのよね。その間に競合はイエスと答えたすべてのメーカーとの共同作業を着々と進めてきたわけ。

ボブの会社分割のアイデアには、だからとても大きなメリットがあるわ。私たちは、この会社の古臭い製造サイドに束縛されているのよ」

何だって？ 小売部門の買収は、サラのアイデアじゃないか。サラがリテーラーに行って消えてくれれば、誰にとっても人生が楽になるさ。

スティーブが眉をひそめた。「それは次の課題だ。リテール営業本部の SVP として、ビジネスのニーズとリスクをこのチームに解決させるのはサラの特権じゃないか」

ウェスは鼻息を荒くしてサラに言った。「あんたは冗談を言っているのか？ 俺たちがユニコーンで実現したことがどういうことで、それがいかに速かったかということがわかっているのかなあ。あんたが言っていることは、俺たちがやってのけたことと比べればそんなに難しいことじゃないよ」

アウトソーサーが足かせになる

翌日、ウェスは柄にもなくむっつりした表情でやってきた。「ボス、申し訳ない。あんなことを言わなきゃよかった。でも、あんなことができるとは思わなかったもんな」

どういうことか説明してくれと言うと、ウェスは答えた。「競合がやっていることをうちでやろうとした場合、すべての工場をサポートしている MRP システムを完全に書き換えないとならないんだ。あれはもう何十年も使っている古いメインフレームアプリケーション。3 年前にアウトソーシングした。お前みたいな古い人間たちがもうじき引退だったからな。

悪気はないが、メインフレーム要員の多くは何年も前にレイオフした。彼らの給与は標準より高かったからな。引退させるまでメインフレームアプリ

ケーションをサポートし続ける白髪作業者軍団を抱えているから大丈夫だと当時の CIO を口説いてその気にさせたアウトソーサーがあったんだ。いずれ代わりに新しい ERP システムを作るつもりだったんだが、当然ながらそんなチャンスはその後とんとなかった」

　私は言った。「こっちが客なんだから、アプリケーションのメンテナンスだけじゃなくて必要な変更も加えられるようにするために金を払っているんだと言ってやればいいじゃないか。サラに言わせると、この変更が必要なんだろう？　だったら、料金がいくらくらいになって、どれくらい待たされるのかを調べてみろよ」

　ウェスは、持っていた紙の束を引っ張り出しながら答えた。「それはやったんだよ。バカなうちの担当マネージャーを追っ払って技術アナリストのひとりと何とか話ができるようにしてから向こうが送ってきた提案がこれだ。

　要件を集めるのに 6 カ月、開発、テストに別に 9 カ月かかるって言うんだ。運がよければ今から 1 年で本番稼働できるかもしれない。でも問題は、必要なリソースが 6 月まで手に入らないことだ。だから、18 カ月先の話になる。最短でだ。で、プロセスをスタートさせるだけで、実現可能性の調査と開発スケジュールの確保のために 5 万ドルが必要だと言っている」

　ウェスは真っ赤になって首を振った。「あの使えない担当マネージャーは、契約上自分はおたくを助けることはできないって言い張ってるんだ。まったく最低だぜ。あいつの仕事は、請求書が書けるものを全部書くってことと、開発みたいに契約にないことをしないよう思い留まらせることに違いないんだ」

　私は大きく息を吐いて、今の話の意味を考えた。私たちが行かなければならないところに行くことを邪魔する制約は、社外にある。それが社外にあるのだとすれば、私たちにできることは何なのだろうか。優先順位を変えろとか、管理実践をうちに合わせて変えろとか、アウトソーサーの気を変えさせることはできない。

　ここで突然、アイデアが浮かんだ。

　私は尋ねた。「アウトソーサーはうちのために何人の人間を割り当てているんだ？」

　ウェスが答えた。「よくわからない。6 人に 30% やれってことだと思う。たぶん、役割で違うんじゃないかな」

私は言った。「パティを呼んできてくれ。契約書のコピーも持ってきて。で、計算をしよう。購買から誰かを連れてきてくれ。ちょっと大胆だが追求してみたい案がある」

IT はコアコンピタンス

「MRP アプリケーションをアウトソーシングしたのは誰なんだ？」スティーブがデスクの向こうから尋ねてきた。

私はクリス、ウェス、パティといっしょにスティーブのオフィスに座っている。そして、サラが横に立っているが、私はサラをできるかぎり無視しようとしている。

私は、私たちの案をもう1度スティーブに説明した。「何年も前に、このアプリケーションは会社の業務の重要な部分に含まれるものではないと判断して、コスト削減のためにアウトソーシングしたのです。当然ながら、アウトソーサーはこれをコアコンピタンスだとは見なしていません」

スティーブが答えた。「しかし、今は明らかにコアコンピタンスだ。そのアウトソーサーは人質を取って、うちがしなければならないことをするのを妨げている。ただの邪魔者では済まなくなっている。我が社の未来を危険にさらしているのだ」

私はうなずいた。「一言で言えば、私たちは早いうちにアウトソーシング契約を破棄し、流出した人材もこちらに取り戻そうと思っています。約6人ほどで、そのうちの一部はまだ現場にいます。2年早く契約の残りの部分を買い取るためには100万ドルほどかかります。そうすれば、MRP アプリケーションとその下のインフラを再び完全な支配下に取り戻すことができます。私たちのチームは全員それが正しいやり方だと考えており、ディックのチームから賛成を取り付けています」

私は息を凝らした。今非常に大きい数字を言った。これは、2カ月前、私がこのオフィスから放り出されたときに口にした予算の増額よりもかなり大きい数字だ。

私はすぐに続けた。「クリスは、社内に MRP アプリケーションが戻ってきたら、ユニコーンとのインタフェースを作れると考えています。すると、『倉庫に入れるために作る』から『注文に応えるために作る』に切り替える

ための製造向け機能を作って、サラが求めているカスタムキットを提供できます。すべてを問題なく進めて受注処理と在庫管理を予定どおりに統合できれば、約 90 日で競合がしているのと同じことをできるようになります」

視野から外れたところにいるが、サラの頭のなかで歯車がすごい勢いで回っているのが私にははっきりと見える。

スティーブは、このアイデアをすぐに却下したりはしなかった。「わかった。その案は検討に値する。最大のリスクは何だ？」

この質問にはクリスが答えた。「アウトソーサーがコードベースに私たちの知らない大きな変更を加えている可能性があり、その場合は開発スケジュールが遅れます。しかし、個人的にはこのリスクは小さいと思います。彼らの動きを見ると、機能に大きな変更を加えているようには見えません。

技術的な課題については、心配していません。この MRP は大きなバッチサイズを想定して設計されていたものではありませんし、ここで話題になっているバッチサイズも大きくありません。短期的に動くものは作れますし、長期的な戦略はその過程ではっきりさせられます」

クリスのあとはパティが続いた。「アウトソーサーが我が社への返還を困難にすることはありえますし、影響を受けるエンジニアたちには恨みが残っているかもしれません。アウトソーシング契約を発表したときには、彼らはさまざまな面で辛い思いをしました。特に、パーツ・アンリミテッドの従業員からベンダーの従業員に変わった瞬間に給与はカットされていますから。

あと、すぐにジョンにも入ってもらわなければなりません。再雇用しないアウトソーサーのスタッフからはシステムへのアクセスを取り上げなければなりませんから」

ウェスが笑いながら言った。「俺としては、あのバカな担当マネージャーのログインアカウントを個人的に削除したいなあ。あいつは本当にクソだぜ」

スティーブは、注意を払って話を聞いていた。そしてサラに向かって尋ねた。「IT チームの提案に対する君の考えはどうだ？」

サラはしばらく何も言わなかったが、やがて横柄な態度でしゃべり出した。「このように大きくてリスキーなプロジェクトに取り掛かるには、あらかじめボブ・ストラウスのチェックと取締役会の承認が必要だと思います。今までの IT の能力から考えると、このようなことをすれば、製造部門全体

を危険にさらしかねません。そのようなリスクは取るべきではないと思います。私個人としては、この提案は支持しかねます」

スティーブはサラをじろりと見て、薄笑みを浮かべて言った。「お前はボブではなく、俺の下にいることを忘れるなよ。この体制で働けないなら、お前をすぐにクビにする必要がある」

サラは真っ白になり、口がぽかんと開いた。自分の過ちに気づいたのだ。

サラは、平静を取り戻そうとしてスティーブの言葉に神経質そうに笑ったが、ほかには誰も笑わなかった。同僚たちの様子をうかがうと、彼らはこの展開に目が釘づけになっているようだ。

スティーブはさらに言った。「逆に、ITのおかげで、私たちは君とボブが準備している厄介なオプションのことはもう考えずに済みそうだ。しかし、君の指摘はありがたく頂戴しておくよ」

スティーブは、サラ以外の全員に言った。「君たちには、ディックのところのもっとも優秀な人間と顧問弁護士を付けるよ。彼らはこのプロジェクトを問題なく進めるために力になってくれるだろう。あらゆる手段を使ってアウトソーサーから必要なものを取り戻すんだ。ディックにも、このプロジェクトに個人的に注目するように指示しておくよ」

サラの目はさらに大きく見開いていた。「スティーブ、それはとてもすばらしいアイデアです。そうすれば、私たちのリスクは大きく削減されるでしょう。きっとボブもとても喜ぶと思います」

スティーブの表情を見ると、サラのはったりに対する忍耐もそろそろ限界に来ているようだ。

スティーブは、ほかに必要なものがあるかと私たちに尋ねた。私たちが何も求めなかったので、スティーブは全員に帰ってよいと言った。ただし、サラだけはあとに残された。

スティーブのオフィスを出て行くときに、私は後ろをちらりと見た。私が座っていたところにサラが座って私たちが出て行くのを神経質そうに見ていた。彼女と目が合うと、私はにこっと彼女に笑ってドアを閉めた。

第35章
旅立ち

1月9日（金）

　私はぴりぴりしながら、ハンドルを握ってスティーブの自宅に向かうところだ。彼は、ビジネスとITの両方の人々を招いて、フェニックスとユニコーンの両プロジェクトに力を注いだ全員のためにパーティを開こうとしている。道路はカチカチに凍っていて、何週間も晴れた日が続いたというのに、全然解けていない。あまり危険なので、ペイジと私はいつもなら大晦日は彼女の家族とともに新年を祝うところなのだが、今年は家にいたほどだ。

　スティーブ、サラとの最後のミーティングから1カ月以上がたっている。その後、サラの姿はあまり見かけなくなった。

　運転しながら、最近の静かさについて考えた。誰かが深刻度1のインシデントが起きたと言って電話をかけてくることはいつも予想している。しかし、私の携帯はカップホルダーで静かにしているだけだ。昨日も一昨日もそうだった。

　あの興奮が失われて残念だとは口が裂けても言えないが、最近はほとんど何もすることがないことがときどきある。

　だから、2週間のサイクルに従ってすべてのマネージャーたちに『改善の型』を教える仕事があるのはありがたいことだ。これのおかげで自分が完全に役立たずになったと考えなくて済む。私が今特に誇りに思うのは、この1カ月、私のグループが予防的なインフラストラクチャ・プロジェクトに時間の15%を使うという目標を達成していることだ。そして、それが効果を生んでいる。

　私たちは、割り当てられた予算全部を使っている。モニタリングギャップは埋めつつあるし、もっとも脆弱なソフトウェアのトップ10リストは、リファクタリング（※ 外から見た動作は変えず、内部構造を改良すること）や置き換えで対処した。予定している仕事のフローは、今までよりも速い。私の予想に反して、「ナーワル」プロジェクト（※ ナーワルはイッカク。ユニコーンのような角を持つ鯨）、別名「類人猿軍団の暴れ猿」プロジェクトは、全員が熱烈に

支持してスタートした。オリジナルのアップルマック OS やクラウド配信インフラストラクチャのネットフリックスの伝説的な手法と同様に、日常的に大規模なエラーを作るコードをデプロイし、ランダムにプロセスやサーバーを止めていく。

もちろん、テストとしてまる 1 週間あらゆるむちゃくちゃなことが行われるので、ときには本番インフラストラクチャがカードで作った家のようにクラッシュすることもある。しかし、そのあとの数週間で開発と IT 運用が協力して、コードとインフラストラクチャのエラーに対する回復力を高めたので、私たちの IT サービスは頑丈で弾力性が高く長持ちするものに変身した。

ジョンはこれを気に入って「悪意の暴れ猿」という新しいプロジェクトを始めた。本番環境で運用上のエラーを引き起こすのではなく、さまざまなセキュリティホールを狙い、不正なパケットの嵐をアプリケーションに浴びせかけ、機密データへのアクセスを狙い、そのほか、ありとあらゆる悪意の攻撃をしかける。

もちろん、ウェスはこれを止めさせようとした。ウェスは、決められた時間に侵入テストを実行すべきだと主張したのである。しかし、私はウェスを説得して、これはエリックの第 3 の道をもっとも手っ取り早く制度化できる方法だと納得させた。私たちは、リスクを引き受け、失敗から学ぶことを重視し、反復と練習によるマスターを尊ぶ文化を築いていく必要がある。

品質やセキュリティの重要性を呼びかけるポスターはいらない。日々の仕事の改善がそれを必要とするところ、すなわち日々の仕事で明らかになるようにしたい。

ジョンのチームは、すべてのテスト環境と本番環境に継続的な集中攻撃をかけるストレステストツールを開発した。そして元の暴れ猿を最初に放したときと同じように、実行直後はセキュリティホールを塞ぎコードを強化する作業のために半分以上の時間を使うようになったが、数週間後には、開発者たちは、ジョンのチームがかけてくるあらゆる攻撃を見事にかわせるようになり、自分の仕事に誇りを持てるようになった。

スティーブの自宅に車で向かうときに私の頭のなかで去来していたのは、こういったことだった。大地はすべて雪に覆われ、きれいに刈り込まれた芝生はすっかり隠れていた。

CIOの席

　スティーブに言われたとおりに予定の1時間前にドアベルを鳴らすと、犬が大きく吠えるのが聞こえ、やがて非常に大きな犬が床を走ってきてドアにぶつかる音がした。

　スティーブが台所のほうを指さして、「ビル、よく来たね。さあ中へどうぞ。君とまた会えてうれしいよ」と言った。彼は片手で犬の首輪を握り、反対の手には野菜を刺した串を持っていた。台所にやってくると、スティーブは自分の前のカウンターを指さした。そこには、ボトルと氷をつめた大きな金属のケースがあった。「何か飲まない？ ビール、ソーダ、スコッチ？」さらに周りを見回して「マルガリータもあるよ」

　私はケースからビールを取り出して、スティーブに礼を言った。そして、スティーブに連れられてリビングルームに行く間、ちょっと退屈な日々のことを簡単にまとめて話した。

　スティーブはにっこり笑って言った。「早くに来てくれてありがとう。我が社は、記録破りの四半期決算を迎える。君とクリスがいなければ、そんなことは成し遂げられなかった。ここ数年で初めて、我が社のシェアは上向きになった。いや、ライバルの顔が見たいよ。彼らはきっとうちがどうしてこんなことを成し遂げたのかを調べようとして必死になっているよ」

　スティーブは口を開けて笑った。「実は、先日ディックが笑ったところを見たんだ。少なくとも歯を見せたぞ。ユニコーン・プロジェクトと新しいプロジェクトのナーワルのおかげで、顧客が本当は何を求めているのかがわかるようになった。平均受注額は先週新記録を作ったところだ。ディックが言っていたぞ。ユニコーンは、最近記憶にあるかぎりでどのプロジェクトよりも早く収益につながったって。

　アナリストたちも我が社を見直し始めているんだ。ひとりのアナリストが先週私に言ってたよ。うちがこのまま好調を維持したら、体制がたついている競合がうちについていくのはとても難しいだろうって。アナリストたちは目標株価を上げるはずだし、ボブは会社分割案を支持するのをやめたよ」

　私は驚いて言った。「本当ですか？ 我が社の生き残りのための唯一の道は会社分割だとサラは固く信じているんだと思っていました」

　スティーブは答えた。「ああ、そうなんだが……。サラは社外で別のオプ

ションを探すことにして、今は休暇を取っているよ」

これはびっくりした。私の聞き方が正しければ、サラはこの会社から出ていこうとしているわけだ。私は笑顔になった。

スティーブが言った。「ところで、ナーワル・プロジェクトにユニコーン・プロジェクトだって？ 君のところの部下はもうちょっといい名前を付けられないのか？」

私は声を上げて笑った。「それについてはマギー以上に怒っている人はいませんよ。彼女はプロダクトマネージャー全員からこの件で笑われたと思っています。次のプロジェクトの名前が『ハローキティ』だったら会社を辞めると旦那さんに言ったそうですよ」

スティーブが大声で笑った。「それはともかく、君に早く来てもらったのは、たぶん気がついているだろうけど、プロジェクト名の批評をしてもらうためじゃないんだ。まあ、席に座ってくれたまえ」

私が座り心地のよいアームチェアに座ると、スティーブは説明を始めた。「うちの会社は何カ月も前からCIOが空席になっているだろう？ 君も候補者の面接に参加してもらったよね。あの候補者たちについてどう思う？」

「正直に言っていいですか？ がっかりしましたよ」。私はゆっくりと言った。

「彼らは私よりもずっと経験が豊富な人たちですが、重箱の隅を突くようなことばかり言っています。彼らは、私たちがこのパーツ・アンリミテッドでこの数カ月の間にしてきたことのほんの何分の一のことしか提案しませんでしたよ。彼らをCIOに頂くことになると、昔の悪い状態に逆戻りさせられるリスクがかなりあると思います」

「ビル、私もそう思っている。だから、私は社内から昇進させることにした。誰を昇進させたらいいと思うかね？」

私は頭のなかで可能な候補者を並べた。長いリストではない。「当然クリスでしょう。ユニコーン、ナーワルとも、彼が推進力になってきました。彼のリーダーシップがなければ、私たちは相変わらず泥沼にはまったままだったでしょう」

スティーブは笑顔になった。「いや、面白い。君はきっとそう言うだろうとみんなが予想していたんだ。しかし、君の推薦には従わないことにするよ。

これは説明しようとすると長くなる。誰もが口を揃えて新CIOに選ぶのは君だ。しかし、乱暴なくらい率直に言えば、私は君をそんなところに置いておきたくはない」

私が明らかに困ったという顔をしたので、スティーブは、「まあ、肩の力を抜けよ。話はこれからだ。私は取締役会に対して、社内の資源をもっとも有効に活用し、株主価値を最大限に引き上げるという目標を達成するという責任を負っている。私の第1の仕事は、経営チームをリードしてこの目標を達成することだ」

究極のIT成功企業の姿

スティーブは立ち上がって窓際に歩いて行き、雪に覆われた野原を見た。「君は、ITが単なる部門ではないことを教えてくれた。ITは電気のように会社の活動にしみ通っているのだ。ITは、読み書きや算数のようなスキルでもある。パーツ・アンリミテッドには、読み書きや算数のための本社部門はない。採用する人間はだれでも読み書き算数ができるものだと思っている。テクノロジーに何ができて何ができないかを理解することは、このビジネスのあらゆる部門の人々が知っていなければならないコアコンピタンスになった。このスキルを持っていないビジネスマネージャーがチームやプロジェクトを率いても、彼らは失敗するだろう。

すべてのビジネスマネージャーには、会社全体を危機に陥れることなく、計算されたリスクを引き受けてもらわなければ困る。ビジネスのどの部分にいる人間でもテクノロジーを使っているので、善かれ悪しかれ西部開拓時代の再来だ。この新しい世界で競争力をつけられない会社は滅びる」

スティーブは私のほうに向き直って言った。

「パーツ・アンリミテッドが生き残っていくためには、ビジネスとITはお互いに無視して意思決定をすることはできない。この流れがどこに向かっていくのかは私にはわからないが、今の組織では、すべてのシリンダーに火が入っているとは言えないと思う。私はこの件についてもう2カ月も取締役会と話している」。スティーブは座りながらそう言って、私のほうをまっすぐに見た。

私はスティーブのこの表情を覚えている。去年彼と初めて会ったときのよ

うだ。これは、彼がだれかをたぶらかそうとしているときの顔だ。
「私は、君の能力と君が IT でしてきたことに強く感銘を受けている。私が我が社の大きな製造部門のリーダーに駆使してもらいたいと思っているのと同じスキルを君は見事に使いこなした。

　今の私は、君が成長し、学習して、パーツ・アンリミテッド全体を助ける新しいスキルを身に付けてほしいと思っている。君にその気があれば、私は君に投資する用意がある。君を 2 年計画で育てたいんだ。君にはローテーションしてもらって、営業とマーケティング、工場経営を学び、国際経験を積み、もっとも重要なサプライヤーとよい関係を作り、サプライチェーンを管理してもらいたい。これは簡単なことじゃない。人からの助けが必要になるだろう。それもたくさんのだ。エリックが君のメンターになることを引き受けてくれた。私たちふたりは、君が今までにしてきたことのなかでも、これがもっとも難しいだろうと思うからだ。

　ただし、私たちが設定する 15 の能力獲得目標をすべて達成したら、2 年後には、暫定的に COO の業務をしてもらう。そのときには、引退の準備に入るディックと密接に連携して動いてもらうことになる。君ががんばり、結果を出して、正しくカードを切ったら、3 年後にはこの会社の次期 COO になってもらう」

　私はあっけにとられてしまった。私のビールグラスは足に水滴をぽたぽたと垂らしている。
「今すぐに返事しなくてもいいよ」。スティーブは、期待どおりの効果が得られたので明らかに満足した様子でそう言った。
「取締役会の半数は、私のことをまともじゃないと思っているよ。彼らが正しいのかもしれない。しかし、私は自分の直感を信じる。これが具体的にどうなっていくかはわからないが、私は自信を持って、この会社にとって最良の選択はこれだと言える。10 年後、競合をきれいさっぱり追い出したときに、その原動力になったのはこの賭けだと言えるはずだ。

　今は大きな夢を見ているだけかもしれないが、言わしてくれ。10 年後には、実力のある COO はみな IT 出身者になると思う。ビジネスを実際に動かしている IT システムを我が物として理解していない COO は、誰かほかの人に自分の仕事をしてもらっている空っぽのスーツだ」

　私はスティーブのビジョンに息を呑んだ。彼は正しい。私のチームが学ん

だすべてのこと、それにクリスとジョンが学んだことは、IT がうまくいっていないときは、会社もうまくいかないということだ。IT が成功するように組織されていれば、会社も成功するというのはもっともだ。

そして、スティーブはこの動きの先頭に私を据えたがっている。

IT 運用の人間であるこの私をだ。

突然、エリックの上官が彼を准士官から少尉に引き上げ、再び将校のなかの最下位の階級から昇進のはしごを上らせようと思ったのはなぜかがわかったような気がした。明らかに、エリックにはその勇気があったのだ。そして彼（もしいるなら彼の家族）に与えられた報償は明らかだ。彼は平凡な一般人を超越した生活を楽しんでいるように見える。

スティーブは、まるで私が考えていることを見通したかのように言った。「もう何カ月も前になるが、エリックと私が初めて会ったとき、彼は、IT とビジネスの関係のことをうまくいっていない夫婦のようなものだと言った。どちらも無力で相手に人質を握られているような感じを持っていると。私はこのことを何カ月も考えてきたが、ようやく何かがわかったような気がする。

うまくいっていない夫婦というのは、ビジネスと IT とがふたつの別々の主体だということを前提としている。しかし、IT は業務か会社に組み込まれているはずのものだ。わかった、それでいこう。緊張もない。結婚もない。たぶん、IT 部門というものもない」

私はただスティーブを見つめた。ちょっとエリック的な形で、彼が言っていることは絶対的に正しいような気がする。

その瞬間に私は決心した。まだペイジと話さなければならないが、スティーブが私を送り出そうとしている旅は、私と私の家族にとっても、私の職業生活にとっても重要だということをはっきりと理解したのである。

私は神妙に、「この件については考えさせていただきます」と言った。

スティーブが口を開けて笑い、立ち上がった。私が差し出された手を握ると、彼は私の肩を叩いた。「よかった。これは楽しいことになるぞ」

ちょうどそのとき、ドアベルが鳴った。それから数分もたたないうちに、仲間たちが全員ここに揃った。ウェス、パティ、ジョン、クリスだけでなく、マギー、ブレント、アン、そしてなんとディックとロンもいる。

贈り物

　パーティがにぎやかになっていくにつれて、彼らが一人ひとり片手にドリンクを持って私に祝福に来た。スティーブが次期 COO になるための 3 年間の訓練プランに私を送り出すことを含め、彼らがすべてをすでに知っていたのは明らかだった。

　ディックは、スコッチのグラスを持って私に近づいてきた。「おめでとう、ビル。君と密接に連携して仕事をするのを楽しみにしているよ」

　やがて、私はみんなから祝福を受け、今までのすばらしい旅についての話をかわして、みんなといっしょに笑っていた。

　ウェスが私の肩を叩いた。彼は、いつもよりもさらにうるさく、生意気な口を聞いた。

「お前が昇進したので、俺たち全員で俺たちが達成したことを祝福するあるものをお前に贈ろうということになった。それは、お前が俺たち小さな人間を忘れないように、いつも持って歩けるようなものだ」

　彼は足元にある箱を持ち上げて言った。「何にしたらいいか、長い間相談したんだが、結局これしかないってものになった」

　ウェスが箱から取り出したものを見て、私は大笑いした。

「お前の古いクラップトップだ！」そう叫ぶと彼はそれを高く持ち上げた。「ブロンズ色にしちまったために使えなくなったのはまずかったが、きれいだってことは認めてくれるだろ？」

　みんなが笑い、手をたたき、乾杯しているなか、私は信じられない思いでそれを見つめていた。それは間違いなく、私の古いラップトップだった。ウェスからそれを受け取り、壊れた蝶番とバッテリを止めるために自分でつけたダクトテープを見た。そして、今はラップトップ全体が厚い金色のペイントで塗り潰され、マホガニーの台座に設置されていた。

　そして、台座の下の部分にはブロンズのラベルが貼ってあった。私はそれを大声で読んだ。「旅立っていった親愛なる IT 運用担当 VP、ビル・パーマーの思い出のために」。そしてカッコ書きで去年の年号が書いてあった。

　彼らの贈り物に純粋に感動して言った。

「ひでえな。まるで、俺が死んだみたいじゃないか！」

　みんなが笑っていた。スティーブもだ。その夜はあっという間に過ぎてい

った。こんなに楽しい時間を過ごせたことにとても驚いていた。私は普段社交的な人間ではないが、今晩は尊敬し、信頼し、純粋に大好きな友人、同僚たちの輪のなかに入っていると感じた。

優れたIT組織を持つ企業に投資は集まる

　しばらくしてからエリックが到着した。彼は私のところに歩いてくると、ブロンズで塗られたラップトップをじっと見ていた。
「洗い落とせるかどうかは五分五分だけど、君のことを信じているよ」。彼は私の前に立ってそう言うと、ビールを一気に飲み干した。
「おめでとう。君はそれだけのことをしたよ」
「ありがとうございます」。彼のわずかな褒め言葉に純粋に感動して私は口を開けて笑った。
「ああ、俺のことをがっかりさせるなよ」。エリックは無愛想に言った。
「俺はこの街が気に入ったことは1度もないよ。あと何年かしたら、君はこのさびれた空港に俺を飛んでこさせるんだろうな」
「全力を尽します」。私は自分でもびっくりするくらいの自信をこめて言った。
「ちょっと待ってください。あなたはいずれにしても我が社の取締役会のためにこの街にやってくることになるんじゃないんですか？」
「俺はいろいろ見た結果、この会社の一員にはなりたくないと思っている」。エリックは大声で笑いながら言った。
「パーツ・アンリミテッドはきっと大きな収益を上げると思っている。競合他社が本当はどれくらい好調かはいずれわかるけれども、彼らは何にやられたのかわからないだろうな。私からすれば、これはつまらない理屈じゃない。予定どおりにいけば、2週間後には、私はこの会社の最大の投資者のひとりになっているはずだ。インサイダー情報が入ってきて、株を売り買いできなくなるのが一番困る」
　私はエリックを見つめた。彼はこの会社の最大の投資家のひとりになれるくらいの金を持っているのに、今でも工場の労働者のような服を着ているのか？　彼がそんなに金のことを考えていたとは思わなかった。
　結局、私は、「『インサイダー情報』というのはどういうことですか？」と

尋ねた。

　エリックは説明した。

「俺は以前から、IT が効果的に管理されていることは、企業にとって極めて重要な能力だというだけでなく、すばらしい業績を残すことを予測するための大きな手がかりにもなると考えている。近いうちに、企業に投資するヘッジファンドを作ろうと思っているんだが、会社の勝利に貢献している優れた IT 組織を持つ企業には長期的に、IT がすべてをぶち壊している企業には短期的に接するつもりだ。大儲けできると思っているよ。次世代の CEO たちに IT の重要性を認識させるためにこれ以上の方法があると思うかね？　そういう企業の取締役として縛り付けられていたら、それはできない。SEC、監査人などとの間でトラブルになる恐れがある」

「なるほど」

「割り込んで、悪いな」。ジョンが入ってきた。「でも、君を祝福して敬意を表したいと思ってな」。それからエリックのほうに手を伸ばして、「そして、あなたにもだ」

　エリックはジョンの手を無視してジョンを上から下までじろじろ見ていたが、突然笑って手を握り返した。「ジョン、君もずいぶん変わったものだな。よくなったよ。新しいスタイル気に入ったぜ。ヨーロッパのクラブ風だな」

「ありがとう、アーケル」。ジョンは平然と答えた。「あなたなしには変われなかったよ。感謝している」

「どういたしまして」。エリックは陽気に答えた。「あんまり監査人とつるまないようにな。みんなにとって不幸だ」

　ジョンはわかっていると首を振ってパーティに戻っていった。エリックは私のほうに向き直って言った。「あれはかなり目立つ変身だな」

　私は振り返ってジョンを見た。ジョンは笑いながらウェスとふざけていた。

「それでだ」。自分の世界に入りかけていた私をさえぎるようにエリックが言った。

「IT 組織のほかの部分をどうするつもりだ？　今回の昇進で、空きポストができるだろう」

　私はエリックのほうに向き直った。「私はこうなることはまったく予想で

きていませんでした」

エリックは軽蔑したように鼻を鳴らしたが、私は無視した。

「でも、ウェス、パティとそれについては話してきました。IT 運用担当 VP にはパティを昇進させます。彼女は IT 運用の人間のなかでももっとも工場のマネージャーと密接な関係を持っていますし、きっとすばらしい仕事をしてくれます」。私は笑顔で言った。

「いい選択だ」。エリックは答えた。「確かに、彼女は普通の IT 運用のマネージャーとはちょっと違うな。で、ウェスは？」

「信じられないかもしれませんが、ウェスは IT 運用担当 VP にはなりたくないということをはっきり言っています。でも、もし 2 年後に CIO の地位を譲るのであれば、ウェスも大きな決断をしてくれると思います。私が魔法の杖を持っていれば、ウェスがパティのあとを継いで IT 運用担当 VP になり、パティは次の CIO にしたいところです。しかし、スティーブが私の職務を増やし続けたら、みんなをそのつもりにさせる余裕などなくなるでしょう」

エリックは目をむいた。「ちょっと待てよ。君は今の仕事に退屈しているかもしれないが、これからは退屈なんかしていられないぞ。急げ。それから、君のまわりには同じような道を歩んだベテランがたくさんいることを忘れるな。だから、助けを求めなかったばかりに失敗する馬鹿にはなるなよ」

エリックは帰りかけたが、目に光るものをためて私のほうを見た。「ほかに人に助けを求めると言えば、俺も少しは君の役にたったよな」

「もちろんです」。私は真剣に答えた。突然、最初からこうなるようにレールが敷かれていたのではないかという気がした。

「あなたがほしいものを何でも言ってください」

「君には、組織がテクノロジーをいかに管理すべきかについての実践の水準を引き上げてもらわなければならない。この問題に真剣に取り組もう。IT が誤解され、正しく管理されていないところで IT の仕事をしているのは辛いことだ。人は、終わりなく続くホラー映画のように、自分には結果を変える力がないと思うと、不満をためてありがたみを感じなくなる。そのことが人間としての自分の価値を傷つけないわけがない。そういう状況を変えなければならないんだ」

エリックは熱を込めて言った。

「私は今後5年間で100万のIT従事者たちの生活を向上させたい。昔、ある人に言われたことがある。『救い主は偉大だが、聖書はさらに偉大だ』ってね。君には本を書いてほしいな。3つの道のことを説明して、君がこのパーツ・アンリミテッドで起こした変化をほかの人たちも起こせるようにするものを。タイトルは『The DevOps Cookbook ――開発と運用の新しい関係』だ。ITがビジネスの信頼を取り戻して、数十年にわたる内戦に終止符を打つための方法を示してくれ。私のためにそれをやってくれるかな？」

本を書く？エリックは本気だろうか？

私は答えた。「私は作家じゃありませんよ。本なんて書いたことがありません。実際、この10年メールよりも長いものなんて書いたことがありませんよ」

エリックは笑わず厳しい口調で言った。「じゃあ、学べ」

私はしばらく首を振っていたが、ついに言った。「わかりました。これからの3年間は私のキャリア全体でもっとも大変になるはずですが、その最初の時期にあなたのために『The DevOps Cookbook』を書くのは私の誇りであり栄誉だと思います」

「大変よろしい。すばらしい本になるぞ」。エリックは微笑んで言った。それから私の肩を叩いて言った。「今晩は楽しみなさい。君はそれだけのことをしたんだ」

DevOpsという大きな仲間

どこを見ても、純粋に喜び、会話を楽しむ人たちばかりだ。私はドリンクを持ったまま、今までの道のりについて考えていた。フェニックスをリリースした頃には、このグループの人々が、単なる開発、運用、セキュリティよりももっと大きい仲間の一部になるとは思ってもみなかった。最近になってDevOps、開発運用という言葉を聞くようになった。おそらく、このパーティに参加している人々はDevOpsの一形態と見なされるのだろうが、私はそれよりももっとずっと大きいものになっているのではないかと思う。製品管理、開発、IT運用、情報セキュリティまでもが協力し、互いに支え合う形だ。スティーブだって、この大きな仲間の一員である。

その瞬間、この部屋にいるすべての人々を誇りに思う気持ちが胸にあふれ

てきた。私たちが成し遂げたことは、注目に値することだった。そして、私の将来は、おそらく私の今までのキャリアと比べて不確実になってしまうはずだが、これからの日々に経験することになるチャレンジのことを考えるととてつもなくファイトが湧いてくる。

　ビールをもう一口飲むと、何かが私の目に飛び込んできた。多くの人々が、携帯を覗き込み始めている。そして、部屋の反対側のブレントの隣にいた開発者たちのなかのひとりが携帯をのぞき込んだ。まわりの人々は彼のまわりに集まってきている。

　長く身体に染みついた本能が作動して、私は急いで部屋の周囲からパティを探した。パティはすでに携帯を手に私のほうに向かって一直線に歩いてきていた。

「まず、おめでとうございます、ボス」。彼女は、半分笑って言った。「悪い知らせとよい知らせ、先にどちらを知りたいですか？」

　私は彼女のほうに向き直り、安定した穏やかな気持ちで言った。「パティ、何があったんだ？」

謝辞

　まず第 1 に、約束したよりも長い間我慢させることになってしまったにもかかわらず、終始応援してくれた愛する妻マルグリットと息子のリード、パーカー、グラントにありがとうと言いたい。

　本書の企画を練る過程でとても力になってくれたトッド・サッターステン、ティム・グラール、メリドーン・ダックラー、ケイト・セージに感謝している。また、ヒューレット・パッカードのポール・マラー、ガートナーのポール・プロクター、RSA のブランデン・ウィリアムズ、ジョンズ・ホプキンス大学のトム・ロングスタッフ博士、SEI/CMU のジュリア・アレン、ネットフリックスのエイドリアン・コッククロフト、BMC のクリストファー・リトル、ITSM アカデミーのボブ・マッカーシー、リサ・シュウォーツ、ジョイエントのジェニファー・バヤク、ベン・ロックウッド、アカマイのジョシュ・コーマン、パペットラボのジェームズ・ターンバル、エンタープライズマネジメントアソシエイツのチャーリー・ベッツ、パーデュー大学 CERIAS のジーン・スパッフォード博士、トリップワイヤのドウェイン・メランコン、Asuret のマイケル・クリグスマンにも感謝している。

　The DevOps Cookbook の共著者、パトリック・ドボワ、ジョン・ウィルス、マイク・オーゼンには、エリックが話した 3 つの道のもとになった実践の意味を明確にするなど、さまざまな面で力になっていただいた。感謝の気持ちを伝えたい。

　IT バリューシステムのフローをいかに高速化するかを実際に示した草分け的な功労者、ジョン・アレスポー、ポール・ハモンド、ジェズ・ハンブルに感謝している。

　原稿の形にしていくうえで力になってくれたレビュアのデビッド・アレン、デビッド・ビルズ、キップ・ボイル、シェーン・カールソン、カーロス・カサノヴァ、スコット・クロフォード、アイリス・カルペッパー、マイク・ダーン、クリス・エング、ポール・ファラル、ダニエル・フランシス

コ、ケビン・フッド、マット・フーパー、トム・ハワース、ケビン・ケナン、ポール・ラブ、ノーマン・マークス、トム・マッカンドリュー、アリー・ミラー、デビッド・モートマン、ウェンディ・ネイザー、マイケル・ナイガード、ジョン・ピアース、デニス・ラブネル、サーシャ・ロマノスキー、スーザン・ライアン、フレッド・ショル、ローレンス・"ブッチ"・シーツ、ビル・シン、アダム・ショスタック、アリエル・シルバーストーン、ダン・スワンソン、ジョー・"フィーチ"・テラフィチ、ジャン・ブロマント、レニー・ゼルツァーのみなさん、どうもありがとう。

ディックの重要業績評価指標を作成、計算し、IT活動にリンクする方法論は、ガートナーのポール・プロクターとマイケル・スミスのRisk-Adjusted Value ManagementTMに基づくものである。

特定の内部監査統制目標を使ってIT統制の範囲を限定するツールはGAITと呼ばれ、内部監査人協会（Institute of Internal Auditors）によって開発されたものである。

そして、本書の執筆、仕上げに集中できる環境を作り、最終編集を手伝ってくれた、私の秘書のハナ・コンカノンに心から感謝の意を捧げたい。

また、本を世に出すための理論と実践を理解するにあたって力になってくれたKimonoグループのティム・フェリスを始めとする同窓生たちにも感謝したい。

2012年6月10日
ジーン・キム
オレゴン州ポートランド

出張が非常に多い職業を選んだことを許し理解してくれている妻のエリカと娘のエミリー、レイチェルに感謝したい。また、私の騒々しい話し方に寛容で、波長を合わせてくれている楽しい破壊活動の共謀者、ジーン・キムとジョージ・スパッフォードにも特別な感謝の気持ちを捧げたい。

私は、もっともクリエイティブで聡明なCxOたちと仕事をするとてつもない幸運に恵まれてきた。たとえば、ミニストリー・ヘルスケアCIOのウィル・"プレフォンテーヌ"・ワイダー、ジョン・C・リンカーン・ヘルス

ネットワーク CIO のロバート・スレピン、コグノセック CEO のオリバー・エッケル、トランスダーマル・コーポレーション CFO のロブ・リーヒー、レイディアント・システムズ CEO のポール・オニール、カーズナー・インターナショナル COO のナナ・パーマーといった人々だ。彼らは全員、IT スループットの劇的な向上とそのための実験に立ち向かう勇気について非常に多くのことを教えてくれた。記して感謝したい。

最後に、我が友人にしてこういった改良の学習パートナーでもあるアセンブレージ・ポイントのシニアエンゲージメントマネージャー、ジョン・デニンに感謝したい。

2012 年 6 月 1 日
ケビン・ベア
ペンシルバニア州ランカスター

Visible Ops から *When IT Fails* への旅によって、私はジーンとケビンに対する最大限の敬意をさらにしっかりと確認した。本書を執筆する過程で直面した難問や意見交換を通じて、IT 産業で現実に遭遇したことを本文に盛り込む集合的能力が私たちにあるかどうかが試されたと思う。

諸君、ほんとうにありがとう。

揺るぎない愛情と意欲を持ち、私を支えて私のわがままを我慢してくれた妻、ロイナにとても感謝している。休暇の時期でもはっきりせず、だらだらと時間ばかり食う日程にわがままを言わずに我慢してくれたパオロ、アリッサ、エリカの 3 人の子どもたちにもありがとうと言いたい。両親のキャロルとアルファには、学ぶことを愛するように教育してくれたことを感謝したい。人生のあらゆる側面をよりよくしていくための探求を続けてこれたのは、両親のおかげだ。

2012 年 6 月 1 日
ジョージ・スパッフォード
ミネソタ州セントジョセフ

監修者あとがき

　世の中には2種類の企業がある。ビジネスとITのスピードが一体化し、ビジネスの変化に即応してITシステムを改良できる企業と、そう「なりたい」企業だ。もはやITシステムの改良に即応「できない」企業であり続けることは許されず、即応能力を持つことは多くの企業に切望されている重要な事項である。もちろん前者の企業はまだまだ少数、後者が大半。変化の激しい業界であればあるほどITシステムの開発・改良に即応できる能力は勝ち組の前提条件となり、他社を圧倒する大きな武器となる。

　本書の舞台となるパーツ・アンリミテッド社も「なりたい」企業の1社で、以前は多くの取引先を抱える優良企業だったにもかかわらず、近年は競合他社の台頭によって辛酸を舐め続けていた。文中にCIO（最高情報責任者）の略はCareer Is Over（キャリア終了）という皮肉が登場するが、本書の主人公であるビル・パーマーも、自身の上司であるCIOの辞職によって突然IT全体に関する重責を担わされることになる。問題が次々と発生し、ビルと彼の同僚たちは失敗を繰り返しながらも荒波に立ち向かっていく。

　いかにもアメリカ人が好みそうなエンターテインメント性が盛り込まれた物語仕立てで、読みやすくあっという間に読了してしまうこの小説は、同時にさまざまな示唆を与えてくれる啓蒙書でもある。文中にも登場するが、故エリヤフ・ゴールドラット博士が著した『ザ・ゴール』によく似た印象である。示唆される内容も『ザ・ゴール』で取り上げられる制約理論（TOC）や、エリック・リースの『リーン・スタートアップ』、そしてもっと技術的にはジェス・ハンブルの『継続的デリバリー』あたりのテーマがわかりやすく散りばめられている。これらの書籍をすでにお読みになられた方でも楽しめることは言うまでもないが、本書を読んでオーバーオールな理解ができた後に前述の書籍を読むと個々の内容に関してさらに理解が進むかもしれない。

ビジネス・ニーズに即応するということは、すなわちビジネスの変化に応じて IT システムの機能が追加されたり変更されたりすることが、大変容易かつスピーディに成しうるということだ。換言すると、ビジネスの好機に必要とされる機能提供ができない IT システムは、コストを消費するばかりで経営の根幹を支えることができない「お荷物」だということになる。これを解消するために、開発と運用の一体化を図り、ビジネス・ニーズへの即応性をより高めたいというのが、本書のテーマである DevOps の目指すところだ。

　DevOps という言葉は、容易に察しがつくとおり、Development（開発）と Operation（運用）を合わせた造語である。ただし、まだこの言葉が言われ始めてそれほど時間が経っていないこともあり、これといった明確な定義がどこかで公式に定められているわけではない。したがって、インフラストラクチャの柔軟性を指す技術用語として説明されたり、メソドロジーの一種のような扱いをされたりすることもよく見受けられる。また、技術者のコミュニティの観点からは、開発者のマインドや運用担当者の思考などの違いを融合するためのアプローチとして捉える向きもあり、その場合は技術論というよりは開発者と運用担当者の間の意識ギャップを埋める「文化の醸成」という面が強調されることも少なくない。文化的な面にスポットライトが当たるのは、DevOps という考え方が、伝統的な開発プロセスやシステム管理標準を保守的かつトップダウン的なプロセス中心であるとみなし、よりボトムアップで現場主導のアジャイルな性質を重視していることに端を発しているからだ。このように DevOps という用語が使われる場面は、しばらく混沌とした状態が続くかもしれないので、文脈に応じて柔軟に解釈する必要がある。本書で得られる理解が、技術者の間で共通認識に育ってくれることを期待したいところだ。

　ところでビルはいかに DevOps の核心に近づいていったのか。読者のみなさんもビルの学びを追体験できるよう、本書で触れられたキーポイントとなる概念を今一度振り返ってみるとよい。最初の大きなポイントは自分の仕事に 4 つのタイプがあるということを認識したことだ。企業のビジネス上の要請から遂行される「ビジネス・プロジェクト」、製品アップグレードや環境マイグレーションなど IT 運用上必要な技術的仕事である「内部プロジェクト」、機能拡張や内部統制上の要請から必要となる「プログラム変更」、

そしてそれらの計画した仕事をことごとく遅延・中断させてしまう「予定外の仕事」（消火活動とも反仕事とも表現されている）。特に4つ目の予定外の仕事の存在に気づいた瞬間に、これと並行して取り組んでいた「第1の道」のさらなる改善に気づく。

「3つの道」はもう1つの重要コンセプトだ。第1の道では、開発から運用へのスムーズな仕事の展開、つまりスピードアップが検討される。かんばんや変更ボードによる作業の流れの可視化、ボトルネックが何かを認識し、仕事の流れを制御する方法を考えること、そしてバッチサイズ（作るものの大きさ）が小さくなければならないという確信を得る。これに対し第2の道は、運用から開発へのフィードバックループの強化と短期化だ。その際、重要になるのが、どのように設計に品質を組み込むのかであり、そのためにリリースまでの期間が短くなければならない。そして、こうしたフィードバックループは運用と開発の間だけではなく、ビジネスとITの間にでさえ必要となる考え方だということにビルは、気づく。その改善方法としてプロセスの自動化や環境準備の柔軟性を確保していくくだりは、多くの挫折を乗り越えたビルの、自信に満ち溢れた高揚感さえ感じることができる。第3の道は前述した2つの道を適用して成し遂げたことの反復と継続だ。失敗したことを学習し、不都合なことを改善する努力を日頃から続けられる文化と習慣の確立があって初めて変化に即応できる企業となれることが示唆されている。

もし、あまりにも面白くて一気に読了してしまい細かな点まで留意しなかったという読者がいらっしゃるようならば、4つの仕事と3つの道に着目して再度拾い読みをしていただくとよい。理解が一段と深まることを約束する。

さて、前述の『ザ・ゴール』においては、さまざまな問題に苦闘する主人公のアレックスに適切なアドバイスを与えるジョナというメンターが登場した。本書でもビルは取締役候補のエリックによってメンタリングされ、正しい方向に導かれていく。映画で言うならルーク・スカイウォーカーとオビワン・ケノービのような関係だ。悩んで悩んで、悩んだ末に気づきを得られるというのは私の乏しい技術者人生の中にも何度か経験がある。とことん悩んでから与えられるアドバイスというのは本当にありがたいし、深く、深く理

解が進む。かつて私を指導してくれた先輩たちは、みなかっこいい大人だった。きっとメンターのエリックも渋くてかっこいい男だ。無精ひげを生やして眼光鋭いジェームズ・コバーンが私の脳内で再生されている。いや、渋い。シビれる。あまり特定のイメージを読者に植えつけてはいけないと思い、登場人物に関する私のイメージは記述しないでおこうと思ったが、ここはあとがきだからいいかな。本書が映画化される機会があってもジェームズ・コバーンはすでに亡くなってしまったので彼に登場してもらうことはできないが、その時はしょうがないからショーン・コネリーにお願いしよう（すみません。妄想です）。

　最後に、本書の監修という機会をご紹介いただいた日経BP社の池上俊也さん、企画・編集を担当してくださった同社の高畠知子さん、田島篤さん、そして素晴らしい訳をしてくださった長尾高弘さんにお礼を申し上げます。特にジョンの俳句の英文メモを五七五の訳にまとめられた長尾さんのご努力には参りました。今回初めてご一緒させていただきましたが、プロの仕事に感服いたしました。ありがとうございました。

2014年7月4日
榊原 彰

訳者あとがき

　百何冊か翻訳してきて、初めて訳者あとがきのオファーを受けてびっくりしております。技術的なことは榊原さんが書いてくださいますから、私の出る幕ではありません。もっとも、書きたくても書けませんけれどね。そうすると書くことがない！　どうしたものかとあれこれ考えて、原著との異同についてちょっとご説明しておこうと思いました。異同と言っても、どっかのテレビドラマのように原作の男が女になっていたりはしませんが。

　一番大きな違いは、タイトルでしょう。翻訳書のタイトルは、原著タイトルを訳しただけではないことがよくあります。まあ、これは許されていることなのです。原著のタイトルは、ただ『The Phoenix Project』というだけでした。「不死鳥プロジェクト」です。ひととおりお話を読まれた方なら、なるほど悪い冗談だなと思われるかもしれませんが、本屋さんで表紙を見ただけでは、まさかそんなことだとは思いませんよね。そこで、最近どこかで聞いたようなフレーズですが、本当に逆転の話なので、「逆転だ！」という言葉を前面に押し出すことになったわけです。

　もうひとつ違うのは、各章に日付以外のタイトルを付け、さらに小見出しも付けたことです。この本はただの小説ではありません。技術書としての意味もあるわけです。ですから、1度目は爽快な小説として読んでいただいても、2度目からは役に立つ参考書にならなければなりません。だとすると、その2度目以降の読書のときに、日付だけではさすがにどこに何が書いてあるのかわからなくて不便です。というわけで、意味のある道標をあちこちに付けたわけです。

　まあ、ほぼそれだけです。あとは英語を日本語にしたことくらいですね。さて、エラそうに訳書での工夫を書いてきましたが、実はこういうアイデアは、訳者から出てくるようなものではありません。みんな、編集部の高畠知子さん、田島篤さんが考えてくださったものです。なあんだ、やっぱり訳者にはあとがきとして書くようなことなんてなかったんですね。

最後になりましたが、きっちりと技術監修をしてくださった榊原彰さん、最初にお話をくださり、訳文を熟読して鋭い意見をくださった高畠知子さん、わかりやすい人物相関図（あ、これも原著にはないものです）を作るなど、大きな力になってくださった田島篤さん、どうもありがとうございました。次の『The DevOps Cookbook』もよろしくお願いいたします。それから、もちろんこの面白い本を書いた原著者のお三方にも感謝しています。技術書のケーススタディはとかくリアルさが足りず、ぼやけた感じになりがちですが、この本は、小説という形を取ることによって、脳のヒダに刻み込まれる生き生きとした記述になったと思います。とても楽しい仕事をさせていただきました。読者のみなさまにも楽しんでいただければ幸甚です。

長尾 高弘

著者紹介

ジーン・キム (Gene Kim)

トリップワイヤの創設者で 1998 年より 13 年にわたって CTO（最高技術責任者）を務めた。同社はインターネットのトップ企業数社との間でデプロイのフローを改善し、IT 運用を厳格にするための要素を増やすべく共同作業を行っている。2007 年、コンピュータワールド誌において「40 歳未満のイノベーティブな IT プロフェッショナル 40 名」に選出された。パーデュー大学コンピュータ科学科において傑出した卒業生として表彰されたほか、複数の賞を受賞している。本書以外にも、ケビン・ベア、ジョージ・スパッフォードと The Visible Ops Handbook を執筆している。ジーンの個人サイトは http://www.realgenekim.me/、Twitter アカウントは @RealGeneKim。
本書のサイトは itrevolution.com/books/phoenix-project-devops-book/

ケビン・ベア (Kevin Behr)

IT プロセス協会（ITPI）の創設者で、アセンブレージ・ポイントの CSO（最高科学責任者）、役員顧問を務めている（※ LinkedIn のページから）。メンターやコーチが IT 組織を指導し、改善科学の応用を通じて企業の短期的、長期的な結果達成能力、競争力を高めるというユニークなコンサルティング実践手法を確立した。ケビンの個人サイトは http://www.kevinbehr.com/、Twitter アカウントは @kevinbehr。

ジョージ・スパッフォード (George Spafford)

ガートナーの調査部長で、ベストプラクティスリファレンスを活用した IT 運用の手順改善に取り組んでいる。講演者として多くの仕事をしており、アメリカ、カナダ、オーストラリア、ニュージーランド、中国で企業戦略、IT 管理、情報セキュリティ、サービス改善全般についてのコンサルティング、教育に携わっている。ガートナーのジョージのプロフィールページは、http://www.gartner.com/AnalystBiography?authorId=38065、Twitter アカウントは @gspaff。

監修者紹介

榊原 彰（さかきばら あきら）

1986年日本アイ・ビー・エム株式会社入社。SEとして多数のシステム開発プロジェクトに参画。専門はアーキテクチャ設計技術。2006年から同社東京基礎研究所にてサービス・ソフトウェア・エンジニアリングの研究に従事した後、グローバル・ビジネス・サービス事業CTOを経て、現在同社スマーター・シティ事業CTO。IBMディスティングイッシュト・エンジニア。ACM、IEEE Computer Society、情報処理学会、プロジェクトマネジメント学会の各会員。NPO法人ソフトウェアテスト技術振興協会理事。共著訳書に『実践ソフトウェアエンジニアリング』（日科技連出版社）、『システムアーキテクチャ構築の原理』（翔泳社）ほか多数。

訳者紹介

長尾 高弘（ながお たかひろ）

1960年千葉県生まれ、東京大学教育学部 卒、（株）ロングテール社長、翻訳業。訳書に『世界でもっとも強力な9のアルゴリズム』（日経BP社）、『Founders at work』（アスキー・メディアワークス）などがある。ほかに詩集4冊。

The DevOps 逆転だ！
究極の継続的デリバリー

2014年8月18日　第1版第1刷発行

著　者	ジーン・キム、ケビン・ベア、ジョージ・スパッフォード
監　修	榊原 彰
訳　者	長尾 高弘
発行者	高畠 知子
発　行	日経BP社
発　売	日経BPマーケティング

〒108-8646　東京都港区白金1-17-3
電話　03-6811-8650（編集）
　　　03-6811-8200（営業）
http://ec.nikkeibp.co.jp/

装幀	水戸部 功
編集	高畠 知子、田島 篤
制作	アーティザンカンパニー株式会社
印刷・製本	図書印刷株式会社

ISBN978-4-8222-8535-7
Printed in Japan

本書の無断複写・複製（コピー等）は著作権法上の例外を除き、禁じられています。購入者以外の第三者による電子データ化および電子書籍化は、私的使用を含め一切認められておりません。